包容性法治社会的实践逻辑

张清 等著

商务印书馆
The Commercial Press
创于1897

国家社科基金重点项目
"包容性法治社会实现机制研究"(18AFX002)结项成果

目 录

引　言　"一体建设"中的法治社会 / 1

第一章　包容性法治及包容性法治社会理论阐释 / 6
  第一节　包容性及包容性法治社会 / 6
  第二节　包容性法治理念 / 23
  第三节　基于"共享"的公平正义 / 54

第二章　包容性法治社会实现机制(一):能力建设 / 74
  第一节　宪法话语体系 / 74
  第二节　宪法共识的长成 / 96
  第三节　法律信任与数字信任 / 105
  第四节　失信联合惩戒之可能 / 121
  第五节　地方立法之能力建设 / 165

第三章　包容性法治社会实现机制(二):制度构建 / 178
  第一节　基层自治 / 178
  第二节　法治乡村 / 195
  第三节　检察职业责任 / 263
  第四节　法官问责 / 279

第四章 包容性法治社会实现机制(三):秩序共治 / 295

  第一节 智能社会的法律秩序 / 295

  第二节 人工智能法律系统 / 321

  第三节 权利的宪法秩序 / 353

  第四节 社会组织的良法之治 / 367

  第五节 社会组织治理的包容性法治秩序 / 384

结　语　新时代包容性法治社会建设的八大论题 / 408

参考文献 / 421

后　记 / 444

引　言
"一体建设"中的法治社会[*]

自党的十五大正式提出"依法治国,建设社会主义法治国家",到党的十八届三中全会提出"推进法治中国建设"的战略目标,再到党的十八届四中全会、十九大、二十大提出要"全面推进依法治国""建设社会主义法治国家",我们可以清楚地看到,新时期法治建设正在发生重大转向,"依法治国"方略正在进一步深化:从纲领性政治决断转化为法治建设的具体措施。尤其是从党的十九大报告提出"坚持推动构建人类命运共同体,谋求开放创新、包容互惠的发展前景",到党的二十大报告再次强调"法治国家、法治政府、法治社会一体建设",并提出"加快建设法治社会",将其中的关键命题"法治社会"提升到了新的高度。

近年来,法学界围绕"法治社会"相关命题展开了诸多富有成效的研究,国内关于"法治社会"命题的理论研究呈现出从本体论、价值论向体系论、实践论的演变与升华。国外关于"法治社会"命题的理论研究中最有影响的是"市民社会理论"。"市民社会"这个概念可追溯到洛克、孟德斯鸠、托克维尔等著名思想家的政治与法律学说,后来才出现"市民社会"与"国家"的学理区分。[①] 当代西方一些学者如柯亨等人提出"国家—

---

[*] 本引言的完整版曾以《习近平"法治国家、法治政府、法治社会一体建设"法治思想论要》为题,发表于《法学》2022年第8期,收入本书时有修改。

[①] 参见〔德〕黑格尔:《法哲学原理》,范扬、张企泰译,商务印书馆1961年版,第197页。

经济—市民社会"的三分法来代替"国家—市民社会"的二分法。① 上述研究为我们初步勾勒出法治社会命题在逻辑上的理论图景,探讨了法治社会是什么、源于什么、怎么构建等问题,但综观其研究的脉络与视野,法治社会话语的兴起及其分析框架始终未能超越本质主义的法治观,呈现出一元主义的研究视角,有关正当性与可行性的整体性、融贯性研究缺失,或厚此薄彼或顾此失彼,并由此造成了法治社会本体论研究与实践论研究的脱节,特别是如何全面推进法治社会建设,如何确保本体、价值、体系与实践保持在同一逻辑的结构层面,成为相互支持、相互证明的整体等问题还有待深入研究。特别需要反思的是,目前的法治社会研究缺乏标识性核心概念和适切的理论分析工具(或"工具包"),这严重地制约了理论研究的深度和法治实践的效度。法治社会本身代表了某种整体性、融贯性的价值与诉求,应该寻找一个更具竞争力的分析框架和讨论平台。由此,我们引入"包容性"这一重要的研究范式,尝试通过揭示其理论潜力,为深入思考和系统阐发法治社会实现机制提供合适的理论工具和可供借鉴的分析框架。

可以说,目前学界在法治与包容性关系上达成了一些基本共识,甚至有学者提出了"包容性法治国家"的概念,强调以包容性发展理念为导向,实现"一体建设"②,但"包容性法治社会"的命题尚未得到充分的思考与论证。"包容性法治社会"的研究空间在于:一方面,包容性发展已经成为推进我国经济社会发展的"新理念",其与法治社会建设的关系值得关注;另一方面,法治建设日趋多层次、多领域,带来对法治社会建设的全新视角和全新认知,特别是在"法治国家、法治政府、法治社会

---

① 参见 Jean L. Cohen, Andrew Arato, *Civil Society and Political Theory*, Cambridge, MA: MIT Press, 1992, p. 84。
② 袁达松:《走向包容性的法治国家建设》,《中国法学》2013 年第 2 期。

一体建设"提出后,在"法治中国"顶层设计中应如何充分阐释"法治国家""法治政府"与"法治社会"等概念,有效避免可能由此带来的法治失衡、法治失调和法治失重等法治深化过程中容易出现的问题,将成为"法治社会"在理论上面临的巨大挑战。为此,本书提出"包容性法治社会"概念并加以深入研究,试图为法治中国建设另辟蹊径,提供一个更多元化、更具包容性的分析视角和框架。

推进法治社会建设,是全面推进依法治国、建设法治中国的必然要求,是实现国家治理体系和治理能力现代化的重要方面,对于实现第二个百年奋斗目标具有十分重要的战略地位和基础性作用。党的十八大以来,以习近平同志为核心的党中央在"四个全面"尤其是全面依法治国工作布局中,把加快建设法治社会提到法治中国建设的重要议事日程上来。面对广大人民群众日益增长的对民主、法治、公平、正义、安全、环境等方面的美好生活需要,习近平总书记深刻阐述了推进法治社会建设的重要性及其工作重心,指出:"全面推进依法治国需要全社会共同参与,需要全社会法治观念增强,必须在全社会弘扬社会主义法治精神,建设社会主义法治文化。要在全社会树立法律权威,使人民认识到法律既是保障自身权利的有力武器,也是必须遵守的行为规范,培育社会成员办事依法、遇事找法、解决问题靠法的良好环境,自觉抵制违法行为,自觉维护法治权威。"[①]党的十八届三中全会提出,要健全全社会普法教育机制,增强全民法治观念;坚持依法治理,改进社会治理方式,激发社会组织活力,运用法治思维和法治方式化解社会矛盾。党的十八届四中全会提出,全面部署法治社会建设,要在法治意识培养、多层次多领域依法治理、法律服务体系、多元化解纠纷机制等方面深入推

---

① 习近平:《论坚持全面依法治国》,中央文献出版社2020年版,第113页。

进。党的十八届五中全会进一步强调,要加快建设法治社会,弘扬社会主义法治精神,增强全社会特别是公职人员尊法学法守法用法观念,在全社会形成良好的法治氛围和法治习惯;加强和创新社会治理,完善党委领导、政府主导、社会协同、公众参与、法治保障的社会治理体制。党的十九大将法治社会建设纳入深化依法治国实践的总体部署之中,强调要加大全民普法力度,建设社会主义法治文化,并且提出要打造共建共治共享的社会治理格局,提高社会治理社会化、法治化、智能化、专业化水平。党的十九届四中全会对加快推进法治社会建设做出了新的部署,使之成为新时代国家制度和国家治理体系建设的重要内容。党的十九届五中全会明确将基本建成法治社会作为到2035年基本实现社会主义现代化远景目标的重要内容,将"社会治理特别是基层治理水平明显提高"确立为"十四五"时期经济社会发展主要目标之一,强调要完善社会治理体系,推动社会治理重心向基层下移,推进市域社会治理现代化。2020年12月,中共中央印发了《法治社会建设实施纲要(2020—2025年)》,深入贯彻落实习近平法治思想中的法治社会建设理论,提出了推进法治社会建设的指导思想、主要原则、总体目标、重点工作和组织保障,是新时代法治社会建设的纲领性文献。党的二十大报告更是发出了"加快建设法治社会"的动员令。

坚持"法治国家、法治政府、法治社会一体建设"是习近平法治思想的重要组成部分,全面依法治国必须"坚持依法治国、依法执政、依法行政共同推进,法治国家、法治政府、法治社会一体建设"[①]。这充分体现了全面依法治国的工作布局,深刻反映了中国特色社会主义法治发展的系统论和整体观。法治政府建设是全面依法治国的重点任务和主体

---

① 习近平:《论坚持全面依法治国》,中央文献出版社2020年版,第4页。

工程,要推动政府权力在法治轨道上运行,有效监督行政执法活动,践行"法治是最好的营商环境"①。法治社会是构筑法治国家的基础,提升全体公民的法治意识和法治素养,创新乡村治理体系,推进社会治理法治化,是加快建设社会主义法治国家的必由之路。加快建设法治社会需要坚持和发展新时代"枫桥经验",完善社会矛盾纠纷多元化解机制,构建共建共治共享的基层治理体系。

基于此,"法治社会实现机制"论题在强调"法治"维度的原有基础上,更意味着"多元价值"的制度需求。检视过往法治变迁的实践历程,汲取性法治模式表现出强国家、单向度、科层主义的结构性缺陷,法治对权力运行的监控呈现"近勤远怠"和"灯下黑"的风险。"法治社会"的道路选择与策略需要一个更具包容性的法治论辩框架,即包容性法治社会图景:从工具性法治走向规范性法治,从线性法治走向兼容性法治,从封闭性法治走向互动性法治,并构建由治理能力结构、制度供给策略、秩序生成模式、正义实现机制组成的包容性法治社会建设系统。

本书研究的总体思路是:首先破题,阐释作为研究法治社会核心概念的"包容性""包容性法治""包容性法治社会",以及作为法治社会核心价值追求的基于"共享"的公平正义的内涵。其次从三个方面解题"实现机制",一是能力建设,包括构建宪法话语体系、形成宪法共识、培养数字信任、联合惩戒失信、强化地方立法;二是制度构建,包括地方自治、乡村法治、检察职业责任、法官问责等方面的制度;三是秩序共治,包括智能社会、权利社会、善治社会以及包容性法治社会的秩序共治。最后立足新时代,展望包容性法治社会的发展走向,为2035年基本建成法治社会探明进路。

---

① 习近平:《论坚持全面依法治国》,中央文献出版社2020年版,第254页。

第一章
包容性法治及包容性法治社会理论阐释

汲取性和包容性是一组对应的概念,对于分析国家为什么会失败亦即国家治理以及社会治理领域的研究具有重要的工具价值。以强国家、单向度、科层主义为特征的汲取性法治模式表现出"律法中心主义""治理中心主义"的特点:法律作为国家管控的制度供给由国家自上而下推进,导致不仅无法获得社会内生秩序的耦合与支撑,而且法治社会建设面临治理危机。包容性法治实现了从工具性法治走向规范性法治、从线性法治走向兼容性法治、从封闭性法治走向互动性法治的蜕变,其所蕴含的"共享""融合"和"参与"等包容性理念满足了法治社会建设的"多元价值"的制度需求,并给法治社会建设的治理能力结构、制度供给策略、秩序生成模式、正义实现机制问题带来了全新认知。

第一节 包容性及包容性法治社会[*]

党的十八大以来,我国经济发展取得历史性成就、发生历史性变革,为其他领域改革发展提供了重要物质条件。我国经济实力再上新台阶,经济年均增长 7.1%,成为世界经济增长的主要动力源和稳定器。

---

[*] 本节曾以《包容性法治社会建设论要》为题,发表于《比较法研究》2018 年第 4 期,收入本书时有修改。

中国特色社会主义进入了新时代,我国经济发展也进入了新时代,基本特征就是我国经济已由高速增长阶段转向高质量发展阶段。① 总体而言,经济的增长动力不再依赖于政府投资,而是依靠科技创新,经济发展所遮蔽的社会矛盾不断显现,导致价值观、身份认同、社会分层、社会共识以及社会治理模式变迁,因而发生社会冲突。② 面对这些社会冲突,如何创新社会治理体制,改进社会治理方式,很大程度上取决于实践建立在什么样的思想平台和分析框架之上。我们认为可以用系统性、协调性法治思维和法治化方式对社会治理的能力、机制、秩序等进行思考和把握,促成从单向管理到多元治理的范式转换,引导法治社会建设走向一个更具包容性的法治体系,进而建设"常态法治社会"③。立基于"社会国原则"④的包容性发展已经成为我国改革发展尤其是经济新常态背景下的基本共识,社会共享、社会融合和社会参与等要素可以激发社会治理的内在动力并构建包容性法治社会的制度体系。该体系包含三个层面:能力层面的自治诉求、机制层面的兼容性发展、秩序层面的开放性结构。能力建设强调自治权基础上公民意识和宪法爱国

---

① 参见《2017年中央经济工作会议公报》,《21世纪经济报道》2017年12月20日。
② 参见李瑞昌:《经济新常态下的公共治理创新》,《探索与争鸣》2015年第7期。
③ 在国外,法治社会的生成在一定意义上也被认为标志着社会转型的完成和法治现代化的实现,参见 J. Sehring and H. J. Lauth, "Putting Deficient Rechtsstaat on the Research Agenda: Reflections on Diminished Subtypes", *Comparative Sociology*, Vol. 8, No. 2 (2009), pp. 165-201。在经济转型国家中,最成功的往往是社会嵌入最紧密的国家,没有嵌入社会的"强"国家是脆弱的。参见 Peter B. Evans, *Embedded Autonomy: States and Industrial Transformation*, New Jersey: Princeton University Press, 1995; Joel Samuel Migdal, Atul Kohli and Vivienne Shue(eds.), *State Power and Social Forces: Domination and Transformation in the Third World*, Cambridge: Cambridge University Press, 1994。"常态法治社会"概念是深受黄闽先生的启发而提出的。他提出了"建设常态法治国家"的全新命题,参见黄闽:《依宪治国,建设常态法治国家》,《中国法律评论》2016年第2期。
④ 〔德〕康拉德·黑塞:《联邦德国宪法纲要》,李辉译,商务印书馆2007年版,第5页及以下。

主义的可行能力,机制建设要求为弥合社会分化而建立多元规则的兼容系统,秩序建设希冀建立达至良法善治的共治结构。

一、经济"新常态""高质量"与社会转型的掣肘

人对社会的认识以及人类社会的发展都是从常态到非常态再到新常态的否定之否定。人只有在经历事物的正反面发展,总结正反面经验,经过感性—知性—理性、具体—抽象—具体的否定之否定后,才能完整地认识事物的本质与规律。经济从"常态"到"新常态",就是人类经济发展肯定—否定—否定之否定波浪式前进的体现。经济新常态的最大特点是速度"下台阶"、效益"上台阶"、"增长动力实现转换"、"经济结构实现再平衡"。① 2014 年 5 月,习近平总书记在河南考察时首次以"新常态"来描述我国现在及今后一个时期的经济形势。经济新常态下的社会发展面临许多新问题:社会新常态尚未形成,旧常态和常态共存。② 2017 年,中央经济工作会议提出"高质量发展"的新思路新要求,并指出我国经济发展进入了新时代,进入由高速增长阶段转向高质量发展阶段。推动高质量发展是解决我国社会主要矛盾和全面建成小康社会的必然要求。③

基于对社会发展阶段和运行规律的深刻把握,党的十九大报告做出全新的重要判断:我国社会主要矛盾已经转化为人民日益增长的美好生活需要和不平衡不充分的发展之间的矛盾,由此,中国特色社会主义进入新时代。2017 年 12 月召开的中央经济工作会议强调,只有精准把握社会主要矛盾,坚持新发展理念,才能实现高质量发展,即稳增长、

---

① 参见《中央经济工作会议闭幕 首提经济新常态九大特征》,2014 年 12 月 11 日,http://news.sohu.com/20141211/n406872393.shtml。
② 参见李瑞昌:《经济新常态下的公共治理创新》,《探索与争鸣》2015 年第 7 期。
③ 参见《2017 中央经济工作会议公报》,《21 世纪经济报道》2017 年 12 月 20 日。

促改革、调结构、惠民生、防风险。经济的快速发展常常会引发社会转型,具体而言表现在:(1)价值观方面。经济发展对社会阶层结构变化及价值塑造有重要影响,社会阶层原来的问题会随着经济高速发展转向高质量发展的经济转型而不断加剧,在社会成员中易出现多元价值取向。① (2)身份认同方面。经济快速发展的同时,社会利益阶层也会急剧分化。阶层之间的边界开始形成,如果说由居住分区形成的阶层边界是可见的,那么由生活方式和文化形成的阶层边界则是无形的。但这种无形的边界,不仅可以作为阶层边界的象征,而且还是阶层结构再生产的机制。阶层内部认同的形成是与阶层之间的边界联系在一起的,因为人们正是从这种边界中萌发"我们"与"他们"的概念和意识。② (3)社会分层方面。阶层分化是社会转型期的重要标志,是向高质量社会发展过程中的必然现象,反映的是社会成员因其在社会生活中获得社会资源的能力和机会的不同而在社会等级次序中所处的不同位置。随着社会结构的定型,一种影响社会发展进程的机制,甚至扭曲改革的机制已经开始形成。阶层分化改变了传统的社会资源占有关系、收入分配方式、社会声望获得和教育资源获取方式,人们的社会心态、利益诉求等方面也随之发生变化。③ (4)社会共识方面。随着经济的快速发展,所有制结构、产业结构、社会阶层结构、组织结构、人口流动结构、收入分配结构、消费结构、思想文化结构都发生了广泛而深刻

---

① 参见姜丽:《阶层分化背景下核心价值观的认同困境与对策思考》,《宁夏党校学报》2015年第6期。

② 在1991年,上海市社会科学院曾经对上海市民的阶层意识进行过调查,得出的结论还是"有阶层化差别但无阶层化意识"。参见孙立平:《中国社会结构演变的四个可能趋势》,2016年9月7日,http://www.rmlt.com.cn/2016/0907/439304.shtml。

③ 参见姜丽:《阶层分化背景下核心价值观的认同困境与对策思考》,《宁夏党校学报》2015年第6期。

的变化,社会结构的深刻变革也导致了不同社会阶层之间利益取向和价值取向的改变。社会关系、生活方式、利益诉求和价值观念的多样化已成为现实,在社会多元化的客观条件下,需要寻求和凝聚社会共识才能全面深化改革。① (5)社会治理模式方面。在人类社会从工业社会向后工业社会转变的过程中,公共管理是出于高度复杂性和高度不确定性条件下的社会治理要求而产生的。在人类社会的历史发展中,曾经出现过两种基本的社会治理模式,农业社会所拥有的是统治型的社会治理模式,工业社会中产生的是管理型的社会治理模式。在后工业化时期,出现了公共管理,它是一种服务型的社会治理模式。新时代的新公共管理已然实现了"从管理到治理"的转变,这是人类社会治理发展的必然结果,其目标是实现对传统行政管理以及公共行政的创造性转化和创新性发展。"经济高质量发展背景下,社会治理模式如何实现从统治到管理再到服务进而达致'善治'的转变,是我们必须面对的严峻课题。"②

从党的十九大到党的二十大,是"两个一百年"奋斗目标的历史交汇期。我们既要全面建成小康社会、实现第一个百年奋斗目标,又要乘势而上开启全面建设社会主义现代化国家新征程,向第二个百年奋斗目标进军。要实现经济发展、社会公正以及"两步走"的战略目标,必须充分发挥法治的引领和规范作用。经济新常态中会出现社会转型的掣肘和非常态的社会冲突,如何运用法治思维和法治方式化解矛盾、解决冲突,关系国家和社会的长治久安。包容性法治社会作为一种理想的

---

① 参见周光辉:《推进国家治理现代化需要寻求和凝聚社会共识》,《法制与社会发展》2014年第5期。

② 张康之、李传军:《公共管理是一种新型的社会治理模式》,《行政论坛》2010年第3期。

社会形态理论和分析工具,不仅能为法治中国建设奠定学理基础,更能为多元化解经济发展和社会转型中的矛盾、纠纷、冲突提供制度化方案。

二、走向包容性:法治社会的可能框架

包容性发展既是一种发展理念,也是一种发展方式,其所具备的共享、融合、参与的学术品格不仅能够应对经济新常态下中国社会治理存在的结构性缺陷,也给出了解释中国社会治理的新思路。包容性法治社会的论辩框架正在对中国宏观政策的选择、国家治理理念的转变、法治秩序的建立以及法治社会的建设产生重大而深远的影响。

(一)包容性:共享、融合、参与

对于市场主体而言,仅有一个稳定、透明、可预期的营商环境远远不够,还需要营造集共享、融合和参与为一体的富含包容性的法治社会氛围。从"广泛基础的增长"(broad-based growth),到"对穷人友善的增长"(pro-poor growth),再到"包容性增长"(inclusive growth)[1],体现的是对整体经济持续发展的支持以至消除贫困的不懈努力。包容性增长与单纯追求经济增长相对立,它倡导机会平等,寻求社会经济协调而可持续的发展。社会不平等包括"机会的不平等"和"结果的不平等",机会不平等涉及个人背景,而结果不平等更多取决于个人努力和勤奋程度的差异。倡导机会平等是"包容性发展"[2]的核心,目标是缩小结果

---

[1] 张梦涛:《"包容性增长":科学内涵、时代价值与实践取向》,《理论探索》2011年第1期。

[2] 对"包容性发展"进行术语谱系分析,可参见 R. Bolt, "Accelerating Agriculture and Rural Development for Inclusive Growth: Policy Implementation", *ERD Policy Brief Series*, No. 29 (2004); Sarah Cook, "Structural Change, Growth and Poverty Reduction in Asia: Pathways to Inclusive Development", *Development Policy Review*, Vol. 24(2006), pp. s51–80; I. Ali, "Pro-poor to Inclusive Growth: Asian Prescriptions", *ERD Policy Brief Series*, No. 48(2007)。

的不平等。① 从经济领域的"包容性增长"到社会领域的"包容性发展",是一个认识不断深化和拓展的过程,也是经济社会一体化发展的过程。② 包容性发展理念有三大支柱,即"共享、融合、参与",通过可持续的经济增长,最大限度地创造就业与发展机会,共享改革成果;确保人们能得到最低限度的经济福利,消除社会排斥,融合社会不同群体的利益;确保人们能够平等地获得机会,提倡公平参与。③

首先,发展成果分配上的利益共享,是包容性发展追求的最重要目标之一。无论是强调发展主体的参与,抑或强调发展过程的公平公正,实质上都是为了实现发展成果的利益共享,利益的共享性是包容性发展的客观要求和必然结果。质言之,包容性发展就是要让全体社会成员尤其是弱势群体能公平合理地共享发展权利、发展机会。这种权利实质上也正是1998年诺贝尔经济学奖获得者阿马蒂亚·森所说的具有建构意义上的"实质"自由,是人们能够过自己愿意过的那种生活的"可行能力"。

其次,包容性发展是一个不断消除"社会排斥"的过程。在1995年哥本哈根世界首脑会议上,"社会排斥"被视为消除贫困的障碍。阿马蒂亚·森在《论社会排斥》一文中,考察了社会排斥与贫困、能力剥夺之间的关系,论述了能力剥夺的关系特征,并指出"社会排斥"兼具建构性和工具性两种特征,分析了"社会排斥"的多样性,讨论了不平等同贫

---

① 参见蔡荣鑫:《"包容性增长"理念的形成及其政策内涵》,《经济学家》2009年第1期。
② "包容性法治社会"是一个全新的命题,深受袁达松先生的启发,他提出了"包容性法治国家"和"包容性地方法治"的概念并进行了论证。参见袁达松:《走向包容性的法治国家建设》,《中国法学》2013年第2期;袁达松:《包容性的地方法治一体建设》,《前线》2013年第11期。
③ 参见蔡荣鑫:《"包容性增长"理念的形成及其政策内涵》,《经济学家》2009年第1期。

困,劳动力市场上的排斥、信贷市场上的排斥、和性别相关的排斥与不平等,医疗保健、食品市场与贫困等之间的关系。① 包容性就是要调整发展方式,引导发展方向,消除社会阶层、社会群体之间的隔阂和裂隙。

最后,鼓励发展主体积极参与是包容性发展的根本动力。作为一种新的发展理念和模式,包容性理念的形成始终与人们对贫困的认识紧密联系,因而,参与性更加重视贫困群体的发展机会与能力提高。阿马蒂亚·森认为,在现实社会中,我们可以用一个人所具有的可行能力来判断其处境②,即他或富裕或贫苦的状况,贫苦被视为基本可行能力的被剥夺,而不仅仅是收入低下,这是现在识别贫穷的通行标准。③ 因此,包容性追求在各社会阶层和社会群体之间重建关于发展的共同认知,以使每一个个体都能参与到社会经济发展的主流之中。

(二) 包容性法治社会的向度

"法治中国"概念将如何合理澄清以及法治社会建设之深层问题将如何展开,在很大程度上取决于它运用何种概念分析工具。作为重要的社会科学研究范式之一,多元现代性不仅能包容和超越现代性和后现代性、普遍主义和特殊主义的价值纷争,而且能为不同文明背景下现代性的多种文化方案和制度模式的社会变迁过程及其内在诸多因素的持续互动提供结构上的理论分析模型,其理论潜力使之有可能成为一个合适的理论平台和可供借鉴的分析框架。法治中国需要在多元现代

---

① 参见〔印〕阿马蒂亚·森:《论社会排斥》,王燕燕摘译,《经济社会体制比较》2005年第3期。

② 参见〔印〕阿马蒂亚·森:《以自由看待发展》,任赜、于真译,中国人民大学出版社2002年版,译者序言以及第85页以下。

③ 参见张清:《通过法律见识贫穷——一个研究纲要》,《山东大学学报》(哲学社会科学版)2006年第5期。

性的视野下,走向一个更具包容性的法治论辩框架。① 多元现代性首先是一种观念,是在对既有现代性理论进行反思和批判的基础上对现代性问题所做出的更为深刻的理解和阐释。按照多元现代性观念最重要的代表人物艾森斯塔特的论述,多元现代性观念是指与长期流行于学术话语和普通话语中的观点截然相反的、有关当代世界(实际上是现代时期的历史和特征)的某些观点。② 多元现代性范式最为重大的理论意义在于它提供了一个包容性和超越性的分析框架。③ 正是多元现代性的包容性理论潜力,为我们剖析、解读法治社会"自治、宽容、开放"的内在发展理路提供了概念分析工具。中国法治建设进入新阶段,需要处理法治失衡、法治失调和法治失重等法治深化过程中的一般缺陷和特殊缺陷等问题。以法治社会为基础的"一体建设"的法治发展观,符合法治的普遍发展规律和中国社会运行的具体实际。法治社会具有"自治、宽容、开放"的特质。法治社会建设需要以限制公权力的越界为导向,透过法治社会化实现社会法治化。④

自治。党的十八大以来,党中央强调要在保持社会秩序的同时,充分发挥民众参与和社会协同的作用,以新的理念、新的方式推进社会治理。在治理理论、第三部门理论、公民参与理论、资源依赖理论等分析框架下,学界强调法治社会建设中公民、社会组织参与社会治理过程所具备的自治性(自主性)的重要性,提出"赋权下的自主性""社会自发

---

① 参见刘小平:《法治中国需要一个包容性法治框架——多元现代性与法治中国》,《法制与社会发展》2015 年第 5 期。
② 参见〔以〕S. N. 艾森斯塔特:《反思现代性》,旷新年、王爱松译,生活·读书·新知三联书店 2006 年版,第 36 页。
③ 参见刘小平:《法治中国需要一个包容性法治框架——多元现代性与法治中国》,《法制与社会发展》2015 年第 5 期。
④ 参见江必新、王红霞:《法治社会建设论纲》,《中国社会科学》2014 年第 1 期。

型模式"等新概念。① 但这种自治性又是有限度的,还表现为国家—社会二元结构中的共治性。②

宽容。法治社会之"法",是法治社会运行的规则系统,包括作为"硬法"的国家颁布的各类法律法规等正式规则,也包括作为"软法"的社会组织、团体等制定的自治性规范,以及村规民约、地域习惯、商业惯例等非正式规则。因此,法治社会的规则系统在构成上是多元的,展现其规则内部及规则与行动之间的宽容与融通。③

开放。按照历史的逻辑,人类社会治理有三种典型的社会治理模式:农业文明社会的统治型社会治理模式、工业文明社会的管理型社会治理模式和后工业文明社会的服务型社会治理模式。波兰尼、奥斯特罗姆的多中心治理理论可供借鉴,多中心治理以自治为基础,多个权力中心通过竞争和协作给予公民更多的选择权和更好的服务。从方法论意义上来看,多中心治理理论将诸种社会科学方法有机融入公共事务治理问题的分析中,将宏观现象与微观基础连接起来;重视物品(或资源)属性和社群(或人)的属性对治理绩效的影响;提供操作、集体和立宪三个层次的制度分析框架④,进而使包容性法治社会建设展现出一种多中心、开放性的态势。

三、包容性法治社会之可行路径

涵括"共享""融合"和"参与"的包容性发展为"常态法治社会"建

---

① 参见胡琦:《法治与自治:社会组织参与建构社会治理"新常态"的实现路径》,《探索》2015年第5期。
② 强调社会的自治,并非使社会孤立或独立于国家,而是与国家既有的明晰边界形成良性的互动。参见江必新、王红霞:《法治社会建设论纲》,《中国社会科学》2014年第1期。
③ 参见江必新、王红霞:《法治社会建设论纲》,《中国社会科学》2014年第1期。
④ 参见王兴伦:《多中心治理:一种新的公共管理理论》,《江苏行政学院学报》2005年第1期。

设提供了全新的理论视角。源于 1919 年《魏玛宪法》,立基于人的团结、人的平等和人的发展理念的"社会国"原则为包容性法治社会建设奠定了坚实的理论基础。① "二战"以后,联邦德国"社会国"理念要求经济高速增长并且实现全体国民的共享发展。《德国基本法》规定,德意志联邦共和国各邦的宪法秩序应符合共和、民主及社会法治国原则,"社会国"原则与人的尊严、人的自由、人的平等、民主法治等原则共同构成基本法的根本支柱。② 我们所要建设的正是这样一种常态的、自治的、社会分层合理的、良法善治的、体现"社会国"原则的法治社会。

(一)包容性法治社会的可行能力:公民意识与宪法爱国主义的建构(呼唤人的团结)

以自治诉求为核心的包容性发展的制度体系,要求确保同质均等的发展权利,提升可行能力。构建包容性法治社会需要可持续发展的动力机制,更加强调社会成员自主发展的可行能力,主要表现为社会自治权的获得与行使。社会自治权强调个体的"实质"自由和共同体的"自我"管理的统一、社会自治权利和社会公共权力的统一、个体成员权利束和社会自治组织公共权力的统一以及个体"公民意识"培养和共同体宪法共识构建的统一。

社会自治中的公民意识培养。社会自治包括公民个人的自治、社会组织的自治,是一种"自我决定权",即按照自己的意愿自我选择、自我决定、自我管理的权利。从现代社会的发展和运行来看,社会自治是民主的基本表现,它要求公民积极而有效地参与其中。因此,社会自治

---

① 有学者认为"社会国"原则带有强烈的国家主义意味,但笔者认为其蕴含的人的团结、平等和发展的理念与包容性法治社会建设的价值诉求较为契合。
② 参见张放:《德国"社会国"思想的内涵、流变及其启示》,载付子堂主编:《经典中的法理》第 5 卷,法律出版社 2013 年版,第 239—240 页。

最为重要的环节之一是公民意识的培育:首先要倡导公民权利,尊重社会公众及社会组织的自治权利;其次要积极培育公众社会化、民主化、法治化的自治意识。①

以"宪法爱国主义"凝聚法治共识。信任和"社会共识"对当下社会极为重要,通过共同体的社会自治,经由法治共识而达至社会共识是一条可行的路径。深刻认识法治是治国理政的基本方式,唯有进一步凝聚全社会的法治共识,才能筑牢常态法治的思想基础和社会基础。② 依法治国的核心是依宪治国,依宪治国的关键在于宪法实施,让公民获得宪法的"存在感"是宪法实施的外在表现。③ 因此,凝聚和重塑社会共识,最重要的途径就是树立宪法权威,让社会的价值与共识重新回归宪法,通过宪法建立、维护并发展社会共识。面对全球化发展以及多元价值并存的现实,我们要重新思考属于自己的价值目标,"宪法爱国主义"为我们提供了凝聚法治共识的可能。源于20世纪70年代德国的"宪法爱国主义"虽然被看作民族归宿的替代品,但随着时间的推移,它发展为一种非民族国家的公民忠诚形式。④ "宪法爱国主义"立足于"公民身份""公民底线""把宪法尊为一种民主忠诚的焦点所在",通过"宪法认同""宪法共识"来建构一种"民主政治忠诚形式"。它超越阶级和民族身份,把宪法规范、宪法文化作为国民忠诚的对象,培育宪法信仰,从而形成稳定的宪法秩序。⑤ 未来的宪法发展,应当以

---

① 参见徐永平:《发展社会自治权与创新社会管理初探》,《加快政府职能转变 深化行政体制改革——第四届中国行政改革论坛论文集》,2013年。
② 参见刘武俊:《凝聚法治新共识 形成法治新常态》,《人民法院报》2015年1月22日。
③ 参见黄闽:《依宪治国,建设常态法治国家》,《中国法律评论》2016年第2期。
④ 参见〔德〕扬-维尔纳·米勒:《宪政爱国主义》,邓晓菁译,商务印书馆2012年版,第47页。
⑤ 〔德〕扬-维尔纳·米勒:《宪政爱国主义》,邓晓菁译,商务印书馆2012年版,第5页。

宪法理念为本,以"宪法爱国主义"凝聚法治共识,以宪法思维和法治方式处理国家和社会事务,通过宪法治理推动国家与社会的平衡发展,维护并推进人类和平事业。①

(二) 包容性法治社会的融通机制:社会分化的弥合(实现制度的平等)

法治代表着一种原则的规定性,具有规范性的价值取向,包容性法治社会的制度构建需要坚实的规范性基础。新制度主义启示我们,重新思考法概念进而克服硬法规制的局限,运用软法规制协同推进,是一种可行的选择。软法规制强调以平等协商的包容性融通机制在制度层面上推进软硬法衡平治理社会,希冀通过软硬法合成的混合规则模式来描绘法治社会发展框架。

当代社会分层主要表现为职业分化、制度分化、所有权的分化。② 面对经济转型时期的社会分化,唯有通过妥协和合作,建立合理稳定、开放有序的社会分层结构,才能贯通上下流动的通道,实现经济社会进步和法律发展的"共赢"。③ 要真正实现不同社会阶层之间的自由流动,尤其是社会成员成长的上升通道,需要建立一种强调平等对话、协商包容的制度融通机制。包容性法治社会要求,这种机制应既强调国家法的硬法规制,更强调引入软法机制,并且在两者之间构建一种软硬法合成的衡平模式。新制度主义认为制度的内涵是多元的,不存

---

① 参见韩大元:《宪法实施与中国社会治理模式的转型》,《中国法学》2012年第4期。运用法治思维、法治方式深化改革推动发展的专题研究,参见夏锦文主编:《法治思维》,江苏人民出版社2015年版。
② 陆学艺主编:《当代中国社会阶层研究报告》,社会科学文献出版社2002年版,第7—8页。
③ 张清:《从身份到契约——中国社会分层结构变迁之法社会学分析》,《江苏社会科学》2002年第3期。

在单一的"制度主义",并且不同于以往的是它在注重描述静态的政治结构、法律框架的同时,更力图关注制度在组织内部、政治生活中的动态过程。从本体论意义上来看,制度包括内在制度和外在制度,内在制度可以理解为"软法"。伴随着"软法"一词在国际法领域脱颖而出,以及随之而来的对欧盟推行的新治理方式的探索,软法的兴起成为趋势。"软法的迅速发展是人们追求自由、自治与自由、自治需要规则、秩序的保障的矛盾使然。"①在对弥合社会分化的软法要素的出现感到惊喜不已后,接踵而至的是如何协调这种软法要素与原有硬法规制之间的衔接问题。尽管我们可以在理论的层面抽象出纯粹的硬法规制模型与软法规范模型,但在需要重新审视的大多数制度形式中,并非只有某一单独的制度基础要素在起作用,而是三大基础要素之间的不同组合在起作用。② 混合的框架、动态的衡平只是为我们分析当前中国社会阶层分化提供了一个现实可行的框架与平台,表达了对弥合社会分化的一种美好愿景。其实,"混合化衡平"是一个深邃、庞杂的结构系统,依罗豪才教授等人的观点来看,它是一种具有和谐之体、回应之用、效益之实和正义之核的混合模式。它不仅要实现整个混合体系(即软法、硬法)的协调一致,还要实现其作为调整手段与外在社会结构的其他组成因素(如政治、经济、文化)的互动,更要受制于普遍的社会正义原则的约束以及符合法律资源最优配置的效益需求,全面回应经济社会发展的现实需求。

高质量发展进程中的社会分化,主要因地域、阶层及族群身份等界限带来的利益分化和矛盾冲突而产生。传统的民主实践模式并不能从

---

① 姜明安:《软法的兴起与软法之治》,《中国法学》2006 年第 2 期。
② 参见〔美〕W. 理查德·斯科特:《制度与组织:思想观念与物质利益》,姚伟、王黎芳译,中国人民大学出版社 2010 年版,第 70—71 页。

根本上解决利益分化社会的包容性与有效治理问题,而协商民主为在断裂社会中实现持续稳定提供了可能。要实现协商民主的有效性,也必须解决信息、程序和利益三者间的有机联系问题,其实践形态需要满足制度化和开放性的双重属性的要求。① 2015年《关于加强社会主义协商民主建设的意见》是继《中共中央关于全面推进依法治国若干重大问题的决定》以后又一份关于推进民主法治建设的重要文献,具有里程碑意义。因此,经由"软硬法合成",在不同社会阶层之间建立民主协商的沟通机制,对弥合社会分化尤其是利益分化所造成的社会断裂具有重要的实践价值。在利益严重分化的社会中,协商民主无法有效开展,还可能与信息和程序的缺失紧密相关。因此,透过"公共信息、政府程序、利益均衡",可以考察、评估协商民主的有效性。②

(三) 包容性法治社会的秩序共治:良法善治的实现(促进社会的发展)

包容性发展为法治社会提供了一个制度性框架,以包容性为中心的发展策略更需要包容性的秩序共治,最终促进人的全面而自由的发展。因此,包容性法治社会建设首先要加快推进法治政府建设,其次要透过社会组织的法治化发展与社区的自治性建设推进法治社会的育化过程,最终形成跨越统治与自治两分的善治秩序。

高质量建设法治政府。构建与经济高质量发展相适应的法治,在法治政府建设方面,要积极推动从偏重经济的作用到更加重视法治的能动作用的转型升级,从偏重效率优先到强调公平竞争的转型升级,从

---

① 参见吴兴智:《利益分化社会中的协商民主及其有效性问题》,《南京社会科学》2015年第7期。
② 参见吴兴智:《利益分化社会中的协商民主及其有效性问题》,《南京社会科学》2015年第7期。

偏重保护投资到强调激励创新的转型升级,从偏重行政手段配置资源到更加突出运用法治思维和法治方式的转型升级,等等。① 在经济社会高质量发展的新常态之下,要强调治理主体具有多元性,社会和政府既是治理的主体,也是被治理的对象。因此,常态法治政府应该更为有限和谦抑,真正实现从"管理"向"治理"的转变。②

社会组织的法治化发展。建成开放、共享、包容的法治社会的重要标志就是国家与社会之间形成良性互动,各有其清晰的边界,社会管理法治化、社会组织自治化得到包括软法在内的所有法律的确认。唯有如此,政社分开、权责明确、依法自治的包容性法治社会才是可能且可欲的。政社分开强调政府与社会组织的不同作用,改革行政化社会管理体制;权责明确就是要使各类社会管理主体各显其能、各尽其责;依法自治强调构建社会管理自治体系,实现依法治理。③

在《中共中央关于全面深化改革若干重大问题的决定》中,"依法自治"是构建现代化社会组织体系的核心词汇,它意味着社会组织发展不仅需要法律还需要自律。④ 党的十九大报告强调:"加强社区治理体系建设,推动社会治理重心向基层下移,发挥社会组织作用,实现政府治理和社会调节、居民自治良性互动。"⑤从统治、管理到治理的话语变迁促成了国家与社会从对立对抗到交互联动再到合作共治的悄然变革,

---

① 参见江必新:《建设与经济新常态相适应的法治》,《中国特色社会主义研究》2015年第11期。
② 参见江必新:《建设与经济新常态相适应的法治》,《中国特色社会主义研究》2015年第11期。
③ 参见徐永平:《发展社会自治权与创新社会管理初探》,《加快政府职能转变 深化行政体制改革——第四届中国行政改革论坛论文集》,2013年。
④ 参见张清、武艳:《社会组织的软法治理研究》,法律出版社2015年版,第14页。
⑤ 习近平:《决胜全面建成小康社会 夺取新时代中国特色社会主义伟大胜利——在中国共产党第十九次全国代表大会上的报告》(2017年10月18日),载《习近平著作选读》第二卷,人民出版社2023年版,第40页。

在这一法治化进程中,社会组织不仅是一种客观存在,更是一种价值建构,它期许着将共同体成员利益诉求聚合为具有普遍意义的权利主张,并以组织化、建制化的形式凝聚为社会权力,将公权力置于权力制衡与外部制约的"笼子"里。①

社区治理与居民自治。20世纪80年代以来,法治社会的自主发展需要以包括社区在内的基层社会组织的不断完善和发展为基础。社区自治是社会自治的有机组成部分,重点强调自治的自主性和自律性,尊重不同的社区依据其自身实际情况选择合适的自治模式,法律法规应积极规范和实现居民享有的自治方面的民主权利,包括知情权、民主参与权、民主选举权、民主决策权和民主监督权,明确自治组织的法律地位和自治章程的效力。同时,政府也应当积极培育和发展社区社会组织,并向包括社会组织在内的第三方购买服务,使政府的角色定位从现在的"全能型"转变为真正的"服务型"。随着城乡一体化建设,村民自治和居民自治有融会贯通的趋势。② 在理想模式下,社区居民可以通过居民自治权的行使充分参与基层民主政治建设,而规范的缺失和居民自治运行的"内卷化",使考察居民自治权的"权利"属性的回归、明确社区居民自治权显得尤为重要。③

共治中的法治政府与法治社会。就法治政府与法治社会的关系而言,法治政府是依宪规范政府权力,保障公民权利,从而实现服务型政

---

① 对社会组织从硬法到软法系统而详尽的论述,参见张清等:《非政府组织的法治空间:一种硬法规制的视角》,知识产权出版社2010年版;张清、武艳:《社会组织的软法治理研究》,法律出版社2015年版。
② 参见张清主持的中国法学会2012年度部级法学研究重点课题"我国城市社区建设和居民自治的关系问题研究"(CLS[2012]B11)最终结项研究报告《城市社区建设与居民自治》(内部文稿)。
③ 参见张清、顾伟:《居民自治权论要》,载张仁善主编:《南京大学法律评论》2013年秋季卷(总第40卷),法律出版社2013年版。

府的目标。法治社会则强调社会治理的法治化以及社会组织和公民权利的法治化。社会治理的法治化,是"政府治理社会"法治化和"社会自我治理"法治化的有机统一。"法治政府可以为法治社会发展提供制度支持,法治社会治理体系和治理能力现代化可以为法治政府建设提供环境保障,进而实现法治政府与法治社会的良性互动。"①总之,包容性法治社会的发展要靠法治政府支持,法治政府的权威要靠包容性法治社会维护,从而实现"治理"与"自治"的秩序共治。

第二节 包容性法治理念*

一、背景与内涵

市场经济已成为世界主流经济发展模式。在市场经济的高速发展中出现了一系列的社会问题,这些社会问题在经济上表现为法治缺失、产权界定狭隘、存在进入壁垒、规制环境阻碍市场作用的发挥、存在竞争排斥等等,在政治上表现为权力集中、缺少制衡与约束等等。一些学者认为上述问题分别体现的是汲取性经济制度与汲取性政治制度的残余,为了解决这些问题,他们提出了一种新的发展理念——包容性理念。《国家为什么会失败》的作者在分析了上百年的历史资料后得出结论:任何采取包容性制度的地区经济都得以可持续发展,公民的生活水平普遍得以持续提高;反观建立汲取性制度的地区,其经济无法实现可

---

① 吕延君、喻中:《法治政府与法治社会不是"零和博弈"》,《北京日报》2015年3月30日。
* 本节内容曾以《包容性法治理念的核心要素与实践理路》为题,发表于《扬州大学学报》(人文社会科学版)2020年第3期,收入本书时有修改。

持续发展,抑或长期陷入贫困落后的状态。① 袁达松教授认为,新加坡、韩国、加拿大等国之所以成为成功典范,包容性的政治经济制度是关键因素;②而今,国际复兴开发银行、亚洲开发银行等以国际减贫为宗旨的国际机构均采纳包容性发展的指导思想。③ 包容性理念近来受到愈加广泛的关注。2007 年,亚洲开发银行提出"包容性增长"的概念,此后被多国政要引用,"包容性理念"在经济学界和政治学界成为广泛研究的命题。

在对包容性理念的内涵进行总结归纳时,成果共享、机会平等与可持续发展被很多专家学者认为是包容性理念的关键要素。④ 学界普遍认为下述四个方面是包容性发展的应有之义:(1)提升社会各阶层参与社会事务的能力;(2)平衡社会各阶层获得发展的机会;(3)改善发展成果分配中对弱势群体的排斥状态;(4)改善收入分配不平衡状态。⑤ 包容性理念在经济层面强调自由进入和竞争,社会主体参与经济活动时没有明显被排斥的现象,经济活动参与者都至少可以获得绝大部分生产性收益,都具有很高的生产性激励;在政治层面强调公民都具有广泛的政治权利,能够普遍并实质性地参与政治活动,领导人不是选民的统治者而是代理者。⑥

---

① 参见〔美〕德隆·阿西莫格鲁、〔美〕詹姆斯·A.罗宾逊:《国家为什么会失败》,李增刚译,湖南科学技术出版社 2016 年版,译序。
② 参见袁达松:《包容性法治论》,中国法制出版社 2017 年版,第 7 页。
③ 参见杜志雄、肖卫东、詹琳:《包容性增长理论的脉络、要义与政策内涵》,《中国农村经济》2010 年第 11 期。
④ 参见向德平:《包容性发展理念对中国社会政策建构的启示》,《社会科学》2012 年第 1 期。
⑤ 参见叶初升、张凤华:《发展经济学视野中的包容性发展》,《光明日报》2011 年 3 月 18 日。
⑥ 〔美〕德隆·阿西莫格鲁、〔美〕詹姆斯·A.罗宾逊:《国家为什么会失败》,李增刚译,湖南科学技术出版社 2016 年版,第 5 页。

包容性理念的要义在政治层面与经济层面均有所体现,然而在法学层面的含义鲜有人归纳。对包容性法治理念的研究是颇具价值的,其主要原因有二。首先,包容性理念亟须在法学领域获得内涵。任何一种社会理念的实现都需要其在各种制度中贯彻落实,包容性理念也不例外。尽管国内对包容性政治理念与经济理念有较为广泛的研究,但对包容性法治理念的深入研究尚未展开。法学界对包容性法治理念的研究基本停留在论证包容性法治理念贯彻落实的可行性,抑或设计与包容性政治制度和经济制度相配套的法律制度,对包容性法治理念本身以及如何贯彻落实的论述却很少。其次,新型法律的出台要求论证其合法性。随着市场经济的高速发展,我国出现了一系列社会问题,政府相应出台了大量考量全局因素的政策,并通过立法机关将其法律化。这些政策性法律着重关注的是社会总体法治环境的建设与法治的长远发展,而非个体权益的大小得失,部分法律在社会中引发了争议。为了改善这一现状,亟须在传统法治中加入一种新的理念来论证上述政策性法律出台的合法性,而这些政策性法律的价值取向与包容性理念的内涵高度契合,因此传统法治中缺失的理念可被认定为包容性法治理念。

包容性法治理念的前提是假定任何一种法治模式与法治改革都会使部分社会群体的合理利益受到损害,原因在于长期以来利益最大化是人类追求的目标,势必有一部分社会成员的合理权益在法治的范畴内难以受到充分保护,[①]从而导致宏观层面的平等与公正难以实现。包容性法治理念致力于减少社会排斥,要求社会主体具备社会情怀与社

---

① 参见杜芳:《宪政体制下群体性事件的根源治理——以市民社会的建立为视角》,《学海》2010年第3期。

会责任感,其价值追求是促进社会总体法治环境建设与法治的长远发展。

二、包容性法治理念与平等公正法治理念

之所以选择平等公正法治理念作为包容性法治理念的比较对象,一方面是因为二者最为近似,较易混为一谈,且几乎所有以包容性理念为主题的文献都将平等公正理念归入包容性理念的内涵之中,但其实包容性法治理念与平等公正法治理念是同位概念,二者有本质上的区别。另一方面是因为平等公正理念在法治理念中的地位举足轻重:江平教授认为,平等是市场法治的核心;[①]何延军教授认为,公平正义是法律追求的最高价值目标,也是社会主义法治的价值追求,公平正义理念处于社会主义法治理念中的核心地位;[②]徐显明教授认为,对于社会发展而言,虽然必须具备秩序、利益、效率、自由等价值观念,但它们都无法成为社会的核心价值准则,因为它们必须经受公平正义这一价值准则的检验,都无法超越公平正义价值观念的地位。[③] 平等公正理念既是其他理念的前提和基础,又是其他理念的体现和保障。[④] 平等公正理念可谓目前我国法治的主导理念,通过比较平等公正法治理念与包容性法治理念,可以初步确立包容性法治理念在社会主义法治理念中的地位。

[①] 参见江平:《平等是市场法治的核心》,《中国民营科技与经济》2012年第Z2期。
[②] 参见何延军:《公平正义的社会主义法治理念价值解读》,《法学杂志》2007年第4期。
[③] 参见徐显明:《公平正义:当代中国社会主义法治的价值追求》,《法学家》2006年第5期。
[④] 参见中共中央政法委编:《社会主义法治理念教育读本》,中国长安出版社2006年版,第5页。

(一) 逻辑起点

实际上,平等公正法治理念包含平等、公平与正义三种法治理念,中外法学界对这三种理念有很深入的研究。"平等"理念一方面要求个体在权利层面得到公平分配,另一方面要求个体在人格尊严层面得到同等对待。① 西方学界对平等概念有很多种不同的解释,主要可分为两类:本质平等与分配平等。本质平等的含义是个体间虽有差异,但个体生命具有同等价值;分配平等的含义是应较为平等地在个体间分配政治权利、社会机会、财产等资源。分配平等观的代表人物罗尔斯在其著作《正义论》中阐明了他对平等的认识,他认为应在个体间平等地分配所有的社会基本善如尊严、财产与社会机会,除非不平等分配有利于最不利者。② 可见无论是本质层面的平等理念抑或分配层面的平等理念,都将着眼点置于人类个体的权益大小,注重对个体权益的维护。至于"公平"的含义,何延军教授认为公平主要包括人类个体间的权利公平、机会公平、过程公平和结果公平;③周雪峰认为,公平实质上是利益分配层面探讨的问题,在立法层面上便是在个体、群体间合理分配权利与义务。④ 不难看出公平理念的关注点也是个体间各方面的权益差距。关于"正义"的内涵,西方法学界在不同时期有不同的认识,在此主要阐述西方近代与现代的理论成果。近代功利主义兴起,功利主义法学派认为能使大多数人获得更大幸福的行为是更符合正义要求的。功利主义

---

① 参见王家福:《中国人权百科全书》,中国大百科全书出版社1998年版,第435页。
② 参见段立新:《西方不同时期平等理念评析》,《内蒙古民族大学学报》(社会科学学报)2006年第3期。
③ 参见何延军:《公平正义的社会主义法治理念价值解读》,《法学杂志》2007年第4期。
④ 参见周雪峰:《社会主义法治理念的公平正义观》,《武汉科技大学学报》(社会科学版)2010年第3期。

法学派宣扬个体主义,强调追求个人利益,而人们在追求个人利益的同时往往会侵害他人权益,因此认为需要制定强制性规范来合理地限制个人行为,以保障每个个体的合理权益。① 近代功利主义法学派的代表人物认为,正义是指个体权益能够通过合理的方式实现,他们构想通过理性原则建构国家与政府来保护个体权益并对个体权益进行合理限制。到了现代,社会制度也成为正义理念研究的关注点之一。美国著名政治哲学家罗尔斯认为,正义体现在社会对自由和权利的分配与保护上,正义可分为个人正义与社会正义,个人正义原则适用的对象是个体行为,社会正义原则适用的对象是社会制度,保障个体合理权益得以充分实现是确立社会正义原则的基本目的。同为现代西方哲学大家的诺齐克认为,正义就是人权神圣不可侵犯。② 他由个体权利出发,试图建立"最弱意义的国家"理论,认为要充分保障个体合理权益就需要严格限制国家权力的范围。不难发现,在近代与现代西方法学界的主流认识中,正义理念的出发点或落脚点也是保障个体合理权益得以充分实现。综上所述,平等公正法治理念的关注点实质上在于个体权益而非社会利益。其实,在事实上"也许人们无法对平等应当是如何一种状态作出明确的论定,但对不平等的现实感知却似乎是比较明确的"③,平等公正法治理念重点关注的是不平等、不公正问题,为了解决这些问题,也需要侧重于关注个体权益的大小得失,强调维权。

反观包容性法治理念,其强调的是减少社会排斥,体现出社会主体的社会情怀与社会责任感,侧重于关注社会总体的法治环境与法治的

---

① 参见刘舒怡:《西方正义理念的演变》,《学理论》2017年第4期。
② 参见余晓菊:《西方正义理念的历史回眸》,《伦理学研究》2003年第2期。
③ 〔英〕迈克尔·欧克肖特:《政治中的理性主义》,张汝伦译,上海译文出版社2004年版,第98—102页。

长远发展。其中减少社会排斥不同于维护个体的合理权益,一方面,二者考量的基点不同,前者是基于追求社会总体利益与未来收益的考量,后者是基于保障个体权益的考量;另一方面,二者均衡各方权益的程度不同,前者旨在消除对社会发展而言各方之间不合理的权益差距,但承认于社会发展而言合理的"不平等"与"不公正"现状,后者则旨在消除各方之间任何不合理的权益差距。

(二) 公民社会建构

公民社会指称的是这样一种状态:在一个社会中,各种社会组织作为公民自发的结社形式能较为容易地获取合法性,它们都能够发展得很充分,各社会群体在社会组织中能使用多种方式进行对话与博弈。① 公民社会的自治是上下互动的,它主要通过确立共同目标、协商、合作等方式来管理公共事务。② 一方面,由于各利益集团的平等观与公正观不一致,人们或多或少都认为自己遭受了不平等或不公正的待遇;另一方面,由于平等公正法治理念着重关注个体权益的大小和得失,在这种法治理念的主导下,各利益集团间充满敌视与争执,交流与合作则很少,这不利于公民社会的建立。而包容性法治理念着重关注的是社会总体的法治环境与法治的长远发展,在这种法治理念的主导下,各利益集团会暂时放下各自的成见,增强交流与合作,寻求社会总体可以接受的法治解决方案,这对公民社会的建构大有裨益。

而今公民社会发展的重要趋势就是契约文化贯穿于相关的功能、

---

① 参见王名:《走向公民社会——我国社会组织发展的历史及趋势》,《吉林大学社会科学学报》2009 年第 3 期。
② 参见李建华:《论中国市民社会的建立及其伦理变革》,《浙江社会科学》2001 年第 5 期。

关系与结构中。① 通过社会契约,各社会成员被共同置于公意的最高指导之下,且每个成员都被接纳为全体不可分割的一部分。② 契约精神最重要的表现是各社会成员用协议的方法为自己创设社会地位。③ 包容性法治理念减少社会排斥的内在要求及体现出来的社会情怀与社会责任感都符合契约精神的要求,包容性法治理念可以有力地促成社会成员的契约精神,从而更有利于公民社会的建构。

(三) 立法考量

在平等公正法治理念的主导下,立法者为了充分保障个体的权益,在制定法律时侧重考量的是局部因素;在包容性法治理念的主导下,立法者为了保障社会总体的法治环境与法治的长远发展,在制定法律时侧重考量的是全局因素,除个体权益因素外,还须考量个体社会角色因素、经济因素、资源因素、环境因素等。如世界以往主流的反垄断法律主要致力于规制垄断结构,重大的垄断结构一经出现,立刻予以审查取缔,该反垄断法律是以平等公正法治理念为主导的,旨在保障其他竞争者的经济权益,防止垄断结构产生的规模效应对其产生不利影响;而今主流的反垄断法律主要致力于规制垄断行为而非垄断结构,如若出现影响市场竞争秩序的垄断行为且无豁免事由,就对此进行严厉处罚。后者是以包容性法治理念为主导的,旨在维护良好的市场竞争秩序,其之所以不着力规制垄断结构,是因为一方面一定规模的垄断可以产生规模效应,进而大大提高社会整体的经济效率;另一方面允许垄断经营者获取由于规模效应产生的额外收益,能够在社会范围内产生"努力就会有回报"的正向激励,有利于社会的长远发展。此处一定规模的垄断

---

① 参见伍俊斌:《公民社会的契约文化》,《学习时报》2006年5月22日。
② 参见〔法〕卢梭:《社会契约论》,何兆武译,商务印书馆1980年版,第24页。
③ 参见〔英〕梅因:《古代法》,沈景一译,商务印书馆1959年版,第172页。

结构便是于社会发展而言合理的"不平等"与"不公正"现状。

在平等公正法治理念的主导下,立法者在制定法律时着重考量的是局部因素,这往往会导致制定出的法律只能保证局部的平等与公正,但不利于社会总体法治环境的建设与法治的长远发展,进而加剧各利益集团间的不满与敌视;而在包容性法治理念的主导下,立法者在制定法律时着重考量的是全局因素,这样制定出来的法律能有效减少社会排斥,有利于社会总体法治环境的建设与法治的长远发展。还以反垄断法律的变迁为例,以往以平等公正法治理念为主导的反垄断法律主要致力于规制垄断结构,此举虽能防止垄断结构产生的规模效应对其他竞争者造成不利影响,保障其他竞争者的经济权益,但是无法产生垄断结构带来的规模效应,进而无法大幅提高经济效益;此外不允许垄断经营者获取由于规模效应产生的额外收益,损害了垄断经营者的生产积极性,从而加剧垄断经营者对其他竞争者的不满与敌视。而以包容性法治理念为主导的反垄断法律主要致力于规制垄断行为而非垄断结构,这样一方面在防止垄断行为对其他竞争者产生不利影响的同时,也允许垄断经营者获取由于规模效应产生的额外收益,减少社会对垄断经营者的排斥;另一方面规模垄断既能产生一定的规模效应,进而大大提高经济效益,又能通过允许垄断经营者获取规模效应产生的额外收益,在社会范围内产生"努力就会有回报"的正向激励,从而有利于社会的长远发展。

其实,平等公正法治理念与包容性法治理念之所以存在这些差异,是因为二者的前提假定不同。平等公正法治理念的前提假定是法治能够实现某方面的平等与公正或者法治能够减少某方面的不平等与不公正,而包容性法治理念的前提假定是任何一种法治模式与法治改革都会使部分社会群体的合理利益受到损害,原因在于长期以来利益最大化是人类追求的目标,这使得一部分社会成员的合理权益在法治的范畴内难以得到充分保护,法治宏观层面的主导价值追求并非平等与公正,而是社会总体利益与未来收益的最大化。平等公正法治理念的前提假定强调的是法治微观层面的价值追求(包括平等与公正),包容性法治理念的前提假定为法治宏观层面的主导价值追求是社会总体利益与未来收益的最大化。因此,平等公正法治理念只能主导微观层面的法治,着力于保障个体合法权益并实现局部的平等与公正;而宏观层面的法治需要由包容性法治理念主导,致力于减少社会排斥,实现社会总体利益与未来收益的最大化。法治宏观层面的主导理念应由平等公正理念替换为包容性理念。

三、包容性法治理念的核心要素

包容性法治理念的价值追求是促进社会总体法治环境建设与法治的长远发展,这就要求在立法层面与法律实施层面都要进行理念设计。在立法层面,最重要的是要对各社会群体参与社会关系的机会以及产权制度进行包容性法治理念设计,原因在于社会关系是法调整的对象,法调整社会关系的制度包括社会关系参与的机会设计以及法律关系内部机制的设计。而一方面由于包容性法治理念着重考量全局因素,因此应对各社会群体参与社会关系的机会进行出于包容性法治理念的设计;另一方面由于"经济基础决定上层建筑",在所有法律关系中,民事法律关系权利与义务的界定和资源总体的分配规则关系十分密切,而其他法律关系权利与义务的界分则往往体现为局部机制的内在运作,因此应在民事法律关系方面进行理念设计。民事法律关系的内容是民事权利与民事义务,当今越来越多的学者都认为法应以权利为本位,即在法律权利与法律义务之间,权利是决定性且起主导作用的,因此应在民事权利方面进行重点设计。而产权概念实质上是对民事权利的泛指,①但产权理论强调的是资源配置过程中的人际关系,②因此可将"民事权利"替换成"产权"进行表述,以此凸显包容性法治理念以全局为视角的特点,因此应对产权制度进行包容性法治理念设计。在法律实施层面,最重要的是要对公共法律资源的配置规则与法治文化建设进行包容性法治理念设计,原因在于二者都对促进社会总体法治环境建设与法治的长远发展有举足轻重的作用,前者是立法贯彻的保障,后者则为立法落实的依托,二者共同组成法律实施环节的核心。综上,包容性法治理念要求在立法层面对各社会群体参与社会关系的机会以及产权制度进行理念设计,在法律实施层面则须对公共法律资源的分配规则与法治文化建设进行理念设计。

包容性法治理念与包容性理念的内涵相近,在归纳包容性法治理念的核心要素时可以参照包容性理念的要素。张幼文认为,包容性理念强调发展成果的共享性、发展机制的兼容性与发展条件的可持续性;③唐钧认为,"共享"与"参与"即为包容性发展的内涵;④朱玲、魏众认为,包容性发展的理念包括社会融合凝聚、经济增长共享以及生态平衡和资源节约。⑤张幼文观点中的"发展机制的兼容性"强调各社会群体参与发展的兼容性,可对应以社会角色因素为重点的机会分配的立法理念;"发展成果的共享性"强调产权制度设计与公共资源配置应符

---

① 参见田洪鋆:《科斯定理中产权概念的法学解析》,《东北师大学报》(哲学社会科学版)2011年第2期。
② 参见刘金花、杨建慧:《浅谈科斯定理》,《商场现代化》2007年第12期。
③ 参见张幼文:《包容性发展:世界共享繁荣之道》,《求是》2011年第11期。
④ 参见唐钧:《参与和共享的发展才有意义》,《人民日报》2010年10月14日。
⑤ 参见朱玲、魏众主编:《包容性发展与社会公平政策的选择》,经济管理出版社2013年版,第41页。

合社会的整体利益与长远利益，可对应以社会利益为基点的产权构建的立法理念以及以减少社会排斥为核心的公共法律资源配置的法律实施理念；法治要想可持续发展，关键在于法治文化的建设，因此"发展条件的可持续性"可对应法治文化建设方面的法律实施理念。朱玲、魏众观点中的"生态平衡和资源节约"可通过以社会利益为基点的广义产权构建的立法理念来实现，与时下流行的着眼于保障个体权益的狭义产权论不同，广义产权构建着眼于社会总体法治环境建设与法治的长远发展；"经济增长共享"可通过以社会利益为基点的广义产权构建的立法理念以及以减少社会排斥为核心的公共法律资源配置的法律实施理念来实现，其中以减少社会排斥为核心的公共法律资源配置是基于社会总体建设考量，而非基于保障个体利益的平等公正法治理念考量；"社会融合凝聚"一方面强调各社会群体参与发展的兼容性，另一方面强调社会帮扶的重要性，因此可通过以社会角色因素为重点的机会分配的立法理念与以社会帮扶为要义的法治文化建设的法律实施理念来实现，其中以社会角色因素为重点的机会分配不同于同一类社会主体参与社会关系机会平等的平等公正法治理念，而以社会帮扶为要义的法治文化建设不同于以依法维权为要义的法治文化建设的平等公正法治理念，二者都基于减少社会排斥、促进社会总体法治环境建设与法治的长远发展的考量。

综上，包容性法治理念的核心要素可以界定为以社会角色因素为重点的机会分配、以社会利益为基点的广义产权构建、以减少社会排斥为核心的公共法律资源配置以及以社会帮扶为要义的法治文化建设。其中，以社会角色因素为重点的机会分配与以社会利益为基点的广义产权构建是立法层面的核心要素，以减少社会排斥为核心的公共法律资源配置与以社会帮扶为要义的法治文化建设是法律实施层面的核心要素。

(一) 以社会角色因素为重点的机会分配

机会均等的本质要求所强调的是克服明显人为的制度歧视和区别对待,使得才能成为决定一个人机会和前程的最主要因素。① 机会均等这一体现平等公正的理念可以转化为包容性法治理念的一个核心要素,即以社会角色因素为重点的机会分配,其法学含义是克服法律制度歧视,让才能、角色成为决定社会群体参与社会关系机会最主要的因素。不同于机会均等,以社会角色因素为重点的机会分配首先将机会视为一种需要分配的社会资源而非个人与生俱来的权利,其次将机会赋予的对象由简单的个人抽象为各个社会群体,从而更具实践意义,最后将社会角色纳入机会赋予的主要考量因素中。这三方面的区别决定了以社会角色因素为重点的机会分配的考量基点是社会总体法治环境建设与法治的长远发展而非保障个体权益。

在实际操作中,以社会角色因素为重点的机会分配意味着针对不同类型的社会角色需要制定不同的行为规范。强势群体与弱势群体是两类典型的社会角色,在以社会角色因素为重点分配各社会群体参与社会关系的机会中,关键是一方面要规范并限制强势群体的行为,另一方面要提升弱势群体参与社会事务的能力,如此才能极大地促进社会整体发展。当前学术界对强势群体与弱势群体的界定标准不一,我们认为:强势群体指由于掌握较多政治或经济资源,其利益诉求总能得到反映与重视的群体,主要包括国家公权力机关与强势的经济竞争者,前者的类型主要是立法机关、行政机关、司法机关与监察机关,后者的类型主要是垄断经济集团、其他有明显经济优势的竞争者以及为了自己

---

① 参见朱玲、魏众主编:《包容性发展与社会公平政策的选择》,经济管理出版社2013年版,第16—17页。

的经济利益能对法律制度的决策者进行大量游说并施加影响的群体;弱势群体指由于缺乏政治、经济或社会资源,其利益诉求很难得到重视与满足的群体,主要包括目前不发达的基层自治群体与经济上处于受制于人地位的群体,后者的类型主要有受制于雇主的劳动者、受制于经营者的消费者以及受制面较广的贫困者。

1. 规范并限制强势群体的行为

(1) 减少行政权力不必要的外部干预

长期以来,我国致力于建设服务型政府,强调"简政放权",但在经济干预与行政体制两方面还有待进一步进行法制化改革。首先,政府部门设置较高的市场准入门槛、干预市场经营活动,①会抑制市场主体的内在活力,不利于激发市场经济发展的内生动力。对此,应当一方面不断完善政府的权力清单制度与责任清单制度,明晰政府的市场监管职能;另一方面改革行政审批法律制度,减少不必要的行政审批项目,进一步规范行政审批流程,从而有力地克服行政权力滥用和腐败问题。其次,应当通过修改行政体制法律法规推进政府机构改革,逐渐解决层次过多的问题,推动社会管理重心向基层转移,激发公民、社会组织等社会主体参与管理的活力,强化基层自治的功能,从而极大地提高管理效率与质量。例如,深圳已开始进行精简行政层级改革的试点。

(2) 完善公权力内部的分权与制衡机制

在遏制公权力滥用与越权行使的手段中,完善公权力内部的分权与制衡机制十分重要。长期以来,新加坡与我国香港特区在全球清廉指数排名中位居前列,它们是咨询型法治建设的范例。咨询型法治的支柱由五大系统构成,即司法系统、反贪系统、公务员系统、新闻出版系

---

① 参见常修泽:《改革大局与政府职能转变》,《宏观经济管理》2012年第5期。

统与民意咨询系统。① 咨询型法治模式中公权力内部的分权与制衡机制和我国的改革方向十分相似,有值得借鉴之处。一方面,咨询型法治要求独立行使审判权、裁判权。我国近年来也进行了独立行使审判权、裁判权改革,主要强调"内部独立"与"外部独立"。但司法要想真正独立,就必须充分重视司法处理意见的权威性,必须确立法律优越原则,其内涵是司法解释效力应高于行政解释效力,且法院在处理具体案件时具有决定性权力。② 另一方面,咨询型法治还要求建立独立的反贪系统。我国也在尝试建立独立的公权力监察系统,《宪法修正案》(2018)通过后正式确立了监察委员会制度,监察委员会行使监察权,不受个人、社会团体和行政机关的干涉,主要处理职务违法犯罪案件。其实,进行权力监督的目的是确保公权力的规范行使,除了赋予监察委员会现有的侦办个案的职能,还应当尝试赋予其对公共决策咨询与建议的职能,从而起到提高公权力机关执法水平的实效。

(3) 规范并限制强势经济竞争者的行为

此处的强势经济竞争者主要指垄断经济集团、其他有明显经济优势的竞争者以及为了自己的经济利益能对法律制度的决策者进行大量游说的群体。对这些群体的行为进行规范与限制,对于社会总体法治环境建设大有裨益。首先,经济集团的垄断行为一方面破坏了市场公平竞争的秩序,对其他竞争者形成排斥,另一方面不利于经济效率的总体提升,因此必须加以规制。我国《反垄断法》对垄断的规制主要体现在反经营者垄断行为与反行政垄断行为两个方面,但对自然垄断领域的关注不多。某些原本具有自然垄断性质的行业,随着市场容量的增

---

① 参见袁达松:《包容性法治论》,中国法制出版社 2017 年版,第 208 页。
② 参见季卫东:《建设法治国家的路线图和时间表》,《中国改革》2012 年第 10 期。

长与技术的创新,其进入壁垒被逐渐克服,出现引入市场竞争机制的条件,此类过时的自然垄断行业应着重进行考察。其次,在对不充分竞争的行业进行立法时,为了尽快改变不对等竞争的局面,使市场在充分竞争中迸发活力,立法者应当针对强势竞争者与弱势竞争者制定不对称的监管法律制度,待该行业竞争充分后,再予以适时调整。最后,立法者在宏观经济立法时必须侧重考量经济的总体环境而非既得经济利益者的权益得失,防止发生国外常见的经济集团对立法者进行"规制蛊惑"的现象。

2. 提升弱势群体参与社会事务的能力

（1）加强基层民主法治建设

长期以来,我国公民利益表达协调机制并不完善,各利益群体间的"对抗"多于"对话"。为了改善这一现状,应从基层民主法治建设着手。目前我国基层民主法治建设尚待完善,主要体现为社会组织作为基层自治的主体并未实现其自治功能。① 近年来,我国强调基层应建立矛盾纠纷化解制度,完善与其他矛盾调处方式的联动衔接机制,这固然扩大了基层组织的权限,但这对提升基层自治能力的帮助有限。对此,首先,应当培育社区服务组织、经济合作组织和公益慈善组织等各类基层社会组织,以此提高公民的组织化程度;②其次,作为基层自治的主体,基层社会组织应致力于实现其自治功能,着力构建各利益群体的交流合作平台,鼓励公民尤其是边缘群体积极主动地参与进来,处理社会问题时寻求总体可以接受的解决方案,引导公民采取法律途径解决严

---

① 参见周庆智:《乡村治理转型:问题及其他》,《江西师范大学学报》(哲学社会科学版)2015年第6期。

② 参见李占宾:《基层治理的现实困境及法治化路径》,《河南师范大学学报》(哲学社会科学版)2016年第1期。

重争端,逐渐用"对话"替代"对抗"。

(2) 倾斜保护弱势群体

法学已经从对人抽象把握的时代转变为根据职业差异与经济地位对人具体把握的时代,而今,法学坦率地承认人在各方面事实上的强弱有别。① 为了减少社会对弱势群体的排斥,降低其维权成本,立法者对弱势群体采用倾斜保护的方针。"倾斜保护"有两层含义:一方面倾斜保护仅限于立法层面,以此保护与社会利益相一致的个人利益;②另一方面在向弱势群体倾斜分配立法利益之余,仍然允许当事人意思自治。③ 我国已将倾斜保护弱势群体作为保护劳动者与消费者的一项重要原则,主要表现在立法规定劳动者和消费者相比雇主和经营者享有更多的权利,加重雇主和经营者的侵权责任以及不对称分配举证责任。其实倾斜保护弱势群体应在更多立法领域作为一项重要原则加以确立,具体而言:第一,该原则可扩展到对重大公益受害的救济中,我国公益诉讼的兴起已证明这一点的合理性与可行性;第二,对诉讼中弱势群体的立法应确立该原则,该原则在诉讼费用减免制度与法律援助制度中已有体现;第三,在法律解释领域也应落实该原则,事实上,民法对格式条款解释的规定中已贯彻该原则。

(二) 以社会利益为基点的广义产权构建

经济学学者常修泽曾将美国与中国的透支情况做对比研究,发现美国是高消费、低储蓄、多借贷的发展模式,美国透支的是家庭资产,但

---

① 参见〔日〕星野英一:《私法中的人》,王闯译,中国法制出版社2004年版,第70—71页。
② 参见〔美〕罗·庞德:《通过法律的社会控制 法律的任务》,沈宗灵、董世忠译,商务印书馆1984年版,第10页。
③ 参见穆随心:《我国劳动法"倾斜保护原则":辨识、内涵及理据》,《学术界》2012年第12期。

中国透支的是自然资源、人力资源与环境资源。① 国家如果透支资产则会导致当前经济社会受困,但如果透支资源则会危及长远发展。为实现我国的可持续发展,常修泽提出了广义产权的构想,广义产权具体包括资源产权、环境产权以及人力产权。其中人力产权是指自然人自由支配其人身资源的专有财产权利,②具体包括管理产权、劳动力产权和技术产权三类。人力产权制度的建立会激励自然人努力增加个人的人力资源储量,从而达到将人力资源转化为人才资源的功效。对于资源产权与人力产权,我国立法都有相应规定,不过对于环境产权没有立法规定。其实环境领域也可引入产权制度,因为环境问题是外部效应问题的典型表现之一,而产权理论研究则为应对外部效应问题的重要方式。③ 许多市场理性学者认为产权制度可以解决所有的环境外部性问题,代表人物有史密斯、利、古帕塔和安德森。

法学界时下流行的产权论为狭义产权论,其研究范围主要包括人力产权及资源产权,其中资源产权的研究十分不足。狭义产权论侧重于保护个体权益,体现的是平等公正理念;与之相对应的广义产权论则致力于激励人们保护环境、重视资源与珍视人力,促进社会总体建设与社会长远发展。广义产权的构想若能应用于法学研究中,将极有利于促进社会总体法治环境建设与法治的长远发展,因此应将以社会利益为基点的广义产权构建作为包容性法治理念的一个核心要素,但须结合法学实际对常修泽教授的广义产权构想在主要研究方向上进行调整。具体而言,环境

---

① 参见常修泽:《包容性改革论——中国新阶段全面改革的新思维》,经济科学出版社 2013 年版,第 116 页。
② 参见张文楚、何丹、戴晶:《建立人力产权法律制度的构想》,《法学评论》2004 年第 3 期。
③ 参见郝俊英、黄桐城:《环境资源产权理论综述》,《经济问题》2004 年第 6 期。

产权可作为环境法学的一个新兴方向进行研究;资源产权在民法上已有相应界定,但其制度仍需完善,可对此进行研究;人力产权包括劳动力产权、管理产权与技术产权,其中劳动力产权在劳动法学界已有广泛研究,技术产权在知识产权学界也有充分研究,管理产权则与知识产权的"保护表达而非思想"理念不符,可暂不对其进行研究。鉴于此,下面从环境产权的界定与保护和资源产权的制度完善两方面进行阐述。

1. 环境产权的界定与保护

环境产权中的"环境",既包括天然的自然环境,也包括人工治理后的次生环境。长期以来,由于"产权实物观"根深蒂固,环境资源往往被认为是可以无偿利用的,享受环境资源的受益者不必支付费用,而环境资源提供者的权益则受到损害,这一方面不利于环保意识的形成,另一方面抑制了人们改善环境的积极性。我国环境领域在实务界没有提出过产权关系问题,但已有中外实践与理论基础。国家发展和改革委员会制定碳减排指标,将指标分派给各省,各省再分派给各地,如此碳排放量就变成了稀缺资源,从而为环境产权制度的建立提供了有利条件。此外,美国、德国、澳大利亚、英国等国家已建立较为完善的排污权交易制度,[①]我国也开展了排污权交易的试点。

环境保护具备很强的正外部性,在环境产权制度缺失的情况下,大多数社会主体基于个人利益的衡量不会主动保护环境。而外部性的存在反映出个人理性与集体理性、个人最优与社会最优的不一致,克服外部性的办法只能是让个人与社会的利益诉求趋同,因此环境产权制度必须起到促使社会主体基于个人利益考量主动保护环境的功效,这就

[①] 参见常修泽:《包容性改革论——中国新阶段全面改革的新思维》,经济科学出版社2013年版,第331页。

需要在原有的行政管理机制基础上引入市场机制。事实上,很多学者都支持通过市场机制保护环境的范式,如潘家华认为,环境改善可以通过市场机制来实现,这是一种保护环境的新思路;①徐嵩龄认为,在保护环境方面,环境资源的市场运营模式甚至可以有效替代环境领域的行政管理机制;②刘钟龄等人认为,未来市场模式在环境保护方面的应用会有长足的发展。③ 环境产权制度中的市场机制可以生态补偿体系为框架进行建构,即通过改变环境利益关系使得环境外部效应内部化,从而一方面有效地减少生态破坏行径,另一方面起到鼓励社会主体进行环境建设的功效。④ 对以生态补偿体系为框架的环境产权市场机制进行构建,首先既需要界定环境产权破坏者与受损者以及贡献者与受益者,也需要界定其相关权益;其次需要构建环境产权利益补偿机制与保护机制。环境产权利益补偿机制要求环境产权受益者对贡献者进行补偿,具体包括环境产权受益者与贡献者间直接的补偿机制和以国家为中介的间接补偿机制。环境产权直接补偿机制是指在双方所涉权益较为明确的情形下,由环境产权受益者直接向贡献者进行补偿;而环境产权间接补偿机制是指在双方所涉权益较为模糊的情形下,由政府机关通过征收税费的形式向环境产权受益者收取补偿金,然后将补偿金支

---

① 参见〔美〕泰瑞·安德森、〔美〕唐纳德·利尔:《从相克到相生:经济与环保的共生策略》,萧代基译,改革出版社1997年版,第3页。
② 参见徐嵩龄:《产权化是环境管理网链中的重要环节,但不是万能的、自发的、独立的——简评〈从相克到相生:经济与环保的共生策略〉》,《河北经贸大学学报》1999年第2期。
③ 参见滕有正、刘钟龄等:《环境经济探索:机制与政策》,内蒙古大学出版社2001年版,第47页。
④ 参见唐克勇、杨怀宇、杨正勇:《环境产权视角下的生态补偿机制研究》,《环境污染与防治》2011年第12期。

付给环境产权贡献者。① 环境产权保护机制则是要求环境产权破坏者向受损者进行赔偿,具体运行模式可参照环境产权利益补偿机制。

2. 资源产权的制度完善

资源产权中的"资源",是对自然形成、可被开发利用并具有稀缺性的实物资源的统称,具体包括土地资源、矿产资源、水资源、森林资源等资源。环境产权与资源产权的客体有重合之处,但前者关注的是抽象的环境利益,后者关注的是具体的资源本身。资源产权制度设计的目的应为使自然资源有效地满足国家可持续发展的需求。② 我国民法已对资源产权的类型进行了相应界定,但资源产权制度并不完善,还存在很多问题。首先,我国资源产权制度包括集体所有制和国有制两种形式,而政府事实上具有国家行政管理者和所有者的双重身份,这使得国有资源的经营权与所有权相混淆,同时,层层代理的管理机制使国有资源的实际所有者往往转变为地方部门,从而使国有资源的产权被虚置,而这些地方政府有的会为了眼前利益而牺牲长远利益,如掠夺性开发资源。对此,可以尝试将部分普通资源归于私有,对于重要资源则应将其使用权能、处分权能和收益权能等进行合理划分,从而使资源产权不再被弱化或虚置,资源产权制度的价值得以真正实现。其次,一方面资源产权有偿取得的成本很低,很多资源产权都是以廉价或无偿的方式取得的,如有相当一部分的矿业权是通过行政划拨的方式无偿取得的,这造就了很多牟取暴利的"煤老板",极大地损害了公共利益;另一方面很多资源开采者未投入环境治理成本和生态恢复成本,如矿区的环境治理资金与闭坑后的生态恢复资金未被很多矿企计入生产成本,这不

---

① 参见常修泽:《包容性改革论——中国新阶段全面改革的新思维》,经济科学出版社 2013 年版,第 250—251 页。

② 参见肖国兴:《论中国资源环境产权制度的架构》,《环境保护》2000 年第 11 期。

仅导致资源所在地的环境产权遭受侵害,而且造成资源枯竭,使该地区处于被其他地区的人排斥的不利状态。为此应当一方面扩大资源产权有偿取得的范围并适当提高收费标准;另一方面责令资源开采者划拨资金治理环境并恢复生态。

(三) 以减少社会排斥为核心的公共法律资源配置

法律制度不仅调整各社会群体参与社会关系的机会,界分权利与义务的关系,而且还对公共法律资源进行分配。前者是立法层面的作用,后者则为法律实施层面的功用。公共资源是指属于人类社会公有、公用的自然与社会资源,任何领域立法的贯彻落实都需要对相应公共法律资源进行合理分配。市场机制可以自发对公共资源进行配置,但自发配置往往只能保证社会效率的实现,会对弱势群体产生严重的排斥,因为市场是根据生产要素的稀缺程度、数量及产生的社会效率支付生产者酬劳的。① 为了改善社会总体环境并实现社会的长远发展,就需要引入以减少社会排斥为核心的公共法律资源配置机制,该机制的设计是基于社会总体建设的考量,而非基于保障个体利益的平等公正法治理念的考量,因此符合包容性法治理念的要求。

在公共资源配置中,要想达到减少社会排斥的功效,关键是要克服市场配置中形成社会排斥的因素。伯索尔认为有两大因素致使市场配置形成社会排斥:(1)地理位置。偏远地区很少受到公共政策的关注,基础设施和服务水平都非常落后,因此这些地区的人们很难获得增长机会,且由于运营成本较高,金融机构在此很少设立分支机构,从而形成了比较突出的金融排斥。(2)人力资本。对人力资本(包括技能和创业培训)的有限投资制约了穷人参与劳动力市场、金融市场和产品市场

---

① 参见陈庆云:《公共政策十大理论问题再思考》,《中国行政管理》1999年第12期。

的深度和广度。① 莱申等人经调研发现,金融机构会自发撤出偏远地区,同时将信贷服务的目标从贫困群体向富裕群体转移;②阿马蒂亚·森认为,人力资本的差距是造成社会排斥的原因之一,它导致贫困群体难以享受到公共资源。③ 可见地理位置因素导致偏远地区成为公共资源市场配置中社会排斥的对象,人力资本因素导致贫困群体成为公共资源市场配置中社会排斥的对象。地理位置与人力资本是形成公共资源市场配置中社会排斥的两大因素,在贯彻落实以减少社会排斥为核心的公共法律资源配置理念中,关键是要克服二者的不利影响。

1. 克服地理位置因素的不利影响

改革开放前,我国中西部地区经济不发达,法治建设方面的财政拨款很少,公共法律资源很匮乏,也很难吸引到优质人才前来提供法律服务,致使这些地区成了公共法律资源排斥的对象。改革开放以来,我国为克服因地理位置因素造成的公共资源不合理分配问题,先后制定并落实"对口援建""西部大开发"等一系列战略规划,取得了很大的成效,但主要关注的领域限于经济、医疗和教育,对法律领域则关注不多。近年来,我国逐渐重视因地理位置因素造成的公共法律资源不合理分配问题,社会不断宣扬法律人的社会情怀与社会责任感,鼓励法律人前往中西部地区与偏远地区进行法律援助。截至 2017 年 12 月,全国有 87%的地级市,73%的县、县级市和市辖区,62%的乡镇已建立公共法律

---

① 参见 N. Birdsall, "Reflections on the Macro Foundations of the Middle Class in the Developing World", *Working Paper*, No. 130(2007)。

② 参见 A. Leyshon and N. Thrift, "Geographies of Financial Exclusion: Financial Abandonment in Britain and the United States", *Transactions of the Institute of British Geographers*, Vol. 20, No. 3(1995), pp. 312-341。

③ 参见〔英〕阿马蒂亚·森:《论社会排斥》,王燕燕译,《经济社会体制比较》2005 年第 3 期。

服务实体平台。① 2017年司法部出台《关于推进公共法律服务平台建设的意见》,规定应在县(市、区)和乡镇(街道)普遍建成公共法律服务实体平台,建成全国统一的网络平台和电话热线,到2018年年底前在全国范围内基本实现村(居)法律顾问全覆盖,到2020年总体形成覆盖城乡的公共法律服务网络体系。②

尽管我国公共法律资源的地域分配已更加均衡,但资金支持不力与人才支援缺失依然是阻碍公共法律资源地域合理分配的两大难题。首先,目前很多公共法律服务资金一方面来自专项拨款,另一方面来自相关部门的工作经费,这些资金具有应急性、临时性的特点。③ 中西部地区由于政府部门工作经费较为缺乏,这种现象尤其严重。要改变这种状况,就需要各级政府尤其是中西部地区的地方政府在财政预算中增加公共法律服务科目,使之向制度化与规范化发展。其次,西部法律人才流失的现象十分普遍,以湖南省为例,2010—2015年湖南基层法院办理各类案件与前五年相比上升一倍以上,但人员仅增加800人;湘西自治州两级法院新招录的148人中流失47人,流失率高达31%。④ 这就需要中央政府与地方政府都出台优惠政策以吸引并留住来中西部地区服务的优质法律人才,让法律人才经过利益衡量后认为中西部是值得扎根的地区。

2. 克服人力资本因素的不利影响

此处的"人力资本"主要指技能培训。普及技能培训对消除社会排

---

① 参见刘子阳:《让公共法律服务落到群众最需要之处》,《法制日报》2018年3月20日。
② 参见司法部:《关于推进公共法律服务平台建设的意见》,《中国司法》2017年第10期。
③ 参见刘亚:《皮剑龙委员:公共法律服务要让百姓"看得见用得到"》,《检察日报》2018年3月7日。
④ 参见王俏:《合力保障 走出法官流失之困》,《人民法院报》2015年2月28日。

斥的作用主要体现在三个方面:一是提高培训对象的受教育程度,进而减少其受到用工排斥的可能;二是提高培训对象的社会地位,从而避免其被边缘化;三是提高培训对象的收入水平并增加其社会人脉资源。[1] 长期以来,我国法律技能培训的人力与财力投入是不够的,法律技能培训大多限于普适性技能培训,面向特定社会群体的专业法律技能培训则很少,且有较高的经济门槛限制,导致贫困社会群体成了公共法律资源排斥的对象,从而易于激化社会矛盾。我国近年来开始重视面向特定社会群体的专业技能培训,逐渐降低其经济门槛,着力推广"精准培训"。2014年以来,广西、宁夏、河南、甘肃等地明确提出开展"精准培训",甘肃等地对精准培训对象着力实行订单式定向定岗培训。[2] 其实,普及面向特定社会群体的专业法律技能培训不仅需要人力资源部门的人力与财力支持,更重要的是要激发广大法律人士的社会责任感,将专向技能培训确立为法律人士观念中的一项社会义务,如此才能从根本上克服人力资本因素的不利影响。

(四)以社会帮扶为要义的法治文化建设

任何一种法治理念的贯彻落实,都一方面需要立法的具体规定,另一方面需要相应的法治文化建设。前者是立法层面的举措,后者则为法律实施层面的关键因素,是立法贯彻落实的依托。包容性法治理念要求法治文化建设须以社会帮扶为要义,社会帮扶本意为动员全社会关心、支持、参与扶贫开发,在当前语境中指动员社会力量关心并帮助合法权益被侵害的个体。以社会帮扶为要义的法治文化建设不同于以

---

[1] 参见曹艳春、王建云、戴建兵:《社会排斥视角下的农民工教育培训分析》,《江苏大学学报》(社会科学版)2013年第5期。
[2] 参见张笑倩:《精准劳动力培训为我市扶贫攻坚提供有力支持》,《定西日报》2015年8月13日。

依法维权为要义的法治文化建设,前者体现的是减少社会排斥、促进社会总体法治环境建设的包容性法治理念,后者体现的是维护个体权益的平等公正法治理念。以减少社会排斥为核心的公共法律资源配置与以社会帮扶为要义的法治文化建设共同构成法律实施层面的包容性法治理念,前者是立法贯彻的保障,后者则为立法落实的依托。

一方面,以社会帮扶为要义的法治文化建设要求广泛地动员专业的法律人士对合法权益被侵害的个体施以援手。如基层工作单位应定期组织有较高法学学术水平与丰富法律实务经验的志愿者进行普法宣讲并搭建法律咨询服务平台,尤其要重视对合法权益面临严重侵害群体的法律援助。法律人士也应自发地进行社会帮扶,践行社会责任,如扬州大学法学院教授孟咸美三十年来坚持义务普法,根据不同社会群体的需求制定相应的普法方案,还自编多本普法读本。通过广泛地动员专业的法律人士对合法权益被侵害的个体施以援手,能在基层形成互相帮扶的法治氛围,进而加强大众建设法治社会的使命感与责任感。另一方面,以社会帮扶为要义的法治文化建设要求各社会群体在协商问题的解决方案时要着重关注合法权益被严重侵害的群体的诉求,必要时其他群体应当对这部分群体做出适当的让步,如此即可在法治领域大力弘扬公益精神。同时,通过协商的形式解决问题可以发掘出各社会群体的共同利益与共同需求,以此增强群体间的凝聚力,最终形成对以社会帮扶为要义的法治文化的认同感。

四、包容性法治理念的实践理路

包容性法治理念一方面应当替代平等公正法治理念成为法治的主导理念;另一方面其价值追求为促进社会总体法治环境建设与法治的长远发展,以此为主导理念设计出的法律制度着重考量的是全局因素。

因此,包容性法治理念可以对法治建设进行总体布局的指导。此外,包容性法治理念本身还可促进社会关系调整方式的协同整合,原因在于法治与政策治理和社会自治这两种社会关系调整方式具有很多相似之处。长期以来,在法治与政策治理、法治与社会自治的关系方面,学界虽有研究,但并非研究热点。包容性法治理念本身体现出法治与政策治理、法治与社会自治的关系十分密切,若其成为法治的主导理念,则法治与政策治理和社会自治的关系必然为学界所重视,法政策学与法社会学同样会取得长足发展。

(一)法治国家、法治政府与法治社会协同建设

包容性法治理念可以对法治建设进行总体布局的指导。一方面,包容性法治理念强调国家公权力机关在宏观层面的立法与在法律实施中要着重考量全局因素,法治的长远发展是其价值追求,因此该总体布局需要对国家公权力机关进行重点建设;另一方面,包容性法治理念要求社会主体具有社会情怀与社会责任感,其致力于减少社会排斥,促进社会总体的法治环境建设亦为其价值追求,因此该总体布局需要对社会进行重点建设。综上,以包容性理念为主导的宏观法治建设需要国家公权力机关建设与社会建设齐头并进。其中,政府建设是国家公权力机关建设中非常重要的一环。一方面,很多考量全局因素的法律都由政策通过立法机关法律化而来,而这些政策大多数由政府出台;另一方面,政府是国家机关中职权最为广泛、规模最大的机关,因此政府需单独列出进行重点建设。由此以包容性理念为主导的法治总体布局可设计为法治国家、法治政府与法治社会协同建设,这与《中共中央关于全面深化改革若干重大问题的决定》第九条"推进法治中国建设"中强调的"坚持法治国家、法治政府、法治社会一体建设"可谓不谋而合。

1. 推进以包容性改革为重心的国家建设

"法治国家"中的"国家"应做限制解释,其含义为国家公权力机关,具体包括立法机关、司法机关、行政机关、监察机关等公权力机关。在包容性法治理念的主导下,国家公权力机关改革应借鉴咨询型法治模式中公权力内部的分权与制衡机制,使得我国司法机关能够真正独立于行政机关,监察机关能够起到提高公权力执法水平的实效。在国家公权力机关外部事务的处理中,为使才能、角色成为决定社会群体参与社会关系机会最主要的因素,一方面应规范并限制强势经济竞争者的行为,另一方面应倾斜保护弱势群体。对于前者,在立法时应着重考察过时的自然垄断业务,此外,在对不充分竞争的行业进行立法时,为了尽快改变不对等竞争的局面,立法者应当针对强势竞争者与弱势竞争者制定不对称的监管法律制度,最后,在宏观经济立法时各机关必须侧重考量经济的总体环境而非既得利益者的权益得失,防止发生经济利益集团对立法者进行"规制蛊惑"的现象;对于后者,应扩大倾斜保护弱势群体的对象范围,倾斜保护弱势群体应在对重大公益损害的救济领域、对诉讼中弱势群体的保护领域以及法律解释领域等立法领域作为一项重要原则加以确立。在广义产权制度构建视域下,对于建立环境产权制度,各机关应协同构建环境产权界定机制、利益补偿机制与保护机制;在完善资源产权制度中,一方面应扩大资源产权有偿取得范围并适当提高收费标准,另一方面应责令资源开采者划拨资金治理环境,进行生态恢复工作。在具体法律事务的处理过程中,应提高社会参与度并广泛接受群众监督。

2. 施行以简政放权为重点的政府改革

在包容性法治理念的主导下,行政机关应减少对市场和基层自治不必要的外部干预,使政府职能真正转到公共服务、社会管理、市场监管与经济调节上来,实现政府主导型经济向市场主导型经济的转变、权力导向型社会向规则导向型社会的转变。① 此外,政府各部门应以减少社会排斥为核心进行公共法律资源配置,一方面应克服地理位置因素的不利影响,继续在各领域合理分配公共法律资源,仅仅依靠地方财政支持很难解决中西部地区公共法律资源匮乏的问题,中央财政也应当划拨专项资金给予帮助,此外中央政府与地方政府都应当出台优惠政策,吸引优质法律人才前来中西部地区服务;另一方面应克服人力资本因素的不利影响,更加重视面向特定社会群体的专业法律技能培训,逐渐降低其经济门槛,着力推广"精准培训"。

3. 推行以社会帮扶为核心的社会自治

制度性决策中社会参与程度低以及社会组织欠发达是我国社会发展中的两大缺陷,②因此亟须进行法治社会建设,在建设中应将公民、社会组织和政党团体等社会主体吸纳进来。在包容性法治理念的主导下,应当提高法治建设决策中公民尤其是边缘群体的参与程度,使得决策时能克服"信息不对称"问题,真正贯彻宏观法治建设决策着重考量全局因素的理念,起到减少社会排斥的实效。就法治社会本身的建设而言,一方面应当健全各利益群体的利益表达与协调机制,有关社会组织及政党团体应着力构建各利益群体的交流合作平台,积极寻求总体可以接受的问题解决方案,引导公民采取法律途径解决严重争端;另一方面应当宣扬法律人的社会情怀与社会责任感,使之积极开展法律援助,引导基层形成互相帮扶的包容性法治氛围,培养大众以包容性理念为主导的法治社会的使命感与责任感。

---

① 参见袁达松:《包容性法治论》,中国法制出版社 2017 年版,第 81 页。
② 参见朱玲、魏众主编:《包容性发展与社会公平政策的选择》,经济管理出版社 2013 年版,第 44 页。

(二) 社会关系调整方式协同整合

除了可对法治国家、法治政府与法治社会协同建设这一总体布局进行指导,包容性法治理念还对促进社会关系调整方式协同整合有所启示,此处"社会关系调整方式"指的是法治与政策治理和社会自治。

1. 法治与政策治理

在包容性法治理念的主导下,立法者在制定法律时着重考量的是全局因素,而很多考量全局因素的法律都由政策通过立法机关法律化而来,因此需要注重协调法与政策间的关系。政策是指在一定的历史时期,为调整特定的社会关系和实现特定的任务而规定的路线、方针、规范和措施等行动准则的统称。[①] 法相比政策具有权利义务规定明确具体、稳定性强、制定程序严格等特点,而政策在一定程度上能弥补立法的滞后性,待到时机成熟,政策就会通过立法机关实现法律化。史际春认为,在未来会出现法的政策化与政策法治化两大趋势。[②] 实质上政策与法趋同且密不可分。[③] 政策法治化就是将政策的制定和实施纳入法治轨道,通过立法明确限定政策的制定主体、范围和程序,在政策的实施中实行问责制,以防政策的制定者与执行者缺乏必要的约束,而法的政策化就是法要更加具备灵活性与概括性,立法需要有更多全局因素的考量,以此应对日新月异的社会问题。而包容性法治理念本身体现出法的政策化趋势以及政策与法密不可分的特点,这有力地佐证了上述观点。

2. 法治与社会自治

以包容性理念为主导的法治强调减少社会排斥,体现出社会主体

[①] 参见张文显:《法理学》,高等教育出版社、北京大学出版社2011年版,第296页。
[②] 参见史际春:《转变经济发展方式的法治保障》,《社会科学家》2011年第8期。
[③] 参见史际春:《法的政策化与政策法治化》,《经济法论丛》2018年第1期。

的社会情怀与社会责任感。该理念要求激发公民的主体意识,发挥社会主体的主观能动性,积极开展社会自治,因此需要注重协调社会自治与法治间的关系。社会自治是指市民社会中的成员通过约定的程序自主管理共同事务的一种治理方式,以团体自治、行业自治、业主自治等为表现形式。法治社会应给社会自治预留足够的空间,其原因在于法律无法对社会的每个方面予以规定,且每个社会主体都是自我事务的最佳判断者,而社会自治事务往往涉及自治主体的私人领域。① 一方面社会自治受制于立法,其具体内容、自治程序、效力来源都要受到法律的约束和调整,若法律未明文规定,社会自治规则不得违反法律的基本精神,因此"减少社会排斥、加强社会主体的社会责任感"应为与以包容性理念为主导的法治相匹配的社会自治规则的应有之义;另一方面社会自治规则是社会风俗习惯、历史传统、社会意识的综合反映,而国家针对某个领域的社会问题制定法律时须考虑该领域的社会意识与传统习俗,②社会自治本身强调增强各社会群体间的合作与交流,解决社会问题时应寻求社会总体可以接受的方案,这有利于促进社会总体建设与长远发展,符合包容性法治理念的价值追求,为以包容性理念为主导的法治的实现奠定了良好的社会基础。

五、小结

包容性法治理念的前提假定是任何一种法治模式与法治改革都会使部分社会群体的合理利益受到损害,从而导致宏观层面的平等与公正无法实现,法治宏观层面的主导价值追求并非平等与公正,而是社会总体利益与未来收益的最大化。包容性法治理念致力于减少社会排

---

① 参见王利明:《人民的福祉是最高的法律》,北京大学出版社2013年版,第117页。
② 参见薛刚凌、王文英:《社会自治规则探讨——兼论社会自治规则与国家法律的关系》,《行政法学研究》2006年第1期。

斥,要求社会主体具备社会情怀与社会责任感,其价值追求是社会总体法治环境建设与法治的长远发展。包容性法治理念与平等公正法治理念相比,前者更能体现出社会主体的社会情怀与责任感,以前者为主导设计出的法律制度着重考量全局因素。相比以往以平等公正理念为主导的法治,以包容性理念为主导的法治一方面更能促进各利益集团的交流与合作,有利于公民社会的构建;另一方面更有利于社会总体法治环境建设与法治的长远发展。包容性法治理念与平等公正法治理念的前提假定不同,决定了宏观层面法治的主导理念是包容性理念,而平等公正理念仅可为微观层面法治的主导理念。包容性法治理念的核心要素可界定为以社会角色因素为重点的机会分配、以社会利益为基点的广义产权构建、以减少社会排斥为核心的公共法律资源配置以及以社会帮扶为要义的法治文化建设,前两者是立法层面的核心要素,后两者是法律实施层面的核心要素。包容性法治理念一方面可对法治国家、法治政府与法治社会协同建设总体布局进行指导,另一方面对促进法治与政策治理、法治与社会自治这两种调整方式协同整合有所启示。对包容性法治理念进行法理阐释仅仅是一个起点,有关包容性法治理念的前提假定以及如何解释包容性法治理念与其他领域包容性理念的差异,还需要我们进一步进行深入研究。

第三节 基于"共享"的公平正义

"中国特色社会主义进入新时代,我国社会主要矛盾已经转化为人民日益增长的美好生活需要和不平衡不充分的发展之间的矛盾……人民美好生活需要日益广泛,不仅对物质文化生活提出了更高要求,而且在民主、法治、公平、正义、安全、环境等方面的要求日益增长。"①建设富强、民主、文明、和谐、美丽的社会主义现代化强国,实现"两个一百年"发展目标,必须牢固树立创新、协调、绿色、开放、共享的发展理念。这五大发展新理念,是党的十八届五中全会的最大理论亮点,是贯穿《中共中央关于制定国民经济和社会发展第十三个五年规划的建议》全文的逻辑主线和灵魂。牢固树立和贯彻落实创新、协调、绿色、开放、共享五大发展新理念,是摆在全党和全国人民面前的一项重要任务。坚持五大发展理念与坚持法治思维、法治方式的关系是一种相互依赖、相互促进的关系。坚持法治思维、法治方式是坚持和实现五大发展理念的保障,而坚持和实现五大发展理念是不断促进法治思维、法治方式运用的强大动力。②

以人民为中心,强调发展为了人民、发展依靠人民、发展成果由人民共享,这是"共享"新发展理念在公平正义法治思维及其实践中的具体体现。法治思维是一种法律化的理性思维,是将法律作为判断是非和处理事务的准绳,它要求崇尚法治、尊重法律,善于运用法律手段解决问题和推进工作。以习近平同志为核心的党中央自觉运用法治思维和法治方式深化改革、推动发展、化解矛盾、维护稳定、防范风险,法治思维贯穿于治国理政的全过程。法治思维既是合法性思维、理性思维,更是一种实践性思维,它包括规则思维、权利保障思维、权力制约思维、程序思维、责任思维和公平正义思维。早在建设"法治浙江"的实践中,习近平总书记就意识到,公平正义是和谐社会、法治社会的基本特征和价值追求,是立法、执法、司法等法治实践的重要依据,要把公平正义作

---

① 习近平:《决胜全面建成小康社会 夺取新时代中国特色社会主义伟大胜利——在中国共产党第十九次全国代表大会上的报告》(2017年10月18日),载《习近平著作选读》第二卷,人民出版社2023年版,第9—10页。

② 参见姜明安:《法治思维与五大发展理念》,《中国司法》2016年第2期。

为协调社会各个阶层相互关系的基本准则,把公平正义贯彻于权利与义务的辩证关系之中。2015年2月2日,习近平总书记在省部级主要领导干部学习贯彻党的十八届四中全会精神、全面推进依法治国专题研讨班上的讲话中指出,公平正义是我们党追求的一个非常崇高的价值,全心全意为人民服务的宗旨决定了我们必须追求公平,保护人民权益,伸张正义。公平正义是法治中国建设的灵魂,因此要全面推进依法治国,必须紧紧围绕保障和促进社会公平正义来进行。党的十八大报告提出领导干部运用"法治思维"的能力:一种以法为坐标、善于运用法治观念与法律逻辑的思考方式应运而生。作为法治思维重要组成部分的公平正义思维同样以区别于公平正义观的方式展示在世人面前,从公平正义观发展到公平正义思维,这不仅是思想、思维层面的重大转变,更具有实践性与方法论的意义。党的十九大报告要求执政党要"增强政治领导本领,坚持战略思维、创新思维、辩证思维、法治思维、底线思维,科学制定和坚决执行党的路线方针政策,把党总揽全局、协调各方落到实处"①,让人民享有充分的获得感。党的十九届四中全会、十九届五中全会以及中央全面依法治国工作会议,更是从国家制度和治理体系、治理能力的高度,勾画了建设公平正义法治社会的蓝图。2020年是脱贫攻坚和全面建成小康社会的关键之年,也是习近平公平正义法治思想落地生根的实践之年。

一、基于共享的公平正义思维之内在规定性

基于共享的公平正义思维是一种从公平正义基本特性和法治信念来认识事物、判断是非、解决问题的思维方式,其固有取向是:权力来源

---

① 参见习近平:《决胜全面建成小康社会 夺取新时代中国特色社会主义伟大胜利——在中国共产党第十九次全国代表大会上的报告》(2017年10月18日),载《习近平著作选读》第二卷,人民出版社2023年版,第56页。

于法律,权力受制于法律,权力与责任相统一,权力要尊重权利。公平正义思维在国家治理体系和治理能力现代化的进程中发挥着极其重要的作用。维护社会公平正义,要通过完善和发展中国特色社会主义法律制度,推动市场经济运行的法治化来实现。

1. 公平正义思维是公平正义观的升华

公平正义观所凝聚的是一种精神品质,是公民的基本价值追求,它包含对公平正义的判断、态度、功能、作用所持有的内心信念与坚定信仰。公平正义思维是运用法治理念规范指引人们行为、发现问题、分析问题、解决问题的思考方式和思维模式,是一种自觉而非他觉的思维,是一种事前而非事后的思维,是一种持续稳定而非一时兴起的思维。"法治建设要为了人民、依靠人民、造福人民、保护人民。必须牢牢把握社会公平正义这一法治价值追求,努力让人民群众在每一项法律制度、每一个执法决定、每一宗司法案件中都感受到公平正义。"①

2. 公平正义思维贯穿于社会变革的全过程

人类社会的文明发展史,就是推动以公平正义为目标的社会变革史。面对改革、发展、稳定的重要议题,需要特别强化公平正义思维。在全面推进国家治理体系和治理能力现代化的征程上,社会变革要以增进人民福祉、保障和改善民生为出发点和落脚点,在立法、执法、司法、守法中贯彻公平正义理念,尤其是要强调实体正义与程序正义的有机结合,让人民群众在每一个司法案件中都感受到公平正义。社会变革常常伴随各种因素、各种力量的对比变化,我们要紧紧把握和围绕公平正义这条主线,运用公平正义思维推动社会进步。

---

① 习近平:《加强党对全面依法治国的领导》,《求是》2019 年第 4 期。

3. 公平正义思维需要执政者的普遍践行

公平正义观强化的是一种观念、一种信念，执政者要运用公平正义思维处理问题、解决问题。一方面，公平正义思维重点强调的主体是执政者，突出强调公职人员应当具有公平正义的思维方式；另一方面，公平正义思维最终要落实到法律实践中，落实在处理问题、解决问题的能力上，正如习近平总书记所强调的，"政法战线要肩扛公正天平、手持正义之剑，以实际行为维护社会公平正义，让人民群众切实感受到公平正义就在身边"①。

二、基于共享的公平正义思维：建设新时代中国特色社会主义的本质要求

在新时代中国特色社会主义现代化建设的征程上，要抓住人民群众最关心、最现实的民生问题，在教育、医疗、养老、住房、帮扶等方面充分体现社会公平正义，在促进共同富裕和人的全面发展方面不断取得新进展，是党的十九大给全党提出的新要求。党的十七大报告曾提出："实现社会公平正义是中国共产党人的一贯主张，是发展中国特色社会主义的重大任务。要按照民主法治、公平正义、诚信友爱、充满活力、安定有序、人与自然和谐相处的总要求和共同建设、共同享有的原则，着力解决人民最关心、最直接、最现实的利益问题，努力形成全体人民各尽其能、各得其所而又和谐相处的局面，为发展提供良好社会环境。"②公平正义是中国特色社会主义法治建设的内在逻辑与本质要求。

---

① 习近平：《在2014年中央政法工作会议上的讲话》，《人民日报》2014年1月9日。
② 胡锦涛：《高举中国特色社会主义伟大旗帜　为夺取全面建设小康社会新胜利而奋斗——在中国共产党第十七次全国代表大会上的报告》，《人民日报》2007年10月25日。

1. 新时代中国特色社会主义公平正义思维的内核

中国特色社会主义法治强国建设背景下的公平正义思维是以民本立场为归宿、以共同富裕为本质特征的思维方式,旨在强调以法治为坐标,将公平正义作为全面深化改革的出发点和落脚点。

(1) 民本立场是社会主义公平正义思维的出发点和归宿。马克思深刻揭露了资本主义制度下工人和产品、工人和劳动、工人自身以及人与人之间的异化现象,阐述了资本主义制度是物对人的统治,是死劳动对活劳动的剥削,是对人的彻底否定和毁灭。马克思认为,共产主义是消除异化从而向人的本质复归的正途,只有共产主义才能真正实现人的自由而全面的发展。群众路线历来就是中国共产党的基本观点,在革命和战争年代如此,在建设与改革时代更是如此。邓小平同志曾指出,一切要从人民的根本利益出发,"要把人民拥护不拥护、赞成不赞成、高兴不高兴、答应不答应作为制定方针政策和作出决断的出发点和归宿"①。胡锦涛同志在党的十七大报告中明确提出:"实现社会公平正义是中国共产党人的一贯主张,是发展中国特色社会主义的重大任务。""做到发展为了人民、发展依靠人民、发展成果由人民共享。"②正如习近平总书记所说,"中国梦是人民的梦"③,必须紧紧依靠人民来实现,必须不断为人民造福。

(2) 共同富裕是社会主义公平正义思维的本质特征。社会主义公平正义的实质是在高度发达的经济基础上消灭私有制、消灭阶级、消灭

---

① 习近平:《在纪念邓小平同志诞辰110周年座谈会上的讲话》,《人民日报》2014年8月20日。
② 胡锦涛:《高举中国特色社会主义伟大旗帜 为夺取全面建设小康社会新胜利而奋斗——在中国共产党第十七次全国代表大会上的报告》,《人民日报》2007年10月25日。
③ 习近平:《在华盛顿州当地政府和美国友好团体联合欢迎宴会上的演讲》,《人民日报》2015年9月24日。

一切不公正的社会现象,追求全人类的彻底解放,最终实现每一个人自由而全面的发展。中国特色社会主义公平正义的价值取向在于实现全体人民共享改革发展成果。邓小平同志指出:"社会主义的特点不是穷,而是富,但这种富是人民共同富裕。"① 习近平总书记也指出:"要加快推进民生领域体制机制创新,促进公共资源向基层延伸、向农村覆盖、向弱势群体倾斜。关键要抓住以下四点。一是要抓重点,抓住人民最关心最直接最现实的利益问题,抓住最需要关心的人群,多做雪中送炭的事情。二是要抓实在,既尽力而为、又量力而行,做那些现实条件下可以做到的事情,让群众得到看得见、摸得着的实惠。决不能开空头支票,也要防止把胃口吊得过高,否则就会失信于民。三是要抓持久,把保障和改善民生作为长期任务来抓,一件事情接着一件事情办、一年接着一年干,锲而不舍向前走。四是要抓组织,各级干部要带领群众一起干,通过辛勤劳动创造幸福生活,而不能领导热群众不热,也不能群众热而领导不热。"② 因此,共同富裕是中国特色社会主义公平正义思维的价值基础。

2. 新时代中国特色社会主义公平正义的思维障碍

坚持新时代中国特色社会主义公平正义,要克服关于公平正义的认识偏差和思维障碍,打破平均主义、形式主义的思维桎梏,用实事求是的态度、与时俱进的眼光正确对待中国改革发展中公平正义的问题。

(1) 公平正义就是平均主义——将公平正义做抽象化理解。这是空想社会主义的思想方法,空想社会主义所主张的绝对平均主义是脱

---

① 《邓小平文选》第三卷,人民出版社1993年版,第265页。
② 习近平:《在海南考察工作结束时的讲话》(2013年4月10日),载中共中央文献研究室编:《习近平关于全面深化改革论述摘编》,中央文献出版社2014年版,第92—93页。

离生产力发展水平的,无论是傅立叶倡导的由一系列"法郎吉"组成的"和谐制度",还是欧文在行动上积极践行的新和谐公社蓝图,空想社会主义者在批判资本主义不公正现象的基础上,勾画和设计出一幅幅人人平等的公正画面,这是脱离经济发展实际和社会发展规律的绝对平均主义。我们所追求的公平正义是机会公平、权利公平、规则公平和结果公平的统一体,既强调让改革发展成果惠及人民,也强调以公平正义保障人的尊严。曾经流行的"大锅饭"、平均主义,貌似公平,却有违社会生产力发展规律。今天倡导的公平正义不是平均主义,走共同富裕的路也不是平均主义,中国特色社会主义要培育的公平正义思维更不是平均主义。

（2）公平正义就是形式平等和过程平等——将公平正义做简单理解。马克思在《资本论》中强调商品是天生的平等派,它要求买者与卖者之间必须遵守交换的等价法则。在市场经济条件下,每个市场主体在市场机遇、竞争规则面前均拥有平等的权利与义务,每个市场主体"不承认任何别的权威,只承认竞争的权威,只承认他们互相利益的压力加在他们身上的强制"①。所以,形式平等和过程平等是资本主义市场经济的内在逻辑,作为西方市场经济的倡导者和维护者的自由主义认为,只要规则平等、过程平等,那么结果就必然公平。在这个逻辑前提下,每个市场主体在家庭背景、个人天赋、市场运气和自身努力程度等因素上的差异,必然造成竞争结果上的不平等,而这种不平等正是激发人们进取精神和推动经济社会发展的效率源泉。当前,我国正在建立和完善社会主义市场经济体制,偏离市场经济的一般规律,否定规则平等、过程平等是不行的;但仅仅依靠规则平等、过程平等也是不行的,

---

① 《马克思恩格斯全集》第二十三卷,人民出版社1972年版,第394页。

我们要尽力做到形式平等和实质平等、过程平等和结果平等的有机统一。①

3. 新时代中国特色社会主义公平正义思维的逻辑进路

强化建设新时代中国特色社会主义的公平正义思维,必须处理好逻辑进路上的三对关系,即自由和平等、公平与效率、权力与责任的关系。

(1) 自由与平等。现代社会中人们的价值追求是多元的,而这些价值存在着矛盾和对立。正如以赛亚·伯林所指出的,并非所有的好事都是相容的,价值的冲突是人类生活固有的、不可消除的因素。"一个人或一个民族在多大程度上有如其所愿地选择自己生活的自由,必须与其他多种价值的要求放在一起进行衡量;平等、公正、幸福、安全或公共秩序,也许是其中最明显的例子。因为这个原因,自由不可能是不受限制的。"②自由与平等是人类追求的基本理念和价值理想,二者之间存在着一种张力,公正(即公平正义)就是自由和平等的调节器,通过公正实现二者的相对平衡。我们每个人只能拥有公正所允许的最大限度的自由,社会应在公正所要求的限度内达到最大的平等,公正对自由和平等的追求起着支配作用。中国特色社会主义的平等,已经不是生产力低下、物质生活贫乏的平等和平均,而是社会生产力有极大发展、物质生活较为丰富的平等,是加快城镇化建设、构建城乡一体化的平等,是让发展成果更多、更公平地惠及全体人民的平等,是构成法律基石意义上的平等。在中国特色社会主义社会中,平等体现为两个方面:一方面体现为机会平等、规则平等,正如李克强同志所指出的,改革的重要

---

① 参见张二芳:《中国特色社会主义公平正义的本质内涵和认识误区》,《马克思主义研究》2013 年第 5 期。
② 〔英〕以赛亚·伯林:《自由论》,胡传胜译,译林出版社 2003 年版,第 243 页。

原则是促进社会公正、保障机会公平，通过完善市场环境，保证各种所有制经济依法平等使用生产要素、公平参与市场竞争、同等受到法律保护，相互促进、共同发展；①另一方面，要逐步实现形式平等与实质平等的有机统一，自由就在于尊重别人的平等权利，做法律没有禁止的事情。中国特色社会主义公平正义思维就是要在制度上保障每个公民平等地享有宪法规定的自由和权利。

（2）公平和效率。公平和效率两种价值取向存在内在张力，它们的关系是困扰社会转型期人们制度设计的艰难选择、考验执政者政治智慧的时代课题。在全面深化改革的转型发展阶段，在建设中国特色社会主义过程中，公平与效率不可偏颇，必须用公正的精神来把握两者之间的关系，不仅要为社会发展提供坚实的物质基础，而且要把社会差别限制在公正的范围内，重新思考"效率优先兼顾公平"的策略。党的十八大以来，习近平总书记围绕经济工作发表了一系列重要讲话，其中明确提出要推动经济更有效率、更加公平、更可持续发展。党的十八大报告指出："实现发展成果由人民共享，必须深化收入分配制度改革，努力实现居民收入增长和经济发展同步、劳动报酬增长和劳动生产率提高同步，提高居民收入在国民收入分配中的比重，提高劳动报酬在初次分配中的比重。初次分配和再分配都要兼顾效率和公平，再分配更加注重公平。"②效率提高会使整个社会的财富增加，但其自身不会带来分配方面的公平。分配公正必须靠体制内的制度设计，效率和公平是制度设计的两个维度，公正的制度必然是效率和公平兼顾得最好的制度，

---

① 李克强：《认真学习深刻领会全面贯彻党的十八大精神　促进经济持续健康发展和社会全面进步》，载本书编写组编著：《十八大报告辅导读本》，人民出版社2012年版，第26页。

② 胡锦涛：《在中国共产党第十八次全国代表大会上的报告》，《人民日报》2012年11月18日。

任何一项好的制度都应该是公平和效率的最低限度统一。因此要完善初次分配机制，加快健全再分配机制。完善收入分配制度，既要讲效率，又要讲公平。为了最大限度地减轻改革阻力，要善于在利益增量上做文章，在利益预期上做调整，同时稳妥推进存量利益的优化，调整改变预期利益，更加注重权利公平、机会公平、规则公平，使所有人都能通过自己的努力获得应有利益。①

（3）权力和责任。新时代中国特色社会主义公平正义思维强调，要完善保障公平正义的权力运行和监督机制。如果不能树立正确的权力观，权力就会导致腐败，绝对权力导致绝对腐败，这已经是现代政治的常识。遏制腐败现象，保障公平正义，必须树立正确的权力观，处理好权力和责任的关系。党的十七届四中全会把确立正确的权力观作为评价干部政治品质和道德品行的标准。权力是人民赋予的，是为人民服务的工具，而"官"是为人民服务的岗位，无论官多大，权多重，都只有为人民服务的责任和义务。对此，胡锦涛同志指出，关键是要坚持做到"权为民所用、情为民所系、利为民所谋"②。习近平总书记指出："作为党的领导干部，一定要以正确的世界观立身、以正确的权力观用权、以正确的事业观做事，带头遵守廉洁自律各项规定，以淡泊之心对待个人名利和权位，以敬畏之心对待肩负的职责和人民的事业，任何情况下都要稳住心神、管住行为、守住清白，做到一尘不染、一身正气，始终保持共产党人的高尚品格和清廉形象。"③遏制腐败现象，保障社会公正，必须规范权力的行使，建立健全权力运行制约和监督机制，坚持用制度管

---

① 参见张二芳：《中国特色社会主义公平正义的本质内涵和认识误区》，《马克思主义研究》2013年第5期。
② 《胡锦涛文选》第二卷，人民出版社2016年版，第656页。
③ 习近平：《扎实做好保持党的纯洁性各项工作》，《求是》2012年第6期。

权、管事、管人,保障人民知情权、参与权、表达权、监督权,这是权力正确运行的重要保证。具体而言,一是要确保决策权、执行权、监督权既相互制约又相互协调,确保国家机关按照法定权限和程序行使权力。二是要坚持科学决策、民主决策、依法决策,健全决策机制和程序,建立决策问责和纠错制度。三是要推进权力运行公开化、规范化,健全质询、问责、经济责任审计、引咎辞职、罢免等制度,让权力在阳光下运行,让人民群众最大限度地体会到中国特色社会主义的公平正义。①

三、公平正义法治思想的新视界

习近平新时代中国特色社会主义思想将促进社会公平正义提升到新的高度,并做了全面阐释。习近平总书记在多个重要会议上强调公平正义尤其是司法的公平正义问题。在建设中国特色社会主义现代化国家的伟大事业中,习近平总书记有关公平正义法治的思想开辟了马克思主义公平正义观的新视界。

1. 依宪执政论

依宪执政,是党紧紧抓住制度建设这个带有根本性、全局性、稳定性、长期性的重要环节。坚持依宪治国,要求党领导立法、带头守法、支持司法、保证执法,不断推进国家经济、政治、文化、社会生活的法制化、规范化,从制度上、法律上保证党的路线方针政策的贯彻实施。这是中国共产党在新的历史条件下领导方式和执政方式的重大转变,是实行依法治国基本方略、发展社会主义民主政治、建设社会主义政治文明的必然要求。习近平总书记强调:"要把促进社会公平正义、增进人民福祉作为一面镜子,审视我们各方面体制机制和政策规定,哪里有不符合

---

① 参见张二芳:《中国特色社会主义公平正义的本质内涵和认识误区》,《马克思主义研究》2013年第5期。

促进社会公平正义的问题,哪里就需要改革;哪个领域哪个环节问题突出,哪个领域哪个环节就是改革的重点。"①公平正义作为中国特色社会主义民主政治和社会生活所固有的内在维度,关系到党能不能长期执政。但是公平正义问题才刚刚开始,我们究竟能不能解决好,还面临着考验。习近平总书记十分重视这个问题,高瞻远瞩地洞察到这个问题攸关党的兴衰存亡,他告诫全党:"这个问题不抓紧解决,不仅会影响人民群众对改革开放的信心,而且会影响社会和谐稳定。"②因此,新形势下我们党履行治国理政的重大职责,必须依据党章党规从严治党、依据宪法法律执政兴国。党的十八届四中全会指出"全国各族人民、一切国家机关和武装力量、各政党和各社会团体、各企业事业组织,都必须以宪法为根本的活动准则,并且负有维护宪法尊严、保证宪法实施的职责"③,强调一切违反宪法的行为都必须予以追究和纠正,党领导人民制定宪法和法律,执行宪法和法律,党自身也必须在宪法和法律范围内活动,真正做到党领导立法、保证执法、支持司法、带头守法,以实现治国理政的宪法之治。④ 党的十九大报告要求执政党要增强政治领导本领,坚持法治思维,把党总揽全局、协调各方落到实处。⑤ 全心全意为人民服务的宗旨决定了我们必须追求公平正义,为保护人民权益伸张正义,让人民享有充分的获得感,这是依宪执政的根本目的。唯有如此,社会

---

① 习近平:《切实把思想统一到党的十八届三中全会精神上来》,《求是》2014年第1期。

② 习近平:《切实把思想统一到党的十八届三中全会精神上来》,《求是》2014年第1期。

③ 《中共中央关于全面推进依法治国若干重大问题的决定》,《人民日报》2014年10月29日。

④ 参见张清:《宪法之治:"四个全面"治国理政的精义》,《中国社会科学报》2015年4月15日。

⑤ 参见《习近平著作选读》第二卷,人民出版社2023年版,第31—32页。

的公平正义才有可能实现。

2. 经济发展论

恩格斯指出:"平等应当不仅是表面的,不仅在国家的领域中实行,它还应当是实际的,还应当在社会的、经济的领域中实行。"①公平正义与否的客观标准主要在于,是否符合社会发展的客观要求,是否符合最广大人民群众的根本利益,具体到经济领域,最根本的就是要处理好政府与市场的关系。对此,习近平总书记指出:"现在政府职能转变还不到位,政府对微观经济运行干预过多过细,宏观经济调节还不完善,市场监管问题较多,社会管理亟待加强,公共服务比较薄弱,这些问题的存在与全面建成小康社会的新要求是不相符合的。进一步改革政府机构、转变政府职能,不仅是提高政府效能的必然要求,也是增强社会发展活力的必然要求。我们必须下更大决心、以更大力度推进政府职能转变,以更好适应深化改革开放、加快转变经济发展方式、转变工作作风、维护社会和谐稳定的迫切要求。"②习近平总书记强调要使市场在资源配置中起决定性作用和更好发挥政府作用,要在经济发展的更高水平上维护公平正义,他指出:"实现社会公平正义是由多种因素决定的,最主要的还是经济社会发展水平。在不同发展水平上,在不同历史时期,不同思想认识的人,不同阶层的人,对社会公平正义的认识和诉求也会不同。我们讲促进社会公平正义,就要从最广大人民根本利益出发,多从社会发展水平、从社会大局、从全体人民的角度看待和处理这个问题。我国现阶段存在的有违公平正义的现象,许多是发展中的问题,是能够通过不断发展,通过制度安排、法律规范、政策支持加以解

---

① 《马克思恩格斯选集》第三卷,人民出版社1995年版,第448页。
② 中共中央文献研究室编:《习近平关于全面深化改革论述摘编》,中央文献出版社2014年版,第52—53页。

决的。我们必须紧紧抓住经济建设这个中心,推动经济持续健康发展,进一步把'蛋糕'做大,为保障社会公平正义奠定更加坚实物质基础。"①

因此,要在更高经济发展水平上维护社会公平正义,习近平总书记提出需要在以下几方面下功夫:第一,通过制度安排更好地保障每个公民的权益。"要在全体人民共同奋斗、经济社会不断发展的基础上,通过制度安排,依法保障人民权益,让全体人民依法平等享有权利和履行义务。"②第二,缩小分配差距维护和促进社会公平正义。"把落实收入分配制度、增加城乡居民收入、缩小收入分配差距、规范收入分配秩序作为重要任务,着力解决人民群众反映突出的问题。"③"让每一个人获得发展自我和奉献社会的机会,共同享有人生出彩的机会,共同享有梦想成真的机会,保证人民平等参与、平等发展权利,维护社会公平正义。"④第三,深化住房体制改革促进社会公平正义。"加快推进住房保障和供应体系建设,要处理好政府提供公共服务和市场化的关系、住房发展的经济功能和社会功能的关系、需求和可能的关系、住房保障和防止福利陷阱的关系。"⑤"全面深化改革必须以促进社会公平正义、增进人民福祉为出发点和落脚点。……全面深化改革必须着眼创造更加公平正义的社会环境,不断克服各种有违公平正义的现象,使改革发展成

---

① 习近平:《切实把思想统一到党的十八届三中全会精神上来》,《求是》2014年第1期。
② 中共中央文献研究室编:《习近平关于全面深化改革论述摘编》,中央文献出版社2014年版,第94页。
③ 中共中央文献研究室编:《习近平关于全面深化改革论述摘编》,中央文献出版社2014年版,第92页。
④ 中共中央文献研究室编:《习近平关于全面深化改革论述摘编》,中央文献出版社2014年版,第102页。
⑤ 中共中央文献研究室编:《习近平关于全面深化改革论述摘编》,中央文献出版社2014年版,第95页。

果更多更公平惠及全体人民。"①

3. 保护弱者论

在全社会维护公平正义,是一项极为重要的民心工程。习近平总书记从社会治理的角度针对我国社会公平方面存在的问题提出了解决方案。首先,通过善治彰显公平正义。习近平总书记指出:"各级领导干部要时刻把群众的安危冷暖放在心上,多想想困难群众,多想想贫困地区,多做一些雪中送炭、急人之困的工作,少做些锦上添花、花上垒花的虚功。在我们社会主义国家,决不能发生旧社会那种'朱门酒肉臭,路有冻死骨'的现象。"②要以国力增强与改善民生相协调的平衡发展缩小贫富差距,维护和促进社会公平正义。其次,通过加快推进城乡一体化,维护和促进社会公平正义。习近平总书记在中共中央政治局第二十二次集体学习时强调要健全城乡发展一体化体制机制,让广大农民共享改革发展成果。"我们一定要抓紧工作、加大投入,努力在统筹城乡关系上取得重大突破,特别是要在破解城乡二元结构、推进城乡要素平等交换和公共资源均衡配置上取得重大突破,给农村发展注入新的动力,让广大农民平等参与改革发展进程、共同享受改革发展成果。"③2015年5月27日,习近平总书记在浙江召开华东七省市党委主要负责同志座谈会时强调:"要坚持经济发展以保障和改善民生为出发点和落脚点,全面解决好人民群众关心的教育、就业、收入、社保、医疗卫生、食品安全等问题,让改革发展成果更多、更公平、更实在地惠及广大人民

---

① 习近平:《切实把思想统一到党的十八届三中全会精神上来》,《求是》2014年第1期。

② 习近平:《习近平著作选读》第一卷,人民出版社2023年版,第87—88页。

③ 习近平:《健全城乡发展一体化体制机制 让广大农民共享改革发展成果》(2015年4月30日),《人民日报》2015年5月2日。

群众。"①最后,帮助贫困人口掌握摆脱贫困的能力,维护企业职工合法权益,促进社会公平正义。政府十分强调从根本上解决贫困地区和困难群众脱贫问题,着眼于维护贫困地区青少年受教育的权利,积极促进教育公平。促进教育公平,必须解决好农村和贫困家庭孩子教育问题。习近平总书记指出:"扶贫必扶智,治贫先治愚。"②"要采取超常举措,拿出过硬办法,按照精准扶贫、精准脱贫要求,用一套政策组合拳,确保在既定时间节点打赢扶贫开发攻坚战。"③党的十九大报告更是指出,保障和改善民生要坚持"人人尽责、人人享有","不断满足人民日益增长的美好生活需要,不断促进社会公平正义,形成有效的社会治理,使人民获得感、幸福感、安全感更加充实、更有保障、更可持续"。④ 习近平在十九届一中全会上强调:"在新时代的征程上,全党同志一定要抓住人民最关心最直接最现实的利益问题,坚持把人民群众关心的事当作自己的大事,从人民群众关心的事情做起……不断促进社会公平正义,不断促进人的全面发展、全体人民共同富裕。"⑤

4. 自主共享论

发展自我和奉献社会是一个过程的两个方面,在每个人的全面发展方面,改革开放与和平发展极大地拓展了人们的实践空间,也改变了

---

① 习近平:《抓住机遇立足优势积极作为 系统谋划"十三五"经济社会发展》(2015年5月27日),《人民日报》2015年5月29日。
② 习近平:《习近平谈"两不愁三保障"》,《人民日报》(海外版)2019年4月18日。
③ 习近平:《抓住机遇立足优势积极作为 系统谋划"十三五"经济社会发展》(2015年5月27日),《人民日报》2015年5月29日。
④ 习近平:《决胜全面建成小康社会 夺取新时代中国特色社会主义伟大胜利——在中国共产党第十九次全国代表大会上的报告》(2017年10月18日),《人民日报》2017年10月27日。
⑤ 习近平:《习近平在党的十九届一中全会上的讲话》(2017年10月25日),《求是》2017年第12期。

人们的生存方式,客观上为人们提供了更多的机会,同时也给维护社会公平正义提出了新的要求,即要为每一个社会成员的自由发展提供充分的空间,马克思在《共产党宣言》中指出:"代替那存在着阶级和阶级对立的资产阶级旧社会的,将是这样一个联合体,在那里,每个人的自由发展是一切人的自由发展的条件。"①习近平总书记强调:"我们要随时随刻倾听人民呼声、回应人民期待,保证人民平等参与、平等发展权利,维护社会公平正义,在学有所教、劳有所得、病有所医、老有所养、住有所居上持续取得新进展,不断实现好、维护好、发展好最广大人民根本利益,使发展成果更多更公平惠及全体人民,在经济社会不断发展的基础上,朝着共同富裕方向稳步前进。"②在现有的时代发展背景下,要充分尊重社会成员的自主意识和独立选择的权利,"改革开放是亿万人民自己的事业,必须坚持尊重人民首创精神,坚持在党的领导下推进。改革开放是人民的要求和党的主张的统一,人民群众是历史的创造者和改革开放事业的实践主体。所以,必须坚持人民主体地位和党的领导的统一,紧紧依靠人民推进改革开放。改革开放在认识和实践上的每一次突破和发展,改革开放中每一个新生事物的产生和发展,改革开放每一个方面经验的创造和积累,无不来自亿万人民的实践和智慧"③。社会作为人们生活和交往的共同家园,是一种公共性存在,需要每一位成员普遍地拥有与之相适应的公共精神。习近平总书记指出:"我们的方向就是让每个人获得发展自我和奉献社会的机会,共同享有人生出彩的机会,共同享有梦想成真的机会,保证人民平等参与、平等发展权

---

① 《马克思恩格斯选集》第一卷,人民出版社2012年版,第422页。
② 中共中央文献研究室编:《十八大以来重要文献选编》(上),中央文献出版社2014年版,第236页。
③ 中共中央文献研究室编:《习近平关于实现中华民族伟大复兴的中国梦论述摘编》,中央文献出版社2013年版,第46页。

利,维护社会公平正义,使发展成果更多更公平惠及全体人民,朝着共同富裕方向稳步前进。"①因此,为了实现中华民族伟大复兴的中国梦,要"营造鼓励人们干事业、支持人们干成事业的社会氛围,放手让一切劳动、知识、技术、管理和资本的活力竞相迸发,让一切创造社会财富的源泉充分涌流,以造福于人民"②。深化司法体制改革,不断促进社会公平正义,也是共享发展的必然要求。因此,我们要"把司法权关进制度的笼子,让公平正义的阳光照进人民心田,让老百姓看到实实在在的改革成效"③。

四、小结

党的十八大以来,法治中国建设进入了一个新时代,更加强调科学立法、严格执法、公正司法和全民守法对实现社会公平正义的重要意义。因此,在法治思维的统摄下,公平正义还需要通过立法、执法、司法等途径予以实现。党的十九大报告、十八届四中全会通过的全面推进依法治国的决定和五中全会公报,尤其是习近平总书记在中央全面依法治国工作会议上的讲话,都要求我们坚持以习近平法治思想为指导,突出强调运用法治思维和法治方式实现公平正义的重要意义与具体路径。

对于科学立法,要以宪法为统领,运用宪法思维深入推进科学立法,只有我们制定的法律符合社会发展趋势和最广大人民群众根本利益,社会的公平正义才有可能实现。推进严格执法,重点是解决执法不

---

① 中共中央文献研究室编:《习近平关于全面深化改革论述摘编》,中央文献出版社2014年版,第102页。
② 《江泽民文选》第三卷,人民出版社2006年版,第540页。
③ 习近平:《以提高司法公信力为根本尺度 坚定不移深化司法体制改革》,《人民日报》2015年3月26日。

严和不作为、乱作为等突出问题,强化重大行政决策合法性审查机制、法律顾问制度和行政裁量权基准制度。推进公正司法,要优化司法职权配置,支持司法机关依法独立公正行使职权。"'举直错诸枉,则民服;举枉错诸直,则民不服。'司法人员要刚正不阿,勇于担当,敢于依法排除来自司法机关内部和外部的干扰,坚守公正司法的底线。要坚持以公开促公正、树公信,构建开放、动态、透明、便民的阳光司法机制,杜绝暗箱操作,坚决遏制司法腐败。"①促进社会公平正义是政法工作的核心价值追求。从一定意义上说,公平正义是政法工作的生命线,司法机关是维护社会公平正义的最后一道防线。因此,在习近平法治思想的指导下,我们要强化法治思维,在建设法治政府、推进依法行政、强化公正司法、严格文明执法的进程中,深化司法体制综合配套改革,全面落实司法责任制,努力让人民群众在每一个司法案件中感受到公平正义。

---

① 习近平:《加快建设社会主义法治国家》,《求是》2015年第1期。

第二章
包容性法治社会实现机制（一）：能力建设

第一节 宪法话语体系

关于宪法是否可以以及如何进入司法领域的研究，"齐玉苓案"的批复提供了一个新的研究视角；但是 2008 年最高人民法院宣告废止"齐玉苓案"的批复，这对该研究产生了重大而深远的影响。学界亦一直对"司法裁判中的宪法话语"有所关注。

一、司法裁判中宪法话语的样本描述（2007—2019）

"司法裁判中宪法话语"述及的裁判文书均源于最高人民法院官方网站"中国裁判文书网"，统计时间为 2007 年 1 月 31 日到 2019 年 4 月 3 日，检索条件为"依据宪法"，得到 478 个案件。通过对宪法话语的表达样态进行研究和梳理，我们可以将裁判文书分为"裁判理由部分的宪法话语"（"本院认为……"）、"裁判依据部分的宪法话语"（"依照……的规定，判决如下"）和"对当事人宪法话语诉求的回应"三种类型。①

---

① 余军先生的分类方法具有典型意义，参见余军等：《中国宪法司法适用之实证研究》，中国政法大学出版社 2017 年版。

（一）裁判理由部分的宪法话语

在检索到的司法裁判文书中，将宪法规范表述作为裁判理由的做法是"典型的宪法话语"。以"在裁判理由中是否对引用的宪法内容进行解释"为标准，其中仅仅引用宪法条文而不对条文内容进行具体解释的裁判文书占比较大，且呈上升趋势。我们在下文将分而述之。

其一，司法活动中法院主动引用宪法而不解释宪法条文内容的裁判文书可以分为以下几种类型[1]：第一种类型是法院在裁判理由中将宪法条款的相关内容十分明确、完整地予以引用和陈列，如在"吴继凤与张桂芝、梁大军民间借贷纠纷二审民事判决书"[2]中，法院在裁判说理部分，原文引用了《中华人民共和国宪法》（以下简称《宪法》）第十条[3]，但是未对引用的内容进行任何解释说明。第二种类型是法院虽然明确标示出所引用的宪法条款项目，但是不在裁判文书中引用、罗列具体的内容，如在"西安市高陵区耿镇街办王家滩村六组与周永锋不当得利纠纷一审民事裁定书"[4]中，法官在裁判文书中引用了《宪法》第九条，但没有对第九条的条款内容进行详述。第三种类型是法院在裁判理由中不直接引用《宪法》条款的相关内容，只对有关条款的内容进行自己的转述，不明确标示出所引述规定的条款项目（将《宪法》文本的内容以自己的方式进行概括转述），如在"陈龙英与令狐昌华、王分琼、潘国才农村房屋买卖合同纠纷案民事裁定书"[5]中，法院法官在裁判说理的时候，

---

[1] 参见余军等：《中国宪法司法适用之实证研究》，中国政法大学出版社2017年版，第22—23页。
[2] 参见江苏省徐州市中级人民法院民事判决书（2016）苏03民终3203号。
[3] 《中华人民共和国宪法》第十条规定："城市的土地属于国家所有。农村和城市郊区的土地，除由法律规定属于国家所有的以外，属于集体所有。"
[4] 参见西安市高陵区人民法院民事裁定书（2018）陕0117民初1308号。
[5] 参见贵州省高级人民法院民事裁定书（2015）黔高民申字第1674号。

"根据《中华人民共和国宪法》《中华人民共和国城市房地产管理法》确定该案房屋协议案件纠纷的房屋所有权是可以交易的城市房屋,而不是农村宅基地上的房屋"。在司法文书中,法官没有详细阐述《宪法》的具体规定,读者需要结合案件的具体内容和相关法条才能推导出法官引用的内容是《宪法》第十条的内容。《宪法》在裁判文书中的体现主要是根据《宪法》第十条,然后再结合《中华人民共和国房地产管理法》的法规内容进行转述,即任何人都不能侵占、买卖或以其他形式转让宅基地。第四种类型是只提及"宪法"二字,需要结合具体的案情和相关内容才能判定法院具体指向《宪法》中的哪些条款作为论证的依据,如在"桂阳县雷坪镇上田坊村第九、十村民小组诉桂阳县政府等山林权属处理决定案"①中,法院在裁判文书说理中并未引用具体条款,只是在裁判说理部分加入"自然资源属于国家保护,禁止任何组织和私人破坏等"的表述。只有结合案情,读者才能推导出法院是想指向《宪法》第九条②。第五种类型是虽然法院在裁判理由中也提及"宪法"二字,但是结合案情和相关内容无法识别出具体指向哪一条款,或法院直接以"宪法"二字指代整部宪法文本,没有引用宪法的任何法律条文,如在"外嫁女的农村集体经济组织成员资格认定"③中,法官在裁判文书中直接引用《中华人民共和国村民委员会组织法》第二十七条。

其二,人民法院对所引用的宪法规范进行解释说理。"按照在裁判文书说理部分中对宪法话语说理的体现,将裁判引用类型可以细化为

---

① 参见湖南省高级人民法院行政判决书(2016)湘行终 47 号。
② 《中华人民共和国宪法》第九条规定:"矿藏、水流、森林、山岭、草原、荒地、滩涂等自然资源,都属于国家所有。"
③ 参见海南省琼海市人民法院民事裁判文书(2017)琼 9002 民初 738 号。

文义解释、目的解释、体系解释和未列举宪法基本权利的案例。"①文义解释就是根据字面解释法律,此类案例较多且说理清楚,不再赘述。运用目的解释的裁判文书比较少,值得讨论,如"刘风珍诉定西市安定区公安局治安行政处罚行政判决书"(将在下文进行讨论)。关于体系解释的运用,"刘风珍诉定西市安定区公安局治安行政处罚行政判决书""贾安珍与张天富、张天友、张天全、张天秀、张丽赡养纠纷一案一审民事判决书"等裁判文书为我们展开讨论提供了很好的素材。关于未列举宪法基本权利的案例,徐世凯的论文《司法裁判中的未列举宪法权利》已有详细分析,不再赘述。②

1. 案例一:"刘风珍诉定西市安定区公安局治安行政处罚行政判决书"

2012年12月28日11时许,原告刘风珍将自己驾驶的一辆黑色小轿车停放在自家小区交通路定运小区门口非机动车车道上后去买东西,被正在执行巡逻任务的定西市公安局交警支队城区大队民警发现。民警随即对该车辆进行拍照,并通知清障车将该车辆拖走。正当民警在该车辆前拍照时,原告刘风珍买完东西回来,并欲将其车辆开进住宅小区。民警在未出示警官证和扣留车辆凭证的情况下,不让刘风珍开走车辆。刘风珍随即打电话将其夫赵慧渊叫来。当赵慧渊到达现场时,民警已将该车拖至清障车上。双方发生争执,民警报警至定西市安定区汽车站派出所,并对刘风珍进行了行政处罚。二审法院经过审理认为:《宪法》规定,我国实行依法治国,建设社会主义法治国家,一切国家机关都必须遵守宪法和法律;《宪法》规定,各级人民政府有关部门和

---

① 余军等:《中国宪法司法适用之实证研究》,中国政法大学出版社2017年版,第108页。
② 参见徐世凯:《司法裁判中的未列举宪法权利》,浙江大学2018年硕士学位论文。

工作人员行使宪法和法律法规规定的职权时,必须严格遵守相关规定,行政机关不得不作为,也不得滥作为,任何公民或组织都必须依法规范自己的行为,正确行使法律规定的权利,履行法律规定的义务。在本案中,民警在查处违法停车行为时,没有向行政相对人出示警官证件,没有制作并送达行政强制措施凭证,因而没有严格遵守法律规定,上诉人的上诉理由无效,驳回上诉,维持原判。①

2. 案例二:"贾安珍与张天富、张天友、张天全、张天秀、张丽赡养纠纷一案一审民事判决书"

被告张天富等4人为原告贾安珍的子女,均年满18周岁且有自主生活的能力。1997年5月15日,双方在赡养问题上经村委会调解达成协议,约定原告贾安珍由被告张天富、张天友、张天全赡养,每人每月给原告支付赡养费25元并给20斤粮食。之后原告贾安珍一直随被告张天全生活至2015年9月。但几个被告因为分割原告的地震补偿款发生纠纷,对原告贾安珍的赡养责任相互推诿。现在被告提出了新的诉求,即要求每个子女每月都要支付500元的生活费给自己。法院在审理中认为:根据《中华人民共和国宪法》第四十九条、《中华人民共和国婚姻法》第二十一条以及《中华人民共和国老年人权益保障法》第十四条的规定,对原告贾安珍要求被告张天富、张天全、张天秀、张丽支付赡养费的诉讼请求予以支持。考虑到原告自愿和被告张天友生活的实际情况,将原告的诉讼请求的500元降为300元,被告张天友不用向原告支付赡养费。②

---

① 参见甘肃省定西市中级人民法院行政判决书(2014)定中行终字第33号。
② 四川省北川羌族自治县人民法院民事判决书(2016)川0726民初491号。

(二) 裁判依据部分的宪法话语

在2016年以前,在裁判文书中将宪法作为裁判依据的案例占比不多,主要集中体现在民事案由中。

1. 案例一:"黄福高与李兵财买卖合同纠纷一审民事判决书"

2012年10月27日,原告黄福高向被告李兵财购买其所有的位于抚州市高新区崇岗镇姚津村李塘村宅基地一块,原告黄福高向被告李兵财支付了5000元建房办证费,被告李兵财向原告黄福高出具了内容为"今收到黄福高建房钱伍仟元整"的收条,交由原告收执。2012年11月5日,原告、被告就上述买地事宜形成协议一份,被告李兵财向原告黄福高出具了内容为"李兵财今收到黄福高买李兵财李塘村地基建房一块,南边靠空地,北边靠尧兵华,东面是高速,地基为120平方米,地基由李德仁、李兵财出卖,价为伍万元整,已付清给李兵财,限在2013年2月30日之前办好地基证件并交给黄福高,如未在2013年2月30日前办理好,将伍万元全部一次性还清给黄福高"的收条一份。此后,被告李兵财未将地基卖给原告黄福高,原告黄福高遂要求被告李兵财退回买地款55 000元,但被告李兵不予还钱。原告诉至法院,要求被告立即返还原告买地款和利息。法院认为根据《中华人民共和国宪法》第十条的规定,本案合同属于无效合同,根据《中华人民共和国合同法》第五十八条的规定①,本案合同属于无效合同,被告依据该合同取得的买地款应当返还原告。最后,法院依据《中华人民共和国宪法》第十条、《中华人民共和国合同法》第五十八条、《中华人民共和国民事诉讼法》第一百四十四条的规定,不支持原告要求的逾期利益的诉讼

---

① 《中华人民共和国合同法》第五十八条规定:"合同无效或者被撤销后,因该合同取得的财产,应当予以返还。"

请求。①

2. 案例二:"怀安县左卫镇冀家庄村民委员会诉李守功农村土地承包合同纠纷一案民事判决书"

1985年6月10日,根据1985年中共中央一号文件精神,原告怀安县左卫镇冀家庄村民委员会与被告李守功签订了荒山承包合同书,虽经过公证,但是未经招标、拍卖、公开协商。合同约定承包期限为50年。原告以此荒山承包合同书违背了多数村民的意志,损害了集体和村民的利益为由,提起诉讼,请求法院判令解除此荒山承包合同。法院认为:1985年6月10日在原告、被告签订荒山承包合同时,《中华人民共和国土地管理法》和《中华人民共和国村民委员会组织法》并未颁布施行,原告、被告此时签订的荒山承包合同并未违反当时的法律规定,也符合当时的国家政策,且经过了公证处公证,应认定为合法有效。原告没有提供证据证明被告违约。因此,法院拒绝支持原告取消荒山合同的请求。因荒山承包合同中约定承包期限为1985年6月10日至2035年6月10日,故此合同应继续履行。因此,根据1985年6月10日正在适用的《中华人民共和国宪法》第十条的规定,参照1985年中共中央一号文件,判决如下:驳回原告的诉讼请求。②

(三) 对当事人宪法话语诉求的回应

在司法实践中,当事人主动引用宪法规范来表达自己的诉求是保护自身权益的方式之一。当事人主动引用宪法,不仅彰显出当事人对宪法的认同感,而且还可以看出法院引用宪法的方式。在裁判文书中,当事人主动引用宪法体现了宪法在司法实践中的真实情况。

---

① 参见江西省抚州市临川区人民法院民事判决书(2014)临民初字第1379号。
② 参见河北省怀安县人民法院民事判决书(2014)安商初字第175号。选择该案例的原因在于在该案中法官在裁判说理部分和裁判依据部分都引用了《宪法》第十条。

当事人的宪法诉求根据引用主体的数量,可分为当事人一方引用宪法作为诉求和当事人双方引用宪法作为诉求;而根据法院对当事人主动引用宪法的回复态度,可分为直接回复和间接回复(如"本院认为……")。其中,直接回复又分为"在回复中将宪法与法律规范的共同引用""在回复中单独对法律规范的单独引用,而不对宪法内容进行回复"和"对宪法进行单独拒绝引用";间接回复又分为"确认法律规范的正当性"和"不属于受案范围或审理范围"。在司法裁判文书中,从当事人引用数量出发的案例很多,而对法院对当事人主动引用直接回复的案例比较简单,不再赘述。法院对当事人主动引用宪法间接回复的案例值得研究。

1. 案例一:"庄鑫与中国电信股份有限公司泉州分公司、中国电信股份有限公司一般人格权纠纷再审复查与审判监督民事裁定书"

本案中,庄鑫因实名持有中国电信泉州分公司的移动电话号码卡与无线宽带数据卡,与中国电信泉州分公司形成电信服务合同关系。庄鑫主张中国电信泉州分公司工作人员在未经其本人同意、其本人不知情的情况下,将其实名持有的两副手机卡及数据卡过户给案外人,侵犯其姓名权、隐私权和通信自由(通信自由是宪法规定的基本权利)。庄鑫依据《中华人民共和国合同法》第一百二十二条的规定,要求中国电信泉州分公司和中国电信公司承担侵权责任。福建省高级法院在裁判中指出:虽然中国电信泉州分公司在庄鑫不知情的情况下,将庄鑫实名持有的手机卡及数据卡过户给他人,但庄鑫在原审中没有提供充分的证据证明中国电信泉州分公司、中国电信公司存在干涉、盗用、冒用其姓名以及非法泄露其隐私或者以违反社会公共利益、社会公德等其他方式侵害合法权益的行为,并且庄鑫也没有提供中国电信泉州分公司、中国电信公司将其持有的手机卡及数据卡过户给他人的行为给其造成经济损失的充分证据,故原审对庄鑫要求中国电信泉州分公司、中国电信公司向其公开赔礼道歉及赔偿精神损害的诉讼请求不予支持并无不当。庄鑫原审申请法院调查收集的本案所涉两个手机卡入网以来的业务受理记录及泉州电视台《法治连线》节目播出的视频资料与本案待证事实没有关联,不是审理本案所需的主要证据,原审法院没有予以调查收集并且此行为没有违法。至于庄鑫所称的通信自由权,不是普通法律规定的一项民事权利,不属于民事诉讼调整的范围。而庄鑫所称的"齐玉苓案"批复已经停止适用,所以驳回庄鑫的再审申请。①

2. 案例二:"孙文麟、胡明亮因认为长沙市芙蓉区民政局不履行婚姻登记法定职责二审行政判决书"

孙文麟、胡明亮都是男性。他们去芙蓉区民政局申请结婚登记。芙蓉区民政局工作人员经审查,认为孙文林、胡明亮均为男性,婚姻登记申请不符合婚姻法规定,因此不同意其申请,并告知不予办理的理由。孙文麟、胡明亮不服,诉至法院。一审法院根据《中华人民共和国婚姻法》第二条、第五条、第八条以及《婚姻登记条例》第四条、第七条的规定,认为本案中的孙文麟、胡明亮都是男性,其结婚登记申请不符合我国法律和行政法规的规定,不支持上诉。孙文麟和胡明亮不同意这一判决,他们以"婚姻法没有明确禁止同性婚姻。《婚姻法》第二条规定的男女平等,应当是男女可以平等结婚,也可以是男女平等结婚。在《刑法》中,聚众通奸罪包括同性关系,那么婚姻登记也应包括同性婚姻登记。根据《宪法》和其他有关平等人权的规定,婚姻登记应该包括同性婚姻登记,应办理同性婚姻登记申请"为由诉至二审法院。二审法院认为,本案中孙文麟、胡明亮的诉讼请求是判令芙蓉区民政局为其办理

---

① 参见福建省高级人民法院民事裁定书(2014)闽民申字第2215号。

结婚登记。根据《中华人民共和国婚姻法》第二条、第五条、第八条和《中华人民共和国行政诉讼法》第六十九条的规定,确认一审判决合法,上诉人认为被上诉人没有为其办理结婚登记在程序上和实体上都违法的理由不成立,不予支持。上诉人认为,婚姻登记应该也包括同性婚姻登记,而《婚姻法》中的"男女平等"应理解为男女可以与异性结婚,也可以与同性结婚。其上诉理由明显超出了《婚姻法》有关规定中"男女"的范围,属于扭曲法律,不被接受。上诉人认为,根据《宪法》和其他有关平等人权的要求,婚姻登记不包括同性婚姻登记是一种歧视,民政局应受理同性婚姻登记申请。这一主张否认了法律的有效性,理由是无效的,不支予持。①

二、司法裁判中宪法话语的学理分析

在纪念现行宪法公布施行 30 周年大会上,习近平总书记强调:"宪法的生命在于实施,宪法的权威也在于实施……我们要通过不懈努力,在全社会牢固树立宪法和法律的权威,让广大人民群众充分相信法律、自觉运用法律,使广大人民群众认识到宪法不仅是全体公民必须遵循的行为规范,而且是保障公民权利的法律武器。"②按照案件类型的不同,在民事案件中引用宪法的案件所占的比例是最大的,这与我国民事案件数量庞大、纠纷较多有关系,在所有案件中民事案件本身所占的比例就比刑事、行政案件要高;按照地域的不同,广东省是引用宪法最高的地区,河南省居于第二,宁夏和山东省紧跟其后,海南省和青海省、天津市都只有一个引用宪法案件;按照时间的不同,在裁判文书中引用宪法的案件在 2016 年有明显的变化,出现了骤降,同时,最高人民法院在

---

① 参见湖南省长沙市中级人民法院行政判决书(2016)湘 01 行终 452 号。
② 习近平:《在首都各界纪念现行宪法公布施行 30 周年大会上的讲话》(2012 年 12 月 4 日),《人民日报》2012 年 12 月 5 日。

2016年6月28日发布《人民法院民事裁判文书制定规范》,明确规定民事裁判"不得引用宪法作为裁判依据",2016年后在裁判文书中引用宪法的情况不断减少,到2018年只有28个;按照法院层级的不同,基层法院在裁判文书中引用宪法的情况相较于中级法院和最高法院更多;按照审判程序的不同,一审法院中引用宪法的情况是最多的。关于司法裁判中宪法话语的表达样态的分类,需要进行详细的分析。

(一)裁判理由部分的宪法话语

"2009年《关于裁判文书引用法律、法规等规范性法律文件的规定》确定了司法文书制作中'说理依据'和'裁判依据'的二分法,然其并未对法院在裁判时是否得以援引宪法作出正面的、明确的表态。"①最高人民法院在2016年6月28日发布的《人民法院民事裁判文书制定规范》中,明确规定民事裁判"不得引用宪法作为裁判依据",但"其体现的原则和精神可以在说理部分予以阐述",这为"宪法可以作为说理依据"提供了一定的空间;另外,最高人民法院并未禁止宪法条文在其他类型案件中的适用。我们可根据"在裁判文书中是否对引用的宪法内容进行解释"将裁判文书分为引用不解释和引用宪法并且解释两种类型。

其一,经过对裁判理由中仅引用宪法的裁判文书的整理,可以发现上述裁判文书有积极的一面:第一,在裁判文书中引用宪法,有助于树立宪法权威性,从司法实效出发,公民在收到裁判文书后,看到"宪法"二字,内心会更加信服该文书,宪法是根本大法,具有最高的权威性,公民对"宪法"有着高度的认同感;第二,在裁判说理部分,将"宪法"和其

---

① 余军等:《中国宪法司法适用之实证研究》,中国政法大学出版社2017年版,第147页。

他法律规范共同引用,有助于增加裁判文书的合法性和合理性。但是事物都具有两面性,在裁判理由中引用宪法有着不可忽视的消极作用:第一,在裁判说理部分引用宪法进行说理的形式过于简单,对于引用宪法的具体内容没有明确的表达,需要结合具体的案件才能推导出法官引用的具体宪法条款内容;第二,法院的法官在有其他具体法律法规依据的基础上,还是引用宪法进行说理,浪费司法资源;第三,在裁判说理部分只对宪法条文内容进行引用,但是不对宪法条文内容进行说理,存在"强说理"的可能性;第四,引用宪法的前提条件比较模糊,引用纲领性的条款如公民的基本权利和基本义务,没有合理界定引用宪法说理的范围;第五,在裁判文书的裁判理由中,引用宪法进行说理呈现相似的形式,都只是在裁判理由中对宪法进行引用,而不对引用的宪法内容进行说理或解释。

其二,在裁判文书中不仅对引用宪法内容,而且对所引用内容进行解释的案例有很多,我们选择下面两个案例进行分析。第一,在"刘风珍诉定西市安定区公安局治安行政处罚行政判决书"中,一审法院在裁判说理的部分引用了宪法内容,没有指向具体条款,但是我们可以发现,该文书对《宪法》第五条①进行了目的性解释。法院引用《宪法》第五条是基于其所蕴含的"法治原则"和"宪法的最高权威性"的意旨,解释"执法民警有义务向行政相对人出示证件表明身份,告知其权利是违法的",强调行政机关执法必须严格遵守法律。但是在这个案件中,将《宪法》第五条作为认定行政机关行为违法的依据,有点舍近求远。因

---

① 《中华人民共和国宪法》第五条规定:"中华人民共和国实行依法治国,建设社会主义法治国家。国家维护社会主义法制的统一和尊严。一切法律、行政法规和地方性法规都不得同宪法相抵触。一切国家机关和武装力量、各政党和各社会团体、各企业事业组织都必须遵守宪法和法律。"

为此案的被告是人民警察,有相关的法律规范可以作为裁判依据,没有必要引用宪法。第二,在"贾安珍与张天富、张天友、张天全、张天秀、张丽赡养纠纷一案一审民事判决书"中,法院不仅将《中华人民共和国宪法》《中华人民共和国婚姻法》和《中华人民共和国老年人权益保障法》并行放在裁判文书的说理部分,而且还将宪法条款置于普通法律条款之前,同时将这些法律规范作为裁判说理的大前提。引用的法条内容存在部分重合,其实法院不引用宪法条款也不会对裁判说理和裁判结论构成实质性的影响;仍然引用的原因,追根溯源是法官认为宪法比其他的法律规范更具有公众性。在案件当事人乃至普通民众心中,宪法是国家的根本大法,是母法,具有极高的公信力。

在当今宪治下,法官是否能在裁判说理部分对宪法进行说理一直是颇具争议的话题。学者普遍认为根据《宪法》第六十七条的规定,我国宪法的解释权只属于全国人民代表大会常务委员会,[①]在司法过程中否认了法院的宪法解释权。随着司法界和学界的进一步研究,对《宪法》第六十七条的理解正在不断地发展变化。有的学者认为法院具备个案裁判中的宪法解释权,但这种宪法解释权须"着眼于宪法对于整体法秩序的意义、在普通法律的解释中注入宪法因素,发挥宪法规范的解释引导功能。对我国《宪法》第六十七条作体系解释,可以将全国人大常委会的宪法解释权定位为'最高的'或'最终的'解释权,从而可以化解前述两种法律解释在概念和语义上的纠葛,实际上也可以借此申明法院解释宪法的可能性和必要性"[②]。

[①] 《中华人民共和国宪法》第六十七条规定:"全国人民代表大会常务委员会行使下列职权:(一)解释宪法,监督宪法的实施。"
[②] 余军等:《中国宪法司法适用之实证研究》,中国政法大学出版社 2017 年版,第 105 页。

综上所述，部分学者认为法官可以在裁判理由中对宪法进行说理。这一观点并非承认法官有全国人民代表大会常务委员的违宪审查权，只是强调法院在司法活动的裁判说理中可以引用宪法，并根据具体案例对引用的宪法规定进行解释说明。需要注意的是，法官在司法裁判中可以对宪法进行说理，但不应超越全国人民代表大会常务委员会的宪法解释权。不过，在有具体的法律条款可以在司法裁判中引用的情况下，在裁判说理部分引用宪法有点画蛇添足。例如在上文所述的"刘风珍诉定西市安定区公安局治安行政处罚行政判决书"中，法律对人民警察的职权有专门的规定，但是二审法院仍然在说理部分引用《宪法》第五条对争议点进行解释，这是舍近求远的表现；而且法官引用宪法进行解释缺少充分论证，即未论证为什么引用宪法进行解释说明，为什么引用《宪法》第五条而不是引用《宪法》的其他条款进行说理，在裁判理由中引用宪法进行说理缺少法律严谨性，这也显示出我国法官的宪法思维还需要进一步加强。

（二）裁判依据部分的宪法话语

对上文在裁判依据部分引用宪法话语的两个案例进行分析，可以发现在"黄福高与李兵财买卖合同纠纷一审民事判决书"中，法院在进行裁判说理部分，首先引用《宪法》第十条认为原、被告双方之间的合同是无效的；然后又引用《合同法》第五十八条，认为原被告双方的合同是无效，不支持原告的合同；在裁判文书的最后，法官依据《宪法》第十条、《合同法》第五十八条和《民事诉讼法》第一百四十四条进行判决，驳回原告的诉讼请求。在这份判决书中，法院在裁判说理部分和裁判依据部分引用相同的内容进行审理。在裁判说理部分，仅将《宪法》的法条内容进行陈列，没有对该法条和该案进行具体的论证说理，在引用《宪法》第十条后，又引用《合同法》第五十八条的内容，并对该法条和该案的具体内容进行论述。其实在该案件中并没有必要引用《宪法》进行说理,更没有必要依据《宪法》第十条进行判决。

而"怀安县左卫镇冀家庄村民委员会诉李守功农村土地承包合同纠纷一案民事判决书"的特别之处在于原告与被告签订合同时,国家还未颁布《中华人民共和国土地管理法》和《中华人民共和国村民委员会组织法》,这也是选择该案例作为在裁判依据部分引用宪法话语的经典案例的原因。基于"不溯及既往"原则,法院认为原告与被告签订的合同存在法律漏洞,所以在裁判文书的最后,依据 1985 年 6 月 10 日正在适用的《中华人民共和国宪法》第十条的规定,参照 1985 年中共中央一号文件,判决驳回原告的诉讼请求。在这个案件中,争议点是签订的合同是否有效,法院在裁判理由部分没有引用《宪法》,而是根据《中华人民共和国土地管理法》和《中华人民共和国村民委员会组织法》在签订承包合同时尚未公布,签订合同符合当时的国家政策,且经过公证处公证,应认定合同为合法有效进行说理。这个案件的民事判决书是 2014 年颁发的,早于 2016 年 6 月 28 日发布明确规定民事裁判不得引用宪法作为裁判依据的《人民法院民事裁判文书制定规范》。

对法院在裁判依据中引用宪法的裁判文书进行梳理后,我们发现在司法裁判中将宪法作为裁判依据会有以下问题:第一,以宪法为裁判依据但是不对宪法进行解释。在众多的裁判文书中,法院对于宪法的规定都是直接列举,而不对其进行论证解释。第二,忽略具体的民法规定。例如,"怀安县左卫镇冀家庄村民委员会诉李守功农村土地承包合同纠纷一案民事判决书"引用宪法作为裁判依据,以增加裁判的正当性,起到"点缀"的作用。但是通过搜索中国裁判文书网中"法律依据为宪法"的裁判文书,我们可以发现"司法裁判中仅援引宪法而不解释,或者解释得过于简单化并不是宪法适用中的独有现象,而是人民法院司法裁判活动的一个普遍特征"①。虽然法院在裁判文书中引用宪法条文与引用其他法律规范并没有本质区别,法官在裁判文书中的裁判说理的本意是让双方诉讼当事人都能够认同裁判书的内容,以此来表现裁判文书的合理性、正当性和公信力。法官在裁判文书中引用法条,更倾向于裁判不说理,而不多加自己的解释,避免言多必失。但是在我国宪法环境下,法院无权对法律法规的合宪性进行审查,法官在不涉及法律规章制度下,在裁判文书中将宪法的精神、意旨用于裁判说理部分就是件见仁见智的事情,主要看法官个人的决定,而且法官的宪法思维和法律素质在客观上存在差异,这可能导致判决书在未穷尽法律规范和法律原则的情况下随意引用宪法规范,出现法律适用上的技术瑕疵和法院的越权问题。

(三) 对当事人宪法话语诉求回应的学理分析

在"庄鑫与中国电信股份有限公司泉州分公司、中国电信股份有限公司一般人格权纠纷再审复查与审判监督民事裁定书"中,庄鑫在申请再审时主动引用宪法中的"通信自由权",并依据已经被废止的"齐玉苓案"的批复,请求法院保护自己的合法权益。虽然该批复已经被废止,没有法律作用了,但是可以从当事人的申请中看出:第一,民众的法律意识越来越强,当事人在其合法权益受到其他个人或组织的侵害时,会使用法律手段保护自身的权益;第二,宪法在民众的心中越来越重要,当事人提起诉讼时,会在诉讼请求中加入"宪法",以此来强调其合法权益是不容任何组织或个人侵害的;第三,虽然"齐玉苓案"的批复被废止了,但是在民众心中留下了深刻的印象。值得注意的是,民事法律法

---

① 余军等:《中国宪法司法适用之实证研究》,中国政法大学出版社2017年版,第238—239页。

规中对"通信自由"没有明确规定,所以在这个案例中,当事人引用宪法维护自身通信自由的做法是可以理解的。但是在裁判文书中直接说"至于庄鑫所称的通信自由权,不是普通法律规定的一项民事权利,不属于民事诉讼调整的范围",认为庄鑫的诉求不在法院管辖范围之内,这种处理方式过于简单,是否有其他更好的处理方式或思路,这个问题值得研究宪法、民法和实务案例的学者思考。

在"孙文麟、胡明亮因认为长沙市芙蓉区民政局不履行婚姻登记法定职责二审行政判决书"中,当事人以宪法中的男女平等原则和对人权的规定请求二审法院撤销一审判决,保护其合法权益。对此二审法院认为根据宪法和其他关于平等和人权的要求,关于婚姻登记排除同性是歧视,应同意办理同性结婚手续的主张否认了法律效力,上诉人申请理由不成立,不予支持。但是法院没有对宪法中的男女平等原则进行分析证成。至于为什么没有进行分析证成,法院的答复是,在中国宪法制度下,法院没有违宪审查的权力,即法院认为现行有效的法律法规在司法活动中是不容置疑的。

在梳理法院对当事人引用宪法表达诉求的回应的裁判文书后,我们可以发现,当事人主动引用宪法的背后逻辑是公民的宪法意识正在觉醒,其直接体现是若当事人的诉求得不到满足,当事人则会上诉并引用宪法,目的在于:第一,向法院强调其诉求是合法的;第二,提醒法官要慎重裁判;第三,增加其诉求的说服性。当事人主动引用宪法,积极表达其诉求,这个行为是值得鼓励的。法治社会需要民众用法律手段解决纠纷,维护自身合法利益。但是,这也存在一些问题:第一,当事人引用宪法维护自身权益但不明确指向具体的法律条文。如"庄鑫案"中庄鑫以电信公司侵犯其通信自由(宪法规定的基本权利)向法院提起诉讼;"孙文麟案"中孙、胡二人在上诉理由中以宪法规定男女平等权和人权等法律规定要求二审法院撤销一审判决。二者都没有明确指出引用的《宪法》的具体条文内容。第二，当事人引用诉求不当，没有正视纠纷案件的争议点，而只是出于对宪法的敬畏心，引用不恰当的宪法规定（如"庄鑫案"）。在这类案件里，当事人的诉求不当，所以法院都以"不属于受案范围"为由不予受理该纠纷。法院的回复过于简单和笼统，这也体现出法官需要进行宪法思维方面的培训。我们认为当事人在裁判文书中主动引用宪法却不指向宪法的具体内容，有滥用宪法之嫌，这也侧面显现出我国公民的宪法意识还有待加强。

三、司法裁判中宪法话语的反思

在一般意义上，只有当立法体系存在缺漏，如在法律规范中出现漏洞、不确定概念的时候，法官才可以适用基于宪法的解释来明确普通法律的适用规范。在当今司法运行体制下，要解决上述问题，需要在培养法官的宪法思维、穷尽法律规范、确定宪法话语的可能限度以及灵活运用法律解释方法等方面下功夫。

（一）培养法官的宪法思维

法官的宪法思维对于法官在审理具体案件时面对宪法、公民基本权利等问题有着至关重要的作用。通过案例分析发现，法官大多注重对民法、刑法、行政法、诉讼法的研究，缺少宪法思维的训练和培养。法官想要办好案件，公平公正地裁判案件，必须认真学习宪法和法律知识，善于思考，在平时的生活和工作中注重宪法知识的积累和宪法思维的培养。

第一，定期进行宪法和法律知识的培训。法官主动学习相关知识，在单位内部组织定期学习培训班，并且设立配套的考试机制，确保新知识的掌握。有了完整的法律知识体系，不仅可以提高工作效率，还可以有效节约司法资源，缩短解决案件纠纷的时间，大大节约财力和物力。

从法律适用性出发，法官可以从具体的法律法规入手，行使法律赋予的自由裁量权，在结合案件事实的基础之上，运用专业的法律知识和宪法素养，做出合乎当事人利益的、体现社会公平正义的、符合宪法和法律思维的判决。这有助于使判决在坚守法律原则和底线的同时，充分体现宪法和法律的灵活性和创造性。对于不同的案件，因人而异、因时制宜，让宪法和法律的适用向多元化方向发展，这样不仅有利于法官依据宪法和法律运用好自己的自由裁量权，也为我们增加了一个评价法官工作方法和工作能力的重要指标。

第二，运用好法官遴选制度。法官遴选制度的建立，是通过选拔过程和程序，从制度上确保法官具有较高的素质和能力，能够公正地行使审判权，树立司法权威。要按照专业化、职业化的要求建设法官队伍，只有人们信任法官，才能提高裁判的信任度，司法公信力和司法权威才能真正而普遍地树立。在进行法官遴选的时候，可以把法官能否正确引用具体的法律法规纳入法官遴选的评判范围。在同等条件下，优先推荐具有较高宪法思维的法官进入审判岗位。

第三，鼓励法官参加相关学术活动。这里的学术活动分为法院内部的学术活动和社会型的学术活动。从法院角度出发，法院自身要加大开展宪法学习活动的力度，可以以学习沙龙或者学术研讨会等形式开展一系列专门的宪法和法律方面的学术活动，进行相关内容的学习，通过对宪法和法律内容的研究和理解，培养法官的宪法思维和法律思维，拓宽法官的视野。法院要对学术活动的成果进行严格的考核，如确定考核的等级、参加学术沙龙的到场率等，并将考核的结果纳入当年的法官年度考核的范围内。同时法院应该鼓励法官参加社会型的学术活动，如高校举办的学术活动、年会论文征集等，可以将相关活动的奖项和名次也纳入优秀法官的评判标准中。

（二）穷尽法律规范

在裁判文书中引用宪法存在随意性，有的时候不分类型，比如有的法官经常于不同类型的纠纷案件中引用宪法的纲领性条文，如《宪法》第五、八、十条。法院对各类宪法规范的"处理"方法呈现出惊人的相似，也就是说在司法裁判文书的理论证明中，在将宪法规范作为裁判理由时，法官多比较随意。针对引用宪法前提不清晰的情况，我们需要穷尽法律规范，具体表现是在裁判文书中不要简单地引用宪法进行说理，在解决案件的纠纷争议点的时候，最好先引用其他的具体法律规范，必须穷尽具体的法律规范。比如在"怀安县左卫镇冀家庄村民委员会诉李守功农村土地承包合同纠纷一案判决书"中，法院根据1985年6月10日正在适用的《宪法》第十条之规定，参照1985年中共中央一号文件，判决驳回原告的诉讼请求。再比如，在上文的"刘风珍诉定西市安定区公安局治安行政处罚行政判决书"中，法院引用《宪法》第五条对其进行目的性解释，但其实有相关的法律规范可以作为裁判依据，没有必要引用宪法。所以，穷尽法律规范在理论上可以缩小裁判文书中法官对宪法引用的自由裁量权，但是如何在实践中实行还需要推敲。在这里，我们认为可以在法官系统内部制定出一套便于操作的审案流程系统，强制规定法官在解决案件争议点的时候必须穷尽其他法律规范，即面对案件争议点的时候，必须引用具体的法律规范。这种强制性的规定会在一定程度上减少法官在司法裁判中随意引用宪法的情况，但是穷尽法律规范在以后的司法活动中能否得以实现，还需要结合我国法院的实际情况来分析。

（三）确定宪法话语的可能限度

裁判文书中出现引用宪法适用范围不明确的情况，究其原因是没有相关的法律法规或者管理方法对宪法话语的范围进行限制，无论《宪法》中的纲领性条款，抑或公民的基本权利义务，都可以在司法裁判文书中进行引用。正如学者朱福惠所说,"据宪法和法律的规定,我国人民法院只有民事、刑事和行政案件的管辖权和审判权。而对宪法案件是没有管辖权和审判权"①,宪法话语不应该被没有限制地表达。我们通过研究中国裁判文书网上以宪法为法律依据的裁判文书发现,在裁判理由中引用"宪法"二字进行说理,或者在裁判理由中引用《宪法》的具体规定内容进行说理,或者引用文义解释、目的解释和体系解释对《宪法》的条款进行解释的情况较多。因为有具体的法律规范可以解决案件,所以单纯地引用《宪法》或者是对《宪法》具体内容进行解释有点画蛇添足。例如,在"贾安珍与张天富、张天友、张天全、张天秀、张丽赡养纠纷一案一审民事判决书"中,法院将《中华人民共和国宪法》《中华人民共和国婚姻法》和《中华人民共和国老年人权益保障法》并行放在裁判文书的说理部分,而且还将《宪法》条款置于普通法律条款之前,同时将这些法律规范作为裁判说理的大前提,引用的法条内容具有一定的重合性,其实法院不引用《宪法》条款也不会对裁判说理和裁判结论构成实质性的影响。现行《宪法》由总纲、公民的基本权利和义务、国家机构和国旗国歌国徽首都等四个部分组成。在裁判文书中,我们认为公民的基本权利和义务的相关法条内容可以在司法活动中加以引用,以保障公民的合法权益不受侵害。一方面,关于公有制经济、自然资源归属、土地制度、国有企业、计划生育的案件,相关的内容在中国政治、经济和社会生活中已加以贯彻,无须引用。如在上文的"刘风珍诉定西市安定区公安局治安行政处罚行政判决书"中,法院引用《宪法》第五条对其进行目的性解释,基于第五条"法治原则"与"确认宪法与法律的权

---

① 朱福惠:《法律合宪性解释的中国语境与制度逻辑——兼论我国法院适用宪法的形式》,《现代法学》2017 年第 1 期。

威"的规范意图,对国家行政机关"遵守宪法和法律"的义务进行了解释和明确,处理该案件的争议点"执法民警有义务向行政相对人出示证件表明身份,告知其权利是违法的",强调行政机关执法必须严格遵守法律。这个案件将《宪法》第五条作为认定行政机关行为违法的依据,只是起到了增加公信力的价值作用,在其他方面并没有显著的法律效果。另一方面,纲领性条款在表现形式上都比较概括和抽象,不利于理解,有时要花大量的笔墨加以解释。我们认为法官引用纲领性条款的行为并不明智,需要明确司法活动中宪法话语的限度。比如,从法院角度出发,只有在公民的基本权利受到侵害而又没有相关的法律规范可以引用时,法官才可以运用宪法说理;从当事人角度出发,只有在当事人自身权益受到侵害而又无法可依时,才能引用宪法来表达自身的合法诉求。

(四)灵活运用法律解释方法

在司法裁判中引用具体法律法规的时候,要遵循法理学的解释方法位阶,即按照文义解释—体系解释—立法者意图或目的解释—历史解释—比较解释—客观目的解释的顺序进行说理。当法官在裁判说理部分对法律进行说理时,应该首先从文义解释角度出发,对引用的法律条文进行说理;达不到解释效果的时候,再使用下一种法律解释方法,即体系解释;若还达不到解释效果,再运用下一种解释方法,依此类推。在运用上述解释方法时,需要注意两点:第一,使用一种解释方法并不意味着排除其他解释方法。比如,在解释法条的时候,虽然文义解释必然是首先适用的,但如果运用该解释方法仍不能达到解释效果,我们就需要运用其他解释方法。此外,因为法条是依靠文字的方式记载的,运用其他解释的同时必然会运用到文义解释,并且文义解释能使法律适用的确定性和可预测性得到最大程度的保证,故在解释法条的时候可以运用一个或者多个解释方法。第二,法官在司法活动中不宜一味地按照该位阶关系进行解释。上述位阶关系是初步的,是相对的而不是绝对的,我们应根据具体案件的实际情况选择最适合的法律解释方法。不过,只有在充分说明推翻上述位阶的原因后,法官才能不受上述法律解释方法位阶的限制。

四、小结

从20世纪80年代的"违宪审查热"到近年的"司法裁判中的宪法话语"问题,宪法研究者与相关从业者的讨论从未停止。当今司法裁判正朝着说理化的方向发展,这就需要我们运用宪法思维和宪法方法,在穷尽法律规范并强化法律解释的同时,探索宪法话语的可能限度,从而构建具有中国特色的司法话语体系。在继承传统优秀法律文化和借鉴世界法治文明成果的基础上,我们在司法裁判中是否可以引用宪法、在何种情况下引用宪法以及如何引用宪法等问题,都有待法学界、法律界做出更多更深入的理论探索。

第二节 宪法共识的长成

一、宪法爱国主义

20世纪70年代,德国知识分子系统地提出一种新的认同——宪法爱国主义。虽然在产生之初它被看成民族归宿的替代品,在国家产生之后显得多余,可是随着时间的推移,尤其是到了20世纪90年代末,它被视为一种不乏吸引力的在非民族国家(甚至包括后民族国家)中规范意义上的公民忠诚形式。[①] 随着法治文化的发展以及多元文化的冲击,

---

[①] 参见〔德〕扬-维尔纳·米勒:《宪政爱国主义》,邓晓菁译,商务印书馆2012年版,第47页。

这一爱国主义应运而生并有逐渐壮大之势。它把法与爱国主义很好地结合在了一起,这对中华民族情感的重塑有很好的启发,有助于在发扬传统民族认同的基础上结合当下法治社会的现实需求。

宪法爱国主义的形成大致经历了三个阶段。最开始的产生是因为战后德国的分裂状态。德国的知识分子在战后反思自己的罪责,如雅斯贝尔斯曾在详细分析后,认为德国人的罪过实际上是一种深层次的凝聚力的断裂,并且存在于所有人之中。如此一来,与集体的罪过相对应的集体责任应该和德国的统一问题结合起来,通过仁爱斗争获取凝聚力以应对德国整体的罪责。而宪法不偏不倚地处在这个凝聚力的中心,宪法所包含的一套特定的国家政治文化与传统的价值程序使其在战后德国的政治思维领域占据重要地位,而且随着时间的推移,宪法所表现出的弹性及其与政治生活的巨大关联性最终让施特恩贝格尔提出了宪法爱国主义的观念。① 他援引了亚里士多德与汉娜·阿伦特的共和主义,认为至少到18世纪末,所有形式的爱国主义都是宪法爱国主义,是一种对法律和共同自由的热爱,此时宪法爱国主义表现出来的是对德国民主制度以及这种制度包含的共和意识的忠诚。

由于"宪法爱国主义"在最初提出时内涵尚有很大的不明确性,哈贝马斯对其进行了重新架构与阐释。在施特恩贝格尔的理论基础之上,哈贝马斯把宪法爱国主义概括为对一套政治原则有意识的认定。哈贝马斯认为,人类社会发展是一个从传统集体认同到后传统集体认同的变迁过程:传统集体认同根植于血缘,种族、地域是其固定而既定的属性;后传统集体认同"不再要求固定的内容,而居于中心的将是一

---

① 参见〔德〕扬-维尔纳·米勒:《宪政爱国主义》,邓晓菁译,商务印书馆2012年版,第17页。

种共享的普遍意识以及参与价值和规范的形成过程、学习过程的平等机会"①。这种爱国主义建立在现代社会多元化与族群之上。在当下法治社会的背景下，宪法的程序与原则已经在运行，并且随着法治社会的逐步构建和法律体系的逐步成熟定型，越来越深入人心。宪法实施的强化、宪法信仰的增强提升了人们的宪法自信，有力推动了传统爱国主义创造性转化、创新性发展，建构出一种新型的爱国主义。

扬-维尔纳·米勒则在此基础上进行了发展，他进一步扩大了宪法爱国主义所表达的核心价值：宪法爱国主义作为一套信仰与倾向，维护的不仅仅是民主自由原则，更是这种自由平等得以实现的正当性，爱国主义认同的不单单是宪法，更多的是宪法所生成的宪治文化及其批判性的反思。此外，他在区分传统爱国主义与宪法爱国主义时，遵循公平理念，共享政治空间，概括出一个关乎公平的道德背景理论。这种道德背景理论建构使宪法爱国主义的提出具有普遍性的现实意义，而不只是对德国战后危机这一特殊情况的回应，避免了"道德危险来源"与传统形式的联结，构成宪法爱国主义最明显的特征。

总之，随着三位学者的宣扬与发展，从施特恩贝格尔到哈贝马斯再到扬-维尔纳·米勒，从最初的援引到结合当下的实际，宪法爱国主义所蕴含的价值发生了很大的变化。现在宪法爱国主义经过扬-维尔纳·米勒的发展，成为一套在尊重国家特定的历史文化传统的基础之上，应用到当下法治中的价值准则。它让人们的情感更多地停留于一种宪治文化、一种对宪法所包含的价值信仰，促进了基于宪治文化的公民政治归属感的养成与发展，并且也只有这样，才能构建现代的公民身

---

① 许章润主编：《历史法学（第三卷）：宪法爱国主义》，法律出版社 2010 年版，第 230 页。

份,保障公民权利,形成正当的公民忠诚与社会团结。①

社会发展所带来的问题提醒我们要用一种适合当下的文化意识来重塑情感,而法治社会的到来更是要求我们要在不抛弃传统爱国主义的同时培养一种与时俱进的新爱国主义。

(一)法治建设的大背景

一个社会的集体认同,也可以说是意识,是由当时所处的社会背景决定的,一种社会熔炉决定一种文化形态。经过多年发展,中国特色社会主义法律体系已经建成,人们的意识里有了法,懂得用法说话,用法来维护自己的合法权益,国家有了一套司法机关体系,大家都在遵守它。当人们习惯于一种状态时,会对它产生依赖,并慢慢认可它;但更重要的是,要保证公民在法律面前的平等性,保证人民依法所享有的真实的权利与自由,唯有如此,宪法才能深入人心,走入群众,宪法的具体落实才能真正成为全体人民的自觉行动。

(二)为当下信仰提供新内容

信仰是社会存在的产物,是社会意识的表现形式。人类从远古走到今天,虽然信仰的内容和方式多变,但是它一直都是人类历史进程中不可或缺的重要推动力。信仰反映了一个社会的主流意识形态,象征了特定的国家精神体系,同时也是维系一个民族的精神纽带。

信仰是人们的精神支柱和道德选择的坐标,它不但可以提升人们的道德境界,而且可以塑造人们的道德人格,是人生路上的"指向灯"。"一个人如果没有信仰或信仰错误,就会沉沦,就会陷入相对主义的茫然状态,往往导致行为的选择来自功利的、经验的考虑;一个国家如果

---

① 参见徐霄飞:《论宪政爱国主义》,郑州大学 2009 年硕士学位论文。

没有或信仰错误,就会导致严重的意识形态问题,就会陷入松散和混乱。"①

宪法爱国主义是在现代社会法治背景之下衍生出来的一种观念。宪法爱国主义并非指涉政治之外的"一种血统或生活方式的先在同质性",而是要将公民之忠诚直接导向一个在当下被简单地理解为"自治的政治共同体"的国家。② 正如前文所说,我们已经处在法治的大背景之下,为什么不以此为根源来找寻适合当下的信仰呢? 我们需要在现有的社会框架之内寻找一种适合当下的信仰。

二、宪法爱国主义在中国何以可能?

顺应全球化的趋势以及多元文化的冲击,社会转型时期的中国面临着情感的重塑,我们应当以历史唯物主义的态度来对待认同,要在发扬传统民族文化的基础上,遵循内在的基本价值,以适应法治社会所要求的宪治制度与人权保障。宪法爱国主义立足于"公民身份""公民底线""把宪法尊为一种民主忠诚的焦点所在",通过"宪法认同""宪法共识"共同建构"民主政治忠诚形式"。宪法爱国主义在一定程度上是对阶级身份、民族身份的超越,它把民族国家转换为"宪法国家",把宪法规范、宪法文化作为国民忠诚的对象,培育宪法信仰,从而形成、巩固宪法秩序。正如米勒所说:"宪法爱国主义的确具有亚奴斯神的双面:既朝向政治稳定同时又朝向公民赋权。"③由此种思维出发,小到公民,大到国家,宪法爱国主义都具有重大的现实启示。

---

① 史少博:《崇高信仰的功能》,《学术论坛》2009年第7期。
② 参见〔德〕哈贝马斯:《在事实与规范之间:关于法律和民主法治国的商谈理论》,童世骏译,生活·读书·新知三联书店2003年版,第660页。
③ 〔德〕扬-维尔纳·米勒:《宪政爱国主义》,邓晓菁译,商务印书馆2012年版,第5页。

（一）基于公民

1. 树立公民对宪法的正确认识

在宪法爱国主义理念中，作为社会价值秩序的载体，宪法是国家统治合法性的来源和民众"共同价值"的依据。它不只是一个简单的法的集合，还包含一套内在的整合体系、一种文化、一种信仰。

宪法规定的根本任务与蕴含的主旨，关系着国家的强盛统一、人民的幸福安康、民族的团结发展、社会的和谐稳定，更关系到新时期全面建设小康社会、建设社会主义的现代化强国，以及中华民族伟大复兴。它调整和规范人民与国家政权之间的关系，保证国家的一切权力来自人民、属于人民，同时也调整国家公权力机关之间的关系，明确其各自的权限、职能和责任，建构起公权力机关之间领导与被领导、指导与被指导、监督与被监督等的良性的宪治关系，划分中央与地方的立法权，让中央与地方的积极性充分调动起来，保证了国家机器的合法存在与有序进行。① 可以说，宪法爱国主义理念所蕴含的宪法信仰等能够让公民充分认识与体会宪法的上述重要性。

2. 培养公民的宪法素养，加强宪法的宣传与教育

素养是指一个人的修养，与素质同义，它包括个人的道德品质、外表形象、知识水平与能力等各个方面。在今天的法治社会中，公民要有宪法素养和对法的敬畏，同时也要有基本的法学常识和用法维权的意识，更要认清宪法在国家与社会生活中的权威与地位。

宪法爱国主义理念可以使公民的权利得到切实的维护与保障，让公民参与其中，既保证了权利的真实性，又保障了权利的可行性。这

---

① 参见最高人民法院中国特色社会主义法治理论研究中心编写：《法治中国——学习习近平总书记关于法治的重要论述》（第二版），人民法院出版社2017年版，第104页。

样,国家与个人之间的利益才可以得到很好的调和。"

(二)基于国家

2014年10月20日至23日,中国共产党第十八届中央委员会第四次全体会议召开,提出将每年12月4日定为国家宪法日,并写进了《中共中央关于全面推进依法治国若干重大问题的决定》这一历史性文件中。2014年11月1日,十二届全国人大常委会第十一次会议表决通过该决定,12月4日正式成为"国家宪法日"。国家宪法日是为了增强全社会的宪法意识、弘扬宪法精神、加强宪法实施,推进全面依法治国、建设社会主义现代化法治国家而设立的节日。

在2014年12月3日"深入开展宪法宣传教育,大力弘扬宪法精神"座谈会上,习近平总书记强调:"宪法是国家的根本法,是治国安邦的总章程,是党和人民意志的集中体现,具有最高的法律地位、法律权威、法律效力。我国宪法是符合国情、符合实际、符合时代发展要求的好宪法,是我们国家和人民经受住各种困难和风险考验、始终沿着中国特色社会主义道路前进的根本法制保证。坚持依法治国首先要坚持依宪治国,坚持依法执政首先要坚持依宪执政。要坚持党的领导、人民当家作主、依法治国有机统一,坚定不移走中国特色社会主义法治道路,坚决维护宪法法律权威。要以设立国家宪法日为契机,深入开展宪法宣传教育,大力弘扬宪法精神,切实增强宪法意识,推动全面贯彻实施宪法,更好发挥宪法在全面建成小康社会、全面深化改革、全面推进依法治国中的重大作用。"①

1. 宪法爱国主义弘扬宪法精神,有利于维护宪法尊严与权威

新时代,国家一再强调社会主义核心价值体系,包容多样性的同时一定要防止错误与腐朽思想带来的不良影响,因此要把握好主流意识

---

① 《习近平著作选读》第一卷,人民出版社2023年版,第322页。

形态这条主线。以爱国主义为核心的民族精神和以改革创新为核心的时代精神是这条主线的精髓，而宪法爱国主义包含宪法至上、人权保障、公权控制、正当程序、独立司法等一系列价值内涵和精神理念。这些要求都有助于培育新时代公民的爱国情感，有助于深刻理解社会主义核心价值体系的精髓，有助于打牢社会主义意识的根基，在增强民族凝聚力的同时帮助广大人民树立起实现中华民族伟大复兴的理想与信念。

2. 宪法爱国主义有利于健全宪法实施与监督制度

全国人大常委会前委员长张德江同志曾在"深入开展宪法宣传教育，大力弘扬宪法精神"座谈会上指出："新形势新任务迫切要求我们加强宪法宣传教育，推动宪法宣传教育常态化、长效化，使宪法精神深入人心，以宪法精神凝心聚力。深入开展宪法宣传教育，要紧密结合中国近现代历史特别是中国共产党领导人民长期奋斗的光辉历程，深刻认识我国宪法形成和发展的过程和历史必然性，深刻认识我国宪法的深厚根基和丰富内涵；要紧密结合我国改革开放和社会主义现代化建设取得的辉煌成就，深刻认识我国宪法的巨大功效和重大现实意义，深刻认识我国宪法与改革开放同相伴、共命运的相辅相成关系；要紧密结合我国全面推进依法治国的实践成果，深刻认识我国宪法在法治体系中的至上地位和最高权威，深刻认识'坚持依法治国首先要坚持依宪治国，坚持依法执政首先要坚持依宪执政'的重大现实意义；要紧密结合实现中华民族伟大复兴的中国梦，深刻认识宪法同国家的未来方向和发展目标紧密相连，深刻认识恪守宪法原则、弘扬宪法精神、履行宪法使命的重大意义和重大责任。"①全面实施宪法，树立宪法法律权威，大

---

① 张德江:《深入开展宪法宣传教育　牢固树立宪法法律权威》，《中国人大》2014年第24期。

力弘扬宪法精神,必须深入开展多种形式的宪法宣传教育活动。这与宪法爱国主义的目的不谋而合。

3. 达成社会共识——法治共识

党的十八大报告明确了法治是社会主义核心价值观。把法治和自由、平等、公平并列为核心价值观,这实际上确立了社会主义法治的共识。

法治推动了人类文明进程,是全人类共同的政治文明成果和治国理政之基本方式,具有普遍意义。立足本国国情,许多国家都经由法治走上了强国之路,尤其是德国通过法治实现了国家与民族的统一。厉行法治则国泰民安,社会和谐稳定;反之,则国家和民族陷入灾难。20世纪初,梁启超就提出法治主义为今日救时之唯一主义。通过国内统一法治,形成合力一致对外。改革开放以后,我国赋予了法治新的内涵和使命担当,形成普遍的法治共识,从而建立起稳定有序的生活秩序,维护了各种社会主体的合法利益。邓小平同志强调,"组织制度问题更带有根本性、全局性、稳定性和长期性"①,"必须使民主制度化、法律化,使这种制度和法律不因领导人的改变而改变,不因领导人的看法和注意力的改变而改变"②,"还是要靠法制,搞法制靠得住些"③。党的十八大以来,中国特色社会主义进入新时代,全面开启第二个百年奋斗新征程。这需要我们进一步凝聚法治共识,推动国内改革发展稳定和全球治理变革,为实现中华民族伟大复兴做出法治的贡献。

---

① 《邓小平文选》第二卷,人民出版社1994年版,第333页。
② 《邓小平文选》第二卷,人民出版社1994年版,第146页。
③ 《邓小平文选》第三卷,人民出版社1993年版,第379页。

第三节　法律信任与数字信任[*]

信任是一种搭建起人类社会运行基础、加强人与人之间协助、降低交往成本的心理状态。维持这种心理状态并且使整个社会都保持这一心理状态需要一定的机制，相应的社会信任类别也有所区分。人类经历了采集社会、农业社会、工业社会，目前正处于信息社会。在农业社会，人们依赖人际关系建立信任。在工业社会，人们依赖于中心化权威制定的规则——法律，基于此产生的制度信任与人际信任一起构成了现代社会信任体系。

近年来，信任危机再次在全球蔓延，人们试图重新找寻一种可靠的机制使得信任关系稳固可靠。2016年，区块链技术横空出世。载于《经济学人》的一篇文章《信任的机器》肯定了区块链技术可以在没有中心化权威的情况下让陌生人彼此信任、相互合作。这将解决人类千百年来的信任难题，使得一切事物都在这台创造信任的"机器链"上自动运转，以低成本、去中介、点对点的方式实现完全对接。[①]学者劳伦斯·莱西格更是提出，只要网络基础设施和软件代码能够监管、约束并保障线上行为和交互，那么在网络领域中，"代码即法律"[②]。

区块链技术作为一种科学技术能够成为具有现实意义的社会信任构建机制，其构建的社会信任模式究竟如何？作为一种新的信任模式，区块链构建的社会信任在社会信任体系中将处于什么位置？人际关

---

[*] 本节曾以《人际信任、法律信任与数字信任：社会信任的谱系及其演进》为题，发表于《哈尔滨工业大学学报》（社会科学版）2021年第6期，收入本书时有修改。

[①] 参见罗金海：《人人都懂区块链》，北京大学出版社2018年版，第39页。

[②] 〔英〕凯伦·杨：《区块链监管："法律"与"自律"之争》，林少伟译，《东方法学》2019年第3期。

系、法律、区块链这三种信任构建机制将产生怎样的联系？社会信任体系将如何变化？这些都是值得探讨的问题。

一、传统信任机制及其困境

不同的社会形态产生了不同的信任构建机制以保障信任。在农业社会，人际关系保障着信任的产生与运行，由此产生的信任模式，我们姑且称之为"人际信任"。在工业社会，信任依赖法律制度而产生，社会因此建立起一种普遍信任，我们将这种信任模式称为"制度信任"。但是以上两种信任模式都存在固有缺陷，而且随着社会形态的变化、科技的进步，缺陷会不断放大并最终演变为信任危机。区块链技术的产生为缓解信任危机提供了可能。

（一）建立信任的两种机制——人际关系与法律制度

信任是人们在社会交往过程中出于安全考虑并基于行为结果的预期形成的一种心理态度，或者说是一种理性化的交往态度。[①] 这种心理状态复杂多样，韦伯将信任区分为特殊信任与普遍信任。[②] 特殊信任是基于血脉亲缘，只针对特定熟悉的个体而产生的，而普遍信任则是基于共同的价值观而产生的可以推广的信任模式。

在农业社会中，主要生产方式是小农生产。如同费孝通先生在《乡土中国》中所说的那样，乡土社会人群相对固定，因而人们的交往范围相对狭小，关系也比较简单，一般都只与亲朋、乡邻等有血缘、地缘关系的熟人往来。[③] 与这种交往方式对应的信任模式是人际信任。这种信

---

① 参见马俊峰、白春阳：《社会信任模式的历史变迁》，《社会科学辑刊》2005年第2期。

② 参见〔德〕马克斯·韦伯：《儒教与道教》，王容芬译，商务印书馆1995年版。参见李伟民、梁玉成：《特殊信任与普遍信任：中国人信任的结构与特征》，《社会学研究》2002年第3期。

③ 参见费孝通：《乡土中国》，北京大学出版社2012年版，第9—13页。

任基于彼此之间长期的亲密交往和一贯的真正了解而产生。传统的人际信任模式实质上是一种在私人生活中产生且作用于私人生活的信任模式,①主要依赖的是对具体的人品、人格的熟悉和相信,诉诸的是个人道德与名誉。在人际信任模式之下产生的社会信任模式是特殊信任,信任对象是一个被纳入信任主体熟人圈的具体人。② 在农业社会,人际信任建构起了传统社会的社会信任生态。

随着社会生产力的发展,大工业生产方式取代了农业生产方式,经济规律使得社会分工趋于精细。社会合作分工的范围越发广泛,人际交往半径急剧扩大,交往形式变得复杂多样,人们根本无从了解合作对象的人品,因而社会风险大大增加。人类进入普遍交往,由所谓的"差序格局"进入了"团体格局","一根根私人联系所构成的网络"③被打破。显然,传统的人际信任模式及其相应的观念无法适应这样的社会,新的信任构建机制也就产生了。

这种机制依赖法律制度,由此产生的信任是制度信任,人们基于法律制度能够对陌生人产生普遍信任。法律使人们在交往过程中出现的由于对生人不熟悉而不敢信任但又必须信任的矛盾获得了暂时性的缓解。④ 人们通过契约明确双方的权利和义务,法律为契约提供保障。无论签约者的人际关系、人品道德如何,契约一旦成立,利益就可以得到保护。也正因为主体的权利界限明确,违反规则所受的惩罚也明确,人们才能无所顾忌地扩大交往半径。这种基于法律产生的普遍信任,其

---

① 参见马俊峰、白春阳:《社会信任模式的历史变迁》,《社会科学辑刊》2005年第2期。
② 参见张善根:《法律信任论》,中国法制出版社2018年版,第82页。
③ 费孝通:《乡土中国》,北京大学出版社2012年版,第48页。
④ 参见马俊峰、白春阳:《社会信任模式的历史变迁》,《社会科学辑刊》2005年第2期。

信任对象是个人所扮演的社会角色,普遍信任的产生依赖于支撑社会角色的制度。特殊信任与普遍信任的差异是人际信任与制度信任的差异。① 当然,人际信任并未被社会完全摒弃,因而现代社会信任体系以制度信任为主,以人际信任为辅。

传统农业社会的信任构建机制为人际关系,构建的社会信任模式为特殊信任。现代社会的信任构建机制主要为法律制度,产生的社会信任模式是普遍信任。正如同现代社会在带来人际关系延展的同时也带来了特殊信任模式的崩塌,当代社会的变化也伴随着社会信任危机的出现。

(二)当代信任危机缘何而来

信任的产生多源于对自身掌控所处环境与事件的自信,而这种自信又来自对所处环境、事件信息的把握以及对事件后果的合理预测,而大量信息与法律制度是人们产生合理预测的依凭。因而当代多数的不信任产生于信息不对称与法律功能性的下降。

1. 信息不对称

信息不对称一直都是信任缺失的原因之一。在农业社会,通信不发达,信息真伪难辨,只能借助血缘与亲缘关系实现最大程度上的真实信息交流,这使得信息不对称在熟人之间不再成为主要矛盾。随着社会交往的扩大,所需要的信息量大到单凭人际关系难以验明真伪,人们就通过法律的惩戒效力使得在交往时能够相信对方给出的信息为真实,由此排除疑虑。但是信息技术、电子科技等多种技术的发展使信息不对称有了新的内涵。

互联网技术使得人们能够即时、自由地传递信息,信息获取渠道因

---

① 参见张善根:《法律信任论》,中国法制出版社2018年版,第82页。

此畅通，但信息变得更加不对称了。互联网技术扩大了"缺场交往"的范围。"缺场交往"是一种不以身份为交往基础的非面对面的交往方式。在互联网技术未诞生之前，缺场交往就已经存在，例如通过书信、电话等方式进行的交往就是缺场交往，但是具有开放性、流动性、虚拟性的互联网给缺场交往提供了新的时代内涵。一方面，互联网是完全虚拟的流动的世界，载于其上的信息和对象都是变动的，这与传统现实社会信息与人物都固定不变的情况存在巨大的差异。另一方面，互联网使得缺场交往的范围在空间、时间、主体范围上都有所增大，交往过程中所需要的身份信息相较传统方式却变得更少了。互联网技术将身份和角色信息都加以隐匿，再加上空间、时间的流动，信息的不确定性大大提升，导致信息更加不对称，无论是人与人之间还是人与组织之间，都很难在信息不对称的社会环境中建立起信任关系。

2. 法律功能性的下降

法律为何可以成为一种信任构建机制？因为人们产生了法律信任。学者关于法律信任的定义存在很多学说，这里不妨采用张善根在《法律信任论》中的定义：社会主体对于法律系统的信赖与信心。① 人们为什么会产生法律信任？因为法律独有的社会功能。但是由于社会的发展以及法律自身的局限性等原因，法律的功能性在下降。法律功能性的下降的几个主要原因如下：

（1）法的预测功能面临固有局限与时代危机的双重拷问

人类社会交往时的事件偶然性带来了巨大的风险。规制人类行为的法律制度就其指向社会整体的功能而言，其功能是实现预期的稳定

---

① 参见张善根：《法律信任论》，中国法制出版社2018年版，封底。

化。法律可以处理交往预期的可能性,并使预期在交往时被接受。① 也正是法律的稳定预测功能使得社会交往风险降低,法律信任才因此建立,制度信任才得以产生。但是法律的预测功能在法的固有局限性以及时代变革的影响下变得不再稳定,社会信任度也因此受损。

一方面,法律固有的模糊性使得民众不敢轻易相信法律。从现实法律实施情况以及学术研究来看,法律除具有确定性之外,也具有模糊性。法的模糊性是指法律所具备的归属不完全的属性,②这是法律的固有局限。具体来讲大概有如下两点:第一,法律语言模糊。语言作为一种表意符号,具有多意性。不同地域的语言天差地别,同地域的语言也由于个人的用词习惯、语言环境等而具有不一样的理解。因而立法语言中具有诸多的"半影地带"③。即使学者们创设了很多的解释方法,对于统一法条的理解也会出现截然不同的结论。第二,司法裁判模糊。司法裁判是以事实为依据,以法律为准绳。但法律语言具有模糊性,所以作为大前提的法律依据本身是模糊的。在牛顿时空观之下时空是线性发展的,人不可能回到过去,见到过去真实发生的事情。过去要求法院查明案件事实不仅是一种不切实际的幻想,同时也是不符合诉讼活动规律的。④ 由于大前提法律条文与小前提案件事实都具有模糊性,因而整个司法裁判的结果也具有模糊性。司法裁判的模糊性一旦超过一定的限度,司法过程中的当事人就会感觉到恐慌,因为他们很有可能会遭受不公以及物质、精神方面的损失,并且事实也告诉民众这种恐慌是

---

① 参见罗文波:《预期的稳定化——卢曼的法律功能思想探析》,《环球法律评论》2007年第4期。
② 参见陈云良:《法律的模糊问题研究》,《法学家》2006年第6期。
③ 〔英〕蒂莫西·A.O.恩迪科特:《法律中的模糊性》,程朝阳译,北京大学出版社2010年版,第10页。
④ 参见丁以升:《论司法判决的不确定性》,《现代法学》1999年第5期。

有依据的。一旦这种恐慌成为普遍的社会现象,公民就不会再相信法律,法律信任因此破灭,社会信任危机也就随之产生。

另一方面,法的时滞性与社会变革的矛盾带来法律信任缺失。梅因认为社会的需要与意见常常走在法律的前面,我们永远存在的趋向是要把这缺口重新打开。因为法律是稳定的,但社会是前进的。① 从本体论角度说,作为人类意志产物的法律滞后于社会现实是客观和必然的。② 自20世纪以来,新兴技术迅速发展,但是法律更新速度并未跟上它们的步伐。尤其是互联网技术的产生使得人类的生活领域从现实世界这一唯一空间转向现实世界与虚拟世界这两大并存空间,建立在牛顿经典时空观之上的传统法律对于这一变化无所适从。③

基于以上原因,民众在面对新兴事物及其带来的社会变化时没有作为行动指南的法律可以参考,法律也并不能解决这些新事物带来的纠纷。法律预测功能的时常失效导致民众降低了对法律的期待以及信任度。

(2) 法的惩罚功能难以在当代达到民众的预期效果

虽然学界对于法的定义纷纷不一,但是总结后可得出一个定论:法是由国家制定、认可并且由国家保证实施的规范体系。强制性是法律的一个本质特征,但这也就决定了法律的执行与效力存在一定程度上的地域限制。近年来科技的发展使得人们的交往突破了地理距离与行政区划的局限,但又往往因为地域的限制、行政区划的壁垒,法律的惩罚性功能难以实现,权利与正义无法得到保障,法律功能的减退使得人们对法律的信任度降低。虽然法律是一种由国家强制力保证实施的行

----

① 参见〔英〕梅因:《古代法》,沈景一译,商务印书馆1959年版,第15页。
② 参见秦国荣:《法治社会中法律的局限性及其矫正》,《法学》2005年第3期。
③ 参见高全喜:《虚拟世界的法律化问题》,《现代法学》2019年第1期。

为规范,但是在实践过程中经常会发生执行难的问题。由于现代科技的发展,法律空白区域明显扩大,法律受到的掣肘越来越多。

由于以上法律本身具有的局限性以及时代提出的新挑战使得法律功能不能得到很好的实现,因而法律信任无法很好地构建,也就使得基于此建立起的所谓的制度信任无法稳定地存在。人际关系与法律制度同时面临质疑,人与人之间很难再基于现有的社会信任构建机制建立起稳定的信任,因而社会信任危机也就出现了。而面对信任危机,解决方案主要有两种:一种是从原本的信任构建机制本身出发,寻找其存在的问题以此来解决信任危机;另一种则是试图找寻一种新的信任构建机制,弥补现有信任构建机制的不足。

二、区块链信任机制

2008年,中本聪提出了比特币和区块链概念。由此,区块链这一革命性的技术诞生了并凭借其特点与优势迅速蔓延全球。区块链的支持者认为,区块链技术的诞生使得消耗巨大的调节机制以及法律制度可以被取代。他们甚至非常自信地提出,通过开源式密码协议选择相信数学与算法,要好过选择相信中心化的银行。[①]

(一)区块链可信任性的技术解释

区块链为填补一般数字化系统的漏洞,解决信任问题,创设性地提出了四个技术创新:

1. 非对称加密技术和授权技术

对称加密的密钥唯一且确定,只要达到一定的条件就可以通过推算破解出该密钥,这是对称加密的致命性缺陷。区块链采用非对称加

---

① 参见〔美〕凯文·沃巴赫:《信任,但需要验证:论区块链为何需要法律》,林少伟译,《东方法学》2018年第4期。

密技术破解了这一缺陷——采用公钥和私钥两个密钥来进行加密;公钥对外公开,所有人皆可用其加密,用以保障信息的真实性;私钥由私人拥有,用以保障信息的私密性。区块链根据加密算法生成记录,由区块链生成的记录将永远被保留,超越了传统意义上需要依赖制度约束来建立信用的做法。①

2. 分布式记账

中心化记账方式存在不透明、易篡改等弊处。区块链采用分布式记账,将交易记录同时登记在多个网络节点上。由于网络节点众多,除非更改所有记录,否则账本一经产生,不得变更。虽然不同区块链的设计产生不同的分布式账本,但其具有的容错率高、透明公开、不可篡改等特点可以解决各方的信任问题。

3. 共识机制

区块链只有及时达成明确、安全以及不可逆的分布式数据记录,才能成为一个为人信赖的数字存储系统。实践中一般通过选择一个特定的节点产生一个区块以及完成不可逆的分布式记录来实现以上目标。共识机制是实现上述流程的技术核心。② 但是建立大多数数字化系统共识的方法都存在一个问题——"女巫攻击"。"女巫攻击"是指通过技术手段书写虚假节点。③ 即使多数人诚实可信,但是只要攻击者伪造数量足够多的节点就可以控制网络,并且系统将无差别地执行错误共

---

① 参见罗金海:《人人都懂区块链》,北京大学出版社2018年版,第32页。
② 参见长铗、韩锋等:《区块链——从数字货币到信用社会》,中信出版社2016年版,第61页。
③ 参见〔美〕凯文·沃巴赫:《信任,但需要验证:论区块链为何需要法律》,林少伟译,《东方法学》2018年第4期。

识。这就是密码学领域著名的"拜占庭将军问题"。①

"工作量证明"巧妙地解决了这一问题。"工作量证明"基于一个极为罕见且不容易被破解的随机哈希值。为了找到罕见的随机哈希值，需要进行大量运算，计算过程中的绝大多数结果为无用数值，大量因此被消耗的时间增加了发送信息的时间间隔，这就是"工作量证明"。发现哈希值的机器将之前的信息全部都放到一起，加上自身的辨识信息作为签名，发送给其他机器。当其他机器通过这个哈希值及签名信息验证并且完成总账更新后，才会在此基础上开始新一轮的计算。如此一来，就可以通过持续同步更新的网络使得所有节点都能够实现实时更新共享账目，最终实现账目公开。在此过程中负责查验哈希值的人被称为"矿工"，他们既负责产出区块也负责查验，因而为了奖励他们为查验而付出的努力，每产出一个区块，他们也将得到相应的奖励，这就是区块链共识机制。这种共识系统以信任算法系统取代了信任个体。

4. 智能合约

智能合约是不以任何其他条件为执行前提，承载了双方协议承诺条款的代码合约。这一概念的产生早于区块链。例如在一些标准化医疗缴费的过程中，如果每个人的信息真实可信，那么智能合约将直接触发程序，实现自动执行。

在中本聪提出区块链概念后，智能合约逐渐演变为区块链的专用术语。区块链技术的智能合约自动执行达成共识的协议条款，预先设定后条约即不变且加密，完美规避违约风险和操作风险，较好地解决了

---

① 参见〔美〕凯文·沃巴赫：《信任，但需要验证：论区块链为何需要法律》，林少伟译，《东方法学》2018年第4期。

参与方的信任问题。①

（二）信任危机的区块链解决方案

确如区块链的支持者所说，当代社会所存在的信任问题可以因为区块链技术而有所缓解，至少在解决信息不对称问题上区块链技术功效显著。

区块链技术可以通过分布式记账和共识机制实现交往过程的去中心化和不可逆转。通过分布式记账，虽然交往双方的个人现实身份依旧可能是未知的，但是只要使用公链，那么产生的每一个记录都将为全网共享。所有的记录都有据可查，这样就可以在一定程度上改善由信息不公开、信息匿名等带来的信息不对称，增强人们对于信息的信任程度从而改善社会信任环境。智能合约可以解决以往法律的地域性和执行难问题。智能合约的本质是一组提前编译好的代码，当条件成立就会自动触发程序，启动完成整个交往过程。以买卖合同为例，买方与卖方通过智能合约达成合作。当卖方依照约定将货物运输到指定地点后，代码条件成立，程序被触发，数字化货币自动进入买方指定的账户中。这一个过程不需要任何类似于国家或者银行的机构提供中间服务，也不存在执行问题。

区块链的确可以成为一种信任构建机制，不妨将其构建的社会信任称为数字信任。数字信任是指基于对以区块链等为代表的数字技术的信任而产生的一种社会信任。这种信任是基于人类对算法、系统、技术的信任而产生的一种普遍信任。与制度信任不同的是，它将摆脱身份的束缚，形成一种真正不需要身份角色的绝对信任。人们基于数字代码的稳定性产生对区块链系统的信任——区块链信任，进而基于区

---

① 参见罗金海：《人人都懂区块链》，北京大学出版社2018年版，第34页。

块链信任产生一种对于他人的信任感——数字信任。也就是说，区块链技术是区块链信任的技术基础，区块链信任是数字信任的前提条件。但是同样作为普遍信任的数字信任与法律构建的制度信任是什么关系呢？社会信任体系是会变成包含人际信任、制度信任与数字信任的三元体系，还是会变成排除了身份角色限制、取代原有模式的数字信任的一元体系呢？区块链技术是否真如现在的技术人员与商家所言，可以取代法律制度成为一种主流的信任构建机制呢？

三、法律与区块链共同构建新型社会信任体系

可以预测社会信任体系在信息社会将呈现人际信任、制度信任、数字信任的协同发展。由于人际信任是产生于熟人之间的信任关系，因而在新的时代其内涵并未发生质的改变，充其量也就是因为信息技术而使得人际交往范围扩大了。但是区块链技术与法律这两种信任构建机制因为彼此而可以拥有崭新的未来。

（一）区块链技术重构法律信任

法律的预测功能和惩戒功能的失灵导致人们丧失了法律信任，而法律信任的失效也最终使得制度信任失效。如果要建立起稳定的信用社会，就必须通过其他手段来重新提升法律的功能性，重塑法律信任。区块链技术的出现就给重构法律信任提供了又一种解决方案。

区块链技术可以通过法律的代码化解决法律惩戒功能下降的问题，法律代码化是指将已经制定好的法律编写成代码，直接通过代码运算的方式来控制整个法律关系的发生与解除，并且通过区块链不可更改的技术手段为后续可能产生的司法问题留下相应的证据。例如传统法律实践中的举证难、执行难问题就可以利用区块链技术通过智能合约模块化来解决。将合约写成代码，当条件被触发，合同的执行程序就

启动了,其间不需要任何其他外力,并且执行过程可以留下证据。多数商业合约是由格式条款与特定事项组成的,因而可以按照法律规定写出通识性的合约模块,需要制定符合一般情况的基础协议时就从上述模块中提取模板然后再根据具体情况进行加工。法律的代码化能够在一定程度上有效地解决惩戒功能失灵的问题。

  法律的代码化除上述的例子之外,还可以引发一个有关法学量化问题的思考。在过去,法学界认为一旦法律与"量化"一词挂钩,就意味着将法律单纯看成某种工具,失去了法本身具有的价值。但是随着计算机技术的兴起,数据在法学研究中的数量关系也越来越频繁地被提及。其实不必将量化与法律绝对对立起来。法学应当是一门精确的学科。[①] 量化分析成为法学研究方法是顺应时代需求以及符合法律内在要求的。我们可以将这种通过量化方式分析法学问题的学科统称为计算法学。在这样的学科背景之下需要两种技术:一种是能够进行机器学习的"算法",[②]另一种则是数据记录执行技术。前者指的是大数据技术,它可以对海量数据进行统筹分析,从而计算出社会行为中的隐藏模式,实现量化人类行为趋势的目标。既然可以对海量数据进行计算与分析,那么势必需要一个能够执行代码记录数据的技术,这个技术就是区块链技术。区块链技术主要被用来记录已创造出来的价值的真实状态,确认权利归属,并执行交易决策。区块链的不可更改性与去中心化保证了大数据技术的正常运行,这两个技术相互配合,可以对人类行为进行量化分析。也就是说,通过技术我们可以获得量化分析所需的数据源,加上计算法学应用性分析以及法理学价值性分析,就

---

① 参见张妮、蒲亦非:《计算法学导论》,四川大学出版社2015年版,第2页。
② 参见郑戈:《区块链与未来法治》,《东方法学》2018年第3期。

可以在保证法学研究的价值性的同时实现法学研究的精确性,进而最大限度地降低法律的模糊性,尽可能地实现法律精确,提升法律信任。

区块链技术是一种不可篡改的数据记录系统,能够利用其技术特性解决法律在立法、司法等过程中遇到的法律功能性下降这一问题,重新建立民众的法律信任,使得制度信任再一次成为社会主流的信任模式。

(二) 法律制度调控区块链信任

数字信任作为一种新的信任模式,将与人际信任、制度信任一起构成社会信任体系。如同制度信任的前提条件是法律信任一般,数字信任的基础是区块链信任,只有构建起人们对于区块链技术的信任,区块链技术才能够作为一种社会信任构建机制,与法律、人际关系一起共建社会信任。至于区块链信任如何建立,除代码学计算机学知识的普及之外,区块链技术还需要法律的引导。法律制度对于区块链信任的影响可以有两个层面的理解:一个是虚拟世界价值观的建立,另一个是虚拟世界的法律规制。①

1. 虚拟世界价值观的建立

虽然架构在区块链之上的虚拟世界不可感,但是其运行时依旧按照某些特定规则进行运转。这些代码的编写将遵循一定规则,进而拥有像法律一样的某些固定的价值内涵。代码之于虚拟世界是具有创世性的,而法律是基于客观世界的合理存在对于现存的社会关系进行的调整,因而对于虚拟世界而言,法律制度存在较严重的滞后性。针对这一问题,法律能够做的就是建立起价值体系,设立一定的原则,对代码

---

① 参见高全喜:《虚拟世界的法律化问题》,《现代法学》2019年第1期。

的编写设立最基本的价值底线。

人类社会发展至今所遵循的价值观一直都是在改变的。随着区块链、大数据等科技的发展,数据主义学说逐渐兴起。数据主义认为,诸多数据构成了宇宙,对数据处理的贡献是任何现象和实体的价值所在。[①] 科技的发展使得数据陡增,数据处理更加信任大数据与代码、算法。这也是区块链信任的理论基础。在数据主义的背景下,万事万物都是由所有人也就是不同的数据汇集产生的,被称赞的是数据本身。万物互联,人类个人的感受已经不再重要,重要的是将这些记录下来,分享出去,接入数据流中。随后算法会通过大数据统计与分析告诉人类诸种行为的意义。

当然,数据主义目前还只是一个构想,人类究竟是否将让出中心地位,简化为数据流,我们尚不可得知。但是根据区块链技术的去中心化特征,我们可以预测未来价值体系将变得格外繁杂多样,而支撑区块链世界的代码就有可能因为采取了不同的价值观而产生冲突。所以人们可以信任代码算法运行的绝对客观性,但是代码背后浮动的价值观念容易让大家陷入自我怀疑,产生对自我行为价值的不信任。那么我们应遵循的价值观念与行为规则是什么,又由什么来确定呢?任何法律都展现了一定的社会价值观以及民族文化,因而法律能够教育民众,促进社会凝聚力,进而维护整个社会价值和文化的传承。法律在实施过程中对于社会价值观念进行体系化整合,所以通过法律可以明确社会主流观念,使得人类在意识形态上达成最基本的一致。而一致的价值观可减少区块链代码冲突,提高人们对于这一技术的信任度。

---

① 转引自〔以〕尤瓦尔·赫拉利:《未来简史》,林俊宏译,中信出版社2017年版,第333页。

2. 虚拟世界的法律规制

在互联网的世界里一直有一个理念——自由，但是互联网的影响力决定了互联网不可能成为法外之地，实现绝对自由。互联网、区块链构建的代码世界不能直接移植现实社会的规则，而且随着技术的发展，虚拟世界的很多机制、规则开始影响现实生活的法律。所以虚拟世界的法律规制是两个世界规则体系的调节与匹配。

区块链技术的核心之一就是共识机制，由于这是一种非权威的规则，因而存在多样性与可选择性。多样性是指基于区块链技术搭建的不同的项目、不同的侧链可以有不同的共识方式；可选择性则是指在多样化的共识体系中，人们可以自行选择可接受的一部分。但是多数时候我们会忽略繁琐的程序与调查，不得不接受某个共识机制，此时这类共识机制就是硬规则。举个例子来理解硬规则。目前，我们在首次使用 App 时都会有一份或数份与用户之间签署的合同，不接受就不可以使用 App。此时商家提供的交易规则都写在了这一份或数份固定的合同里且不可更改，这些不可更改的规则就被称为"硬规则"。共识机制的运作原理决定了其硬规则的本质属性。硬规则不需要像传统的法治建设那样由政府积极推动普及，它是由某个或某些主体一起达成的共识，愿意接受的就可以加入这个共识群体。如果不通过法律对这类硬规则的编写进行规制，那么谁掌握了编写硬规则（在虚拟世界中主要体现为代码）的能力并且能够为部分人接受，谁就掌握了话语权。由此，人与人之间的差距将变得更大，社会将出现圈层鸿沟。因而必须通过外部约束来限制规则的无限制生长，最理想的外部约束就是法律。一方面，法律需要适应区块链等技术带来的变化，例如硬规则的出现、价值体系的变化；另一方面，法律也需要对这些技术的内在逻辑以及外在表现形式进行约束以保证人们能对区块链产生信任，进而构建数字信任。

四、小结

区块链技术是一种以去中心化以及不可篡改为终极追求的数字信息技术,它的不可篡改、去中心化等特征使其确实可以成为一种信任构建机制,其建立的数字信任是一种因去中心化而不需要身份角色认证的普遍信任。人际关系构建的人际信任、法律制度构建的制度信任、区块链技术构建的数字信任一起组成了当代社会信任体系。其中由信息技术的变化导致的熟人范围扩大将相应扩大人际信任的影响范围,但是总体而言人际信任还是仅存在于熟人之间的一种信任模式。区块链技术能够通过其技术手段重新构建法律信任进而使得制度信任再一次成为可靠的信任模式,而法律制度也将通过对虚拟世界价值体系的引导以及对虚拟世界的现实性规制建立起区块链信任,使得人们能够在信任区块链技术的基础之上产生数字信任。

第四节 失信联合惩戒之可能

失信联合惩戒制度作为社会信用体系建设的核心装置,将对公权力的行使和私权利的保护产生深远影响。通过对失信联合惩戒的基本概念、运行方式及立法情势等系统梳理可知,目前理论和实务对"失信"关键性概念缺乏共识,联合的主体和惩戒方式相当多元,加之国家立法较为分散和零散,地方立法呈现全面覆盖的"井喷"态势,制度设计层面即为实践的泛化无序埋下了"端口"。结合制度运行中广泛存在的惩戒对象泛化、惩戒主体过宽、程序构造粗糙以及责任混乱、救济缺失等突出问题,分析制度的设定和实施受"完人社会"认知误区、法律位阶较低和功能实效性导向等因素影响,陷入了一场合法性危机。为保证"良法善治"的实现,失信联合惩戒制度的构建须在法治原则的框架下展开,通过对公民基本权利的限缩须于法有据以及对失信主体程序参与和救济权利的保障,来实现公权规制和私权保护的平衡;并借助依法行政原则、比例原则、禁止不当联结原则等行政法基本原则的规制,以解决制度合法性的根基问题。在此前提下,对失信联合惩戒制度进行完善,首先,顶层设计须审慎把握制度的有效性限度,严格限定联合惩戒的适用范围,摒弃"处处受限"的责任导向;其次,从立法层面规范联合惩戒的设定,加快构建完备的社会信用法律体系,厘清差别化的设定主体从而为制度的实施提供源头支撑。对制度的合法性改造离不开程序的规范,须对信用信息记录、收集、评价、共享等环节实施精细化的程序控制;而实现整体效用的优化,还须强化司法审查以及宪法监督和备案审查机制,发挥好市场性、行业性、社会性等多种信用惩戒协同机制的效用。

作为一种颇具威慑力的约束和惩戒手段,失信联合惩戒被视为社会信用体系建设长出的制度"牙齿",与守信联合激励共同构成了信用体系建设的"一体两翼"。近年来,在"一处失信,寸步难行"口号的指引下,中央和地方纷纷出台相关规定,将一系列违法违约及不文明行为纳入失信联合惩戒的范围。据不完全统计,含有失信联合惩戒内容的备忘录、地方人大立法及行政规范性文件已逾千件,呈现出多领域、多层级"井喷式"发展态势。实践中,联合惩戒亦"不负众望",以其显著的社会有效性俨然成为确保失信者寸步难行的一把"利刃",特别是在城市管理、司法执行等方面有着不俗的表现。

与此同时,针对行政机关实施失信联合惩戒行为的行政复议和行政诉讼案件数量也在节节攀升,包括错误列入"黑名单"、不当自由裁量、程序违法等诸多情形。例如,南部县人社局在未进行认真核实审查的情况下,仅凭部分农民工的投诉,即草率地将朝鑫建筑工程公司列入拖欠农民工工资"黑名单"并实施联合惩戒,从而被法院依法撤销。① 无独有偶,早前福建省住房和城乡建设厅因工作不够严谨细致,错误地将中建三局列入"欠薪黑名单",之后尽管以自查自纠形式将中建等4家企业移出了名单,但对上述企业产生的不良影响是不可逆的。② 一味将失信情节作为加重行政处罚、恣意行使自由裁量的依据而被法院予以纠正的案件更是屡见不鲜,如南阳市场监管局对雷丁公司违法广告行为,未经充分地调查、测算和说理,径直做出明显不当的处罚结果而被法院依法变更。③

事实上,失信联合惩戒制度极具复杂性,一直以来也是在争议和质疑中艰难前行。首先,失信概念未定,制度实施缺乏基本共识。目前,我国失信联合惩戒制度总体上还处于起步探索阶段,缺少完备的、系统的理论作为支撑。现有关于失信联合惩戒的行政规范性文件多以列举的方式规定公民、法人和其他组织被认定为失信行为或失信主体的情形,几乎都未能给失信做出明确定义,没有揭示失信的本质特征,甚至作为失信上游概念的"信用",其内涵和外延也并不清晰。其次,法律位阶总体偏低,制度设定不够规范精细。我国《社会信用法》尚未制定完成,尽管法律、法规、规章和规范性文件都对失信联合惩戒制度有不同程度的涉及,但总体仍以规范性文件为主,缺乏正式的法律依据。并

---

① 参见遂宁朝鑫建筑工程有限公司诉南部县人力资源和社会保障局劳动、社会保障行政处罚案,西充县人民法院(2018)川1325行初63号。
② 参见霞浦县住房和城乡规划建设局、福建省九龙建设集团有限公司城乡建设行政管理案,宁德市中级人民法院(2017)闽09行终56号。
③ 参见山东雷丁新能源汽车有限公司诉南阳市市场监督管理局质量监督检验检疫行政管理案,社旗县人民法院(2019)豫1327行初31号。

且,大多数的"红头文件"本质上尚属于行政性规范政策,无论是文本的精确性、规范性还是实践的可操作性都普遍较弱。最后,实践泛化,存在被滥用的倾向。实践中,失信联合惩戒已超越重点领域和严重失信行为的"点状治理"范畴,欠缴水电费、乱倒垃圾、闯红灯、违停、霸座等不文明行为都被纳入其中,失信联合惩戒成了法定边界模糊的"大箩筐",诸多违法违约、道德失范的行为似乎都可以装入其中,少数地方、部门甚至产生了以联合惩戒替代其他社会治理手段的监管路径依赖。以上问题亟待理论和实务界做出回应。

一、失信联合惩戒及其立法情势

失信联合惩戒机制作为一种具有中国特色的制度安排,其由来并不久远。失信联合惩戒的基本功能、架构和运行原理最初于2000年提出,最早被称作"失信惩罚机制";后因原全国整规办认为"惩戒"有两种动作,文义优于"惩罚",在2003年以后的文稿中逐渐调整为"失信惩戒机制"。[①] 2007年国务院办公厅印发《关于社会信用体系建设的若干意见》,明确要求建立失信行为联合惩戒机制,真正使失信者"一处失信,寸步难行"。通常认为该意见是最早对失信联合惩戒进行规范表述的政策性文件。严格来讲,失信联合惩戒并非传统意义上的精确法律概念,而是一种与信用体系建设相伴而生的制度性描述,它以信用评价体系为载体,依托大数据技术手段,通过描摹社会主体信用"肖像",建立正向或负向的评价,并聚合多部门联合的"威力",针对失信行为人的既往表现,施以限制或克减权益的"二次约束"措施。

2014年和2016年,国务院先后出台了《社会信用体系建设规划纲要(2014—2020)》(以下简称《规划纲要》)和《关于建立完善守信联合

---

① 参见林钧跃:《论失信惩戒机制的完整性》,《中国信用》2018年第6期。

激励和失信联合惩戒制度、加快推进社会诚信建设的指导意见》(以下简称《指导意见》)两部纲领性文件,提出"建立跨地区、跨部门、跨领域的联合激励与惩戒机制",明确对重点领域和严重失信行为实施联合惩戒,由此失信联合惩戒正式驶入规范化、制度化发展的轨道。

与此同时,从中央到地方,社会信用立法和失信联合惩戒全面推进,诸多合作备忘录、地方性法规、政策文件接连推出,发展迅速。但由于缺乏统一的社会信用立法,制度文本总体分散、冗杂,文本中对关键性概念的认知缺乏普遍共识,联合惩戒的实施领域、约束措施亦存在较大差异。下面我们将从基本概念、联合惩戒及立法情势三个方面对我国失信联合惩戒的制度图景做一概要性呈现。

(一)基本概念

1. 失信的语义内涵

《国语》中有言:"得原而失信,何以使人。"通俗地讲,失信即背约,丧失信用。然而,作为支撑联合惩戒制度的关键概念,从法律上对"失信"进行精准界定并非易事,甚至作为失信上游概念的"信用",其内涵和外延也并不清晰。目前我国并没有一部法律、法规对"失信"予以明确定义,即便是国务院的《指导意见》,也只是非穷尽地列举了严重失信行为的样态和情形,并原则性地提出"严格依照法律法规和政策规定"的笼统要求,从而按照"谁认定,谁负责"的原则,将界定的任务转嫁给了信用规范的制定和实施主体。

从地方性法规来看,被誉为第一部综合性地方信用立法的《上海市社会信用条例》在第二条中将社会信用界定为"具有完全民事行为能力的自然人、法人和非法人组织,在社会和经济活动中遵守法定义务或者履行约定义务的状态",此后出台的河南、厦门等地的信用条例也大多沿用该定义。而《南京市社会信用条例》第二条则从加强政务诚信的角度出发,在此基础上进一步将其丰富为"依法履行职责、遵守法定义务、履行约定义务的状态"。从形式上看,这一定义基本具备了"假定、处理和制裁"三要素,使"信用"突破政策文件的藩篱,上升为规范意义上的法律概念。但依此逻辑,是否所有的违法、违约或失职、渎职行为皆构成失信?加之在信用规范中对"失信信息"予以非穷尽列举的最后,基本都会出现诸如"经依法认定违反法律、法规规定的其他失信信息"这类兜底条款,从而在事实上无限放大了失信行为的覆盖范围。

2. 失信行为与违法行为、道德失范行为

失信行为与违法、违纪、违约行为相勾连,与违反社会公德、职业道德、家庭美德等行为相捆绑,在一定程度上导致了联合惩戒实践的泛化,也引起了学界的广泛质疑和诟病。在地方信用立法中,一方面,失信与违法形如"孪生",甚至很多条文直接将两者作为复合词表述为"违法失信"或"失信违法"。比如《河南省社会信用条例》第三十七条就将生效的行政处罚信息、认定构成犯罪的刑事判决信息、行政强制执行等信息通通认定为"失信信息",并要求失信联合惩戒对象名单结合"相关信用主体违法失信情况确定"。这种将违法与失信相混同的现象绝非个例,其本质是以失信判断代替法律框架内的违法判断。另一方面,以道德规则作为失信行为认定依据的案例更比比皆是。以《广州市公共信用信息管理规定》为例,表彰奖励、慈善捐赠、志愿服务等被视为守信信息;而霸占他人座位、无正当理由滞留医疗机构等不文明行为,以及无正当理由欠缴公用事业费等民事违约行为,均被纳入失信调整范畴适用联合惩戒。[①] 已有学者忧心忡忡地指出:"失信联合惩戒以道德规则为失信行为认定的依据,

---

① 参见《广州市公共信用信息管理规定》(广州市人民政府令第166号)第十一条、第十二条。

以法律手段为维系道德的工具,道德约束与行政惩戒混合,存在泛道德化的倾向。"①

失信行为与违法行为、道德失范行为到底是什么关系,这在本质上是一个价值判断的问题。《上海市社会信用条例》的立法参与者罗培新教授提出:"我国的社会信用体系,是否应当涵摄违法行为,答案不言自明。法律是民众公共选择的结果,承载着社会的最大公约数,是民众应当共同信守的契约。守法是守信者的底线要求。"②但也有学者针锋相对地指出,信用该由市场决定,很多违法行为和信用之间并不存在必然联系,比如个人违法开"专车"、非法燃放烟花、拒绝回家探望老人等都与信用无关,不能什么都装进信用"篮"。③

《规划纲要》中已明确,我国的社会信用体系建设是涵括"政务诚信、商务诚信、社会诚信和司法公信"的综合性系统工程,因此就信用的内涵而言,当然要远丰富于西方国家"获得货物或服务但并不立即支付价金,而是允诺将来偿付"的商业信用立意。有别于美国、德国等市场经济发达国家,我国的信用体系建设是由政府主导的,承载着强化社会监管、创新治理机制、优化营商环境、弘扬和践行社会主义价值观等多重复合作用,失信行为与违法行为、道德失范行为之间存在着难以割裂的密切联系。但是,我们必须清醒地认识到,社会信用体系建设的终极目的在于提升社会诚信水平,将违法行为"一刀切"地归入失信行为显然突破了社会观念对信用的通常认知,而将诸多不文明、不道德行为等社会治理中的痛点、难点问题"一揽子"纳入联合惩戒调整范畴,则极有

---

① 周海源:《失信联合惩戒的泛道德化倾向及其矫正——以法教义学为视角的分析》,《行政法学研究》2020年第3期。
② 罗培新:《遏制公权与保护私益:社会信用立法论略》,《政法论丛》2018年第6期。
③ 参见傅蔚冈:《"征信"扩大化,或变身"道德档案"》,《华夏时报》2016年4月18日。

可能使联合惩戒冲破法律与道德的"安全阀门"。

信用内涵应当回归至道德价值上之诚信。① 在此前提下,失信与违法并非包含与被包含的关系,而是相交关系,两者之间的交集是失信已达到的违法程度。而道德失范行为要成为失信认定的依据,首先要解决好道德入法的问题。概言之,对于失信的界定,关乎联合惩戒制度的系统性构造与关联法律关系的安排。失信行为与违法行为、道德失范行为无序混同,极易导致"失信"成为包罗万象、难堪其重的"大箩筐",从而使联合惩戒制度偏离法治轨道,甚至对现有的法律规则体系造成冲击。

(二)联合惩戒

1. 联合主体及一般合作模式

在中央层面,2007年经国务院同意,建立了部际联席会议制度,明确由联席会议负责统筹协调社会信用体系建设,联席会议办公室设在国务院办公厅,初始成员单位仅有15家,主要集中在发展和改革委员会、人民银行、银监会、证监会等经济条线部门。② 随着信用体系建设的不断推进和联合惩戒实践的日趋丰富,2012年联席会议增加了"建立健全覆盖全社会的征信系统"等六项职责,并将牵头单位调整为发展和改革委员会与人民银行,同时中央纪委、中央宣传部、高检院等十余家单位加入联席会议。③ 至2017年2月,联席会议的成员单位已增至47家。④

---

① 参见沈毅龙:《论失信的行政联合惩戒及其法律控制》,《法学家》2019年第4期。
② 参见《国务院办公厅关于建立国务院社会信用体系建设部际联席会议制度的通知》(国办函〔2007〕43号)。
③ 参见《国务院关于同意调整社会信用体系建设部际联席会议职责和成员单位的批复》(国函〔2012〕88号)。
④ 参见《国务院社会信用体系建设部际联席会议制度简介》,2017年12月8日,https://www.cnfin.com/credit-xh08/a/20171208/1739791.shtml。

目前，失信联合惩戒的主体已囊括行政机关、党群机关、司法机关乃至新华社等企事业单位，呈现了部际联合、党政联合、政社联合的多样化特点，比如2018年签署的《关于对科研领域相关失信责任主体实施联合惩戒的合作备忘录》就包括了中央军委装备发展部等军事机关、中科院等科研机构，以及自然科学基金会、中国科协等事业单位和人民团体。① 联合主体逐渐扩大，亦说明我国社会信用体系建设的疆界在不断拓宽，失信联合惩戒问题已不是单一行政法学科的问题，而是一个关涉国家权力安排的公法问题，制度的复杂性可见一斑。

而在地方层面，各地普遍在地方信用规范中明确设立议事协调机构或建立联席会议制度，并且在跨部门、跨领域的基础上更加注重跨区域合作，如《上海市社会信用条例》就要求市、区人民政府设立社会信用体系建设议事协调机构，同时建立信用合作机制，打破"数据孤岛"和"碎片化治理"的组织掣肘，推动跨地区、跨领域的信息共享和评价互认，加强重点领域的跨区域联合奖惩。②

就合作模式来看，在联席会议制度的合作框架下，中央层面根据《指导意见》建立了触发反馈机制，即联合惩戒发起部门负责记录，评价本领域有关主体信用状况并确定惩戒对象，参与部门各依其职权采取相应的惩戒措施。在地方层面，则通常由地方政府发布公共信用信息目录，建立统一的归集和服务平台，并编制联合惩戒应用清单，明确联合惩戒的实施主体、依据、条件、对象、期限、具体措施等。相关行政机关根据履行职责的需要，查询和使用信用信息，特别是在公共资源交易、科研管理、公职人员招录等方面，更加强调对信息主体信用状况的

---

① 参见国家发展和改革委员会等41部门联合印发《关于对科研领域相关失信责任主体实施联合惩戒的合作备忘录》（发改财金〔2018〕1600号）。

② 参见《上海市社会信用条例》第四条、第七条、第二十一条。

识别、分析和研判。针对确定的联合惩戒对象,有些地区的参与部门并不能自主决定是否对其实施联合惩戒,而实际承担着强制惩戒的义务。比较典型的如《南京市社会信用条例》第三十四条,要求行政机关建立自动比对和反馈机制,对不实施的例外情况则须书面报告。

2. 约束惩戒措施的类型化

失信联合惩戒机制不仅惩戒主体多元,惩戒的方式更是呈现多样性、综合性特点,参与部门大多依合作动因的差异而采取不同的惩戒措施。以《关于对政府采购领域严重违法失信主体开展联合惩戒的合作备忘录》为例,包含联合主体29家、惩戒措施34项,涉及限制许可、审批参考、取消资格、公布上网等诸多方面。①

《指导意见》中对严重失信主体明确应列为重点监管对象,并将行政性约束和惩戒归纳为四大类:(1)从严审核行政许可项目;(2)限制申请财政性资金项目;(3)市场和行业禁入;(4)撤销荣誉,取消评先评优资格。地方性法规中对于惩戒措施的规定也大体延续了《指导意见》中的分类,并区分失信行为的严重程度和主观恶性,细化制定了联合惩戒的"地方版"措施。比如《上海市社会信用条例》,即针对一般失信主体和严重失信主体采取了不同强度的阶梯式惩戒。② 河南、厦门、南京等地的信用法规也设定了大同小异的措施,有的还增加了限制出境、限制乘坐高级交通工具、限制购买不动产及高消费行为的要求。

长期以来,学界对失信惩戒法律性质的探讨表现出了浓厚的兴趣,但至今尚无定论。早期,持行政处罚论观点的学者占据主流,如胡建淼教授就认为,"黑名单"是一种综合精神罚、资格罚、人身罚的行政处罚,

---

① 参见国家发展和改革委员会等29部门《印发〈关于对政府采购领域严重违法失信主体开展联合惩戒的合作备忘录〉的通知》(发改财金〔2018〕1614号)。

② 参见《上海市社会信用条例》第三十条、第三十一条。

其严厉程度远超警告和罚款。① 但处罚论一来不能涵盖所有惩戒类型，诸如将加强监管、不适用告知承诺等措施归为行政处罚难免牵强；二来处罚论明显与"一事不再罚"原则相悖反。后期，有学者认为信用责任具有补强三大责任之效能，建议将信用责任作为与三大责任比肩而立的第四类法律责任。②

我们认为，联合惩戒手段具有综合性，不同惩戒措施的影响强度差异很大，因此对失信惩戒法律性质的辨析不能一概而论，而应视具体约束惩戒类型做具体分析界定。从《指导意见》和当前地方性法规设定的行政约束惩戒来看，联合惩戒行为大致可以归结为以下三种类型：

一是以克减权利或增加义务为表现形式的行政处理行为。这类联合惩戒将信用主体的信用状况作为惩戒的构成要件或者裁量因素，进而对失信者做出损益性行政行为，通常具有直接性、强制性的特点。主要包括：(1) 资格权益的克减，如市场和行业禁入，限制取得认证机构资质，限制担任董事、监事和高级管理人员，限制录用为公务人员或担任公职，限制参加评优表彰，等等；(2) 财产权益的克减，如限制获取政府补贴性资金、社会保障性资金支持、取消投资优惠政策等；(3) 增设行政许可前置条件或作为消极影响因素，如作为行政审批、参与政府合作、供纳税信用管理等的重要参考。

二是以强化监管为表现形式的行政检查行为。这类惩戒依据行政相对人的信用评价及合规风险而采取差异化的监管措施，如列为重点

---

① 参见胡建淼：《"黑名单"管理制度——行政机关实施"黑名单"是一种行政处罚》，《人民法治》2017年第5期。
② 参见刘俊海：《信用责任：正在生长中的第四大法律责任》，《法学论坛》2019年第6期。

监管对象、提高检查频次、加强现场检查等,一般并不直接产生不利法律后果。近年来,在监管任务繁重和执法力量稀缺这一矛盾日益凸显的背景下,中央层面积极借鉴西方"回应性规制""精明规制"理论。① 2019年国务院印发了《关于加强和规范事中事后监管的指导意见》,明确提出"推进信用分级分类监管,依据企业信用情况,在监管方式、抽查比例和频次等方面采取差异化措施",强调将信用分类监管嵌入整个行政监管体系,突出精准监管、靶向纠治,通过差异化分配资源提升行政监管效率。

三是以风险提示为表现形式的行政指导行为。这类惩戒主要依托信用信息公开披露和通报提示机制,引导市场主体有效辨识、防范信用风险,从而间接地指导和影响私法关系的产生,具有一定的声誉规制特征。行政指导作为现代行政管理的基本手段,大体可以分为助成指导和限制指导。风险提示无疑是一种限制指导,如引导铁路总公司、民航企业对"老赖"限制乘坐高铁和一等座以上动车;引导金融机构对严重失信主体上浮贷款利率和保费;引导市场主体对有能力但拒不履行的失信主体限制高消费及出境旅游等。

(三)立法情势

1. 国家层面立法分散零碎

《规划纲要》中明确要求"推动信用立法工作",到2020年基本建立社会信用基础性法律法规和标准体系。就目前来看,除《征信业管理条例》和《企业信息公示暂行条例》外,全国性的信用法规付之阙如,关于失信联合惩戒的规定零星散见于《中华人民共和国疫苗管理法》《中华

---

① 参见卢超:《事中事后监管改革:理论、实践及反思》,《中外法学》2020年第3期。

人民共和国公务员法》等相关法律法规。① 尽管社会各界对制定社会信用基本法的呼声空前高涨,十三届全国人大常委会也已将社会信用立法列入立法规划,但由于信用体系建设本身极具复杂性,失信联合惩戒作为其长出的制度"牙齿",更是牵涉诸多法律风险,因此全国性统一立法的进程并不如舆论所期般顺畅,全国人大常委会法工委在《关于2018年备案审查工作情况的报告》中,就将建立信用惩戒制度"引发了一些滥用信用惩戒侵犯公民隐私权和其他合法权益的担忧"这一情况定性为有不同认识而须加强研究和跟踪的问题。②

总体而言,中央各部委联合签发的合作备忘录仍是失信联合惩戒实施的主要规范依据。据不完全统计,2016—2019年,全国性的联合奖惩合作备忘录有51个,其中涉及联合惩戒的有43个,涉及联合奖励的有5个,既涉及联合惩戒也涉及联合奖励的有3个。③ 联合惩戒的实施范围集中于生态环境、食品安全、政府采购、交通运输等重点领域、重要行业,着眼于解决拒不履行法定义务、拒不履行国防义务等突出问题,展现出"猛药去沉疴"的政策倾向。值得注意的是,这些备忘录大多冠以"发改财金发"的文号,从本质上讲仅是记录社会信用体系建设部际联席会议成员单位之间合作事项的内部文件,尽管参与部门在制定各自惩戒措施时将其视为依据,但其尚不属于严格意义的法律规范,有学者认为其仅是在法律法规框架内进行的联合惩戒的"梳理与衔接"。④

---

① 参见《中华人民共和国疫苗管理法》第七十二条、《中华人民共和国公务员法》(2018年修订)第二十五条。
② 参见《全国人大法工委关于2018年备案审查工作情况的报告》,《中国人大》2019年第3期。
③ 参见贾茵:《失信联合惩戒制度的法理分析与合宪性建议》,《行政法学研究》2020年第3期。
④ 参见罗培新:《社会信用法:原理·规则·案例》,北京大学出版社2018年版,第107页。

除却合作备忘录的形式,2017年国家发展和改革委员会与人民银行联合发布指导文件,对失信联合惩戒对象名单的认定标准、认定程序、共享发布以及信用修复、权益保护等问题予以进一步明确,①具有较强的导向性、规范性和操作性。在该文件有效期届满之际,2020年12月国务院办公厅印发《关于进一步完善失信约束制度、构建诚信建设长效机制的指导意见》,确立了"依法依规、保护权益、审慎适度、清单管理"的总体思路,并针对信用信息纳入和共享、严重失信主体名单认定标准和程序、失信惩戒、信用修复、信息安全和隐私保护等重大问题做了全面而系统的制度安排,大有对既往社会信用法治缺失、"泛信用化"凸显等问题进行"拨乱反正"、正本清源之势。

2. 地方层面从"点状治理"到"井喷"态势

纵观社会信用法律体系的建设进程,毫无疑问,地方立法走在了国家的前面。2011年陕西省率先破冰,出台《陕西省公共信用信息条例》,至2017年地方信用立法已如雨后春笋般密集涌现,湖北、上海、河北、浙江四地相继出台地方性法规,引领了信用立法风潮,也为其他地区制定信用条例提供了可参考、可借鉴的完整样板。

失信联合惩戒作为社会信用体系建设的核心装置,通常包裹于整体的地方信用法规之中。以《南京市社会信用条例》为例,该条例在第四章"社会信用信息应用"中,明确提出"建立跨地区、跨行业、跨领域的社会信用联合奖惩机制",并实行联合奖惩清单制度,对惩戒的主体、依据、条件、对象、期限、具体措施等进行"清单化"规范管理。在失信惩戒措施设定方面,对一般失信主体和严重失信主体予以区别对待、"因人

---

① 参见《国家发展改革委、人民银行关于加强和规范守信联合激励和失信联合惩戒对象名单管理工作的指导意见》(发改财金规〔2017〕1798号)。

施策",同时针对轻微偶发失信行为,建立信用惩戒豁免制度,彰显了信用立法的谦抑性原则。

地方法规、政府规章在信用立法方面秉持了稳妥、审慎的一贯态度,相较之下,行政规范性文件则显得较为激进。在"一处失信,寸步难行"口号的指引下,已有不少红头规范性文件对失信联合惩戒的设定与实施做出安排,并且数量还在不断增长。而联合惩戒的实施范围,也纷纷突破《指导意见》框定的重点领域、重要行业"点状治理"界限,各地行政机关普遍根据信用监管和社会治理需要有所选择和拓宽,诸如"乘地铁外放音乐"[1]等不文明行为、"忤逆不孝"[2]等道德失范行为都被纳入其中,失信联合惩戒几乎处于全面覆盖的"井喷"状态,有的地方俨然将其作为治理社会疑难问题的"最后一根稻草",但实际上也同时埋下了有违法治精神的隐患。

二、失信联合惩戒制度的运行困境

经过近二十年的实践探索,我国社会信用体系建设和失信联合惩戒制度总体上日臻完善,但其作为强制性制度变迁的原生属性难以改变。[3] 政府作为推进制度变迁的主导力量,在对失信联合惩戒体系做出顶层设计时,综合了诸多加强法律实施、完善社会治理的主观诉求,带有明显的政策导向和工具主义色彩。或许正是这种价值目标的杂糅和异化,在一定程度上导致了实践中惩戒泛化、政出多门、程序薄弱、过罚失当、救济缺失等问题,给制度实施的合法性蒙上了阴影。

---

[1] 《昆明拟出新规,乘地铁外放音乐的或将记入个人信用信息平台》,2019年8月25日,https://www.thepaper.cn/newsDetail_forward_4252809。
[2] 《甘肃东乡县出台新规,忤逆不孝行为或被列入信用"黑名单"》,2019年8月30日,https://www.thepaper.cn/newsDetail_forward_4285517。
[3] 参见马国海、何建华:《制度变迁与信用制度创新》,《浙江社会科学》2003年第3期。

（一）实践困境

1. 惩戒对象失之于泛：失信评价呈现"箩筐式"特点

如前文所述，目前无论是在国家层面出台的指导文件、合作备忘录中，抑或在地方层面的立法实践中，失信都是一个模棱两可的概念，其内涵和外延相当模糊。因此，在"一处失信，寸步难行"口号的指引下，失信联合惩戒显现出"无所不包""无所不能"的泛化趋势。以行政"黑名单"为例，不仅税收违法、逃废银行债务、工程违法分包、拖欠农民工工资等传统意义上有失诚信的行为"榜上有名"，不按交通信号灯指示通行①、不履行垃圾分类义务②等与信用并无太大关联的行为也都赫然在列，甚至山东某地一教师因用课本抽打逃课学生也被列入了信用"黑名单"③。

早在 2012 年就有全国政协委员提案"为每个公民建道德档案"以使每个人"知耻"④，尽管当时引发了众多争议，但实践中已有地方付诸行动，如山东德州就为自然人普遍建立了信用档案⑤。无独有偶，厦门、宿迁等地也都实施了信用积分制度，根据信用得分划分不同信用等级，并据此进行联合惩戒。然而，这种看似精细管理、精准施治的手段，由于混杂了较多与信用关联度偏低的信息，加之量化积分的方式不甚科学，实际上难以很好发挥微观标识异常、宏观预测趋势的效用，反倒因

---

① 参见《年闯红灯 5 次以上即"失信"，必须有》，《现代快报》2018 年 2 月 23 日。
② 参见《南京生活垃圾强制分类 11 月施行　最高罚 50 万》，2020 年 5 月 21 日，http://js.people.com.cn/n2/2020/0521/c360302-34032795.html。
③ 参见《因用课本抽打逃课学生，山东日照一教师被纳入信用"黑名单"》，2019 年 7 月 11 日，https://m.thepaper.cn/wifiKey_detail.jsp?contid=3885303&from=wifiKey#。
④ 参见《李小琳：为每个公民建道德档案　每个人都要知耻》，2012 年 3 月 6 日，http://news.sohu.com/20120306/n336785660.shtml。
⑤ 参见《德州：620 万余自然人建立信用档案》，2019 年 8 月 30 日，https://www.creditchina.gov.cn/gerenxinyong/gerenxinyongliebiao/201908/t20190830_167281.html。

"箩筐式"特点,导致信用评价偏差,失信行为泛滥,惩戒覆盖面相当宽泛。

2. 惩戒主体失之于宽:权限设定缺乏规范依据

我国失信联合惩戒制度设定主体极其多元。横向来看,除行政机关以外,还包括党的机关、群团组织、企事业单位等非行政主体,呈现部际联合、党政联合、政社联合的鲜明特征;纵向来看,上到国家部委办局,下到市县行政机关乃至乡镇(街道)都有联合惩戒的实践。以安全生产领域为例,在国家层面,2016年发展和改革委员会等18个部门联合印发了《关于对安全生产领域失信生产经营单位及其有关人员开展联合惩戒的合作备忘录》,2017年原安监总局在此基础上进一步出台《对安全生产领域失信行为开展联合惩戒的实施办法》;在地方层面,各级地方政府甚至村委会、居委会等群众性自治组织也都对安全生产领域失信行为提出联合惩戒要求。

多主体、多层次的制度设定一定程度上影响了联合惩戒制度实施的统一性,不同地区、不同领域关于失信联合惩戒的认定标准、惩戒力度存在较大差异,"同案不同判"的现象屡见不鲜。譬如,关于水电、燃气等公共事业费欠缴问题,《上海市公共信用信息归集和使用管理办法》第十三条规定经催告后六个月仍未缴纳的记入其他信息,而湖北、河南则明确将未经依法确认的公共事业费欠缴信息排除在外。同时,惩戒主体的泛化也为制度的滥用留下了较大的风险端口,实践中存在着大量缺乏法律授权、法律条款越位的现象。如上文提到的一些地方将闯红灯、错误垃圾分类纳入失信,国家发展和改革委员会前副主任连维良就明确表示,很多信用措施仅仅依据地方政府规范性文件或者地方部门文件,缺少党中央、国务院文件依据,缺少国家或地方层面的立法,不仅不符合依法治国要求,也不符合构建诚信建设长效机制要求。①

3. 惩戒程序失之于粗：全流程法律控制零散松软

法律程序往往具有重要价值，它既为权力的行使提供了正当性，同时也为相对人提供了对抗性机制，从而使原本对抗的双方在法律程序这个场域有机地统合起来。② 总体而言，我国的失信联合惩戒从设定到实施，程序性装置比较薄弱，联合惩戒缺乏有效的程序控制。例如，在青岛、滨州等多地出台的推进城市管理领域联合惩戒实施意见中，基本很难找到"告知信息主体列入严重失信名单的理由和依据"等程序规定，行政决策的民主程序匮乏，行政机关与被监管对象缺乏理性、有效的沟通互动机制。再如，实践中先将信用信息纳入系统，再根据当事人提出的异议申请予以审核的普遍做法，明显违背了事先告知的程序要求。事实上，尽管很多地方性法规对告知理由、依据和救济途径等做出了规定，但大多未规定具体的方式和程序，特别是关于救济途径笼统而含糊的表述，使得实践中是否有救济以及如何救济常常也只是行政机关视情况而定的随机表达。

联合惩戒作为整个信用治理的下游环节，尽管具体惩戒措施有异，但其核心环节和核心程序应是统一的，具体包括信息归集时的告知和异议程序、信用评价时标准制定的民主程序和评价认定的陈述申辩程序，以及最终做出惩戒时的救济程序，当然具体实施程序也会因惩戒措施损益性高低而有所差异。就目前来看，各个层级的规范几乎都侧重于失信行为认定和惩戒措施设定两个方面，并未对惩戒措施配备具体

---

① 参见《闯红灯、错误垃圾分类纳入失信？发改委回应：不符依法治国要求》，2020年12月25日，https://www.163.com/dy/article/FUNHKTAC0512B07B.html。
② 参见季卫东：《法律程序的意义——对中国法制建设的另一种思考》，《中国社会科学》1993年第1期。

而清晰的实施程序,全流程的法律控制更是相当粗糙,大大增加了制度偏离原初目标价值的可能。

4. 惩戒责任失之于乱:存在不当联结、过罚失当现象

当下"一处失信,处处受限"可谓是失信联合惩戒最深入人心的口号,然而这样一种口号,无法回答实践中"处处"的时空边界应该在哪、"受限"的程度又到底该有多大等问题。联合惩戒责任设定混乱,俨然成为不当联结、过罚失当的重灾区,"大炮打蚊子"、越权设定等现象较为常见。以广受热议的新兵拒服兵役受到联合惩戒为例,在重庆市公布的10个典型案例中,被惩戒的新兵除按照《兵役法》不得录用为公务员或者参照公务员法管理的工作人员,两年内不得出国(境)或者升学,还被施以"不得纳入困难补助及保障性安居工程帮扶对象""不得给予信贷优惠政策支持和利率优惠支持""纳入严重失信主体名单,终身记录在案"等惩戒措施,①其中的联结实在难称正当。再如规定失信主体子女报考公务员、军校、航空院校等政审无法通过,是否已突破了责任自负的原则边界,存在明显的不当联结,是一个有待探讨的问题。

此外,诸多看似轻微的惩戒责任,实则涉及对公民教育权、就业权等基本权利的约束和限制,应严格遵循法律保留原则,而不得由较低法律位阶的规范文件予以创设。譬如北京市交通委就对不文明乘车的失信主体予以乘坐公共交通的资格限制,②这是否构成对公民基本生存和发展权的克减,进而北京交通委是否存在越权设定,都是值得商榷的问题。同时,实践中失信联合惩戒已异化为某些行政机关自由裁量权恣

---

① 参见《10名新兵拒服兵役,重庆军地部门联合惩戒!》,2020年3月14日,https://www.sohu.com/a/380119032_100087426。

② 参见《北京市交通委员会关于对轨道交通不文明乘车行为记录个人信用不良信息的实施意见》,2019年5月16日,http://www.gov.cn/xinwen/2019-05/16/content_5392124.htm。

意行政的依据。极端的例子如失信人只因一次交通违法处罚不良记录,而被课以一定期限内相关职业禁入的联合惩戒,于失信人而言,失信惩戒的影响可能远远大于罚款、扣分的行政处罚。① 在中国裁判文书网上检索,可以发现行政机关在行政处罚中未经充分调查、说理,径直将失信行为作为加重处罚情节,导致明显罚不当责、裁量失当而被法院纠正的案例不在少数。

(二) 内在成因

1. 制度价值偏移:存在"完人社会"认知误区

随着城市工业化、信息化进程的加快,原有的熟人社会被渐次打碎和分割。相较于人格信用而言,制度信用以其超越熟人世界范围的广泛影响力和正面功效,凸显出与"互联网+"、大数据时代无可比拟的适配性。但在西方国家,制度信用主要存在于经济和金融领域,与社会相挂连的情况较少。然而在我国文化语境中,"信用"则更多地体现社会秩序和伦理价值。因此,在完善经济治理之外,我国的社会信用体系建设更多地承载着以法治方式推进道德建设和将社会主义核心价值观融入法治的重要作用。诚然,道德和法律在价值层面应当协同,且势必协同,但如何实现协同以及在何种程度上协同则是因时因地而异的。"以德入法"绝不仅是简单给道德穿上形式合法的外衣,关键还在于解决好道德入法的限度这一实质问题,也即制度信用的有效边界问题。

当前,我国社会信用体系建设的涵摄范围甚广,全面覆盖了政务、商务、社会和司法等各个领域。毫不夸张地说,很多地方试图将其希冀引导的主流价值和所需完成的社会治理任务,全部通过纳入信用记录

---

① 参见崔凯:《上海社会信用立法:促进与路径》,《地方立法研究》2019年第2期。

并精准地施以联合奖惩，来构建一个尽善尽美的诚信社会、"完人社会"。① 但是失信的本义终究是因违背协议或诺言而失去信用。法律不能苛求每个人成为道德品质完美无瑕的"圣人"，把交通违法、不看望老人、错误垃圾分类等行为都以其"整体社会信用却难称良好"②的理由归为失信，事实上是陷入了"完人社会"的认知误区，导致法律冲破了最高限度，与道德混沌一片。

社会信用体系建设的价值目标不应是从根源上杜绝一切不诚信、不道德的行为，从而建立一个精致治理的"完人社会"，而应是立足于减少食药及生产安全、环境保护等重点领域和重要行业的重大违法事件，减少商业欺诈、逃废债务、制假售假等严重失信行为，从而提升社会诚信水平。对失信做过度扩大化的界定，会使制度价值发生偏移，进而导致实践的泛化。

2. 法律位阶较低：文件的语言精确性、规范性、可操作性较弱

"重典治乱"，前提应是有"典"可依，然后方能依"典"治乱。失信联合惩戒作为一种对相对人权利和义务产生不利影响的行政行为，理应受到依法行政原则和《立法法》等法律规范的严格约束。但就现状来看，国家层面的统一信用立法暂付阙如，行政机关在失信联合惩戒的问题上显然走在了立法的前面。如前文所述，尽管中央和地方在制定更高层级规范、明确失信联合惩戒设定依据方面做了诸多努力，但总体上仍以规范性"红头文件"为主体，法律位阶较低，尤其是广泛存在的"合作备忘录"，甚至只具有内部的业务指导性，而难以具备法规范意义上的拘束力。可以说，立法权的缺位在一定程度上导致了实践中设定权、

---

① 参见沈岿：《社会信用体系建设的法治之道》，《中国法学》2019 年第 5 期。
② 罗培新：《社会信用体系不是道德档案》，《文汇报》2016 年 6 月 3 日。

实施权的随意泛化和行政权的无序扩张。

同时,区别于英美法系国家,我国更倾向于"建构理性"的制定法规则,即依靠人的理性实现对制度设计的把控,①因此制度构建常蕴含着制定者自身的价值取向。就失信联合惩戒制度的构建而言,政府既是制定者,也是实施者,其中价值判断的合理性也并非无可置疑的。加之大量的规范性文件尚不在司法审查的范畴,其往往只负责指引方向,语言的精确性、规范性与可操作性较弱,②实难担负起厘清权责边界、规范权力运行的重任,而现实极具复杂性,因此在实践中法律授权模糊、权力责任不一致、手段目标不当联结、程序控制不完备、监督和救济机制欠缺等问题层出不穷,大量的联合惩戒行为游离在合法合理的边界之外。

3. 功能实效性导向:形成了行政监管路径依赖

毋庸讳言,我国社会信用体系建设从来都不只是单纯为了提高社会诚信,加强法律实施、合理配置行政资源、优化国家治理体系和治理能力也是重要目标。特别是失信联合惩戒,其兴起于我国安全生产、食品药品等诸多领域市场失范,但行政执法力量薄弱、"运动式"执法收效甚微、传统事后处罚模式存在明显不足的行政监管困境之中。作为"全生命周期"信用监管机制的关键一环,失信联合惩戒具有明显的工具主义色彩,其有利于改善"各打五十大板"式的粗放监管和"撒胡椒面"式的政策投放局面,彰显行政监管的及时和精准。事实上,失信联合惩戒运用至今,在节约执法资源、高效辨识风险、提升监管效能等方

---

① 参见裴洪辉:《合规律性与合目的性:科学立法原则的法理基础》,《政治与法律》2018年第10期。

② 参见罗培新:《遏制公权与保护私益:社会信用立法论略》,《政法论坛》2018年第6期。

面也的确显示了突出的正面功效,尤其是在涉税、金融、城市管理、市场监管等方面,被学者视为"确保行政义务履行制度的新发展"①。

从价值论的角度来看,实效性相当重要,其作为行政法上价值衡量的重要影响因子,甚至是价值取舍的坐标,②往往能够证成制度形成的正当性。然而,在有效性的光鲜"外衣"之下,程序论主张的"在法之下、受法规制"原则被一再突破,联合惩戒制度的有效边界被盲目想象和扩大,赋予行政机关尽可能大的裁量空间、简化程序、模糊授权等也就成了自然而然的事,③不少地方甚至形成了"一黑就灵""包治百病"的监管路径依赖。

三、失信联合惩戒制度的合法性基础

善治须用良法。失信联合惩戒制度的建构过程本质上也是厘清国家权力横向调配以及公权与私益纵向关系的过程,在这个意义上,必须将联合惩戒制度严格置于行政法治的框架下展开。从实践来看,无论是行政机关还是立法机关,普遍存在过度追求有效性而忽视合法性的倾向,"政府擅权论者"甚至忧心政府以提升信用之名行扩张公权、侵害私益之实。毫无疑问,尽管有效性和合法性是衡量制度价值的两个重要维度,但两者的地位并不对等,有效性只是合法性框架下的一种技术考量,失信联合惩戒制度的设定和实施必须首先解决合法性这一基础问题。

(一)遵循公权规制与私权保护的平衡

1. 对公民基本权利限缩须于法有据

"社会有所呼,改革有所应。"如今,信用体系建设已经渗透到社会

---

① 王瑞雪:《政府规制中的信用工具研究》,《中国法学》2017年第4期。
② 参见杨建顺:《"黑名单"亟待法律规制》,《检察日报》2018年9月19日。
③ 参见卢护锋:《失信惩戒措施设定与实施的理论图景》,《学术研究》2019年第12期。

的方方面面，失信联合惩戒这把"利刃"在规范市场秩序、提升治理效能、推动经济社会高质量发展等方面卓有成效。但它也是一把"达摩克利斯之剑"，关系复杂，涉及面广，从信息归集到信用评价再到对失信行为施以联合惩戒，每个阶段都可能对行政相对人的实体权利产生重大不利影响，特别是对公民基本权利的限缩，更使其长期游走于合法的边缘。

首先，就信息归集而言，我国的《宪法》和《民法典》已对公民个人信息权做出明确规定，公民依法享有信息决定权、保密权、查询权等权利。但由于我国信用体系覆盖宽广，"失信"认定泛化，公民信息隐私保护在社会信用体系建设的浪潮中饱受冲击。尽管根据隐私权让渡理论，公权力主体为了保护重大公共利益或者国家利益，可以记录、归集乃至公开、披露涉及公民隐私的信用信息，但应当有明确的法律依据，并受利益均衡保护原则的规制。其次，就信用评价而言，首先要面对的便是对人格权和人格尊严的侵害。社会信用体系建设能够产生"重建身份"的效果，公权力机关基于归集的信用信息，运用一定的算法及生成标准对信用主体进行评价，进而给失信主体贴上"黑名单"等歧视性标签。但据以评价的信息是否客观、准确、具有关联性，评价的标准是否合法、程序是否健全、限度是否得当，这些都是需要考虑的问题，任何缺失都可能对公民基本人格权造成事实损害。最后，就联合惩戒而言，行政机关期望通过"污名+行政性惩戒"[①]的方式实现社会治理的特定目标，但无论是对资格权益、财产权益的直接克减，还是以强化监管、风险提示为表现形式的间接规制，都可能涉及对公民平等权、人身自由权、就业权、受教育权等宪法基本权利的限缩。

---

① 门中敬：《失信联合惩戒之污名及其法律控制》，《法学论坛》2019年第6期。

因此，在我国法治国家、法治政府、法治社会一体建设的当下，无论是落实"凡属重大改革都要于法有据"的依法治国要求，还是回应"关键在于各级政府要坚持依法行政"的政治诉求，抑或回归"无法律即无行政"的传统法律保留原则，都应该将制度合法性考量置于更加重要的位置，使得联合惩戒的每个环节都于法有据、有法可依，切实将保护信用主体权益作为"推动社会信用建设工作进入高质量发展阶段的关键"。具体来说，就是要运用法治思维和法治方式，实现立法工作与改革决策的相互衔接。对实践条件成熟的要及时做好法律的立、改、废，特别是对于关乎公民基本权利实现、可能对法治稳定产生影响的重要事项，应由全国人大制定统一的基本法律，以满足形式合宪性的基本要件；而对条件尚不成熟但须先行先试的，也应妥善处理好改革与法治稳定的辩证统一关系，按照法定程序做出明确授权，避免出现"空白授权"和地方立法恣意。

2. 失信主体程序参与和救济权利保障

从法经济学角度来讲，真实世界中的每项权利保护（包括对权利的剥夺，也即惩罚）都涉及对多种相互冲突的权利的取舍，科斯将其称为权利的相互性。① 由此，延展至行政法领域，行政权力的运行理当对所有人利益都予以同等的考量，并且凡是存在权力运行的地方，就应当给予充分的权利保障。然而从实践方面来看，我国失信联合惩戒制度的合法性亟待完善，片面追求实践有效性的功利主义倾向明显，因此形成了重实体轻程序、重惩戒轻救济的鲜明特征。根据正义的原理，集体情绪、行政意志并不必然代表公正，公正不单单意味着"罪有应得"的正义

---

① 参见〔美〕罗纳德·哈里·科斯：《论生产的制度结构》，盛洪、陈郁译校，上海三联书店1994年版，第142页。

结果,更意味着程序也应符合正义。否则,正义容易变味,甚至极有可能演化为多数人的暴政,而类似群体狂欢酿成的历史悲剧也并不罕见。

其一,关于程序参与权的保障。作为"看得见的正义",程序权利既可作为宪法基本原则之正当程序原则,也可视作将个别基本权利的程序保障集体化或一般化而形成的一项基本权利。① 就行政机关来说,必须严格依据法定程序做出行政行为,违反程序的行为将被撤销。通过强化公权力的程序义务,有利于实现效率和公正。当然,由于我国尚未出台统一的行政程序法,这里的法定程序既应包括法律明文规定的程序,也应包括为保障程序基本权利所需但法律未明文规定的程序。② 而于行政相对人而言,行政机关向其事先告知事实和理由、事中听取其陈述和申辩以及事后的救济和信用修复构成了程序基本权利的"三驾马车",其中知情权是程序参与的前提,申辩、听证权是程序参与的核心,而复议诉讼以及退出修复程序则是最后的保障。这种双向开放、互动的程序运行,有利于强化程序民主和权利保障,也有利于行政相对人切身感受权力运行的公平,从而大大提高联合惩戒的社会可接受度。

其二,关于救济权利的保障。沈岿教授预测,确保社会信用规范制定和实施的可审查性与可救济性或许是社会信用体系建设合法性危机应对方案中最难以付诸实现的方案。③ 现实情况也大抵如此,失信联合惩戒的救济程序模糊笼统,操作性较差,无法有效救济被惩戒对象的正当权益,因而往往被束之高阁或者成为一种"随机表达"。然而"无救济则无权利",尽管学界对失信联合惩戒的法律性质莫衷一是,但其作为

---

① 参见李震山:《多元、宽容与人权保障——以宪法未列举权之保障为中心》,元照出版有限公司2005年版,第268页。
② 参见杨登峰:《法无规定时正当程序原则之适用》,《法律科学》(西北政法大学学报)2018年第1期。
③ 参见沈岿:《社会信用体系建设的法治之道》,《中国法学》2019年第5期。

一种行政性惩戒,其实施难以避免地会引发各种争议,也势必会造成行政相对人权益的受损,因此构建行之有效的争议解决机制、保障个体权益受损时救济权利的可得显得尤为重要。值得注意的是,因失信联合惩戒由多阶段行政行为叠加而成,联合惩戒只是整个制度链条的最下游环节,故而当事人是采取附属性模式,即通过对基础行政行为进行救济,来一并实现对联合惩戒措施的监督,还是可采取独立性模式,对联合惩戒行为进行单独救济,这是救济程序构建的关键性问题。同时,需建立对上游抽象行政行为,也即制度设计的法定性、合比例性及关联性的有效审查和矫正机制。这一问题更加关乎失信联合惩戒的合法性根基,关涉对当事人权利的实质救济。

(二) 遵循行政法基本原则的规制

我国尚无统一的社会信用立法,加之各级行政机关对社会信用制度的理解不一,对联合惩戒实施的把控良莠不齐,如火如荼地实践演进中实际潜藏着部分侵权风险。即便是将来统一的信用立法能够出台,也不可能为"每一种详细的事态制定精确的法规"①,正所谓"法条有尽,事情无穷"。因此,依法行政原则、比例原则、禁止不当联结原则等行政法基本原则的指导、规范和补充的价值凸显,理应成为失信联合惩戒制度设计、实施以及争议解决的指导思想和出发点。通过公法原则的规制,有利于框定制度实施的延展范围,规范制度发展的方向,使联合惩戒行为从形式到内容均符合"良法善治"的标准。

1. 依法行政原则的规制

依法行政原则,其基本含义是指行政机关及法律、法规授权组织应

---

① 〔美〕罗·庞德:《通过法律的社会控制 法律的任务》,沈宗灵、董世忠译,商务印书馆1984年版,第97页。

依法行使行政权力或者从事行政管理活动。在我国现行立法体制下，依法行政原则中的"法"可理解为立法法意义上的法律、行政法规、地方性法规和规章，而不应包括其他形式的规范性文件。作为各国行政法共同遵循的一项普适性原则，其核心要旨有三：一是职权法定，即行政机关所行使的行政职权，应由法律予以明确规定或授权，所谓"法定职责必须为，法无授权不可为"。二是法律优先，即行政立法活动应以上位法为根据，不得与民意代表机关制定的上位法律相抵触。三是法律保留，指立法、行政机关各有其创制权限，只能由立法机关制定法律的专属事项，行政机关不得超越权限代为规定。

反观我国失信联合惩戒的实践，一方面，由于社会信用体系建设法典化进程总体缓慢，关于失信联合惩戒的规制分散于诸多单行法之中，尽管近年来从中央到地方都有制定更高层级规范、对信用监管工具集中阐发的积极努力，但总体上仍以规范性文件为主，法律位阶较低，且不同位阶法规范之间存在冲突和重复。另一方面，失信联合惩戒制度涉及的资格剥夺、财产克减、自由限制、声誉不利等惩戒措施，都会在法律上或事实上减损行政相对人的合法权益，但由于政出多门、政出多层，不少惩戒措施的设定缺乏法律依据，或者只有指向不明的"依据法律法规"的笼统陈述，致使大量的联合惩戒则极有可能陷入违法行政的泥淖。

为遏制行政权力在无法可依、权责不明的环境中恣意行使，尽可能减少行政权力的负面效应，失信联合惩戒制度的发展路径应受依法行政原则之规制。首先，就联合惩戒的法律设定而言，须严格遵循法律保留原则。2023年新修订的《立法法》第十条、第十一条已厘定了中央和地方立法权限的划分，确定了绝对保留和一般保留事项，明确"对公民政治权利的剥夺、限制人身自由的强制措施和处罚"之事项只能制定法律;同时,第九十三条规定"没有法律、行政法规、地方性法规的依据,地方政府规章不得设定减损公民、法人和其他组织权利或者增加其义务的规范"。《行政处罚法》《行政许可法》及《行政强制法》也都对法律保留原则予以了具体落实。① 由此,行政机关在将信用工具嵌入社会公共治理的各个领域时,应当秉持谨慎的立法态度,特别是涉及自由限制、权利剥夺或者增加许可条件等具有强制性的惩戒措施时,须根据事项的不同性质,在法律授权的有限范围内以恰当的位阶进行设定,避免造成对立法权的僭越。其次,就联合惩戒的实施而言,须遵循根据"法律"及"不抵触"的法律优先原则。行政机关在开展联合惩戒时,不得抗拒或逃避法律约束,其职权的来源和实施必须有明确的法律依据,并且只能在法律规定的职权范围和有限幅度内进行,不得违背上位法的有关规定。需要注意的是,受制于立法的分散,不同位阶法规范之间存在诸多冲突和重复,②导致"法律"原则在实践中处于无所适从的尴尬境地。因而从维护法律权威、推进法制统一出发,有必要对现行分散的立法进行审查、整合和提升,加快形成以《社会信用法》为基础的协调一致的信用法律体系。

2. 比例原则的规制

比例原则被誉为行政法的"帝王条款",首次出现于 19 世纪的德国警察法中,并在理论和实践的发展中逐渐为各国所普遍接受。比例原则着眼于法益的均衡,在行政目标和相对人的权益之间寻求恰当的平衡。通常认为,比例原则包括适当性原则、必要性原则和均衡性原则

---

① 如《行政处罚法》第十一至十四条、《行政许可法》第十四至十七条、《行政强制法》第十至十三条。

② 如关于基金管理人的任职条件,《证券投资基金法》第十五条明确其他限制条件由法律、行政法规规定,但各级政府部门出台的合作备忘录及规范性文件中常有关于任职资格的限制。

（狭义比例原则）等三个子原则。近来有学者主张应增加目的正当性原则，作为比例原则适用的前置原则。① 作为制约立法、行政执法及司法裁量活动的一项重要原则，比例原则着眼于通过限制权力行使的限度来实现法益的均衡，避免出现用"大炮打小鸟"，使人们因轻罪而受重罚。尽管目前我国尚无关于比例原则的明文规定，但在一些法律制定和实施中仍有比例原则精神的体现。②

以比例原则来检讨失信联合惩戒的实践，尽管宏观上"提高全社会的诚信意识和信用水平"的目的难言不正当，并且也的确在一定程度上有助于达成纠正失信行为、完善行政监管等行政目的，可以通过适当性原则的审查。但是，整体上联合惩戒责任设定较为概括、混乱，行政机关自由裁量权较大，动辄数十项惩戒措施的叠加实施，很难符合既实现目标又损害最小的必要性原则。再者，在许多个案的实践中，用力过猛、"重拳治理"的方式过度限制了公民合法权益，实难通过狭义比例原则的审查。

在比例原则的指引下，为使失信联合惩戒制度的设计和实施更具合理性，必须审慎地考虑以下几点：第一，目的是否正当。公权力行为的目的并非不受任何的限制，只有为了公共利益的目的才是符合宪法的正当目的。《规划纲要》开宗明义地表明了社会信用体系建设的目的，失信联合惩戒作为一种常态化的社会治理手段，其承载的"增强社会成员诚信意识"等制度目标具有天然正当性。但值得警惕的是，实践中对失信做扩大化处理，诸多违反社会公德、家庭美德的行为也被认定为失信并课以联合惩戒，从功能实效性角度出发，其实际目的已异化为

---

① 参见刘权：《目的正当性与比例原则的重构》，《中国法学》2014 年第 4 期。
② 如《行政处罚法》第五条规定："设定和实施行政处罚必须以事实为依据，与违法行为的事实、性质、情节以及社会危害程度相当。"

加强法律实施的庸俗规制目标,在个案中判断目的正当与否可能也并非不言而喻。第二,惩戒是否必要。必要性原则要求行政机关在面临实现行政目标的多种可能方案时,选择最有利于相对人权益的方案。联合惩戒的适用应当具有谦抑性,不能为了"构建诚信社会"这一所谓的正当目的,而对公民做出过于严苛的非理性惩戒。如若既有的法律惩罚能够满足规制要求,就不一定再启用联合惩戒程序。即便需要实施联合惩戒,也应区分不同的信用状况,详细设定不同领域、不同强度的惩戒措施,明确适用的情形,并尽可能选择柔性手段,避免因片面追求义务履行而一股脑地采用"石头加大棒"的强硬手段。第三,损益是否均衡。狭义比例原则本质上是对目的与手段之间关系的抽象价值考量,而非精确无误的数学计算。损益是否均衡往往要在个案中判断,关键在于过度禁止,避免过罚失当。类比社会危害性、刑事违法性和应受处罚性的犯罪"三性",对失信的认定也应充分考虑违法和违约行为的性质、后果及主观故意,只有对严重失信行为才能适用联合惩戒,并且要对"情节严重"做严格狭义解释。动辄对轻微违法行为"杀鸡取卵",难以体现惩戒措施的阶梯性,也不符合尊重和保障人权的实质正义要求,在实施上无法发挥好信用治理的效用。

3. 禁止不当联结原则的规制

禁止不当联结原则也源自大陆法系中的德国法。作为一项相当重要的公法原则,其关注的焦点在于公权力机关行使行政权力、做出行政行为时,采取的手段与追求的目的之间是否存在实质且合理的关联,要求不得将与法律目的无正当关联的规范或者事实纳入考虑,也即禁止"与事件无关之考虑"。通说认为,禁止不当联结原则是由法治国原则和比例原则推导而来的,其出发点是考虑到国家和人民之间不完全平等的地位,需要保障公民基本人权。我国台湾学者进一步将该原则阐述为四种情形,分别是目的与手段之合理联结、对待给付间实质上关联、不相关因素考虑之禁止和公益范围内之联结。①

就失信联合惩戒而言,在构建"一处失信,处处受限"的联合惩戒大格局之下,事实隐含着"惩戒无边界"的逻辑悖论。从实践来看,联合惩戒整体严厉有余而关联不足,不当联结主要表现在三个层面:一是突破了"当事人责任自负"原则边界的不当"牵连",使得失信行为人的近亲属等相关人员也因其失信行为蒙受不利影响。这可谓最严重的不当联结,但随着法治的发展,此种"连坐"式的惩戒已不常见。二是失信认定与违法犯罪、道德失范等不当混同,使得许多与信用无关的要素被普遍用以表征信用,并且不同领域的信用信息普遍被跨领域查询及使用。三是失信行为与惩戒措施的不当联结,也即当事人某一领域的失信并不当然波及其他领域,典型的如很难认定乘坐公共交通的"占座"行为与"获取政府补贴性资金"之间存在合理联系。

尽管我国立法暂无禁止不当联结的明文规定,但将该原则引入失信联合惩戒领域,用以弥补行政合理性原则在规制目的与手段关系上的不足,有利于避免权力"任性"行使而造成行政恣意。从该原则出发,回应现实"短板",须重点从以下两个方面予以规制:其一,禁止信息与信用间的不当联结。用以表征公民个人或者企业信用的信息,应与信用本身存在实质的内在关联。无论是为了"诚信社会"目标的实现,还是基于功能实效主义维度的考量,政府都不能忽视两者之间的合理关联,一股脑地将希冀引导的主流价值通通纳入信用范畴,并借以联合惩戒的手段完成社会治理的任务,这明显违背了不当联结禁止的原则,也

---

① 参见赵义德:《析论不当联结禁止原则》,载城仲模主编:《行政法之一般法律原则(一)》,三民书局1994年版,第231—232页。

容易形成监管路径依赖。因此,各地在编制公共信用信息目录的实践中,务须仔细甄别信息和信用间的关联,将失信信息严格限缩为严重的与信用治理有关的信息,政府在有效性和合理性、合法性的价值博弈中不可偏废。同时,应当注重对失信信息予以分类管理,这也是保障失信行为和惩戒措施合理联结的要求,避免出现此罚与彼罚之间的不当联结。其二,禁止手段与目的间的不当联结。联合惩戒被不当地用于倒逼行政义务的履行,其背后的逻辑是政府在追求投入产出效益最大化目标的影响下,试图通过最便捷的方式和最小的监管成本达成信用监管的目标,①其中措施与目的是否具有合理关联并不在考量范围。然而,如同"人无法用非正义的手段达成正义的目的",联合惩戒是一种能够产生类似行政处罚效果的裁量性行政行为,行政机关不能一味追求目标的实现,而忽视惩戒措施与失信行为之间的关联,在裁量空间内顶格适用甚至扩大适用,致使相关惩戒严厉有余而合理性不足。事实上,从实施效果来看,这可能也不利于公民心悦诚服地接受联合惩戒的约束,形成"良法善治"的良性循环。

四、失信联合惩戒制度的合法化路径

失信联合惩戒制度的设计和实施都极具复杂性,无论是法律依据缺失反映的立法权迟滞,还是实践泛化无序凸显的行政权扩张,抑或监督救济阙如表象下折射的司法权缺位,失信联合惩戒所带来的挑战已突破行政法学的旧有边界,因此需要在更为广阔的宪法视域和法治中国建设的整体架构中予以系统回应。如前文所述,失信联合惩戒制度的优化须在合法性的框架下展开,但要获取合法性这一"安身立命"的根本,并在合法的基础上兼顾有效性的实现,最终还有赖于顶层的制度

---

① 参见王瑞雪:《政府规制中的信用工具研究》,《中国法学》2017年第4期。

设计和精细的法律控制。"国家应何时作为""国家应做什么"和"国家应如何作为"是"合宪性审查时代"界定国家权力和公民权利界限的关键问题,①也是完善失信联合惩戒制度必须回答好的三个问题。

(一) 审慎把握制度有效性限度

从目前的制度安排来看,化解失信联合惩戒制度合法性危机问题的首要策略并非立法层面的完善,而是要在政策设计层面重新找准功能定位,从适用范围和责任设定两个维度予以控制,审慎把握制度的有效性限度。因为如果作为立法指导方针的制度价值发生偏差,则无论实践如何地"合法化",其最终都可能突破制度有效性的限度,甚至与"合法化"背道而驰。

1. 严格限定联合惩戒的适用范围

失信联合惩戒制度,或者说整个社会信用体系建设的目标并不是建立一个尽善尽美的"完人社会"。不可否认,在"雷区遍布""人人自危"的失信泛化认定中,实际掺杂了大量的道德是非评价。尽管道德在完成"以德入法"后,可以成为法律调整的依据,但是也要合理把握道德入法的限度,警惕行政权力依托道德撕开的法治缺口,对社会生活及公民权利展开过度干预。关于这一问题的处理,新自然法学派代表人物富勒提出了"愿望的道德"和"义务的道德"两个概念,富勒认为,愿望的道德"是善的生活的道德、卓越的道德以及充分实现人之力量的道德",而义务的道德则是"确立了使有序社会成为可能或者使有序社会得以达致其特定目标的那些基本规则"。② 只有义务的道德才能够上升为法律意义上的权利义务规则,而愿望的道德只是通向美好生活的充

---

① 参见陈征:《国家权力与公民权利的宪法界限》,清华大学出版社2015年版,第1页。

② 〔美〕富勒:《法律的道德性》,郑戈译,商务印书馆2005年版,第7—8页。

分非必要条件,因此无须也无法进入法律规则体系。受此启发,前文列举的禁止在地铁车厢内外放音乐、错误垃圾分类、违规燃放烟花爆竹等社会文明促进领域的行为,应当归属于使社会生活"好上加好"的愿望道德范畴,而不应上升为法律上的义务,纳入联合惩戒的调整范畴。正如富勒所言,"法律不可能强迫一个人做到他的才智所允许的最好程度"①。失信联合惩戒制度的功能也不能定位于建立尽善尽美的"完人社会"。诚然,道德对社会秩序的形成和塑造有着积极的促进作用,但作为联合惩戒依据的法律需要对道德的过度渗透严防死守。因此,为了避免公权力的泛道德化,需要重申,失信联合惩戒制度的适用范围应限于减少重点领域、重要行业的重大违法事件或者遏制社会信用领域的严重失信行为,从而"使有序社会成为可能"。

2. 摒弃"处处受限"的责任导向

"一处失信,处处受限",以夸张性的通俗修辞,成为失信联合惩戒最为响亮的口号,却也隐藏着"惩戒无边界"的风险。毫无疑问,联合惩戒构建的基本逻辑是,现有法律责任对严重失信行为的威慑、规制作用有限,因此迫切需要将道德上的谴责上升为后续的法律惩戒,从而通过大大增加失信风险成本,倒逼人们提高信用意识。这里有个重要的前提,即作为第一层次的法律惩罚难以起到良好的警戒作用。倘若法律惩戒能够敦促行为主体守法守信,则无须再施以第二层次的联合惩戒,这也是比例原则和谦抑性的要求。因此,有学者提出,在法律惩罚和联合惩戒之间,可以适当增设类似警告或信用承诺的缓冲程序。②

---

① 〔美〕富勒:《法律的道德性》,郑戈译,商务印书馆2005年版,第11页。
② 参见顾敏康、谢勇、王伟、石新中:《我国诚信建设法治化核心命题笔谈》,《求索》2020年第3期。

即便是启动失信联合惩戒,也应审慎地考量惩戒措施所带来的"殃及效果",避免"处处受限"给失信行为人乃至整个社会造成不可欲的严重后果。因为从经济学原理出发,任何事物的发展都会呈现边际递减效应,一味地抬高失信行为人的责任只会产生更大的负面效应,容易使被惩罚者走向"破罐子破摔"的极端,甚至危害到社会的安定。当下失信人一旦被列为联合惩戒的对象,就将面临"一揽子"惩戒措施自动触发的情况,既与比例原则、禁止不当联结原则等法治原理相背离,也容易使行政决定的客观理据泛化至并无相关性的相对人既往表现之上,从而无法实现信用工具阻却违法、靶向纠治的原初旨趣。① 特别是对失信评价直接做出新的行政处罚或行政强制的设定是否有违"一事不再罚"原理,是值得商榷的。因此,基于社会整体效益最大化考量,无论是在立法层面抑或实践层面,都应平衡利益取舍,注重关联性和差异化,力避将"风马牛不相及"的既往失信行为和新的惩戒措施相挂钩,含混地将过多责任归于一方,导致干预失控、责罚失当。

(二) 规范联合惩戒设定依据

2021年发布的《法治中国建设规划(2020—2025)》明确提出"加快推进社会信用立法,完善失信惩戒机制。规范失信惩戒对象名单制度,依法依规明确制定依据、适用范围、惩治标准和救济机制,在加强失信惩戒的同时保护公民、企业合法权益"的法治要求。近年来,随着社会信用体系建设不断向纵深推进,社会各界对加快推进社会信用立法的呼声空前高涨,以失信联合惩戒为"抓手"的信用建设实践也迫切需要完善法律法规体系,规范失信联合惩戒设定依据,从根源上加强

---

① 参见王瑞雪:《公法视野下的信用联合奖惩措施》,《行政法学研究》2020年第3期。

法治支撑。

1. 构建统一的信用规范体系

在社会信用法律体系的建设进程之中,地方立法确实走在了国家的前面,这就法理而言是必要的,于实践来讲也是合理的。事实上,早在2019年8月国家发展和改革委员会主持召开的社会信用立法座谈会上,就指出"已有三分之二以上的省区市出台或正在研究出台地方信用法规,已有26部法律、28部行政法规中包含信用条款",并由此做出"信用立法已具备了广泛共识、坚实基础、充足条件和积极进展"的论断。① 然而,单一制国家结构的属性决定了全国人大及其常委会是唯一有权制定法律的机关,地方先行先试固然能为信用立法提供样本、积累经验,但社会信用制度的顶层设计和规划还在中央。特别是当下,对一些关键性问题,比如失信与违法的关系是什么,联合惩戒的对象有哪些,尚未研究清楚并形成广泛共识之前,地方立法"一哄而上",实际潜藏着大量的侵权风险。就包裹于整个信用立法之中的失信联合惩戒制度构建而言,地方"各自为政"的自行立法,不仅可能造成惩戒的条件、标准及措施不一,更有可能对公民、企业合法权益保障乃至整个宪法和法律秩序造成一定冲击。因此,国家层面在及时总结地方立法经验的基础上,下大力气破解重点难点问题,推动社会共识形成,加快推进全国范围内规范统一信用立法的出台,具有十分重要的意义。

然而,我国社会信用立法总体起步较晚、经验较少,加之西方发达国家可供借鉴的超越征信范畴的社会信用立法也并不多,因此社会信用立法将是一个漫长的探索过程,会面临各种各样的问题和挑战,包括

---

① 参见《国家发展改革委组织召开社会信用立法座谈会》,2019年9月2日,https://www.ndrc.gov.cn/xwdt/xwfb/201909/t20190902_954464.html。

相关配套法律法规的制定也不会是一蹴而就的,需要遵循由表及里、循序渐进的基本逻辑。就失信联合惩戒立法来讲,诸如惩戒标准、法律依据、适用范围、救济机制等内容应由法律位阶较高的国家层面立法加以明确,尤其是涉及公民基本权利实现、可能对法治稳定产生影响的重要事项,应由全国人大制定统一的基本法律,以满足形式合宪性的基本要件和法治中国建设之要求。当然,按照国家权力分配"功能适当原则",社会信用法律体系的构建离不开多元立法主体的参与,但各层级的立法主体应严格遵循法律优先原则,在上位法的指导下,就法定权限范围内的事项予以规制,尽快形成纵向上不同位阶法律规范相连贯、横向上跨部门跨地区跨领域立法相统一的信用法律规范体系,真正实现以良法促进发展,以良法保障善治。

2. 厘清差别化的设定权限

当前,我国失信联合惩戒泛化无序的乱象,须从立法层面加强源头治理,最关键的是要从主体权限和惩戒措施两个维度展开,即通过对惩戒措施进行类型化处理,厘清公权力主体差别化的设定权限。根据前文对失信联合惩戒的分类,可按照依法行政原则做如下明确:

第一,关于以克减权利或增加义务为表现形式的行政处理行为。根据《立法法》第八十条之规定,"部门规章不得设定减损公民、法人和其他组织权利或者增加其义务的规范"。因此,一般来说此类惩戒措施应由法律、行政法规及地方性法规进行设定。但从目前来看,这类惩戒措施的表现形式极为多样,对设定权限不能做"一刀切"处理,须结合具体权利或资格的限制及相关法律法规,配置相应的设定权限。比如,限制录用为公务人员的惩戒,一般认为服公职权是公民的一项基本政治权利,因而应受法律保留原则规制并由法律予以设定;而广泛作为行政处罚裁量因素或者行政许可消极影响因素的惩戒，根据《行政处罚法》第十四、十六条和《行政许可法》第十六、十七条的规定，行政规范性文件不得设定行政处罚和行政许可，因而最低法律位阶应为规章。再如，限制评优表彰、限制获取行政便利、取消投资优惠等惩戒，虽然没有统一的位阶要求，但也应受公平对待之限制，宜由规章以上法律文件予以设定或者做出明确授权。

第二，以强化监管为表现形式的行政检查行为。因被列为重点监管对象、提高检查频次或者加强现场检查等惩戒，并没有直接减损公民、法人及其他组织的权利或者直接增加其义务，其本质是公权力主体在可裁量范围内对检查对象、方式、频次等做出的自主选择，故可以由公权力主体在其合法权限范围内，通过行政立法或制定裁量基准等类型的规范性文件予以设定。

第三，以风险提示为表现形式的行政指导行为。这类惩戒虽然只是用以指导和影响私法关系，但因具有类似声誉罚的性质，宜参照《行政处罚法》关于警告、通报批评处罚形式的规定，将最低法律位阶设定为规章。值得注意的是，诸如限制失信人乘坐高铁、出国旅游等惩戒，虽然行政机关并未直接对公民行动自由予以剥夺，但就我国特殊时期的政企关系而言，若采取以政府为主导的公私联合惩戒，私权利主体事实上极易受到公权力的影响，因而对此类惩戒措施的设定宜由法律做出安排或者予以明确授权。

（三）实施精细化的程序控制

遏制公权和保护私益的有效路径除却设定的法定化，还在于程序的规范化。但是，鉴于失信联合惩戒只是社会信用治理的最下游环节。对其行使程序的完善，需要置于整个信用治理链条之中进行完整的程序构建，以实现全流程精细化的法律控制。

1. 信息记录和收集环节

就规范信息记录和归集而言,行政机关须遵循个人数据最小化使用原则,在合法且必要的框架内收集行政相对人的信息,明确厘清免于记录和评价的事项。① 故而,社会信用主管部门应及时编制公共信用信息目录,采用"正面清单"与"负面清单"相结合的方式,对信用信息分类、公开属性、更新频率以及使用权限、查询方式和期限等做出明确规定,经特定程序审议通过后向社会主动公开,并根据实际需要适时调整。对是否纳入目录清单争议较大的,还应广泛听取专家及群众代表意见进行论证。需要说明的是,如某一法律、法规对有关违法违约事项纳入目录清单已做规定,则从立法本意出发,该法律法规规定的其他事项就不应再纳入清单。

同时,由于信用信息大多源自行政主体的日常管理活动,将信用信息归集至公共信用服务机构,并进而据此做出信用评价,并不需要行政相对人的特别授权或者主动配合,因而行政相对人极有可能在并不知情的情况下被做出失信的否定性评价,这对私权的保护相当不利。加之信息的记载和归集历经多个环节,难免发生错误,或侵害到个人隐私、商业秘密或者其他合法权益,因此行政机关在将相关信息记入信用系统之前,应履行强制性的事先告知程序,对相应的法律后果、信用信息的保存时间及修复救济方式等予以释明,并提供相应的异议程序。此外,为保障知情权,应赋予行政相对人免费获取本人信用报告的权利,并注明信用信息的适用、查询等情况。

---

① 参见汪庆华:《人工智能的法律规制路径:一个框架性讨论》,《现代法学》2019 年第 2 期。

2. 信用评价和认定环节

信用评价和认定准确与否，主要取决于评价标准体系的设定是否科学、妥适，但目前的地方立法及规范性文件中鲜有关于评价标准设定的实体及程序规定。就实体而言，行政机关应审慎设定兼有合法性和合理性的评价标准，避免失信评价成为弥散于违法违约之上的共同评价，进而导致法律责任体系的混乱。同时，如前文所述，应审慎推行针对自然人的、覆盖各个领域的综合性信用评价（如信用积分），避免过于偏离行为评价的法律链条，而走向难以校准的人格刻画维度。① 就程序而言，评价标准的设定有必要向社会公众说明依据和理由，对于严重失信行为的认定，因影响进一步联合惩戒措施启动与否，对行政相对人权利义务影响较大，故需要明确征求社会公众意见的程序要求。

根据"任何一方之词未被听取不得对其裁判"的自然正义原则之要求，失信行为人会因失信评价而蒙受联合惩戒的不利影响，理应赋予其陈述和申辩的合法权利。但是在目前的地方立法中几乎看不到关于说明理由和申辩的制度设计，可能是由于诸多联合惩戒措施一旦决定即可实施，客观上无须被惩戒对象积极配合，因而也就剥夺了失信者申辩的程序机会。基于此，我们认为有必要在失信评价做出之后、联合惩戒开展之前，设置类似于上诉期的一段缓冲期限，为被惩戒对象陈述和申辩预留空间。而对于申辩的程序，则可借鉴《行政处罚法》第四十四、四十五条关于陈述、申辩机制的规定，行政机关应按照标准和程序，对行政相对人提出的事实及理由予以复核，并告知是否采纳及其理由。

3. 信用共享和惩戒环节

就信用共享环节而言，对信用信息共享范围和共享程度的把控尤

---

① 参见王瑞雪：《论行政评级及其法律控制》，《法商研究》2018年第3期。

为重要。从实践来看,行政机关内部存在职责的交叉和关联,彼此之间需要信息的交流和共享。公共信用服务机构建立信用信息流动平台,有利于解决行政机关之间信息不联通、不对称的问题。但是,信用信息的过度披露和普遍可得,既可能造成侵害公民基本信息权的风险增加,同时带来大量不具有关联性信息的涌入,也很有可能对行政行为的公正性、合理性带来负面影响。因此有必要对信用信息予以精细化分类处理,将共享的范围限缩于具有关联性或者高度相关的领域。行政机关共享其他机关记录、归集的信用信息,应限于法定职权行使的需要。

就联合惩戒环节而言,如行政机关做出具体行政行为时,将失信情况作为重要裁量因素,应当告知行政相对人,并赋予其申请复议或提起行政诉讼的权利。当然,我们认为这里的复议诉讼权不仅可针对运用信用信息做出的行政行为,亦可及于该信用信息的归集、查询环节是否合法、适当。当然,从引导社会公众积极向善出发,在失信主体通过主动纠正失信行为、消除不利影响后,应当给予其信用修复的权利。而在失信信息查询期届满后,信息主体应享有信用记录被遗忘权,或称消除权,从而为社会信用的重建腾挪空间。当前各地关于失信信息查询期限的设置并不普遍,且年限为三至五年不等,有必要在全国层面予以统一。

(四)健全监督与协同机制

1. 强化司法审查和监督机制

坚持司法最终的原则,切实强化对失信联合惩戒立法和实施的司法审查,是建设法治中国的题中应有之义,也是彰显公平正义法治精神的重要支撑。失信联合惩戒作为行政机关行使职权的行为,理应属于《行政诉讼法》的受案范围。当然,有学者提出,鉴于失信联合惩戒是一个"行为束",而非一种独立的行为形式,其具体样态和所产生的效力千差万别,因此司法审查的具体标准及强度应有所差异。① 我们认为,这是合理的,但总体来说司法审查应聚焦于职权的来源、惩戒的依据和程序以及主要证据等是否合法,而不应将重点放在对特定技术问题的判断上。

在确保具体惩戒引发的诉争能够得到有效解决的基础上,制度规范本身的合宪性、合法性问题更加关乎失信联合惩戒的根基。当前,我国关于失信联合惩戒制度的审查还依赖行政机关内部的自我监督,主要表现为制定中的合法性审查以及行政复议中的附带审查,而外部的、更加公正且权威的诉讼附带审查、权力机关的合宪审查及涉及党政联合的党内监督都还存在着较大不足。因此,需要构建多元监督机制,特别要发挥好宪法监督和备案审查的积极功效,通过事前批准、事后撤销、备案审查等形式,使得宪法之下的失信联合惩戒立法都是"合宪的良法"②,从而从源头上解决失信联合惩戒的合法性根基问题。

2. 建立多种信用惩戒协同机制

法治发展的总体规律是从政府单一中心权威向多中心合作共治再向社会共同体法治或社会依法自治转变。③ 当前,我国虽致力于构建跨地区、跨行业、跨领域的失信联合惩戒大格局,但总体上仍以政府部门的联动为主导,市场性、行业性和社会性惩戒的作用发挥不够明显,需要进一步构建协同发展机制,使信用不仅成为行政监管的工具,更成为市场资源配置的重要标准和诚信社会建设的"风向标"。④

其一,市场性惩戒。亚当·斯密在《国富论》中提出,市场是一只

---

① 参见卢护锋:《失信惩戒措施设定与实施的理论图景》,《学术研究》2019年第12期;王锴:《为什么要健全和完善宪法监督制度》,《领导之友》2014年第11期。
② 王锴:《为什么要健全和完善宪法监督制度》,《领导之友》2014年第11期。
③ 参见张文显:《建设中国特色社会主义法治体系》,《法学研究》2014年第6期。
④ 参见韩家平:《关于我国社会信用体系建设的再认识》,《征信》2016年第11期。

"无形的手",具有自主调节资源配置的作用。当失信行为发生时,市场经济主体在趋利避害思想的主导下会第一时间做出反应,即拒绝与失信主体进行交易以减少可预见的风险。在供给侧结构性改革的大背景之下,市场性惩戒机制的完善,有利于增加有效的产品和服务供给,逐步改善供给与需求不匹配的问题。① 同时,为调动市场主体参与联合惩戒的积极性和可行性,政府需要在大数据平台共建共享、信用服务机构建设及行业标准规范制定等方面提供尽可能的协助。

其二,行业性惩戒。在我国,行业协会是介于政府与企业之间的一种民间自治组织,在社会经济生活中发挥着纵向沟通、横向协调的积极作用。在行政性惩戒规制范围受到严格限制的情况下,行业性惩戒可作为行政性惩戒的有力补充,通过公开谴责、限期整改、取消会员资格等形式,扩大失信行为在本行业内的不良影响,进而实现"杀一儆百"的强大威慑效果。为促进行业性惩戒发挥协同功效,政府应该鼓励和支持行业协会的发展,指导行业协会自主建立信用信息平台,规范实施行业惩戒。

其三,社会性惩戒。相较于其他惩戒方式,社会性惩戒更多地表现出"软约束"的特性,其依托新闻媒体和社会公众对失信行为进行公开披露和道德谴责,从而实现对社会主体的约束和监督。社会性惩戒作用发挥的基础在于社会公众对诚实守信、履约践诺等正面价值的认同,因此需要重视道德教化的固本作用,加强诚信文化、契约精神的宣传教育,营造"内诚于心,外信于人"的良好社会氛围。

五、小结

诚信不仅是个人安身立命之根本,也是推动社会良序发展的重要

---

① 参见刘洪波、卢盛羽:《健全和完善我国失信联合惩戒机制》,《宏观经济管理》2018年第12期。

基石。一场声势浩大的社会信用体系建设,在带来行政监管手段和社会治理方式革新的同时,也给法治国家、法治政府、法治社会建设提出了一系列影响重大而深远的时代命题。失信联合惩戒制度作为具有中国特色的核心制度安排,虽从制度设计到具体实施仍存在一定问题,但其依旧凭借强大的实践有效性而成为社会信用体系建设众多制度选项中的必选项,为社会信用体系的运行发挥着"保驾护航"的积极作用。

然而,凡属重大改革都要于法有据已渐成法治共识,唯有法治框架下进行的改革才能行稳致远,也唯有在合法性语境下对有效性进行考量方有意义。盖因其形成的特定背景和承载的功能使命,失信联合惩戒实践中表现出的惩戒对象泛化、程序装置薄弱、责任设定混乱、救济渠道不畅等问题引发较多关注,如何解决制度设计和实施的合法性这一根基问题关乎失信联合惩戒的存续,需要遵循公权规制和私权保护的平衡原理,并受依法行政、比例原则、禁止不当联结等公法原则的约束。在此理论逻辑指导之下,如何完善和改进合法性与合宪性控制,在合理限度内兼顾合法与有效,不仅考验执政本领和治理能力,也离不开整体的社会信用立法、精细的制度设计和配套机制的协同共进。

第五节　地方立法之能力建设*

中国特色社会主义建设进入了一个新时代,随着社会经济政治文化的发展,需要治理的事务越来越复杂,对规则治理的要求日益急迫。党的十九大报告也明确要求"加强宪法实施和监督,推进合宪性审查工

---

*　本节曾以《地方立法权宪法规制初论》为题,发表于《湖湘论坛》2018年第1期,收入本书时有修改。

作,维护宪法权威"。由于没有地方立法权,许多地方社会治理往往依赖"红头文件",虽然能解决一时的问题,但其治理具有很大的不确定性和不可预期性,容易造成社会失序,中央和地方两个积极性难以发挥。通过授予地方立法权,给予地方试错的更大制度空间,即对地方进行"摸着石头过河"式的改革,在全国性立法尚未成熟之际,地方性立法可使其改革举措于法有据。党的十八届三中全会提出,"逐步增加有地方立法权的较大的市数量";党的十八届四中全会进一步要求,"依法赋予设区的市地方立法权"。2015年3月十二届全国人大三次会议审议通过的《立法法》修正案,明确规定将地方立法权扩大到所有设区的市(将过去49个较大的市才享有的地方立法权扩大至全部284个设区的市),并由省级人大常委会确定新获立法权的设区的市开始制定地方性法规的具体步骤和时间。《立法法》的这一修改是推进依法治国的重大举措,给地方立法带来了新的挑战和机遇。地方立法权的全面扩容是否会带来"地方立法爆炸",它的基本内涵、根本属性和价值诉求是什么,如何对其进行立法与司法的合宪性控制,这些都是法律人必须思考和回答的问题。

一、地方立法权

关于地方立法权,我国宪法存在一定的模糊性和空白。阐释宪法内涵、发展宪法是立法者的责任。扩张地方立法权是政治主体基于某种政治利益和目标的举措,在没有违反宪法的前提下发展了宪法。授予地方立法权符合民主和自治的要求,也体现了"八二宪法"的实验精神,契合治理体系现代化的目标。①

---

① 参见李少文:《地方立法权扩张的合宪性与宪法发展》,《华东政法大学学报》2016年第2期。

(一) 地方自治与地方立法权

地方自治是在宪法和法律规定的范围内、国家监督之下的一种地方政治制度。自治地方属于国家,相对于中央集权制来说,属于地方分权的概念,多为一级地方政权,也可为基层自治组织。地方自治最早出现于古罗马时代,基层自治组织称为自治邑,享有地方自治权。英国在益格鲁-撒克逊时期,称自治组织为自治市,自治市有自己的城堡、独特的习惯和法院,而且拥有自卫权。诺曼底人入侵之后,根据国王和其他贵族的"特许状"而建立的自治市,发展了自己的特权,并且编纂独具特色的习惯法。[1] 现代地方自治制度在英美法系国家和大陆法系国家有所不同。基于"人民自治"的英美法系国家的地方自治制度认为自治的权利是天赋的,是人民所固有的,先于国家而存在。原始社会由自由个体结合的自由公社便具有自治权。国家出现后,这种固有的自治权仍然存在,国家不但不能干涉,而且应予保护。这一理论又称"保护主义"[2]。英美法系国家的地方自治机关行使由法律确认的自治权时,中央政府一般不加过问,地方自治机关形式上独立于中央政府之外。自治机关的官员直接或间接地由当地居民选举产生,他们只具有地方官员的身份,中央政府不得撤换他们。中央政府对地方自治机关的监督以立法监督为主,一般避免对其发布强制性的指示。如果地方自治机关逾越法定权限,中央政府可诉请司法机关加以制止。大陆法系国家的地方自治制度以"团体自治"理论为基础。认为地方自治的权利不是天赋的,不是地方人民所固有的,而是由主权国家所赋予的,国家可随

---

[1] "特许状"制度实际上是一种权力分立和平衡的产物。
[2] 参见郑贤君:《地方自治学说评析》,《首都师范大学学报》(社会科学版)2001年第2期;殷昭举:《基层自治:纵向分权和多元治理——基于地方治理的分析框架》,《华南理工大学学报》(社会科学版)2011年第2期。

时收回这种权利。这一理论又称"钦定主义"①。与国家的构成三要素(领土、公民、主权)相比,地方也具有三要素:区域、住民、自治权。其中,自治权就包括自治立法权、自治行政权、自治组织权、自治财政权等。② 因此,地方立法权来源于地方自治权。③

大陆法系国家的地方自治权具有委托性质,中央政府对于自治事务有最终决定权。地方官员不论为中央直接任命或为地方居民选出,都同时兼具中央官员和地方自治机关官员的双重身份,中央政府有权随时撤换他们。中央政府对地方自治机关的监督以行政监督为主,中央政府可随时向地方机关发出强制性指示,地方机关必须执行;否则,中央政府可采取强制性措施。在我国,现行宪法在概念上对一般地方单位是否应当或者可以自治保持了"沉默",既未明确肯定也未明确否定。④ 但就地方职权而言,地方的自主权力除宪法赋予的人事自主权以外,还包括:(1)审查和决定地方的经济建设、文化建设和公共事业建设的计划(《宪法》第99条第1款);(2)审查和批准本行政区域内的国民经济和社会发展计划、预算以及它们的执行情况的报告(《宪法》第99条第2款);(3)讨论、决定本行政区域内各方面工作的重大事项(《宪法》第104条);(4)依照法律规定的权限,管理本行政区域内的经济、教育、科学、文化、卫生、体育事业、城乡建设事业和财政、民政、公安、民族事务、司法行政、监察、计划生育等行政工作,发布决定和命令,任免、培

---

① 郑贤君:《地方自治学说评析》,《首都师范大学学报》(社会科学版)2001年第2期。
② 参见张正修:《地方制度法理论与实用(二)》,学林文化事业有限公司2003年版,第198—204页。
③ 参见王锴:《论地方立法权》,载周永坤主编:《东吴法学》2011年春季卷(总第22卷),中国法制出版社2011年版。
④ 参见王建学:《作为基本权利的地方自治》,厦门大学出版社2010年版,第308页。

训、考核和奖惩行政工作人员(《宪法》第107条)。由此可见,我国各普通地方单位依宪法均有权处理本地区的公共事务。实际上,对于普通地方单位而言,"依法行使宪法和法律赋予的职权就是地方自治"①。

(二) 地方立法权

一般而言,地方自治权是指在一定的领土范围之内,全体居民组成法人团体(地方自治团体),在宪法和法律规定的范围内,并在国家监督之下,按照自己的意志组织地方自治机关,利用本地区的财力,处理本区域内公共事务的一种地方治理权。具体而言,地方立法权是指省、自治区、直辖市、所有设区的市的人民代表大会及其常务委员会以及相应的各级人民政府根据本行政区域的具体情况和实际需要,在不同宪法、法律、行政法规相抵触的前提下可以制定地方性法规、地方政府规章、自治条例、单行条例的权力。② 要研究作为中央和地方纵向分权之主要载体的地方立法权,首先需要厘清几个可能存在混淆的宪法语义上的概念。

1. 地方

地方是与全国相对而言的。一国之内大小不同的行政区域,就是地方。地方在大陆法系中并非地理概念,而是一个法律实体。③ 现在中国的"地方"按行政区划可分为省(自治区、直辖市)、县(自治县、市)、乡(民族乡、镇)三级。当下我们所研究的"设区的市"是否具有"地方"

---

① 王圣诵:《中国自治法研究》,中国法制出版社2003年版,第208页。
② 这里所说的地方立法权,既包括地方人大及其常委会制定地方性法规的权力,也包括地方人民政府制定地方政府规章的权力。也有学者认为,地方人民政府制定地方政府规章的行为属于行政权的范围。参见汤唯、毕可志等:《地方立法的民主化与科学化构想》,北京大学出版社2002年版,第154页。
③ 参见王釜岫:《地方立法权之研究——基于纵向分权所进行的解读》,浙江工商大学出版社2014年版,第21页。

特征以及宪法地位,值得认真对待。①

2. 地方自治立法权

地方自治作为分权原理和民主原则的直接结合与有意识的政制安排,其权力之行使载体必附着于地方自治团体。地方自治团体作为地方自治之主体,"有法律上之人格,离国家而独立"②,且以自我负责的方式管理地方事务,因此,其必须享有最低程度的自我决定与自我形成的权限。地方自治权能借由地方立法权型塑,亦可借由地方法规的规制表现其他权能的内容,地方立法权实为地方自治核心领域之核心。③ 换言之,地方立法权本质上实为一种"形成权",是地方居民直接或间接经由代议机关的政治意志的展现,且地方立法权由地方自主决定,是地方自治制度保障说的必然而且最重要、最直接的层次。地方自治因为有地方立法权才变得完整,地方立法权是地方自治的同位语。④ 地方立法权的获得依据在于地方自治,地方自治立法权是地方自治权的核心内容,实施地方自治的地方政府一般来说当然拥有地方立法权。⑤ 在注重地方自治传统的联邦制国家或某些单一国家中,可将其地方自治团体享有的立法权限称为地方自治立法权,而在中央集权的单一制国家中,即便因为现实的需要存在一定程度的地方自治(如我国

---

① "市"分为"地级市"和"县级市","较大的市"和"设区的市"通常是指"地级市",这是介于省和县之间的一级行政架构,原只是省级机构的派出机关,经过不断的演变成为一个管理层级,但随着"强县扩权"改革的不断推进,"设区的市"是否还要继续存在,以及《立法法》如何应对,是值得关注的宪法问题。

② 陈安仁:《地方自治概要》,泰东图书局1930年,第26页。转引自王釜屾:《地方立法权之研究——基于纵向分权所进行的解读》,浙江工商大学出版社2014年版,第34页。

③ 林文清:《地方自治与地方立法权》,扬智文化事业股份有限公司2004年版,第46页。

④ 黄锦堂:《地方制度法基本问题之研究》,瀚芦图书出版有限公司2000年版,第164页。

⑤ 田芳:《地方自治法律制度研究》,法律出版社2008年版,第173页。

的城镇居民自治、村民自治、民族区域自治、特别行政区自治等①),其处理中央与地方的关系的落脚点与前提依然是中央的集中统一领导。

(三)地方立法权的法理

在从管理到治理的治国理政发展进程中,地方立法在地方治理领域发挥了重要作用,在宪法、法律和上位法的基础上,立足地方特殊情况,通过行使地方立法权,可以制定、修改和废止相关制度,在法治轨道上推进地方治理现代化。因此,《立法法》赋予所有设区的市地方立法权,不仅是完善立法体制的重大举措,也是理顺中央和地方事权、推进国家治理体系和治理能力现代化的基本途径。② 从政府管理社会事务的视角分析,无论在中央或者地方,政府出于对社会事务管理规范化、民主化的考虑而制定法律法规,基于政府的事权形成了对社会事务管理的立法权。③ 倘若地方人大有立法权,便可规范行政部门的权力,对其进行制约。人大没有立法权,地方治理必然会高度行政化,甚至可以说,地方人大没有立法权,行政权力就少了一种制约的力量。赋予地方立法权,让民众有更多的机会参与政府决策,可以有效地制约行政部门滥用权力的现象;让地方在城市管理中有更多的自主权,减少不必要的程序设置;鼓励地方运用法治思维和法治方式经由立法手段实现地方治理现代化。质言之,地方立法权的确认与实施,其直接价值诉求就是对地方行政权的制约和限制,从而强化基层自治,保证地方治理的合法律性、合宪性,最终保障公民权利的充分实现。

---

① 详细论述可参见田芳:《地方自治法律制度研究》,法律出版社2008年版,第308页以下。
② 参见浙江省人大常委会:《关于设区的市开展地方立法工作的若干问题研究》,2015年9月24日,http://www.npc.gov.cn/zgrdw/npc/lfzt/rlyw/2015-09/24/content_1947167.htm。
③ 参见曹平、罗华权:《在扩大地方立法主体背景下我国设区市立法权若干问题研究》,《广西教育学院学报》2014年第6期。

二、地方立法权的立法规制

(一) 宪法法源

我国地方立法权从无到有,从被撤销到恢复,其直接原因之一就是地方立法权所赖以存在的法律依据发生了变化。现行《宪法》对地方立法权确认的法源依据包括:"一切权力属于人民"条款(《宪法》第二条第一、二款);"中央和地方国家机构职权划分"条款(《宪法》第三条第四款);"地方性法规备案"条款(《宪法》第一百条);"自治机关行使自治权"条款(《宪法》第一百一十五条);"民族自治地方制定自治条例和单行条例"条款(《宪法》第一百一十六条)。

(二) 立法法法源

2015年3月15日第十二届全国人民代表大会第三次会议通过的《关于修改〈中华人民共和国立法法〉的决定》,明确了关于地方立法权的规定。《立法法》对地方立法权确认的法源依据包括:"设区的市的人民代表大会及其常务委员会根据本市的具体情况和实际需要,在不同宪法、法律、行政法规和本省、自治区的地方性法规相抵触的前提下,可以对城乡建设与管理、环境保护、历史文化保护等方面的事项制定地方性法规,法律对设区的市制定地方性法规的事项另有规定的,从其规定。设区的市的地方性法规须报省、自治区的人民代表大会常务委员会批准后施行"(《立法法》第七十二条)①;"经济特区制定法规"条款(《立法法》第七十四条);"民族自治地方制定自治条例和单行条例"条款(《立法法》第七十五条);"设区的市制定规章,限于城乡建设与管

---

① 2023年3月13日第十四届全国人民代表大会第一次会议通过《关于修改〈中华人民共和国立法法〉的决定》(第二次修正),将原来的第七十二条改为两条,其中的第二款作为第八十一条的第一款,并将地方立法权限中的"环境保护"改为"生态文明建设",另增加了"基层治理"。

理、环境保护、历史文化保护等方面的事项"条款(《立法法》第八十二条)。

(三) 地方组织法法源

根据 2015 年 8 月 29 日第十二届全国人民代表大会常务委员会第十六次会议《关于修改〈中华人民共和国地方各级人民代表大会和地方各级人民政府组织法〉的决定》,明确了地方立法权的相关规定。《地方组织法》对地方立法权确认的法源依据包括:"设区的市制定地方性法规"条款(《地方组织法》第七条第一、二款);"设区的市的人民政府制定规章"条款(《地方组织法》第六十条第一款)。

(四) 设区的市地方立法权的边界

《立法法》和《地方组织法》根据宪法发展趋势和社会发展的需要进行了修改,但扩大地方立法权后的制度实践面临着诸多的限制,主要表现在以下几个方面。(1) 立法权限的边界。2023 年修改后的《立法法》明确规定:设区的市人大及其常委会"可以对城乡建设与管理、生态文明建设、历史文化保护、基层治理等方面的事项制定地方性法规"。立法权限是立法体制的核心内容,设区的市的地方立法权主要应涉及城市建设、城市规划、城市管理等应由城市自己解决的事务。另外,设区的市的地方立法权限还涉及其与地方政府规章、省地方性法规的权限划分问题。因此,对设区的市的立法权限边界的准确理解和把握是设区的市开展地方立法首先需要研究和解决的问题。[①] 在立法体制中,权限划分的方式有二:一是负面清单的模式,即只要不属于国家立法权的专属范围,地方皆可进行立法;二是正面清单的模式,即唯有明确授

[①] 参见浙江省人大常委会:《关于设区的市开展地方立法工作的若干问题研究》,2015年9月24日,http://www.npc.gov.cn/zgrdw/npc/lfzt/rlyw/2015-09/24/content_1947167.htm。

权的事项,地方始可进行立法。二者各有优劣,我国现行《立法法》便是第一种模式,即《立法法》第十一条规定的事项为国家立法权专属,除特别授权外,不容许由法规、规章等进行规定,其中诸如犯罪和刑罚等内容甚至不允许进行特别授权。为防止扩容后的地方立法权出现尚难以预期的滥用,对设区的市的地方立法权可通过正面清单的方式予以限制,即在保障这些地方拥有城市发展所需的立法权限的同时,又不至于为地方性立法僭越国家立法创造"条件"。①（2）立法重复的边界。地方立法应立足于地方实际,坚持问题导向,围绕地方经济社会发展的实际需要,制定具有针对性、可操作性的法规。但由于立法主体的多层次性,存在重复立法、"形象立法"等倾向。因此,扩容后的地方立法权要解决重复立法边界的问题。②（3）区域法治壁垒的边界。立法权作为一种公权力,相对行政权和司法权而言,立法权力被滥用的危害更大。设区的市获得立法权,就意味着地方自主性的增强,地方意志更容易通过法律手段得以贯彻和执行,从而导致地方立法权的异化,造成地方保护主义和区域法治壁垒,③需要特别引起重视。（4）法制统一的边界。维护法制统一是地方立法的应有之义和基本责任。所有设区的市开展地方立法后,扩展了立法层级,增加了立法主体,立法成本和法制统一成本将大幅提高,④同一省级行政区域内,各地制定的地方性法规就同一事项发生冲突或者规定不一致的情形将明显增多,并容易出现与上位法冲突以及侵犯公民基本权利的情况,地方保护主义和地方利益法

---

① 参见秦前红:《地方立法权主体扩容利弊》,2014 年 12 月 29 日, http://opinion.caixin.com/2014-12-29/100768890.html。
② 参见浙江省人大常委会:《关于设区的市开展地方立法工作的若干问题研究》,2015 年 9 月 24 日, http://www.npc.gov.cn/zgrdw/npc/lfzt/rlyw/2015-09/24/content_1947167.htm。
③ 参见郑毅:《"较大的市"扩充模式值得商榷》,《检察日报》2014 年 10 月 13 日。
④ 参见郑毅:《"较大的市"扩充模式值得商榷》,《检察日报》2014 年 10 月 13 日。

制化的问题会更加显现,给法制统一带来新的挑战。① 此外,从司法角度来说,司法权本属中央事权,如果在审判中根据大量体现地方特色的地方性法规判断行为的合法性,将不可避免地使司法裁判出现地方化的倾向,也会影响法制统一。②

三、地方立法权的司法控制

包括地方立法权在内的立法权是国家公权力的一部分,同样需要对其加以制约。2015年《立法法》修改前,我国的地方立法权运作中存在部分问题;扩容后的地方立法权,更需要严格司法控制。具体而言,可以从以下几个方面入手。

(一)建立地方立法合宪性审查制度

党的十九大报告立足新时代"法治中国"建设目标,针对目前立法尤其是地方立法发展的现状和存在的问题,明确要求"加强宪法实施和监督,推进合宪性审查工作,维护宪法权威"。合宪性审查又称宪法监督,③是指特定的机关依据一定的程序和方式,对法律、法规和行政命令等规范性文件和特定主体行为是否符合宪法进行审查并做出处理的制度。其作用在于保障宪法的实施、维护宪法权威、保障公民权利与自由。世界上大多数国家都先后建立了违宪审查制度。违宪的概念早在英国17世纪的辩论中就已出现,几百年来,世界各国为防止和纠正违宪行为、保障宪法顺利实施而建立起了各种专门制度即违宪审查制度,

---

① 参见秦前红:《地方立法权主体扩容利弊》,2014年12月29日,http://opinion.caixin.com/2014-12-29/100768890.html。
② 参见浙江省人大常委会:《关于设区的市开展地方立法工作的若干问题研究》,2015年9月24日,http://www.npc.gov.cn/zgrdw/npc/lfzt/rlyw/2015-09/24/content_1947167.htm。
③ 在《立法法》基础上,对地方立法合宪性审查的理论研究和实践推进,确应成为我们必须关注的重点。国外使用"违宪审查",在我们的话语体系里使用"合宪性审查",其实就是一个问题的两面,实质无异。

有以美国为代表的普通法院违宪审查制,也有以德国为代表的特设专门机构的违宪审查制。违宪审查制度是保障一国法制在宪法的统帅下统一发展的重要制度,它在解决法律冲突中具有其他制度不可替代的作用,因为任何法律冲突的最终解决有赖于宪法依据。我国的地方立法冲突现象较为常见,即使我们建立了"法律统一委员会",也只能解决法律之间、地方立法之间和地方立法与法律之间的冲突,仍然不能解决法律、地方性法规与宪法之间的矛盾、冲突问题。因为地方性立法的依据既有法律依据,也有宪法的直接依据。① 党的十八届四中全会公报提出,坚持依法治国首先要坚持依宪治国,坚持依法执政首先要坚持依宪执政。健全宪法实施和监督制度,完善全国人大及其常委会宪法监督制度,健全宪法解释程序机制。党的十九大报告明确了"成立中央全面依法治国领导小组,加强对法治中国建设的统一领导"。我们有理由相信在合宪性审查方面,无论是组织构架还是机制保障上,我国一定会有更大的改革和推进。

(二) 完善地方立法备案审查制度

目前我国现行立法监督中的备案和撤销,缺乏细化程序而处于"休眠"状态。尽管我国宪法和宪法性法律规定全国人大常委会有权撤销同宪法或法律相抵触的行政法规及同宪法、法律、行政法规相抵触的地方性法规,国务院有权改变或撤销不适当的部门规章和地方政府规章,但迄今为止,这些机构中没有一个行使过撤销权,没有一件地方性法规因"抵触"而被"撤销"的案例。2015年《立法法》将第五章的章名由原来的"适用与备案"改为"适用与备案审查",强调了备案审查规定,完善了审查处理程序和建议意见反馈机制;对常务委员会工作机构在备

---

① 参见吴建依:《论地方立法的宪法控制》,《江海学刊》2000年第4期。

案审查中的职责也做出规定。①

（三）建立地方立法冲突裁决制度

法律冲突是任何一个国家都无法回避的客观事实。现代国家虽然都设法建立良好的预防法律冲突机制，但在实际中很难避免法律冲突。我国《宪法》《立法法》和《地方组织法》所确立的地方立法主体众多，地方性法规之间的冲突、地方性法规与法律的冲突不可避免。目前我国《宪法》所确立的法律冲突解决途径主要是通过各级人民代表大会及其常务委员会的职权功能实现。《宪法》第六十七条第八项规定了全国人大常务委员会有权"撤销省、自治区、直辖市国家权力机关制定的同宪法、法律和行政法规相抵触的地方性法规和决议"。显然，我国解决法律冲突的基本途径仍然依赖于立法机关本身的"监督功能"，缺少立法者之外的裁决途径。根据我国国家机关的职能与性质，建议设立"法律统一委员会"作为法律冲突裁决机构。委员会的组成可以由国家主席任命法律专家、全国人大常委会推选、地方立法主体推选，裁决的对象只限于法律、行政法规、地方性法规之间的冲突，不裁决具体的冲突纠纷。案件一般由立法主体提起，如果由公民和其他组织提起，则应当通过法律专家提起，委员会成员辩论后秘密表决，裁决结果只涉及是否冲突，不涉及修改。② 只有在中央全面依法治国委员会的集中统一领导下，进一步建立健全法律规范冲突裁决机制，才能保证地方立法的合宪法化运行，实现法制统一。

---

① 各省级人大常委会普遍加强了"规范性文件备案审查机制"，成立了专门的专家委员会，定期或不定期组织审查。参见庞凌：《依法赋予设区的市立法权应注意的若干问题》，《学术交流》2015年第4期。

② 参见吴建依：《论地方立法的宪法控制》，《江海学刊》2000年第4期。

第三章
包容性法治社会实现机制（二）：制度构建

第一节 基层自治[*]

党的十九届四中全会决定提出，"健全充满活力的基层群众自治制度……着力推进基层直接民主制度化、规范化、程序化"①。步入新时代，我们应在法治的轨道上推进基层社会治理体系和治理能力现代化，推动建立自治、法治、德治相结合的现代基层治理体系，加快形成共建、共治、共享的现代基层社会治理新格局。面对地方治理需求侧（社会公民的期望）与地方治理供给侧（地方政府能力）之间的落差，我们应摒弃地方政府与基层组织二元对立模式，建立全新的"分权、互动"基层自治的理论分析框架，将多元主体纳入地方治理体系来共同履行公共职责，通过借鉴国外的经验并经过创造性转化，为基层自治提供包括培养自治能力、培育自治组织、强化城乡社区自治协商、衔接居民自治与村民自治在内的充分而有效的制度供给。

---

* 本节曾以《基层自治制度的理论阐述与路径选择》为题，发表于《法律科学》（西北政法大学学报）2020年第2期，收入本书时有修改。

① 中共中央党史和文献研究院编：《十九大以来重要文献选编》（中），中央文献出版社2021年版，第277页。

新中国成立七十多年来,中国共产党带领人民走过从站起来、富起来到强起来的光辉历程,创造了经济快速发展和社会长期稳定"两大奇迹"。实践证明,中国特色社会主义制度和国家治理体系是具有强大生命力和巨大优越性的制度和治理体系。社会治理是国家治理的重要组成部分。

"中国特色社会主义进入新时代,我国社会主要矛盾已经转化为人民日益增长的美好生活需要和不平衡不充分的发展之间的矛盾……人民美好生活需要日益广泛,不仅对物质文化生活提出了更高要求,而且在民主、法治、公平、正义、安全、环境等方面的要求日益增长。"[1]随着中国经济进入转型升级的新阶段,社会治理尤其是基层自治方面的一些制度体系已严重滞后,不能满足人民对民主、法治、公平、正义、安全等方面的要求,迫切需要提供全新的制度供给。居于制度创新之首的,应当是政府管理经济、社会方式的创新。供给侧改革最重要的是明确政府的权力边界,以自我革命的精神,深入推进"简政放权、放管结合、优化服务",规范政府权力,为社会治理尤其是基层自治提供公共产品和公共服务的制度供给。

一、基层自治的"保护主义"与"钦定主义"

对于基层自治而言,其逻辑前提是地方政府与基层自治组织的二元对立。就此而言,基层自治理论有两种有代表性的学说:一是英美法系的保护说,二是大陆法系的钦定说。英美法系国家奉行保护说,该理论认为,自治的权利属于天赋,为人民所固有,先于国家而存在。原始社会由个人结合的自由公社便具有自治权。国家出现后,这种固有的自治权依然存在,国家不但不能干涉,反而应予保护,所以该理论又被

---

[1] 《习近平著作选读》第二卷,人民出版社2023年版,第9—10页。

称为"保护主义"。① 保护主义在制度上表现出三个特点:一是地方自治机关行使由法律确认的自治权时,中央政府一般不加过问。二是地方自治机关除在形式上独立于中央政府之外,自治机关的成员还直接或间接由当地居民选举产生,他们只具有地方官员的身份,中央政府不得撤换他们。三是中央政府对地方自治机关的监督以立法监督为主,一般避免对其发布强制性指示。如果地方自治机关逾越法定权限,中央政府可诉请司法机关加以制止。② 大陆法系国家奉行钦定说,与"保护说"不同,钦定说坚持认为地方自治是"团体自治"。该学说认为,地方自治的权利不是天赋的,不为地方人民所固有,而由国家主权所赋予,国家可随时撤回这种权利,故称为"钦定主义"。③ 因此,它的特点表现为:一是在地方制度上,地方自治权具有委托性质,中央政府对于自治事务具有最终的决定权。二是地方政府不论为中央直接任命还是为地方居民选出,都兼具中央官员和地方自治机关官员的双重身份,中央政府有权随时撤换他们。三是中央政府对地方自治机关的监督以行政监督为主,中央政府可随时向地方机关发出强制性指示,地方机关必须执行,否则,中央政府可采取强制性措施。④

基层自治理论的分析框架若建立在政府与自治组织的二元对立基础上,势必过分关注两者的不可调和性及相互的防范心理,反而会忽视基层自治本欲追求之目的。我们需要摒弃二元对立的分析框架,弥合

---

① 参见郑贤君:《地方自治学说评析》,《首都师范大学学报》(社会科学版)2001年第2期。
② 参见殷昭举:《基层自治:纵向分权和多元治理——基于地方治理的分析框架》,《华南理工大学学报》(社会科学版)2011年第2期。
③ 参见郑贤君:《地方自治学说评析》,《首都师范大学学报》(社会科学版)2001年第2期。
④ 参见殷昭举:《基层自治:纵向分权和多元治理——基于地方治理的分析框架》,《华南理工大学学报》(社会科学版)2011年第2期。

国家与社会之间的鸿沟，建立全新的"分权、互动"基层自治的理论分析框架。① 在这方面，诸多他山之石可供借鉴。

1986年11月，印度辛格维委员会提交报告建议，让宪法赋予基层自治机构法律地位。1992年12月，印度联邦议会上下两院通过了该修正案，即印度宪法第73次修正案。主要内容包括：一是成立村民大会。村民大会的权力和作用，由各邦立法会以法律形式规定。二是规定基层自治机构的组成。要求各邦依法成立村、乡和县三级自治机构，各级自治机构成员均由直接选举产生。三是为弱势群体保留席位。根据人口比例，为表列种姓、表列部落和妇女保留席位，其中妇女席位不低于33%。四是自治机构任期和选举的组织。各级自治机构成员每届任期均为5年，其选举由邦选举委员会负责监督、指导和实施。五是明确三级自治机构的职能。规定各级自治机构负责对发展当地经济和实现社会公正提出计划，行使印度宪法第11附表中规定的权力②，决定部分税费的征收和使用。1992年12月，印度联邦议会还通过了宪法第74次修正案，赋予城市基层自治机构法律地位。该修正案授予包括城市规划、修路建桥、环保绿化、公共卫生、城市扶贫与贫民窟改造等18项权力，要求在城镇实行基层自治。③

美国的基层自治是这个国家历史和法统不可分割的重要组成部

---

① 参见殷昭举：《基层自治：纵向分权和多元治理——基于地方治理的分析框架》，《华南理工大学学报》（社会科学版）2011年第2期。
② 印度宪法在第11附表中为基层自治机构规定了29项权力，其内容涉及五大类：一是经济发展，包括减贫计划、农业、农田改良、小型灌溉、动物养殖、渔业、小型森林生产、小型企业和村办企业等有关事宜；二是教育文化，包括小学和初中教育、非正规教育、图书馆管理建设、技术培训、文化活动等事项；三是健康卫生和家庭保健；四是社会福利，涉及社会弱势群体、公共分配系统和妇女儿童保护等领域；五是基础设施建设，包括道路、住房、水、电、集市以及社区财产维护等有关工作。
③ 参见贺永红：《印度的基层自治》，《中国人大》2013年第1期。

分。乡镇是美国的农村基层自治机构,其最初为自然区域,随后慢慢演化为行政区划,逐步成了法律概念,并固定在美国自治法律框架之中。美国的农村基层体制体现了长久的自治传统,也正是这些乡镇的内部平等与外部独立机制,奠定了美国五脏俱全、直接民主的基础,为更高层面的政治形态打上了内部自治的烙印。①

从宪法结构上看,英国地方政府的存在及其一切权力均来源于议会的立法,地方应服从中央,但由于其久远的地方自治传统,英国的地方政府有着广泛的自治权力。一方面,其议会成员由当地居民选举的代表组成;另一方面,在一些乡村社区,有时某个教区或社区居民人数太少,由居民大会直接管理区域内公共事务。英国基层地方政府享有独立法人地位,其地位过去由英王特权授予,或由议会法律赋予(现都由法律赋予),可以自己的名义享受权利、承担义务。"二战"后,在"福利国家"口号下,英国基层政府的职能范围空前扩张,法律赋予的职责范围②也开始扩大。但无论功能如何转变,英国基层政府服务地方居民生活、为其提供公共服务的自治属性仍然保持未变。③

如同欧美其他发达国家一样,德国在中央和联邦的各种权力配置及其运行已十分老到。德国联邦基本法对于各乡镇的自治权进行了明确规定。德国已建构了一套完善而又相互制衡的自治制度,依法保障地方自治机构的独立和权威。德国地方自治是有生命力的复合有机体,既包括了政治上的民主功能,又包括了经济上的公共事务管

---

① 参见林海:《农村基层自治的"美国实践"》,《民主与法制时报》2014年12月8日。
② 主要包括:(1)维持公共秩序。负责消防、治安、公众保护等。(2)保持环境卫生。负责排污工程、垃圾清除及处理、噪音废气等公害管制、卫生检查、美化环境等。(3)管理和发展公用事业。负责公共浴室、运动场、公墓、博物馆的管理等。(4)提供福利服务。提供教育、住房、就业、社会福利等方面的服务。
③ 参见林海:《英国基层自治法律传统悠久》,《民主与法制时报》2014年12月11日。

理功能,具有特殊的"福利国家+基层民主"形态。经过逐步改进,地方自治机构适应了现代社会的发展,构成了推进社会进步的重要力量。①

由是可见,赋予地方自治机构法律地位、宪法确认地方自治权的边界、坚守提供公共服务的自治属性、保障地方自治机构的独立和权威,将成为我们为基层自治提供制度供给的重要任务。

二、基层自治的实践展开

党的十九届四中全会《决定》为我们推进社会治理体系和治理能力现代化提出了新的要求,为基层自治的建设路径指明了方向。中国基层自治的形成与发展至少经历了四次重要转型,它们分别处于清末民初、20世纪三四十年代、改革开放初期、21世纪以来这四个节点,这是我们理解当下中国基层自治发展不能忽略的历史背景。② 21世纪以来新型城镇化进程中,由于村土地、财务、民主参与等利益问题,农村基层自治面临诸多挑战,2011年广东汕尾发生的乌坎村事件是一次典型体现。这些挑战在全国各地一直不同程度地存在着。基于偏向"父爱主义"的学理分析,细致描述基层自治的实践逻辑具有重要的理论价值和实践意义。③ 最具代表性的探索包括"德治、法治、自治"联动治理和"微自治"范式。

（一）"德治、法治、自治"联动治理

党的十八届三中全会提出,"创新社会治理,必须着眼于维护最广

---

① 参见林海:《德国基层自治机构功能复合》,《民主与法制时报》2014年12月25日。
② 参见赵秀玲:《"微自治"与中国基层民主治理》,《政治学研究》2014年第5期。
③ 参见郭丽兰:《基层民主自治机制研究——以广东汕尾乌坎村为例》,《党政干部学刊》2014年第5期。

大人民根本利益,最大限度增加和谐因素,增强社会发展活力"①。"社会治理的重心必须落到城乡社区,社区服务和管理能力强了,社会治理的基础就实了。"②在经济新常态发展背景下,2013年,浙江省桐乡市开始探索"德治、法治、自治"的基层社会治理模式。桐乡基层治理的经验包括:(1)在德治方面,以评立德,形成舆论导向;以文养德,开展社会主义核心价值观宣传教育,引导人们讲道德、尊道德、守道德;以规促德,完善有关规章制度和行为准则,强化规范约束。(2)在法治方面,强化依法行政,细化指标,纳入年度考核,全程规范依法行政;强化公正司法,统筹整合司法资源,建立覆盖城乡的基本公共法律服务体系;强化全民守法文化建设,建立法治文化示范点,实现法治文化与地方特色文化等的有机融合。(3)在自治方面,厘清基层自治组织职责,建立准入机制,精简事项清单;培育扶持社会组织,加大对公益类社会组织的培育和政策支持力度;构筑协商民主平台,搭建基层群众参与重大决策、公共事务的平台。③"德治、法治、自治最终都统一于'人'这个核心,都是为了激发全体公民的责任感和参与活力,促进人与人和谐相处、社会安定有序。"④

(二) 中国式的"微自治"范式

在村民自治初期,"人们将自治聚焦于村委会,但后来发现村委会

---

① 《中国共产党第十八届中央委员会第三次全体会议公报》,《人民日报》2013年11月13日。
② 习近平:《推进上海自贸区建设　加强和创新特大城市社会治理》,《人民日报》2014年3月6日。
③ 德治、法治、自治其实不在同一个层面(一般意义上,德治与法治相对应,自治与他治相对应),但强调三者的联动还是有积极意义的。参见周天勇、卢跃东:《构建"法治、德治、自治"的基层社会治理体系》,《西部大开发》2014年第9期。
④ 周天勇、卢跃东:《构建"法治、德治、自治"的基层社会治理体系》,《西部大开发》2014年第9期。

很难管理一个大的村庄尤其是由几个自然村组成的行政村,于是许多地方将视野集中在村民小组,由村民小组通过选举成立村民理事会,从而推动村民自治向'微自治'发展。'微自治'是'微观自治'的简称,是对村居委自治模式的突破与超越"①。"微自治"将自治进行细分,让自治进入"微观"和"细化"的具体层面,主要表现在:将自治范围不断下移,让自治内容更具体化,使自治方式趋于细化;赋予自治主体以更大的空间和自由度,从而更好地发挥基层民主自治的功能,将广大人民群众的自治水平与创新能力提升到一个新的高度。② 目前全国范围的"微自治"尚未全面推开,学界的理论关注不够。但"微自治"在潜移默化中顽强地成长,并开创了自治的新范式。具体有以下几种形式:(1)"村民小组"自治。以往的村民小组在组织关系和权限上隶属于村委会,难以发挥自治功能。"微自治"则使之成为一个独立的自治单位和主体,直接行使民主自治权。③ (2)"院落—门栋"自治。根据院落分布情况、地缘关系和居民特点进行自治单元划分,形成较为严密细致的院落自治机制,培育社区居民的社会责任感和公民主体意识。④ (3)"小事物"自治。从日常生活出发着重培养村民和居民民主自治的习惯、意识和能力,如设置凉亭修建、水池改动、绿地护养等"微项目",使广大村民和居

---

① 赵秀玲:《"微自治"与中国基层民主治理》,《政治学研究》2014年第5期。
② "微自治"概念的提出及其政治学分析,参见赵秀玲:《"微自治"与中国基层民主治理》,《政治学研究》2014年第5期。
③ 较有代表性的是广东的"云浮模式",参见云浮市社会工作委员会:《云浮市培育和发展自然村乡贤理事会》,《亚太日报》2014年5月9日。
④ 典型代表是成都市的实践,参见民政部基层政权和社区建设司:《居民自治延伸到院落》,《华西都市报》2012年6月20日;中共成都市委组织部编:《成都市基层治理机制典型案例集(一)》,2012年11月,第3、110—111页。

民在参与项目建设过程中分享参与的乐趣,培养参与的能力,等等。①

对于基层自治的典型模式而言,从"德治、法治、自治"联动治理到"微自治",既有宏观理念引领,也有具体操作,但表现出明显的制度供给不足,因此在基层治理实践展开及其范式构建的基础上,揭示基层自治背后的理论基础及其域外制度供给的启示就显得尤为重要。

三、基层自治的制度供给

要实现国家治理体系和治理能力现代化,国家治理、社会治理、基层治理的制度建设是根本。② 在治理的形态中,政府治理主要体现在制度供给、政策激励、外部约束三个方面,而制度供给关注政府所提供的有关制度,决定着社会力量能否进入、怎样进入公共事务治理领域,并且对其他治理主体进行必要的资格审查和行为规范。③ 从治理角度来看,随着政府、权力、权威的变化,"如果说强调治理之下没有政府(Governance without Government)的观念过于激进,那么强调基层自治多元中心、公民参与及政府与社会合作的治理网络中的制度供给则是较为公允平和的治理之道"④。为此,我们需要认真思考当下的制度供给状况。

（一）基层自治的制度供给有待加强

1954年12月31日第一届全国人民代表大会常务委员会第四次会

---

① 最具代表性的是厦门市海沧社区的"小事物"自治,参见民政部政策研究中心、基层政权和社区建设司:《关于福建省厦门市海沧区社区"微治理"创新成果的说明》,2014年2月26日。

② 党的十九届四中全会决定的主题词就是"制度"和"国家治理",中共中央党史和文献研究院编:《十九大以来重要文献选编》(中),中央文献出版社2021年版,第269—298页。

③ 参见陈广胜:《走向善治——中国地方政府的模式创新》,浙江大学出版社2007年版,第124—125页。

④ 殷昭举:《基层自治:纵向分权和多元治理——基于地方治理的分析框架》,《华南理工大学学报》(社会科学版)2011年第2期。

议通过的《城市居民委员会组织条例》规定:"居民委员会是群众自治性的居民组织。"此后,1982年《宪法》规定:"城市和农村按居民居住地区设立的居民委员会或者村民委员会是基层群众性自治组织。"1987年11月24日全国人大常委会第二十三次会议通过了《中华人民共和国村民委员会组织法(试行)》;1998年11月4日经第九届全国人大常委会第五次会议审议修改,新的《村民委员会组织法》通过并施行,意味着我国的农村基层自治初步形成了一套制度化的运作模式。① 为了加强城市居民委员会的建设,1989年12月26日第七届全国人民代表大会常务委员会第十一次会议通过《中华人民共和国城市居民委员会组织法》,居民委员会是居民自我管理、自我教育、自我服务的基层群众性自治组织。1998年,全国人大常委会通过了《中华人民共和国村民委员会组织法》,规定"村民委员会是村民自我管理、自我教育、自我服务的基层群众性自治组织,实行民主选举、民主决策、民主管理、民主监督"。这标志着我国以村民权利为本位的基层群众自治制度正式建立。但是,在基层自治制度的具体实施中,我们过去多将基层自治理解为民主选举,而较少关注决策、管理、监督等几个环节,即"四个民主"发展不平衡。② 就此而论,村民(居民)自治制度是不自足的,它实现的可能是低质量、低水平的自治。2007年党的十七大把"基层群众自治制度"首次纳入中国特色政治制度范畴,确立为我国政治制度和政治发展道路的重要组成部分,基层自治的地位再次提升。③ 进入新时代,社会领域更加注重推进多层次多领域依法治理,发挥社会组织在法治社会建设中

---

① 参见殷昭举:《基层自治:纵向分权和多元治理——基于地方治理的分析框架》,《华南理工大学学报》(社会科学版)2011年第2期。
② 参见任中平:《村级民主发展的路径、障碍及对策思考——以四川省为例》,《探索》2010年第1期。
③ 参见薛应军:《农村基层自治流变》,《民主与法制时报》2014年11月24日。

的积极作用;更加注重健全社会组织管理制度,形成政社分开、权责明确、依法自治的现代社会组织体制;更加注重发挥社会组织的自律、他律、互律作用,实现政府治理和社会调节、居民自治良性互动。① 就形势要求和发展趋势看,包含村民自治、居民自治、社会组织自治在内的基层自治的制度供给有很大的发展空间。

(二) 自治空间的悬空与虚置

自治是指"某个人或集体管理其自身事务,并且单独对其行为和命运负责的一种状态"②,即自主治理(个人或者共同体)自行管理本人或者本共同体的私人或者公共事务。从我国基层自治实践来看,村民(居民)自治不是自治主体的自治,村民(居民)自治权也不是自治主体的权利,村民(居民)自治组织已经成为基层行政治理模式的一个组成部分。比如行政任务责任书、"驻村干部"以及下派干部到村(居)委会担任"第一书记"等做法,都是为了促进基层社会组织的诉求目标与政府目标相切合。③ 在传统体制的政治行政关系中,基层自治的正常运行受到很大的制约,核心是国家权力可以随时进入基层社会组织之中。进入21世纪,经济社会生活急剧变化,改革发展稳定任务更加艰巨,国家权力在社会生活的各个领域发挥了更为重要的作用。尽管有国家基本法律制度和相关基层自治文件的规定,但从当前的基层治理结构来看,基层治理形成的不是多中心(分权)自治秩序。④

---

① 参见张清、武艳:《包容性框架下的社会组织治理》,《中国社会科学》2018年第6期。
② 〔英〕戴维·米勒、〔英〕韦农·波格丹诺编:《布莱克维尔政治学百科全书》,邓正来等译,中国政法大学出版社1992年版,第693—694页。
③ 参见周庆智:《论基层社会自治》,《华中师范大学学报》(人文社会科学版)2017年第1期。
④ 参见周庆智:《论基层社会自治》,《华中师范大学学报》(人文社会科学版)2017年第1期。

(三) 自治组织利益诉求的制度供给迟滞化

除村民自治和居民自治以外,社会组织的自治也是基层自治的重要组成部分。基层自治主体的利益诉求(常常表现在法律规范的制定和实施过程中)是否获得有效回应,是衡量法治社会发展的一个重要标志。一方面,在基层社会组织自治发展的法律体系构建过程中,过于强调法律规范特别是国家法的立、改、废作为社会组织法治秩序生成的条件,会造成法律规范体系的封闭与僵化。国家立法更多强调先"明刑"后"弼教",但法律往往赶不上现实生活的脚步,这种模式很容易对新生事物"失语",只能通过法律的废、立、改来回应,比较迟滞。① 作为社会组织的重要规范,尽管《社会团体登记管理条例》在2016年修订过,但"降低登记门槛""简化程序"等内容未有充分体现,仍然滞后于社会生活的运行现状及管理的现实需求,无法满足基层社会组织自治性所应有的品质要求。另一方面,基层社会组织自治发展的立法结构单一,立法内容的工具主义色彩浓厚,《社会团体登记管理条例》《基金会管理办法》《民办非企业单位登记管理暂行条例》等条例更侧重程序、强调义务,一些单行性法律特别就某些特殊社会组织的设立、职能、组织等管理性问题做出规定,行政管理的规定占据立法的绝大多数,而有关基层社会组织自治发展内部财产关系等实体权利问题则极少涉及。②

四、基层自治的制度供给路径

党的十九届四中全会提出,"坚持和完善统筹城乡的民生保障制

---

① 参见韩春晖:《软法机制初探:沿袭经验主义的认知方式》,载罗豪才等:《软法与公共治理》,北京大学出版社2006年版,第248页。
② 参见张清、武艳:《包容性框架下的社会组织治理》,《中国社会科学》2018年第6期。

度,满足人民日益增长的美好生活需要"①。人民对美好生活的向往是我们党的奋斗目标,伴随着社会主要矛盾的变化,人民在物质文化需要得到基本满足之后,对于美好生活的需要日益迫切。面对基层治理困境,通过制度供给侧的改革和完善,促进基层自治的充分实现,有利于对国家权力的约束,有利于对公民权利的保障,而在治理层面上,则有利于国家治理能力现代化,进而推进包容性法治社会建设。② 笔者曾在治理理论、第三部门理论、公民参与、资源依赖理论等分析框架下,分析了在包容性法治社会建设中,公民、社会组织具备自治性(自主性)的重要性。③ 面对国家治理体系和治理能力现代化的要求,加强基层自治的制度供给主要包括以下几个主要方面。

(一)自治能力培养的制度供给

基层自治不是天然形成的,应自觉地培养村民的民主意识、公共精神,训练其政治参与能力,提高其自治水平,增强其实际的政治效能感。部分学者提出了以下几种培养人民自治能力的途径:(1)建立自治动力新机制。培养自治的氛围,形成基层自治的动力新机制。(2)利用日常民意汇集网络,建立民众利益表达的新机制。(3)以选举能力形成新机制,通过提升政治参与增强实际的政治效能感。(4)建立自治责任培养新机制,确保规章制度的明朗化、民主化、合理化,增强基层自治组织干

---

① 中共中央党史和文献研究院编:《十九大以来重要文献选编》(中),中央文献出版社2021年版,第285页。
② 对于"包容性法治社会"的阐释和研究,详见张清、武艳:《包容性框架下的社会组织治理》,《中国社会科学》2018年第6期;张清、武艳:《包容性法治社会建设论要》,《比较法研究》2018年第4期。
③ 参见张清、武艳:《包容性法治社会建设论要》,《比较法研究》2018年第4期;胡琦:《法治与自治:社会组织参与建构社会治理"新常态"的实现路径》,《探索》2015年第5期。

部的责任感和使命感。①

(二) 自治组织培育的制度供给

借鉴国外经验,基于基层治理法治进程中的基层社区化管理,培育和发展我国的非政府组织,可以从以下几个方面着手:第一,完善备案登记制度。大多数社区民间服务组织在民政局备案后即可开展工作,同时政府提供必要的场所和设施。第二,加强经费支持。政府通过公开招投标、采购、订立合同等手段给予经费支持,引导社区服务组织有序生长。第三,积极发挥政府的指导作用。政府应指导民间组织做自己有能力而政府又解决不了的事情。第四,制定优惠政策,为社区组织参与社区服务提供制度保障。

对于基层自治,我国现行《宪法》第一百一十一条对城乡的基层群众性自治组织性质、设立及组成人员做了规定:"城市和农村按居民居住地区设立的居民委员会或者村民委员会是基层群众性自治组织。"②然而,这一条文位于"国家机构"的章节,容易使人产生错觉,认为居民委员会、村民委员会是我国的一级基层机构。实际上,居民委员会、村民委员会属于基层群众自治组织,不属于基层权力机关和政府机关。学界研究也基本没有依照这一顺序安排。如周叶中主编的《宪法》一书中并未将基层自治组织放在"国家机构"的"序列"论述,而是在"国家形式"中将"基层群众性自治制度"与"人民代表大会制度"并列进行论述。③ 秦前红主编的《新宪法学》则把"基层群众性自

---

① 参见郭丽兰:《基层民主自治机制研究——以广东汕尾乌坎村为例》,《党政干部学刊》2014年第5期。
② 根据该规定国家分别制定了《中华人民共和国居民委员会组织法》和《中华人民共和国村民委员会组织法》,为基层自治提供了基本的法治保障。
③ 参见周叶中主编:《宪法》(第三版),高等教育出版社2011年版,第219页。

治组织"放在与"国家"并列的"社会"一章中进行论述。① 基层自治,关乎中国的社会稳定、政权稳固和长远发展。维护基层社会稳定,推进基层依法自治,促进基层依法治理,是实现国家治理体系和治理能力现代化、实现中华民族伟大复兴"中国梦"的重要基础。我们应根据社会发展的新形势,不断细化制度设计和完善相关法律法规,突破基层自治相关制度瓶颈。②

(三) 城乡社区自治协商的制度供给

党的十九届四中全会决定强调,"坚持社会主义协商民主的独特优势,统筹推进政党协商、人大协商、政府协商、政协协商、人民团体协商、基层协商以及社会组织协商,构建程序合理、环节完整的协商民主体系,完善协商于决策之前和决策实施之中的落实机制,丰富有事好商量、众人的事情由众人商量的制度化实践"③。为推进城乡社区协商制度化、规范化和程序化,早在2015年7月,中共中央办公厅、国务院办公厅就印发了《关于加强城乡社区协商的意见》,对明确协商内容、确定协商主体、拓展协商形式、规范协商程序、运用协商成果等做了系统规定。该意见把城乡社区自治协商与基层民主自治紧密地结合起来,指出城乡社区自治协商是基层群众自治的生动实践,是社会主义协商民主建设的重要组成部分和有效实现形式。④ 协商民主是自由平等的公民通过公开的理性对话和充分讨论形成合法决策的民主形式,是民主与协商的混合物。协商民主提倡公民平等地参与公共讨论,通过深思熟虑

---

① 参见秦前红主编:《新宪法学》(第二版),武汉大学出版社2009年版,第284页。
② 参见蔡辉:《关于〈基层自治法〉的立法设想》,《岭南学刊》2015年第6期。
③ 中共中央党史和文献研究院编:《十九大以来重要文献选编》(中),中央文献出版社2021年版,第276页。
④ 参见肖林:《城乡社区协商:基层民主自治的生长点》,《中国发展观察》2015年第10期。

和理性对话达成共识,以增进公共利益,提高立法和决策的质量与合法性。它被视为对自由主义民主模式的必要补充和修正完善,以克服诸如少数精英与利益集团对政治的操纵、简单票决的多数人暴政以及公众对政治的冷漠和疏离等民主异化的弊端。① 基层民主自治基于"全过程人民民主"理念,突出"民主协商",通过民主选举、民主决策、民主管理和民主监督等方式实现基层群众自治(自我管理、自我教育和自我服务)。在现实基层民主实践中,存在着"有增长无发展"、民主选举的形式化与民主权利被限缩等治理困境,我们需要从协商主体(政府、社区组织等)、协商议题(要考虑议题的开放性、公共性、重要性、争议性等因素)、协商程序(结构化的协商程序、合理的议事规则和相应的技术手段)、协商共识(普遍达成、法治保障)等主要环节完善制度供给。所形成的共识涉及基层政府政策制定或调整的,基层政府应该尊重共识,做出明确回应并将之充分纳入决策之中。这要求在城乡社区协商结果和基层政府的决策之间建立起稳定的制度性联结。②

(四)居民自治与村民自治衔接的制度供给

在城市化进程加速推进的当代中国,农村进城务工人员不仅人数众多,而且流动性和不确定性较强,不确定在什么时间从什么地方流入,也不确定会在流入地待多长时间。地域的分隔和消息来源的相对

---

① 协商民主理论认为公民的偏好不是既定的,而是可以通过理性对话和讨论被改变的;协商民主寻求公共利益和共识观点的形成,而不是个人利益的简单加总或者讨价还价的利益交换。作为一种民主治理形式的协商民主具有"渗透性",它可以运用于立法、司法、政策制定、选举和投票过程以及社会治理等不同领域,发生在从社区、城市到国家的不同层次。协商民主的积极倡导者包括美国著名政治哲学家约翰·罗尔斯、英国著名社会政治理论家安东尼·吉登斯、德国思想领袖尤尔根·哈贝马斯。参见高建、佟德志:《协商民主》,天津人民出版社2010年版。

② 协商过程及其协商共识的达成,需要制度化的安排,详细论述参见肖林:《城乡社区协商:基层民主自治的生长点》,《中国发展观察》2015年第10期。

闭塞,导致这部分人缺少条件行使其原先拥有的村民自治权利;又因为他们没有完全融入城市社会中且自治权利意识不足,无法参与到居民自治权行使的过程中,面临两难境地。因此,要想真正做到社区居民自治,还需要考虑到这部分处在尴尬境遇里的人,通过建立居民自治与村民自治间的衔接,推动我国城市社区居民自治建设。可考虑建立如下机制:第一,缓冲机制。在目前的情况之下,最简单易行的办法是以在某地居住期限的长短作为依据,比如说连续在某地居住达到3年的,可申请在所居住社区行使居民自治权利。第二,法律机制。国家层面的立法在明确居民自治权方面固然重要,依然不可能做到面面俱到,地方相关法规的配套就显得尤为重要。以上海市为例,《上海市居住证管理办法(草案)》第四条规定境内来沪人员应当按照国家和本市的有关规定,自到达居住地之日起7日内,到受公安部门委托的社区事务受理中心办理居住登记;并根据不同情况,将居住证分为3类。[①]《上海市实有人口服务和管理若干规定》明确,拥有上海市居住证的来沪人员,可以享受证照办理、计划生育、公共卫生、子女教育等服务。[②] 当然,具体在连续居住多长时间后可以申请行使居民自治权利,还需各地方按实情来确定。第三,执行机制。国家和地方的法律、法规都需要基层单位的切实执行,从目前居民自治的运行机制来看,主要的制度主体依然是居民委员会;在新建商品房住宅小区可以通过居民委员会与业主委员会的通力合作来推行。第四,宣传机制。法律法规规定的内容需要社区的广泛宣传,外来务工人员必须了解相应的权利,同时最新的国家政策

---

① 参见《上海市居住证管理办法(草案)》,2012年11月22日,http://sh.sina.com.cn/news/b/2012-11-22"144221930_2.html。

② 参见《上海市实有人口服务和管理若干规定》,2012年9月15日,http://baike.baidu.com/view/9358394.htm。

也应当予以告知。知道不知道权利与行使不行使权利毕竟存在质的区别。第五,冲突解决机制。如果外籍人员不存在户籍变更的事实,则居民自治权和村民自治权是可以同时享有的。①

五、小结

从党的十八届四中全会的全面依法治国,到党的十九届四中全会的制度建设与国家治理,国家治理体系和治理能力现代化的奋进号角已吹响。习近平新时代中国特色社会主义思想明确,坚持和发展中国特色社会主义的总任务是实现社会主义现代化和中华民族伟大复兴,全面深化改革总目标是完善中国特色社会主义制度,全面推进依法治国总目标是建设中国特色社会主义法治体系、建设社会主义法治强国。② 国家治理体系在不同层面的工作都要同步渐次展开,随着国家治理层级的扁平化,基层自治地位和作用将日益凸显,运用"供给—需求"概念分析工具,推进共识达成与实践展开,需要摒弃地方政府与基层组织二元对立模式,弥合国家与社会的人为分裂的鸿沟,从而避免过分关注两者的不可调和性及相互的防范心理,促进政府与自治组织之良性互动,探索建立德治、法治、自治相结合的现代基层治理制度体系,在自治充分发展的基础上,加快形成共建、共治、共享的现代基层社会治理新格局。

第二节 法治乡村

基层法治社会的制度建构,除了社区治理还包括法治乡村制度。

---

① 参见张清、顾伟:《居民自治权论要》,载张仁善主编:《南京大学法律评论》2013年秋季卷(总第40卷),法律出版社2013年版,第65—66页。

② 参见中共中央文献研究室编:《十八大以来重要文献选编》(中),中央文献出版社2016年版,第155—181页;中共中央党史和文献研究院编:《十九大以来重要文献选编》(中),中央文献出版社2021年版,第269—298页。

在国家治理体系的末梢,乡村法治建设的现状和水平直接影响到省域、市域、县域及基层社会治理的成效。

一、法治现代化与乡村矛盾纠纷化解的理论逻辑

(一) 法治现代化与法治乡村

法治现代化对于国家治理体系和治理能力现代化具有重要意义和作用。2020年3月中央全面依法治国委员会印发的《关于加强法治乡村建设的意见》指出,法治乡村是以实现乡村治理体系和治理能力现代化为目标。① 法治乡村建设是中国式法治现代化在乡村社会的具体实践,为实现乡村依法治理提供了指引和方向,对完善乡村矛盾纠纷多元化解机制意义重大。

1. 法治现代化

法治现代化,是人类社会法治文明演进过程中的历史性变革,旨在实现从传统的法律理念、法律制度、法律实践、法律价值向现代社会的法治理念、法治制度、法治实践、法治价值的历史性转变。② 新中国成立后尤其是改革开放以来,我国开始了漫长而富有成效的法治现代化探索过程。中国的法治现代化具有鲜明的时代价值,尤其是在进入21世纪后,随着经济社会不断发展进步,人民群众的权利意识不断增强,社会利益也越发复杂和细化,这就对治理体系和治理能力提出了更高的要求。"法治现代化是国家治理现代化的题中应有之义"③,要想实现国家治理现代化,就要在法治现代化的视域下进行依法治理,用法治为

---

① 参见《中央全面依法治国委员会印发〈关于加强法治乡村建设的意见〉》,2020年3月25日,https://www.moj.gov.cn/pub/sfbgw/zwxxgk/fdzdgknr/fdzdgknrghjh/202210/t20221031_466373.html。
② 参见公丕祥:《法治现代化的中国方案》,《江苏社会科学》2020年第4期。
③ 公丕祥:《法治现代化的中国方案》,《江苏社会科学》2020年第4期。

社会治理保驾护航。当代中国法治现代化的本质性意义就在于实现从人治向法治的根本性转变,把国家治理活动纳入法治化的轨道,构建法治型的国家治理体系,通过法治方式将国家治理现代化的基本要求、体制机制、程序方法转化为国家治理主体的实际行动。①

法治乡村是我国法治现代化探索的最新成果。2020年中央全面依法治国委员会印发了《关于加强法治乡村建设的意见》,为完善乡村治理体系、推进乡村依法治理指明了方向,明确了目标。同时,由于我国乡村社会长期处于以血缘和地缘关系为基础的"熟人社会"当中,因此,乡村治理在强调依法治理的同时,必须将法治、自治以及德治相融合,这样才能在化解乡村矛盾纠纷等领域取得实效。

2. 法治乡村的内涵

自新中国成立以来,我国的乡村治理一直在法治的轨道上有条不紊地进行着,曾陆续开展了"送法下乡""依法治村"等活动,在这一过程中产生了"农村法治""新农村法治"等各具时代特色但又以乡村治理法治化为共同目标的理论与实践。2018年,"法治乡村"作为一个全新的名词出现在中央一号文件《中共中央国务院关于实施乡村振兴战略的意见》中,该文件从理念层面、执法层面、纠纷调处机制以及公共法律服务体系等多个方面对于法治乡村建设提出了具体要求,为我国法治乡村建设奠定了理论基础。② 2020年,中央全面依法治国委员会印发《关于加强法治乡村建设的意见》,对法治乡村建设提出了目标和任务,为法治乡村建设的有序开展提供了制度保障,为实现乡村振兴保驾护航。

---

① 参见公丕祥:《新时代中国法治现代化的战略安排》,《中国法学》2018年第3期。
② 参见《中共中央国务院关于实施乡村振兴战略的意见》,2018年2月5日,http://www.moa.gov.cn/ztzl/yhwj2018/spbd/201802/t20180205_6136480.htm。

当前,理论界对于法治乡村的专门性研究较少,对于法治乡村内涵较为完整的阐述是:法治乡村是乡村治理的模式和追求的状态,它尊重国家法治与民间规范的良性互动,核心是依法规范乡村事务,重点是对乡村基层政权和公共权力的有效制约,价值追求是保障农民权利、稳定农村秩序,终极目标是营造乡村振兴的法治环境。① 法治乡村建设作为法治现代化在乡村的具体实践,具有相当重要的实际意义。党的十九大报告明确提出,"全面推进依法治国总目标是建设中国特色社会主义法治体系、建设社会主义法治国家"。乡村社会是我国社会最重要的组成部分,"三农"问题一直是党和国家领导人最为关注的问题领域之一。我国目前仍有6亿人口居住在乡村地区,要想真正实现全面依法治国总体战略目标,建设法治乡村、实现乡村社会的长治久安是必经路径。同时,法治乡村也是实现乡村振兴战略的基础性工程。改革开放四十多年来,我国广大乡村地区发生了翻天覆地的变化,在2020年更是实现了全面脱贫,下一步的主要任务已经由脱贫转向乡村振兴。要想实现乡村振兴,必须重视法治固根本、稳预期、利长远的重要作用,以建设法治乡村促进乡村振兴。

当前,我国乡村社会治理过程中依然存在着许多问题和障碍。一方面,这是由我国乡村特殊的社会特征所决定的,我国乡村长期以来呈现"熟人社会"的特征,虽然已经逐渐向"半熟人社会"转化,但依然决定了我国乡村社会是"人情社会"。另一方面,我国乡村社会存在着诸如土地纠纷以及干群矛盾等亟待解决的矛盾纠纷。此外,自治的参与力度不够、法治化水平较低以及道德的约束日渐式微,这些都凸显了法

---

① 参见张帅梁:《乡村振兴战略中的法治乡村建设》,《毛泽东邓小平理论研究》2018年第5期。

治乡村建设的急迫性与必要性。党的十九大报告以及《关于加强法治乡村建设的意见》都重点强调了自治、法治与德治相结合的乡村治理体系在乡村治理当中的重要作用。

3. 法治乡村的主要目标

《关于加强法治乡村建设的意见》将我国法治乡村建设总体上分为两个步骤：第一阶段是从立法、执法、司法、守法等基础要素层面对于法治乡村建设提出具体目标，是真正实现法治乡村建设的基础性工作，同时也是实现第二阶段目标的条件和必备要素；第二阶段是以真正实现法治乡村建设效果、乡村治理体系和治理能力真正实现现代化为目标，只有在实现第一阶段的目标的基础上，第二阶段的目标才能达成，乡村人民群众的法治观念和法治意识才能提高。法治乡村建设的主要目标告诉我们，法治乡村建设不仅要从制度方面的全面改进着手，更要把形成法治观念、提升乡村治理法治化水平作为更高层级的目标，具有全面性和科学性。在这一过程中，要稳扎稳打，切实推进法治乡村主要目标的实现。

4. 法治乡村的基本原则

第一，坚持党的领导。习近平总书记在庆祝中国共产党成立九十五周年大会上指出："中国特色社会主义最本质的特征是中国共产党领导，中国特色社会主义制度的最大优势是中国共产党领导。坚持和完善党的领导，是党和国家的根本所在、命脉所在，是全国各族人民的利益所系、幸福所系。"[1]"法治乡村"作为党中央、国务院的一项重要战略部署，对于推进全面依法治国、实现乡村振兴具有重要的意义。坚持党的领导，是全面推进依法治国、加强法治乡村建设的根本要求。乡村基

---

[1] 中共中央党史和文献研究院编：《十八大以来重要文献选编》（下），中央文献出版社 2018 年版，第 355 页。

层党组织应当坚持自身政治站位,勇于担当责任,坚决贯彻党的政治主张,统一思想,形成强大战斗力。同时,基层党组织也要拓宽领导思路和方法,在法治乡村建设中发挥领导作用。广大的党员干部应发挥模范作用,在基层党组织的有力领导下,在法治轨道上积极开展乡村治理工作,为法治乡村建设贡献力量。

第二,坚持以人民为中心。坚持以人民为中心的基本原则,既是中国共产党全心全意为人民服务这一根本宗旨在法治乡村建设中的充分体现,也是法治乡村建设的基本要求和重要保障。"以人民为中心"发展思想贯穿中国共产党治国理政的全过程。当前,我国社会主要矛盾发生了根本性转变,乡村社会的主要任务也随着脱贫攻坚取得全面胜利而转向乡村振兴战略的全面贯彻实施。实现乡村振兴战略的过程中,必然会遇到各种各样的问题,例如村民对维护自身权益的需求与乡村解纷机制不健全以及法律法规不完善之间的冲突等,如何妥善解决当前及未来遇到的各种问题,成为一切工作的重中之重。面对乡村治理中存在的种种问题,我们在推进法治乡村建设的过程中必须坚持以人民为中心,坚持群众路线。在乡村中依然存在着众多的矛盾纠纷以及社会问题,如果不能让广大村民切实享受到改革开放带来的红利,那么我们所追求的伟大事业也就失去了其最初的意义。因此,要在建设法治乡村的过程中把不断增加村民的获得感、幸福感和安全感作为目标,坚持以人民为中心,做实、做细、做好各项工作。

第三,坚持法治与自治、德治相结合。随着改革开放进程的不断加快,传统乡村社会与外界的交往不断密切,城乡二元结构被打破,乡村社会正在经历前所未有的巨变。人口的密集流动、经济交往的日益频繁等现实情况,对乡村治理提出了新的更高的要求,同时也更加凸显"法治乡村"对于应对当前乡村治理所面临挑战的积极意义。为此,《关于法治乡村建设的意见》明确指出,在建设法治乡村的过程中,要坚持"法治与自治、德治相结合。以自治增活力、法治强保障、德治扬正气,促进法治与自治、德治相辅相成、相得益彰"①。法治、自治、德治"三治合一"既是建设法治乡村的基本原则,也是重要的方法论,为建设法治乡村、构建新时代乡村社会秩序提供了基本遵循。法治与自治、德治贯穿《关于加强法治乡村建设的意见》始终,对于健全乡村矛盾纠纷化解和平安建设机制、推进乡村依法治理等都具有重要意义。首先,法治乡村建设的基础是自治。基层群众自治制度是我国的一项基本政治制度,村民在所居住的自然村内进行自我管理、自我教育和自我服务。应充分调动村民的积极性,运用村规民约以及村民自治章程等自治规范依法自治,推动法治乡村建设和发展。其次,建设法治乡村的保障是法治,随着"熟人社会"的不断解体,法治在乡村的作用不断凸显,村民的法治意识也不断提高,法治思维和意识逐步形成。建设法治乡村,不仅需要民间规范发挥作用,还需要国家法律法规在化解纠纷、制约公共权利等方面提供充分保障,唯有如此才能真正维护农民权利,稳定乡村秩序,在乡村地区形成崇尚法律的社会氛围。最后,建设法治乡村应强调德治的支撑作用。德治就是通过道德来教育、约束人民群众行为的一种治理方式。在法治乡村的建设中,必须坚持社会主义核心价值观的引领作用,深入挖掘并创造性发展优秀传统中华法律文化和德治精神,在法治乡村建设中重视德治的力量。以道德滋养法治精神,在这一过程中,运用传统道德培育村民的正确价值观,督促自律,促进乡村社会的和谐,强化道德对法治乡村建设的重要支撑作用。

---

① 《中央全面依法治国委员会印发〈关于加强法治乡村建设的意见〉》,2020年3月25日,https://www.moj.gov.cn/pub/sfbgw/zwxxgk/fdzdgknr/fdzdgknrghjh/202210/t20221031_466373.html。

第四,坚持实事求是。法治乡村建设,需要着眼我国乡村的特殊社会背景以及不同地区的社会状况,因地制宜地开展工作。随着经济的发展和人口流动的加快,传统封闭的"熟人社会"逐渐被"半熟人社会"取代,以血缘和传统权威为基础的乡村治理模式已经无法适应现实需要,因此法治有了在乡村生根的现实土壤,加强乡村法治建设势在必行,但是历经数千年所形成的乡村道德礼法没有被完全打破,甚至依然有着现实意义。同时,我国地大物博,幅员辽阔,不同地区的经济发展水平、思想观念、纠纷解决方式等都存在巨大的差异,尤其是在"半熟人社会"之中,无法做到制定统一的"法治乡村"建设标准。总体而言,在建设"法治乡村"过程中要注意整体性原则与差异性原则的协调统一。既要注重建设法治乡村"全国一盘棋",从中央层面强化顶层设计;也要在具体实施过程中注意到不同地区的具体情况,做到因地制宜,根据不同乡村的情况采取不同的方式,让法律法规、村规民约以及乡村道德等和谐共存,自治、法治、德治共同发力。具体而言,就是在坚持党的领导的前提下,兼顾各地乡村的实际情况,在法治乡村建设中制定符合当地实际、具有可行性的具体政策。各地党委要发挥引领作用,在兼顾各地实际的情况下,借鉴和吸收其他地区的成功经验,为我所用,创新法治乡村建设的政策以及方式方法,切实推进各个地区法治乡村建设工作的顺利开展。

(二)乡村矛盾纠纷多元化解的理论基础

目前,学界对于矛盾纠纷多元化解机制的研究大致可以分为两个方向:一类是包含诉讼纠纷解决方式以及非诉讼纠纷解决方式的矛盾纠纷多元化解机制;另一类则是不包含诉讼方式的非诉讼纠纷解决机制,也就是所谓的替代性纠纷解决机制(ADR)。相比较而言,前一类研究更加符合我国矛盾纠纷化解的实际情况,这类研究一般认为矛盾纠纷多元化解机制是包含诉讼方式在内的多种纠纷解决方式并存的体系性机制。乡村矛盾纠纷多元化解机制具有深厚的理论基础，只有在充分把握理论的基础之上，才能发现实践当中存在的问题，进而不断完善乡村矛盾纠纷多元化解机制。

1. 权利救济理论

救济，是对实体权利的一种补救措施，其本身也是一种权利或构成完整权利的组成部分。权利和救济是一体两面的关系。一方面，没有权利则没有救济。根据上述救济的定义可知，救济是对实体权利的一种补救措施，此处的实体权利指具有合法性以及正当性的权利。另一方面，没有救济则没有权利。在现代法治社会，只要是合法的权利，包括国家权利、社会权利以及个人权利等都会有相应的救济机制，否则权利就无法完全实现，因此，需要为权利的实现设置明确且完备的救济方式、救济程序以及救济制度等，这是实现权利的基本保障。而权利救济则是一种法律层面的救济，是指当合法权利受到侵害，无法正常实现时提供的一种法律补救机制。理论界与实务界对于权利救济的分类智者见智，一些学者基于法律中心主义立场，认为公力救济尤其是司法诉讼等必然会彻底取代私力救济等其他非诉讼救济方式，对于非诉讼救济方式做出了否定价值判断；而更加主流的观点是把权利救济分为公力救济、私力救济以及社会救济。① 从理论与现实层面来看，非诉讼救济方式在社会中发挥着不可或缺的重要作用，同时也是契合我国当前乡村矛盾纠纷多元化解机制体系的一种分类方式。中国作为一个延续数千年的农业大国，在特殊的农村社会结构中产生了村规民约、传统道德

---

① 参见辛国清：《公力救济与社会救济、私力救济之间——法院附设 ADR 的法理阐释》，《求索》2006 年第 3 期。

等诸多民间性的社会规范,"无讼"理念至今深入人心。伴随着乡村社会的不断发展,利益主体的诉求更加多元化,导致农村纠纷日益多元化和复杂化。然而,在以血缘关系和地缘关系为基础的乡村社会,受到包括"无讼"理念在内的传统情理的影响,在面对纠纷时,村民依然会选择和解以及调解等传统的纠纷解决方式来化解矛盾纠纷。同时,随着我国依法治国理念的不断深化和涉农法律法规的日益完善,权利意识不断增强的村民也越来越多地把诉讼、仲裁等更具权威性和专业性的方式作为解决纠纷的重要方式之一。综上所述,在权利救济理论的指导下,乡村矛盾纠纷多元化解机制体系的建立更加有助于相对弱势的农村群体维护自身的权益,使他们在面对纠纷时可以根据具体情况采用不同的解决纠纷的方式,通过多种渠道解决纠纷,这对于我国法治现代化以及法治乡村建设具有重要的现实意义。

2. 协同治理理论

协同治理指的是处于同一治理网络中的多元主体间通过协调合作,形成彼此啮合、相互依存、共同行动、共担风险的局面,产生有序的治理结构,以促进公共利益的实现。① 协同治理理论尊重竞争,强调不同子系统或者行为体的协同,以发挥整体大于部分之和的功效。② 随着社会的不断发展,单一的政府主体已经越来越难以应对复杂的社会情况与社会矛盾,因此需要在一个系统内,政府部门、各类社会组织、企业以及公民个人等都参与其中,通过合作方式实现协同治理。在治理的过程中,只有各个主体充分发挥自身的优势,才能实现整个系统的优化与完善。同时,协同治理理论强调多元治理主体的协同效应。协同治

---

① 参见张仲涛、周蓉:《我国协同治理理论研究现状与展望》,《社会治理》2016年第3期。

② 参见李汉卿:《协同治理理论探析》,《理论月刊》2014年第1期。

理中的各个主体不是管理与被管理的关系,而是平等地参与到社会治理当中去,发挥各自独特的作用。该理论要求政府部门转变工作方式,加强与其他主体的沟通及合作,并积极引导其他主体参与到社会治理当中,而不仅仅是依靠政府的强制执行力。整体而言,协同治理理论就是强调多个社会主体的共同参与,整合社会资源进行社会协同治理,产生 1+1>2 的实际效果。

从乡村矛盾纠纷多元化解机制的性质来看,可以参考协同治理的逻辑进路,不断提高各个主体纠纷解决的能力,进而促进整体机制的完善。面对农村日益复杂多元的纠纷形式,一方面,法治乡村社会矛盾纠纷多元化解机制要求参与主体的多元性,无论基层人民法院的法官、仲裁组织的仲裁员,抑或人民调解委员会的人民调解员和村民等,都在化解乡村矛盾纠纷中发挥着各自独特且重要的作用,只有各个参与主体协同配合,才能最大限度地发挥乡村矛盾纠纷多元化解机制在解决乡村纠纷中的作用。另一方面,乡村矛盾纠纷多元化解机制,顾名思义,就是在乡村治理过程中,运用多种纠纷化解方式进行化解纠纷的工作。我国的纠纷化解方式包括调解、仲裁、诉讼以及和解等,无论诉讼方式抑或非诉讼方式,要想最大限度地发挥其作用,就必须增加不同纠纷化解方式的协同性,完善不同方式之间的衔接机制,在衔接的过程中,既强化了不同纠纷化解方式自身的作用,也增强了乡村矛盾纠纷多元化解机制的体系性。

3. 诉讼纠纷解决方式

诉讼是审判机关和案件当事人在其他诉讼参与人的配合下为化解纠纷依法定诉讼程序所进行的活动。[①] 诉讼纠纷解决机制代表的是国

---

① 参见范愉:《非诉讼纠纷解决机制研究》,中国人民大学出版社2000年版,第29页。

家司法权,相较于其他的纠纷化解方式,具有国家强制力作为保障的权威性。由国家权力而非冲突主体或其他第三人来解决社会冲突,是诉讼的本质特征所在。① 随着中国式法治化现代化加快推进,村民的法律意识不断增强,诉讼的程序性、权威性以及国家强制力的有力保障使得诉讼逐渐成为农民化解纠纷的首要选择。同时,由于我国城乡二元结构逐渐解体,"熟人社会"逐渐向"陌生人社会"转变,乡村社会与外界的交往不断增多,村民的地域流动性不断增强,村民与村集体之外的主体的矛盾越来越多,乡村社会矛盾纠纷更加多元化及复杂化,传统的"无讼"理念无法适应现代乡村实际情况,而人民调解、仲裁等非诉讼纠纷解决方式虽能在化解乡村矛盾纠纷中发挥重要作用,但也无法解决所有的矛盾纠纷。在这种社会背景下,诉讼更能发挥其权威性和专业性的优势,通过法定的程序,运用国家法律来化解乡村纠纷,对于落实依法治理、实现乡村治理现代化具有十分重要的现实意义。诉讼的出现使社会矛盾纠纷的解决可以在和平和公正的环境中进行,因为有公权力机关的主导,化解纠纷的诉讼程序能够更加专业,化解纠纷的结果能够更加确定,化解纠纷的执行能够更加有保障。②

同时,针对农村地区的实际情况,诉讼也有其内在缺陷。首先,诉讼方式是在严格的程序之下以国家法律作为依据来化解纠纷,这就不可避免地忽视或者弱化了对情理的运用,而农村社会虽然处于转型期,但依然存在着血缘关系以及地缘关系等错综复杂的特殊关系,因此,如果法律无法很好地兼顾情理,那么纠纷就无法彻底化解,甚至适得其反。其次,诉讼是极为专业的技术性活动,在这一过程中,农民往往处

---

① 参见李俊:《社会结构变迁视野下的农村纠纷研究》,中国社会科学出版社2013年版,第331页。
② 参见齐树洁主编:《纠纷解决与和谐社会》,厦门大学出版社2010年版,第15页。

于被动的地位,面临着严格的诉讼程序,与其他纠纷化解方式相比,诉讼周期长,耗费成本高,对于邻里纠纷等小规模的纠纷,诉讼方式在不利于化解纠纷的同时,也带来了司法资源的浪费。最后,如前文所述,农村的特殊情况导致很多情况下非诉讼纠纷解决方式是更好的选择。因此,近年来,国家在不断深化司法体制改革的同时,也在探索多元的纠纷化解方式,尤其是对于农村地区,2020年发布的《关于加强法治乡村的意见》就明确提出了在强化乡村司法保障的同时,也要健全乡村矛盾化解和平安建设机制,并促进各种纠纷解决方式的有效衔接,真正做到乡村地区自治、法治与德治相结合。

4. 非诉讼纠纷解决方式

非诉讼纠纷解决方式,又被称为替代性纠纷解决方式。它起源于美国,原来是指20世纪逐步发展起来的各种诉讼外纠纷解决方式,现指对世界各国普遍存在着的、诉讼制度之外的非诉讼纠纷解决程序或机制的总称。[1] 非诉讼纠纷解决方式相较于诉讼方式在程序上更加灵活,当事人可以根据纠纷程度以及自身的情况选择适合的纠纷解决方式;此外,非诉讼纠纷解决方式更加符合我国乡村社会的实际情况,诉讼之外的纠纷解决方式就意味着没有国家强制力保障实施,这虽然在效力方面有所欠缺,但是就其另一方面而言,当事人可以在不违反法律强制性规范的前提下根据具体情况自主确定解决方案,这对于转型期的乡村社会而言,更加尊重纠纷双方或多方当事人的意志会更有利于纠纷的解决,并且能营造更加和谐的社会氛围。同时,在非诉讼纠纷解决方式中,纠纷解决者和当事人之间是平等关系,相比于诉讼中的对抗形式,整个过程和结果都更加平和,不仅有助于纠纷的化解,也能够维

---

[1] 参见范愉:《纠纷解决的理论与实践》,清华大学出版社2007年版,第138页。

持纠纷双方或者多方的友好关系,这在乡村社会中具有重要意义。目前,在我国乡村矛盾纠纷多元化解体系中,主要有和解、仲裁以及人民调解等非诉讼纠纷解决方式。

(1) 和解

和解是旨在通过双方当事人的相互协商和妥协,达成变更实体权利义务的约定,从而使纠纷得以消除的行为。① 和解作为一种传统的乡村解决纠纷的途径,即使在乡村社会结构发生转变的背景下,依然在邻里纠纷以及婚姻家庭纠纷等方面发挥着重要作用。和解是纠纷双方当事人意思自治的充分体现,并按照村规民约、传统道德以及农村习俗等进行协商、达成和解协议的过程。一般认为和解的结果具有民事合同的性质,而不具有法律上的强制执行力。② 但是在以地缘关系以及血缘关系为基础的乡村社会,人们通过协商达成的和解协议往往都能够得到自觉遵守。无论是在传统乡村社会还是在现代乡村社会,受到传统观念、生活范围等主客观因素的限制,在邻里纠纷等场合,和解能够平衡纠纷当事人自身利益的维护以及与其他村民的正常交往。因此,和解是农村社会面临较小纠纷时通常选择的纠纷解决方式。

(2) 仲裁

仲裁,是指纠纷双方在纠纷发生前后达成协议或者根据有关法律规定,将纠纷交给中立的民间组织进行审理,并做出约束纠纷双方的裁决的一种解决纠纷机制。③ 仲裁具有"一裁终局"的效果,在仲裁程序

---

① 参见沈恒斌主编:《多元化纠纷解决机制原理与实务》,厦门大学出版社2005年版,第102页。
② 参见李俊:《社会结构变迁视野下的农村纠纷研究》,中国社会科学出版社2013年版,第274页。
③ 参见李长健、曹俊:《我国农村土地承包纠纷仲裁解决机制的理性思考与制度架构》,《上海师范大学学报》(哲学社会科学版)2008年第4期。

中,倘若一方当事人在达成仲裁协议后拒绝履行应当履行的义务,另一方当事人即可向法院申请强制执行仲裁协议,维护自身权益。随着我国城乡二元体制的逐渐解体,农村经济产业结构也在发生翻天覆地的变化,仲裁在农村社会尤其是经济活动中有了发挥更大作用的现实空间。与和解以及调解等非诉讼纠纷解决方式相比,仲裁更加具有规范性和权威性,仲裁协议具有比人民调解协议更强的法律效力。与诉讼相比,仲裁周期更短,效率相对较高,对于解决农村经济纠纷、土地纠纷等纠纷更具优势。然而,从农村现实情况来看,由于《仲裁法》规定的仲裁范围较为有限,将婚姻、收养、扶养以及继承纠纷排除在外,同时,对仲裁程序、仲裁协议以及仲裁员的选择等对于法律知识具有较高的要求,因此对于大多数农村纠纷而言,仲裁目前仍难以发挥应有的作用。目前仲裁在农村社会主要适用于土地承包等纠纷当中,适用范围有待进一步扩展。

(3) 人民调解

调解,是指由第三者出面,依据一定的道德或法律规范,对发生纠纷的双方当事人进行劝说,使之达成谅解和让步,从而消除争端,改善相互之间关系的一种活动。① 在我国乡村社会,调解具有悠久的历史,我国当前已经从单一的民间调解发展到人民调解、法院调解以及行政调解等多种调解方式并存的调解体系。根据调解主体的不同,现代调解可以分为人民调解、行政调解、诉讼调解、社会调解等多种形式。乡村社会特殊的"半熟人社会"结构以及村规民约、传统道德等制度形式与国家法律共同为乡村调解提供了条件。

---

① 参见谭兵主编:《基层司法工作理论与实务》,西南财经大学出版社1992年版,第1页。

在民间调解方式中,除却亲友调解以及宗族调解等乡村传统的调解方式,人民调解是当前在我国乡村社会矛盾纠纷化解体系中发挥主渠道作用的一种调解方式。从 1954 年人民调解制度的正式建立到 2011 年《人民调解法》的颁布实施,人民调解呈现越发规范化的发展趋势。在遵循自愿原则、平等原则、合法合理原则的前提下,人民调解制度具有低成本、灵活性、高效率的优点。在当前农村社会矛盾纠纷日益复杂,突发性以及群体性纠纷不断产生的大背景下,人民调解作为一种符合我国农村现实情况的解决纠纷的方式,在维护乡村社会稳定方面发挥着巨大的作用。

我国调解制度中还存在着行政调解和司法调解等官方调解形式。与非官方性质的民间调解方式相比,行政调解以及司法调解更加具有权威性,调解过程需要遵循严格的程序。例如在庭审中,经过法官询问,如果有一方当事人不同意进行调解或者未到庭,那么就无法进行司法调解,必须通过诉讼程序定分止争,解决纠纷。虽然《关于加强法治乡村建设的意见》明确要发挥人民调解在化解基层矛盾纠纷中的主渠道作用,但是依然不能忽视行政调解以及司法调解等官方性质调解方式在化解乡村社会矛盾纠纷中的积极作用,法治乡村社会矛盾纠纷多元化解机制需要多种解纷方式各司其职,最大限度地发挥其作用。

(三)乡村矛盾纠纷的类型与特点

随着乡村社会与外界交往的日益密切,乡村矛盾纠纷呈现出新的类型和特点。除了传统乡村矛盾纠纷依然存在外,乡村还出现了诸如土地承包经营权纠纷、拆迁纠纷等具有鲜明时代特色的新型纠纷;其特点主要有纠纷类型与主体多元化、纠纷客体具有复杂性、纠纷数量不断增长等。只有在明晰乡村矛盾纠纷特殊性的基础上,才能更好地把握乡村矛盾纠纷多元化解机制的特点。

1. 乡村矛盾纠纷的类型

农村纠纷本质上和其他领域的纠纷一样,是指居住在特定区域内的农民间的利益对抗状态。① 新中国成立后,尤其是改革开放后,经济社会交往呈现越发频繁、领域不断扩大的特点。乡村社会逐渐由"熟人社会"向"半熟人社会"转变。由此在乡村带来了很多新型的社会矛盾纠纷,这些新型矛盾纠纷与农村传统矛盾纠纷并存,给乡村解决纠纷工作带来了新的挑战。我国乡村传统的纠纷主要包括婚姻家庭纠纷、土地纠纷、债务纠纷、宗族纠纷等,很长一段时间以来,以上纠纷都在乡村矛盾纠纷中占主体地位。新型纠纷则主要包括环境污染纠纷、干群纠纷、拆迁纠纷、劳动纠纷、土地承包经营权纠纷等。由于经济社会的不断发展,传统乡村社会逐渐打破与外界的隔阂,因此产生了与传统纠纷不同的新型乡村矛盾纠纷。同时,随着乡村矛盾纠纷数量不断增多,以及矛盾纠纷具有多元性和复杂性等特点,如果不能及时妥善地处理这些纠纷,很容易激化矛盾,引发群体性纠纷,对于乡村社会的和谐稳定产生负面的消极影响。

2. 乡村矛盾纠纷的特点

第一,纠纷类型与主体多元化。随着城乡二元结构的解体,城乡之间的交往越来越频繁,乡村矛盾纠纷发生的领域逐渐打破了地域的限制,扩展到政治、经济、文化、社会、生态等各个领域,乡村矛盾纠纷开始呈现出多元化的特点。传统乡村社会的婚姻家庭纠纷、邻里纠纷等扩大为村民与用人单位之间的劳资纠纷、经济纠纷甚至环境纠纷等由于

---

① 参见李俊:《社会结构变迁视野下的农村纠纷研究》,中国社会科学出版社2013年版,第160页。

社会的发展以及人员的流动而形成的农村新型矛盾纠纷。同时，随着国家加强了对于乡村治理的重视，国家权力在乡村社会的运行过程中也会与村民的利益发生冲突和碰撞。由此，会发生诸如土地征收征用产生的纠纷、拆迁纠纷、行政纠纷等因公共利益与村民个人利益冲突而引发的纠纷。此外，随着村民权利意识的不断提高，村民对于自身权益由最初的生存权扩展到了名誉权、姓名权等与人格权息息相关的新型纠纷。纠纷类型的多元化也自然会带来纠纷主体的多元化，村民、政府、村民自治组织、企业以及其他社会组织等都有可能成为乡村矛盾纠纷的主体，从而被卷入到纠纷当中去。

第二，纠纷客体具有复杂性。乡村矛盾纠纷随着社会结构的不断变化，在不同的时期呈现不同的特点。1978年改革开放之前，乡村矛盾纠纷与传统乡土社会的纠纷类似。1978年到20世纪90年代，市场经济尚未充分发展，务农依然是农民主要的收入来源，因此此时期的纠纷集中于农业生产与生活上的纠纷。20世纪90年代到21世纪初期，社会主义市场经济体系推动了农村人口的流动，一些传统的纠纷减少，借贷纠纷、劳动纠纷等与经济利益相关的纠纷逐渐变多，乡村矛盾纠纷开始呈现日益复杂的特点。近年来，随着改革开放的深化，利益格局也不断调整，乡村矛盾纠纷更加复杂，由传统的村民内部纠纷扩展为雇佣关系纠纷、环境污染纠纷等新型纠纷，而且往往是多种纠纷交织在一起或者引发新的纠纷，更加剧了纠纷的复杂性。由于现行的乡村矛盾纠纷多元化解机制依然存在一定的问题，乡村矛盾纠纷不能得到妥善解决，往往会造成更为激烈的冲突，容易引发群体性事件。

第三，纠纷数量不断增长。经济的不断发展，利益的加速碰撞，必然会引起乡村社会矛盾纠纷数量的不断增长。2020年《江苏省高级人民法院工作报告》指出：2020年江苏各级法院通过下好源头预防"先手棋"、推动"无讼村(居)"建设、持续开展"法官进网格"活动等举措积极参与基层社会治理,就地参与调处纠纷 25 万余起;并积极发挥人民法庭"前沿阵地"作用,审结案件 26.7 万件。[①] 而这仅仅是法院参与调处、审结的基层纠纷数量。在社会矛盾纠纷化解机制不断完善、各种纠纷解决方式日益协调的制度背景下,以及"无讼"传统观念的影响下,乡村社会总体纠纷数量必然身处高位。传统的婚姻家庭纠纷、邻里纠纷以及赡养抚养纠纷等依然占据着乡村社会矛盾纠纷总体数量中的很大比例。但随着乡村社会结构发生巨大变化,继承、债务、土地、劳资等与经济相关的纠纷数量急剧增加,使得乡村社会矛盾纠纷总体上呈现快速上升的趋势。

二、乡村矛盾纠纷多元化解的实践困境

随着社会不断发展,城乡之间的隔阂越来越小,乡村社会的利益格局发生了前所未有的改变,由此带来了各种新型的矛盾纠纷,乡村矛盾纠纷总体上呈现更加复杂化的特点。当前的乡村矛盾纠纷多元化解机制难以应对所有的矛盾纠纷,在实践当中也会出现多种多样的问题,例如诉源治理能力欠缺、群众诉求表达渠道不通畅、利益协调性不足、诉讼与非诉讼机制衔接不协调、权益保障通道不通畅以及社会矛盾多元预防调处化解不完善等。而乡村矛盾纠纷多元化解过程当中存在的种种问题,会直接影响矛盾纠纷的及时解决,进而不利于营造和谐的乡村社会秩序,难以实现乡村治理体系和治理能力现代化。因此,为了完善乡村矛盾纠纷多元化解机制,在明晰法治现代化和乡村矛盾纠纷的理论逻辑的基础上,我们应结合理论与实际,分析当前乡村矛盾纠纷多元

---

① 参见《江苏省高级人民法院工作报告(2020 年)》,2021 年 1 月 28 日,http://www.jszf.org/bmzc/202101/t20210128_55454.html。

化解的实践困境,再有针对性地研究解决困境的具体路径。

(一)诉源治理能力欠缺

我国目前的乡村矛盾纠纷多元化解机制以"事后化解"为主,缺少从源头上避免矛盾纠纷的意识和机制。2021年中央全面深化改革委员会审议通过了《关于加强诉源治理推动矛盾纠纷源头化解的意见》,其主要内容是坚持和发展新时代"枫桥经验",把非诉讼纠纷解决机制挺在前面,推动更多法治力量向引导和疏导端用力,加强矛盾纠纷源头预防、前端化解、关口把控,完善预防性法律制度,从源头上减少诉讼增量。① 我们要正视当前乡村矛盾纠纷化解中缺少源头治理的问题,寻找解决路径。

1. 缺少源头预防意识

当前,我国全面深化改革进入攻坚期,城乡二元体制的壁垒也逐渐被打破,并且农村地区人口流动加快,各种资金、技术不断涌入,导致当前的乡村矛盾纠纷呈现纠纷主体多元化、利益诉求复杂化、纠纷类型多样化等特点。很多进入诉讼程序的乡村矛盾纠纷往往是由一些小矛盾引起的,由于没有得到村民自治组织、人民调解委员会等前期妥善的预防和处理,最后才由小矛盾变为大纠纷,直至进入诉讼程序。究其原因,还是在于相关部门或组织的工作人员缺乏矛盾纠纷源头预防意识,不能主动地提前介入纠纷。同时,部分地区缺乏对即将或是可能发生的纠纷采取控制举措进而防止纠纷产生或激化的意识,尚未建立完善的社会矛盾预警排查机制。所谓预警排查机制是一种事前行为,致力于通过相应的人员走访或者建立纠纷信息收集平台等方式提早发现矛

---

① 参见《中央深改委今年首次会议专题研究如何从源头化解矛盾纠纷 诉源治理的浙江创新实践》,2021年2月22日,http://www.chinapeace.gov.cn/chinapeace/c100007/2021-02/22/content_12453289.shtml。

盾,力争在矛盾纠纷产生、激化之前将其化解,是一种行之有效的防止纠纷产生、维护社会稳定的机制。而传统的纠纷化解是一种事后行为,在矛盾纠纷产生之后再使用非诉讼纠纷解决机制或者诉讼纠纷解决机制进行解纷工作。相较而言,预防更加有助于从源头上化解纠纷。然而,在广大乡村地区或者较不发达地区,该机制没有受到应有的重视,人们往往关注的是纠纷事后化解,而忽视纠纷产生之前的预防和控制,同时,也缺少专业的纠纷信息收集平台或机构,因此往往会导致纠纷的扩大,在浪费了资源的同时,也不利于乡村矛盾纠纷化解,大大增加了化解纠纷的成本。

2. 非诉讼纠纷解决方式不受重视

伴随着我国社会的不断进步,农民的权利意识和法治观念不断提高,"无讼"的传统思想日渐式微。根据 2021 年最高人民法院工作报告,我国民事诉讼案件以年均 10%的增长速度连续增长 15 年之后才在 2020 年实现首次下降,而 2020 年全国人民法院实现诉前调解 424 万件,同比增长 191%。① 虽然 2020 年我国多元纠纷解决机制取得重大突破,但是无法否认的是广大人民群众,包括农村村民依然将诉讼作为解决纠纷的首选方式,而不是选择人民调解、仲裁等非诉讼解决方式。大量的纠纷涌入了人民法院或者是信访部门等国家机关,这体现了群众对于国家公权力的信任,但是在绝大部分纠纷可以由非诉讼纠纷途径解决的情况下,这会造成我国解决纠纷资源的浪费,也使得司法机关陷入人少案多、执行难以及"案结事不了"的尴尬境地,司法裁判工作不堪重负,出现所谓的"诉讼爆炸"现象。之所以出现这种情况,一方面是因

---

① 参见《数读 2021 年最高人民法院工作报告》,2021 年 3 月 10 日,https://new.qq.com/rain/a/20210310A06EFH00。

为我国社会主义法治化进程不断加快,人们遇事找法的观念越来越强,人民法院在群众心目中的权威性越来越高;另一方面与我国非诉讼纠纷解决机制不够完善有关。我国当前非诉讼纠纷解决机制种类齐全,但是各种非诉途径都存在一定的不足,包括非诉讼途径解决纠纷无法保证独立性以及非诉讼途径缺乏法律效力保障等。同时,人才队伍建设以及资金保障无法得到保证,也制约了我国各种非诉讼纠纷化解方式的发展。此外,当前乡村纠纷日益呈现复杂化的特点,这就需要多种纠纷化解方式共同介入到矛盾纠纷当中,但是目前我国的乡村矛盾纠纷多元化解机制衔接不够协调,降低了解决此类复杂乡村矛盾纠纷的效率。因此,要想真正建立健全社会矛盾纠纷多元化解机制,必须重视非诉讼纠纷化解方式,鼓励村民使用非诉讼纠纷化解方式化解矛盾纠纷,进一步减轻司法机关的压力,增强矛盾纠纷化解效率。

(二) 群众诉求表达渠道不通畅

在化解乡村矛盾纠纷的过程中,村民是否能够及时有效地通过不同的渠道去表达自己的诉求,向有关部门反映自己所面临的问题并得到解决,是进行有效化解的前提条件。在乡村矛盾纠纷解决机制中,往往注重具体的解决纠纷的机制建设,而不在意甚至忽视群众是否有表达诉求的意识和渠道。要完善法治乡村社会矛盾多元化解机制,保障人民群众能够自由地表达诉求是关键一环。当前,群众诉求表达主要存在以下几个方面的问题。

1. 村民诉求表达意识缺位

近年来,随着我国经济社会的不断发展以及法治化进程的不断深化,村民的法律意识逐渐提高,在面临纠纷时,大部分村民都有运用法律解决纠纷的意识。与此同时,受到"无讼"等传统思想观念以及我国乡村"半熟人社会"的特殊社会结构的影响,村民在自身权益受损时也时常会选择"私了"或者"息事宁人"等方式,这表明部分村民在面对乡村矛盾纠纷时依然欠缺诉求表达意识,而且对于乡村社会矛盾纠纷多元化解途径以及机制也缺乏必要的了解。每个村民的受教育程度、综合素质以及社会阅历不同,其诉求表达方式也有差别,因此村民诉求表达呈现不平衡的状态,甚至有部分村民奉行"诉求无用论",在面对乡村矛盾纠纷,由于自身条件的限制以及法制观念淡薄,尤其是与更为强势的群体发生纠纷时,往往习惯于采取非理性的方式来试图解决问题,而不是通过村委会、人民调解组织或者人民法院等表达诉求,解决纠纷。近年来,一些集体上访事件以及群体性事件都表明了村民的诉求表达意识缺位,也从另一个侧面反映了我国目前的诉求表达机制有待进一步完善。

2. 诉求表达渠道不通畅

在我国乡村矛盾纠纷化解过程中,由于缺乏完善的利益诉求表达渠道或者利益诉求表达渠道因为多种原因难以发挥其应有的效果,有时会发生群体性事件。主要原因可归纳为两个方面:一是村民诉求表达方式不规范;二是村民诉求表达渠道不通畅。首先,村民自治组织没有充分发挥作用。村民自治组织作为村民自我管理、自我教育、自我服务的基层自治组织,理应在村民面临乡村矛盾纠纷时采取有效的措施。但实际上,村民自治组织在村民发生矛盾纠纷时由于缺乏专业知识以及部分村干部本着"多一事不如少一事"的思想,往往无法及时有效地充当调停者的角色,导致村民的纠纷无法得到及时解决。加之村民缺乏诉求表达渠道,最终导致村民采用非理性的方式解决纠纷。究其根本,在村民自治组织平时的运行过程中,缺少必要的监督机制,导致不作为现象的发生;同时,村干部没有树立解决纠纷的正确观念,认为村民在发生纠纷时应当通过法律途径解决,避免自己卷入其中,承担责任。其次，我国信访制度有待完善。信访制度是符合我国实际情况的一项制度，尤其是在村民法治意识依然不足的情况下，信访制度对于弱势群体化解矛盾纠纷具有重要的现实意义。然而，在信访制度的实际运行过程中，由于我国缺乏统一的《信访法》或者相应的法律法规对信访进行规制，在基层尤其是在法治观念较为薄弱的地区，信访制度无法充当村民表达诉求、解决问题的有效途径。最后，新闻媒体近年来在发挥监督作用、推动社会进步方面起着重要的作用，尤其是微博、抖音等网络媒体平台的出现，让政府行为更加透明，极大地改进了政府的工作作风。但是，新闻媒体在农村地区的影响力不足，社会也缺少关注乡村矛盾纠纷化解、维护村民利益的社会氛围，导致这些新兴的诉求表达渠道有待进一步完善，其应有的作用有待在农村进一步发挥。

（三）利益协调性不足

乡村矛盾纠纷产生的根本原因是村民的权益受到了损害，因此，在解决乡村矛盾纠纷的过程中，应当注重矛盾纠纷中各个主体之间利益的协调性。《关于加强法治乡村建设的意见》明确提出，在健全乡村矛盾纠纷解决机制的过程中，要畅通和规范群众诉求表达、利益协调、权益保障通道。① 当前，我国乡村社会群体性事件依然时有发生，土地纠纷、干群矛盾等矛盾纠纷是法治乡村建设过程中必须面对和解决的问题。利益协调机制包括民间的利益协调机制与政府之间的利益协调机制、事前的合作机制和事后的纠纷解决机制。② 我国乡村地区利益协调机制依然有待完善。

---

① 参见《中央全面依法治国委员会印发〈关于加强法治乡村建设的意见〉》，2020年3月25日，https://www.moj.gov.cn/pub/sfbgw/zwxxgk/fdzdgknr/fdzdgknrghjh/202210/t20221031_466373.html。

② 参见冉艳辉：《武陵山片区区域协作的利益协调机制研究——以武陵山龙凤经济协作示范区为例》，《中南民族大学学报》（人文社会科学版）2015年第3期。

1. 干群关系紧张

近年来,农村地区干群矛盾逐渐成为各种乡村矛盾纠纷中的焦点问题。第一,干群矛盾主要是由土地纠纷、拆迁纠纷等与公共利益有关的纠纷所引发的,与村民之间的邻里纠纷、家庭纠纷等存在利益上的巨大差别。在基层乡村,尤其是较为偏远的乡村,某些基层干部缺乏妥善处理矛盾纠纷的法治意识和能力,有时会造成较大的矛盾冲突,甚至会演变为群体事件。第二,干群矛盾是村民和村干部或是和政府干部之间的矛盾,双方代表的群体不同,虽然本质利益是一致的,但是在具体实施的过程中很容易由于利益分配不均衡产生矛盾纠纷,影响干群关系,而在干群矛盾中,村民往往处于弱势地位,在利益受损时,由于双方力量的悬殊以及所获得的信息具有单向性,村民难以真正维护其合法权益,最终导致利益受损。

2. 缺乏权力约束及监督机制

相较于诉讼方式,非诉讼纠纷解决方式缺少对于权力的约束以及监督机制,难以真正保证公平公正。在乡村社会,人民调解工作主要由人民调解委员会来进行,而人民调解委员会的成员主要是村干部或者当地有威望的新乡贤。毫无疑问,他们具有定分止争的威望,但是由于没有受过专业的训练以及缺少相应的监督体制,在调解过程中难以避免权钱交易或是偏私于矛盾纠纷中某一方当事人的现象。仲裁以及其他非诉讼纠纷解决方式在实际运行中也会有类似的问题或隐患。化解乡村矛盾纠纷无疑是非诉讼纠纷解决方式的主要目的,但如何在化解纠纷的前提下实现最大限度的公平公正是目前需要正视的问题。非诉讼纠纷解决方式要想真正被村民接受,如何保证最大限度的公平公正也是必须解决的问题。究其根本,还是在于对非诉讼纠纷解决方式的约束和监督机制。在利益面前,缺少监督机制就会滋生腐败的土壤。

如果与村民有关的矛盾纠纷没有得到妥善解决,村民的合法权益没有得到有效维护,那么这些矛盾纠纷依然会进入到司法程序,这不仅浪费了大量的社会资源,也增加了人民法院的负担,非诉讼纠纷解决机制就难以真正在化解乡村矛盾纠纷中得到落实。

(四)诉讼与非诉讼机制衔接不协调

新中国建立以来,尤其是在改革开放后,我国探索和实践出了符合我国国情并具有中国特色的纠纷解决方式。虽然近年来针对不同的纠纷解决方式,国家都试图在立法以及实践等方面进行完善,例如《人民调解法》《仲裁法》等法律法规以及与之相适应的司法解释都对包括诉讼、调解在内的多种纠纷解决进行了较为系统的规定,但一方面,相关的法律大多制定得较早,已经不完全适应今天的社会情况;另一方面,不同的纠纷解决方式之间尚未形成一个良性互动、功能互补、彼此衔接的多元化纠纷解决体系,现实中有时各自为政,效率低下,甚至造成纠纷愈演愈烈。在全面推进依法治国的大背景下,不能仅仅关注诉讼方式,而是要多种纠纷解决方式共同发展。

1. 诉讼与人民调解之间衔接不协调

随着村民的法治意识不断增强,在面对纠纷时,他们通常会选择以诉讼方式来解决。而诉讼作为众多纠纷解决方式中专业性最强、权威性最高的方式,理应成为保障村民权益的最后一道防线。但这并不意味着非诉讼纠纷解决方式没有用武之地,相反,在法治乡村的建设中,我们的目标是将人民调解等非诉讼纠纷解决方式作为主要方式,尤其是发挥人民调解的主渠道作用。《人民调解法》第三十二条和第三十三条规定,当事人就调解协议发生争议的,一方当事人可以向人民法院提起诉讼或者共同向人民法院申请司法确认。该规定赋予了调解协议明确的救济途径,但是没有在调解协议订立时就赋予其充分的法律效力,那么在履行协议的过程中如果再次产生纠纷，就会重新进行诉讼程序，基层人民法院仍要对纠纷进行全面的实质性审查，这无疑造成了司法资源的浪费。长此以往，人民调解制度在人们心中的权威性会不断降低，无论是对村民纠纷的解决还是对基层人民法院的实际工作抑或村民对人民调解制度的信任都会产生负面的影响。

2. 非诉讼纠纷解决方式之间衔接不协调

随着我国社会的不断发展以及乡村社会结构的不断变化，非诉讼纠纷解决方式无论是在制度层面还是内容层面都有着显著的发展。但不可否认的是，相比于诉讼方式，各种非诉讼方式依然有巨大的完善空间，如何让人民群众尤其是农村村民接纳并选择这些纠纷解决方式是社会治理中亟须解决的问题。我国有着多种多样的非诉讼纠纷解决方式，例如调解、仲裁以及和解等，在不同的方式中又可以再进行细分。但正是由于非诉讼方式种类多且制度并不完善，由此产生了诸多问题。与诉讼方式和非诉讼方式之间的问题类似，非诉讼方式之间也存在各自为政的问题，在实际纠纷解决过程中，不同的纠纷解决方式所遵循的规则并不相同，例如仲裁方式受到《仲裁法》规制，而人民调解方式则在受《人民调解法》规制的同时，还要考虑村规民约、传统道德等因素。在农村纠纷日益复杂化及多元化的情况下，不同纠纷解决方式在解决纠纷过程中很可能得出不同甚至矛盾的处理结果，这也会成为妥善化解乡村矛盾纠纷的阻碍。同时，非诉讼纠纷解决方式缺乏统一的规则体系，在人事仲裁以及不同形式的调解中经常造成解决纠纷的冲突与混乱，不利于非诉讼纠纷解决机制体系化、长效化发展势头，也不利于非诉讼纠纷解决机制在农村纠纷解决中发挥应有的作用。

（五）权益保障通道不通畅

在乡村矛盾纠纷多元化解机制中，缺乏保障人民群众尤其是弱势群体权益的相关措施。村民的合法权益不仅仅是指在矛盾纠纷中受损的合法权益,还包括在化解矛盾纠纷过程中的合法权益,后一种合法权益同样需要获得保障。而目前村民在合法权益受损时,往往无法及时有效地获得救济。

1. 法律法规不完善

我国乡村社会正处于转型期,经历着从"熟人社会"向"半熟人社会"过渡的阶段。现行的法律法规与农村的传统道德、社会习惯等存在着较大的矛盾与冲突。当下农村社会的现实结构也不完全与现代法律体系相匹配,乡村社会中还存在一定的内生秩序,同时也在一定程度上存在国家法律对村庄内生秩序强行改造的问题。因此,法律作为一种现代国家的知识话语体系,肯定会给乡村社会带来某种失序。① 这说明在乡村矛盾纠纷多元化解机制的立法层面,不仅仅要通过订立新法来填补立法空白,也要针对乡村社会的矛盾完善已有法律。目前,我国法律体系中虽然有《民事诉讼法》《人民调解法》《仲裁法》以及一系列的司法解释等规范性文件用来规制纠纷的解决,初步建立了矛盾纠纷多元化解的制度框架,但是依然存在着许多问题。首先,在我国法律体系中,缺少一部规制矛盾纠纷多元化解机制的系统性的法律,相关的法律规定散布在《人民调解法》《民事诉讼法》等专门性法律或者司法解释中,这必然会导致在矛盾纠纷化解过程中出现各种方式衔接程度较低的问题。其次,行政裁决等纠纷解决方式立法几乎处于空白状态。通过在"北大法宝"上对行政裁决进行标题搜索,仅找到部门规章4份以及党内法规1份。这就意味着有关行政裁决方式的专门立法为零。事

---

① 参见董磊明、陈柏峰、聂良波:《结构混乱与迎法下乡——河南宋村法律实践的解读》,《中国社会科学》2008年第5期。

实上,行政裁决与其他纠纷解决方式相比,具有针对性更强、程序更简单、效率更高的优势。但是,无法可依的行政裁决显然无法在乡村矛盾纠纷多元化解机制中发挥其应有的作用。再次,《人民调解法》不完善。2010年出台的《人民调解法》从制度层面弥补了在乡村纠纷解决中占主体地位的人民调解无法可依的尴尬局面,明确人民调解制度也是发挥村民自治功能的重要制度之一。虽然有了该法,但是从其生效至今已经过去了十年多的时间,很多条款已经无法适应日新月异的乡村社会的变化。例如,没有规定人民调解制度与其他纠纷解决方式的衔接,仅仅在"调解协议"一章规定在调解协议发生争议时可以向法院提起诉讼以及向法院申请执行等;又如,没有规定人民调解的期限,这也会导致在实际调解过程中出现效率低下等问题。这些问题会导致人民调解在现实中缺乏明确的标准,加之人民调解员素质参差不齐,不利于村民纠纷的解决。最后,在仲裁制度的立法方面,与人民调解制度类似,国家虽然出台了《仲裁法》以及相关司法解释,但是依然有很多的问题有待解决,尤其是针对农村社会的特殊情况,更要因地制宜进行完善。仲裁方式的问题主要有以下几个方面:第一,与村民纠纷化解相关的民事仲裁立法不够完善,与其他纠纷化解方式衔接程度较低;第二,仲裁的受案范围受到限制,在婚姻以及继承等方面无法进行仲裁,而仅限于合同纠纷和财产权益纠纷,这对于村民而言,很大可能会因为不符合受案范围而无法使用仲裁来化解纠纷,极大地降低了仲裁应当发挥的作用。

2. 诉讼纠纷解决方式成本较高

我国乡村民众越来越倾向于通过诉讼方式解决纠纷,这是村民法律意识不断提高,懂得自觉守法、用法的表现。但是,与调解、和解以及仲裁等非诉讼纠纷解决方式相比,诉讼纠纷解决方式需要遵循严格的审理程序,部分案件甚至要数月之久才能结案;相反,非诉纠纷解决机制与村民的联系更加密切,具有成本低、处理方式灵活以及简便易行等特点,能够用更小的成本及时迅速地化解乡村矛盾纠纷。同时,村民在诉讼程序中不仅要承担时间成本,还需要耗费大量的人力、物力,例如需要整理证据材料、寻找代理律师、随时与人民法院联系、询问案件进展等。乡村矛盾纠纷大多是标的额较小的民事纠纷或者是普通的婚姻家庭纠纷、邻里纠纷,高成本的诉讼解决方式虽然更加权威,但无疑会增加村民的负担,也不利于矛盾纠纷的及时解决。此外,在付出了较大经济成本、时间成本以及人力成本的情况下,村民依然要承担诉讼带来的风险,诉讼制度在程序规则设置上的格式化、诉讼程序的复杂性,以及当前长期无法解决的法院"执行难"等问题,未必能够及时充分地解决乡村矛盾纠纷,甚至会产生负面效果。这与化解乡村矛盾纠纷、实现乡村治理体系和治理能力现代化的初衷是相违背的。目前,我国虽然已经完全消灭了绝对贫困,脱贫攻坚取得了完全胜利,但是在诉讼领域依然存在着部分群众难以负担诉讼程序带来的数额较大的诉讼费用的问题,需要采取切实有效的措施来解决这一问题,维护乡村弱势群体的合法权益和诉讼权利。

(六)社会矛盾多元预防调处化解不完善

习近平总书记在 2020 年 3 月考察浙江时指出,"基层是社会和谐稳定的基础。要完善社会矛盾纠纷多元预防调处化解综合机制,把党员、干部下访和群众上访结合起来,把群众矛盾纠纷调处化解工作规范起来,让老百姓遇到问题能有地方'找个说法',切实把矛盾解决在萌芽状态、化解在基层"①。所谓社会矛盾纠纷多元预防调处化解,就是通过

---

① 《习近平在浙江考察时强调:统筹推进疫情防控和经济社会发展工作 奋力实现今年经济社会发展目标任务》,《人民日报》2020 年 4 月 2 日。

多元主体的工作把矛盾纠纷化解在基层。但是在矛盾纠纷化解中,由于城乡资源失衡以及难以实现现有资源有效整合等原因,乡村社会难以真正做到社会矛盾纠纷多元预防调处。

1. 人民调解的主渠道作用有待加强

《关于加强法治乡村建设的意见》明确提出要发挥人民调解在农村矛盾纠纷解决中的主渠道作用,然而从现实情况来看,人民调解在农村纠纷解决中不但没有发挥应有的主渠道作用,反而有日渐弱化的趋势。究其原因,首先,随着近年来城市化进程的不断加快,农村地区人口流动越来越频繁且主要呈现流出的态势,我国传统的"熟人社会"逐渐解体,村民之间的凝聚力下降,由此必然导致村民自治组织在村民心目中的权威性大幅度降低,以人民调解委员会为主体的农村人民调解机制必然会受到消极影响,无法有效发挥其解决纠纷的作用。其次,人民调解协议效力欠缺。虽然我国《人民调解法》已经实施了十多年,但是人民调解协议依然是"准合同"性质,缺乏法律上的强制执行力,在人民调解协议履行时产生纠纷,依然要通过诉讼方式解决。因此,村民在诉讼和人民调解中往往会选择以诉讼方式来解决纠纷。《人民调解法》通过赋予矛盾双方当事人以针对人民调解协议申请法院进行司法确认的权利,在一定程度上给予了调解强制执行力,但是这种类型的强制执行力的效力来源仍然是间接的,而不是直接来自人民调解协议本身。再次,随着城乡二元体制的逐渐解体,乡村社会也逐渐融入了市场经济的大潮,村民早已不是"面朝黄土背朝天"的生活状态。由此产生的纠纷日益复杂化,纠纷种类也更加多元化,除传统的邻里纠纷及家事纠纷外,环境纠纷、交通事故纠纷等新型纠纷越来越多,在当前的农村人民调解缺乏专业人才和资金保障的情况下,人民调解委员会的主要成员依然是村"两委"人员以及新乡贤等,不可否认其在解决纠纷、开展调解的过程中有着独特的优势,他们可以利用自己在人缘、地缘等方面的优势把大量矛盾纠纷化解在萌芽阶段。但是面对日益多元的纠纷形式,没有法律知识以及其他专业技能作为支撑,人民调解员已经很难满足纠纷当事人对于解决纠纷的专业化要求。最后,宣传不到位。人民调解虽然在制度层面有专门的法律规范性文件《人民调解法》进行规制,多个主管部门也都在强调要发挥人民调解的主渠道作用,但是在现实中,由于宣传不到位,很多村民甚至不知道村委会中有人民调解委员会的存在,在产生矛盾纠纷时,往往采用自行和解或是诉讼的方式解决纠纷,造成了在很多地方人民调解制度功能弱化,甚至"名存实亡"。

事实上,人民调解工作在很多地方早已如火如荼地开展起来了。如苏州市早在2018年就在苏州市域范围内建立了4515个人民调解组织,人民调解委员会覆盖了全市2058个村(社区),有超过1.2万余名人民调解员活跃在基层矛盾纠纷调解的第一线;同时创新调解方式,2009—2019年间通过人民调解的方式化解矛盾纠纷约90万件。① 但是,我们也要看到,对于大部分地区尤其是乡村地区,人民调解制度依然有很大的完善空间,我们要在学习先进经验的基础上,结合本地区的实际情况,积极完善本地区的人民调解制度,为解决乡村矛盾纠纷提供助力。

2. 解纷主体衔接需加强

乡村矛盾纠纷多元化解机制的衔接不仅仅是各种矛盾纠纷化解方式的衔接,还包括各个化解纠纷的主体之间的衔接。在目前的机制之下,虽然各种纠纷解决方式健全,但是不同的解纷方式属于不同部门的

---

① 参见《在源头化解矛盾纠纷,22人获评苏州市最美人民调解员》,2019年1月17日,https://baijiahao.baidu.com/s?id=1622878065822352077&wfr=spider&for=pc。

职责,随着矛盾纠纷日益复杂化、多元化,单一的解纷方式时常无法一次性地化解矛盾解纷;一些解纷方式在面对土地纠纷、干群纠纷等特殊类型的纠纷缺少权威性,不具备单独化解纠纷的实际效果。一些地区缺乏社会治理方式的精细化设计,仅局限于"铺摊子""搭架子",只求有没有,不注重实际效果。① 如果不能实现资源的有效整合,那么各自为政、缺少沟通和配合等问题就无法得到解决。长此以往,不仅无法实现社会矛盾多元预防调处,而且浪费了社会资源,无益于乡村矛盾纠纷的化解,甚至会产生更加负面的效果。

三、乡村矛盾纠纷多元化解机制

通过对乡村矛盾纠纷多元化解机制实践困境的研究,我们应当在法治现代化视域下,结合《关于加强法治乡村建设的意见》,以构建诉源治理机制、群众诉求表达机制、利益协调机制、调诉衔接与仲诉衔接机制、权益保障机制、社会矛盾多元预防调处化解综合机制等具体机制为切入点,提出完善乡村矛盾纠纷多元化解机制的路径。

(一)推进诉源治理机制建设

诉源治理,就是将诉讼案件从源头上化解,包括诉讼外部的化解和诉讼内部的化解。② 诉源治理坚持把非诉讼纠纷解决机制挺在前面,追求案件纠纷的诉外化解,有效地向当事人传达一种信号,即司法是处理纠纷的"最后一道防线"而非"第一道防线",进而有效化解纠纷,充分整合司法资源。③

---

① 参见赵文艳:《以标准化方式完善纠纷多元预防调处化解综合机制》,《理论视野》2019年第12期。
② 参见周苏湘:《法院诉源治理的异化风险与预防——基于功能主义的研究视域》,《华中科技大学学报》(社会科学版)2020年第1期。
③ 参见侯国跃、刘玖林:《乡村振兴视阈下诉源治理的正当基础及实践路径》,《河南社会科学》2021年第2期。

1. 加强乡村矛盾纠纷源头预防

预防乡村社会矛盾纠纷不是由人民法院主导的,更不是人民法院一家的事情。应当推动形成"党委政府主导、部门各司其职、多元协同参与、城乡社区自治、司法推动保障"的工作格局,构建平台机制共建、矛盾纠纷共治、公平正义共享的诉源治理格局。① 推进诉源治理,必须做到依靠党委政府,调动基层组织和群众力量,加强矛盾纠纷的源头治理,不断健全党组织领导的自治、法治、德治相结合的基层治理体系,使纠纷化于未发、止于未诉。

村民自治组织应当与法院密切合作,推进乡村自治、法治、德治不断发展。首先,积极培育乡村诉源治理自治力量,村民自治组织在法院的指导下,落实自我管理、自我监督、矛盾管理自我预防工作;同时积极提高人民调解工作的能力和水平,使乡村纠纷化解在源头。其次,加强普法教育,推进乡村法治建设。通过巡回审判、普法宣传等活动,提高村民法治意识,引导村民在法治的轨道上参与村庄管理、生活以及解决纠纷。最后,引导乡村德治建设。宣扬"无讼"传统,挖掘本村的优良传统文化,并推广法治乡村、和谐社会等政策或目标的内涵以及重要意义,以此增强村民认同感和责任感。

2. 非诉纠纷解决机制前置

我国的乡村社会矛盾纠纷多元化解机制经过多年的发展,已经形成了包括和解、调解、仲裁、行政复议、行政裁决、诉讼等在内的类型多样、有效衔接的较为成熟的体系。习近平总书记在 2019 年中央政法工

---

① 参见四川省成都市中级人民法院课题组:《内外共治:成都法院推进"诉源治理"的新路径》,《法律适用》2019 年第 19 期。

作会议上提出:"把非诉讼纠纷解决机制挺在前面。"①"诉讼"与"非诉"作为解决矛盾纠纷的两大手段,应当在基层治理中充分发挥作用,尤其是在以"半熟人社会"为特征的乡村地区,更应该重视非诉讼纠纷解决机制的现实作用。

非诉讼纠纷解决机制前置,就是要整合多样化的纠纷解决资源,加强多元化纠纷解决体系性建设。同时,也要增强体系内各方式的联动性,《关于加强法治乡村建设的意见》明确提出要"整合矛盾纠纷化解资源力量,促进调解、仲裁、行政裁决、行政复议、诉讼等有机衔接"②。探索诉讼与调解、仲裁等解决纠纷方式的衔接,既要发挥非诉讼纠纷解决方式的独特作用,也要注重人民法院对于人民调解员、仲裁员等群体在劳动争议、邻里纠纷、家庭纠纷等领域的业务指导,强化非诉讼纠纷解决机制的有效性和专业性。同时,人民法院应加强司法确认工作。通过司法确认强化调解协议、仲裁协议的法律效力,避免非诉讼纠纷解决方式流于形式。

3. 法院裁判终局

诉源治理机制要想真正在乡村矛盾纠纷化解中发挥切实有效的作用,不仅要注重纠纷源头的预防以及通过非诉讼纠纷解决机制来减少进入审判程序的案件数量,同样需要完善的还有法院司法裁判工作,要充分发挥司法裁判在乡村社会矛盾纠纷化解中的终局作用。司法是定分止争的"最后一道防线"。在源头预防无效、非诉讼纠纷解决机制无

---

① 习近平:《完整准确全面贯彻新发展理念 发挥改革在构建新发展格局中关键作用》,《人民日报》2021 年 2 月 20 日。
② 《中央全面依法治国委员会印发〈关于加强法治乡村建设的意见〉》,2020 年 3 月 25 日,https://www.moj.gov.cn/pub/sfbgw/zwxxgk/fdzdgknr/fdzdgknrghjh/202210/t20221031_466373.html。

法解决纠纷的情况下,就必须充分发挥司法裁判的作用,充分提升司法裁判的可信度和权威性。

首先,贯彻落实立案登记制度。在诉源治理机制下,对于无法通过非诉纠纷解决方式解决的矛盾纠纷或者纠纷当事人坚持通过诉讼方式解决纠纷的情况,各级人民法院应当依法对符合受理条件的起诉,严格落实立案登记制,确保有案必立,充分保障当事人的诉讼权利。杜绝机械执行诉源治理或有案不立、推诿立案以及强制调解等情况的发生。① 其次,强化依法裁判能力和效率。由于乡村矛盾纠纷相对而言较为简单,标的额较小,因此,对于进入诉讼程序的乡村矛盾纠纷,在保证公平公正的前提下应积极引导当事人适用民事简易程序或者特别程序实现快速审理,这样既提升了效率,也有利于化解矛盾纠纷。同时,各级法院应主动通过"繁简分流"进行高效裁判,努力让当事人用最短的时间、最低的成本化解矛盾纠纷。最后,应加强裁判文书说理,完善案例指导制度。司法裁判的意义不仅在于定分止争,还在于其具有指引、教育以及预测等作用,人民法院应通过司法裁判在解决纠纷的同时,增强村民的法治意识、规则意识,为进一步推动乡村矛盾纠纷化解发挥积极作用。

(二) 畅通和规范群众诉求表达机制

畅通和规范群众诉求表达机制,其目的就是当人民群众尤其是弱势群体在自身利益受损或者发生矛盾纠纷时,可以合法合理地通过有效渠道表达出自己的诉求,进而弥补损失,解决纠纷。完善诉求表达机制一方面应提高村民主体意识,积极维护自身权益;另一方面应建立形

---

① 参见《浙江高院关于进一步推进诉源治理工作的意见》,2020年6月24日,https://www.thepaper.cn/newsDetail_forward_7986676。

式多样的诉求表达渠道,尤其是要完善信访工作机制。

1. 提高村民主体意识

第一,广大村民要增强维权意识。当村民的合法权益受损时,无论是村民之间的矛盾纠纷,还是由外部原因引起的矛盾纠纷,村民们都应当通过村委会或调解组织化解矛盾,维护自身合法权益。《法治中国建设规划(2020—2025)》以及《关于加强法治乡村建设的意见》等文件都表明,国家鼓励和支持村民依法解决纠纷,因此,必须引导村民提高诉求表达意识,进而用法律手段或者其他适当的手段化解矛盾纠纷,维护合法权益。第二,村民应提高诉求表达能力。诉求表达机制是乡村矛盾纠纷多元化解机制的重要组成部分,对于村民尤其是没有较高文化水平的中老年村民而言,由于法律意识淡薄,对于社会矛盾纠纷多元化解机制的认识不够充分,往往无法正确地表达自己的诉求。因此,在农村地区应当加强普法力度,尤其是对于矛盾纠纷化解机制的宣传,营造一个学法、守法、懂法、用法的良好氛围;同时,村干部尤其是承担人民调解职责的村干部应担负起自己的责任,在化解纠纷的同时加强宣传工作,鼓励大家通过调解、仲裁以及诉讼等多种方式化解矛盾纠纷,为村民的纠纷解决诉求表达提供多样化的渠道。

2. 建立形式多样的诉求表达渠道

建立健全村民自治组织以及人民调解委员会的利益诉求渠道,让村民的利益诉求尽量在村内得到解决。培育规范化的民间组织,拓宽村民诉求渠道。同时要建立具有针对性的法律援助体系,为纠纷中处于弱势地位的村民提供法律援助,通过降低诉讼费、派遣公益律师、简化司法程序等方式帮助村民表达诉求,化解纠纷。另外,应当宣传动员人民调解组织以及仲裁委等部门积极地帮助村民表达利益诉求,给予他们必要的人力、物力支持,形成一个广泛的协助村民利益诉求工作的网络。

3. 完善信访工作机制

信访作为我国基层人民群众的一种特殊诉求表达方式,依然具有不可取代的现实意义。习近平总书记提出:"把党员、干部下访和群众上访结合起来,把群众矛盾纠纷调处化解工作规范起来,让老百姓遇到问题能有地方'找个说法',切实把矛盾解决在萌芽状态、化解在基层。"①要想切实有效地发挥信访工作机制在基层人民群众诉求表达中的作用,必须将信访工作与我国基层尤其是乡村实际相结合。第一,应从法律制度层面对于信访进行规制,明确信访部门、信访途径以及信访受理、处理的全过程,通过法律规制进一步加强信访在化解乡村矛盾纠纷中的重要作用,形成具有更强公信力的信访体系。第二,广大党员、干部要重视信访工作,将信访重心下移,到村民当中主动接访,了解村民的需求,及时化解基层矛盾纠纷。第三,发挥新闻媒体监督职责。村民目前在社会中依然处于较为弱势的地位,在诉求表达机制依然不够完善的情况下,媒体应当充分发挥作用,积极作为,通过自身的影响力为村民发声,维护他们的合法权益。第四,充分运用现代科技手段强化诉讼表达机制。信访部门、检察院以及法院等负责解决纠纷的职能部门应当充分运用资源,综合运用网上信访平台、远程视频接访系统以及官方网站意见征求意见平台等现代化科技手段便利村民诉求表达,及时处理村民反映的具体问题,确保老百姓遇到问题有地方反馈,让群众少跑路,促进及时解决问题,化解矛盾。

(三)建立利益协调机制

利益协调机制是指在社会系统变化中协调不同利益主体之间相互

---

① 《习近平在浙江考察时强调:统筹推进疫情防控和经济社会发展工作 奋力实现今年经济社会发展目标任务》,《人民日报》2020年4月2日。

关系的组织、制度和发挥其功能的作用方式。①《关于加强法治乡村建设的意见》中提出的主要任务涉及利益协调的概念,表明了在法治乡村建设中,尤其是在乡村矛盾纠纷化解过程中要重视利益协调机制的建立与完善。作为一个社会学概念,利益协调机制正是以中国目前利益矛盾与冲突多发为社会背景。社会转型、利益分化、治理危机的叠加,使当今中国处于一个利益矛盾和冲突的多发期。② 在乡村矛盾纠纷日益复杂化、多元化的今天,完善利益协调机制对于化解乡村矛盾纠纷具有重要的理论与实践价值。

1. 建立利益引导机制

由于我国乡村特殊的社会结构,加之乡村治理体系依然有待完善,村民们在面对纠纷时经常不知道应当如何化解,尤其是非诉讼纠纷解决方式在乡村更加难以发挥效果。因此,应建立利益引导机制,积极引导和帮助乡村群众了解自己真正的利益诉求,并选择合适的解决纠纷,满足利益的方式。这不仅有利于协调人民群众的利益,妥善化解矛盾纠纷,而且也有利于社会的稳定,对完善利益协调机制、建设乡村矛盾纠纷多元化解机制具有重要意义。

首先,政府应当发挥对社会主义核心价值观的引导作用。这不仅要求政府在制定政策、化解纠纷的过程中,运用法治理念,将公平公正贯穿于全过程,让社会主义核心价值观深入人心;同时,也要加强宣传引导,通过大众舆论的力量以及先进典型的事例,进一步扩大影响力。其次,政府应在乡村社会加强法治宣传教育,更多开展普法工作。政府有必要让村民及时了解现行的法律法规,知晓法律法规所保护的合法

---

① 参见陈敏昭、晋一:《论利益协调机制的重构》,《现代经济探讨》2007年第4期。
② 参见景跃进:《演化中的利益协调机制:挑战与前景》,《江苏行政学院学报》2011年第4期。

利益以及哪些行为属于侵犯他人和社会、国家的利益的违法行为;引导村民在面临矛盾纠纷时使用包括诉讼以及非诉讼方式在内的多种合法方式维护自身权益;引导和规范解决纠纷机构,例如人民调解委员会、仲裁委员会等机构严格依法履行职责,切实维护村民合法权益,及时有效化解乡村矛盾纠纷。

2. 建立利益约束机制

在化解乡村矛盾纠纷过程中建立利益约束机制,其主要目的就是预防在解决纠纷的过程中出现违法违规、失职渎职甚至贪污腐败等行为,更加全面地维护人民群众尤其是农村弱势群体的利益。在我国现行的乡村矛盾纠纷多元化解机制中,介入到纠纷中的解纷人员往往处于优势地位,为了使解决矛盾纠纷的过程更加公平公正,必须加强对解纷群体的约束,同时也要完善监督机制的建设。

首先,加强管理和约束。政府部门应当充分履行职责,充分践行以人民为中心的理念。对于人民调解以及仲裁等由村委会或者社会组织主导的纠纷解决方式,要建立专门的管理机构。管理的目的不在于对其进行直接干预,而是要保障上述方式能够在化解乡村矛盾纠纷中发挥应有的作用。而对于行政仲裁这类政府部门介入的纠纷解决方式,应当完善行政复议制度,对于国家机关工作人员滥用职权、失职、渎职等违法违规现象,及时做出处理,回应群众关切,必要时,纪委部门应及时介入。对于诉讼方式,民事诉讼中的一审、二审制度以及再审制度能够充分保障人民群众的合法权益,但是对于诉前调解等活动,法院也要加强监督,避免出现权钱交易等现象,一旦发现违规行为,应及时介入诉讼方式,妥善维护群众利益。其次,完善监督机制。利益监督机制要想真正落到实处,实现应有的效果,就必须建立健全社会监督机制。无论在利用诉讼方式还是非诉讼方式解决矛盾纠纷的过程中,人民群众的合法权益得到充分保障都是应有之义。应该充分发挥人民群众的积极性,建立完善的社会监督举报途径。对于诉讼方式当中遇到的知法犯法、以权谋私的行为,以及行政仲裁等有行政部门介入的矛盾纠纷解决方式中出现的违法违纪、有失公平的行为,纪委监委应当设置专门的举报热线,并优先解决涉及乡村群众的事项。对于其他非诉讼纠纷解决方式,也应当设置贴近人民群众的监督举报方式,鼓励村民对矛盾纠纷化解过程中的违法违规行为进行及时举报,保障最广大人民群众的根本利益。同时,也要发挥新闻媒体的作用,通过新闻媒体的积极作为,可以更加迅速、有效地解决问题,维护人民群众的合法权益。

3. 建立利益补偿机制

乡村矛盾纠纷的范围不仅仅在村民之间,还包含了土地纠纷、拆迁纠纷、干群纠纷等涉及公共利益与村民个人利益的纠纷。面对这些纠纷,应当建立完善的利益补偿机制,保障村民尤其是弱势群体的合法权益。由于信息的不对称性,在面临土地征收等为了实现公共利益而牺牲个人利益的情况时,如果不能进行合理的补偿,那么就可能引起矛盾纠纷,甚至会激化为群体事件。因此,要稳定乡村社会秩序,更加稳妥地推进法治乡村建设工作,利益补偿机制不可或缺。

首先,利益补偿机制应当由每个地方的政府主导建立。保障村民的合法权益是遵循以人民为中心的发展理念和实现乡村振兴的宏伟战略目标的应有之义。政府应当加强制度性保障体系建设,为弱势群体提供必要的保障。例如,政府在征收集体土地的过程中,应当在提高土地征收费用标准的同时,对于失地农民开展更为多样的补偿措施,保障村民生活,避免矛盾纠纷的发生;同时,政府应当积极购买公共法律服务,并引入旨在保障弱势群体的社会组织,在村民面临纠纷时为他们提供帮助。进一步扩大法律援助体系建设,强化乡镇司法所的职能,为村民合法权益保驾护航。其次,应当及时了解并充分把握乡村矛盾纠纷中利益受损者的状态。通过及时沟通,了解村民的诉求,以多种手段进行调控和疏导。在矛盾纠纷已经产生的情况下,把握"疏大于堵"的处理原则,积极沟通,运用利益补偿机制最大限度地化解村民利益与公共利益的矛盾。

(四)加强调诉衔接与仲诉衔接机制

要想乡村矛盾纠纷多元化解机制真正发挥作用,各种具体的纠纷化解方式必须在纠纷化解中发挥应有的效果。当前,诉讼、人民调解、仲裁等纠纷化解方式在我国乡村矛盾纠纷化解机制中缺乏有效的衔接,使得人民调解、仲裁存在效力不足等方面的缺陷。要想解决这一问题,必须加强调诉衔接以及仲诉衔接机制建设,使得各种纠纷化解方式在体系中发挥最大作用。

1. 加强调解与诉讼的衔接

在以"熟人社会"或"半熟人社会"为背景的我国广大农村地区,在血缘关系、地缘关系的影响下,"以和为贵"的思想依然是村民们处理纠纷的核心思想。因此,人民调解等调解方式依然有着很大的群众基础,在解决乡村纠纷中有很大的用武之地。《关于加强法治乡村建设的意见》也明确指出了要加强基层人民法院和人民法庭对人民调解工作的指导,完善基层人民调解组织网络。①

在实践层面,基层人民法院应当发挥其作用。首先,基层人民法院作为解决纠纷的国家机关,具有权威性和专业性,相较于人民调解员具有更加丰富的纠纷处理经验以及专业知识。因此,基层人民法院在做

---

① 参见《中央全面依法治国委员会印发〈关于加强法治乡村建设的意见〉》,2020年3月25日,https://www.moj.gov.cn/pub/sfbgw/zwxxgk/fdzdgknr/fdzdgknrghjh/202210/t20221031_466373.html。

好本职工作的同时,应当强化自身的社会责任。积极与人民调解组织中的人民调解员开展交流与培训活动,通过定期的培训来提升人民调解员解决纠纷的能力,努力把纠纷化解在基层。基层人民法院可以通过合法程序聘任人民调解员。人民调解员通过参与司法调解和诉讼,增加专业知识,在实践中提升调解能力,运用法律思维并结合乡村实际情况开展人民调解工作,极大减轻了基层人民法院的负担,也使得乡村矛盾纠纷多元化解机制更加协调。

其次,建立完善诉前"调诉衔接"机制。当前,在实际的法院工作中,大多会在诉讼前进行调解,但是调解工作是由法官来完成的,虽然法官有着充分的调解经验,但是当前法院"案多人少"的现实情况表明,法院诉前调解并没有达到很好的效果。同时,在这一过程中也极大耗费了司法资源,基层人民法院的法官更加力不从心。因此,可以将诉前调解机制与人民调解衔接,倘若权利与义务关系较为简单和明确,那么可以在纠纷当事人自愿的前提下,交由人民调解委员会进行调解;如果纠纷当事人无法达成共识,再由法院转入诉讼程序。这样既可以充分发挥人民调解的作用,也可以减轻基层人民法院的工作压力。

2. 加强仲裁与诉讼的衔接

仲裁作为一种重要的纠纷解决方式,在我国农村地区的运用并不广泛,很多村民甚至不知道仲裁方式的存在。这与仲裁强制力不足以及运用范围不广泛不无关系。事实上,虽然在抚养、继承等方面无法进行仲裁,但是《农村土地承包经营纠纷调解仲裁法》以及《劳动争议调解仲裁法》等法律规范性文件表明,相关部门正在采取有效的措施,通过立法以及完善司法解释等措施,拓宽涉农领域仲裁范围,仲裁对于劳动争议案件的解决可以发挥重要作用,这对于农民工的合法权益保障具有重要的意义。应通过积极宣传让村民对仲裁方式有更多了解,同时,应积极加强仲裁与诉讼的衔接,增强其效力。根据《中华人民共和国仲裁法》的规定,在仲裁中也可以自行达成和解协议或者仲裁庭可以先行调解。① 在仲裁中,对于较为复杂以及影响力较大的涉农纠纷,可以充分发挥调解的作用。基层人民法院通过提前介入调解程序,配合仲裁员对纠纷当事人进行调解,了解纠纷的前后经过,并通过法律和情理等多方面进行调解,争取妥善解决并达成调解协议,最大限度避免矛盾纠纷进入诉讼程序。同时,在仲裁程序完成后进入诉讼程序的纠纷,在纠纷当事人没有提出新的诉求的情况下,对于已经由仲裁机构查明并依法确认的事实和证据,只要没有违反《仲裁法》《民事诉讼法》等法律的规定,人民法院应当依法采纳这些事实和证据,将审查的重点放在依然存在争议的裁判焦点上。对于确认仲裁协议效力案件,在没有违反仲裁程序的情况下,法院应当对于仲裁协议积极予以确认,保证仲裁协议的有效性并依法赋予强制执行力。

(五) 构建权益保障机制

乡村矛盾纠纷多元化解机制的意义并不仅仅在于化解矛盾纠纷,更在于推进乡村依法治理,实现乡村治理体系和治理能力现代化。在这一过程中,应将保障当事村民权益放在突出位置,国家和政府应当不断完善涉农立法,尤其是有关乡村矛盾纠纷化解领域的法律法规,保障村民在遇到矛盾纠纷时有法可依,在法律的框架下充分维护自身权益,妥善化解矛盾纠纷;同时,进一步建立健全法律援助制度,为没有专业知识或者生活困难的弱势群体及时提供法律援助,保障弱势群体利益。

1. 完善立法

完善与乡村矛盾纠纷多元化解机制相关的法律法规,既是化解乡

---

① 《中华人民共和国仲裁法》第四十九及五十一条。

村矛盾纠纷的重要前提,也是依法治国、建设社会主义法治国家的应有之义。我国尤其是乡村社会具有独特的社会特征,在制定法律时应充分考虑到乡村社会的实际情况,重视法律与村规民约、传统社会道德以及乡村风俗习惯相适应;在制定法律前应进行充分调研,了解近年来乡村矛盾纠纷的类型、解决方式以及困境等,有的放矢制定相关规范性文件;同时,要注重学习国外先进的多元化纠纷立法经验,借鉴和吸收与我国国情相适应的部分,使之更好地服务于"法治乡村"建设。

在完善立法的过程中,首先,应加强立法顶层设计。由于我国农村地区占比很大,不同地方的风俗习惯和传统道德等也各有特色,因此,在立法时可以采取循序渐进的策略:第一,在地方开展试点,通过地方规章或者法律来规制本区域内的农村地区纠纷解决机制。厦门市早在2015年即出台了《厦门经济特区多元化纠纷解决机制促进条例》,①该条例是全国第一部以规制矛盾纠纷多元化解为立法目的的地方性法规。该条例对于纠纷解决的各部门职能分工、途径、方式等都做出了明确规定,开辟了此项立法在全国的先河,并取得了不错的效果。其他省市可以以此为蓝本,并结合各地实际,尤其是农村地区的现实情况,针对和解、调解、仲裁、复议等程序具体实施情况及其衔接开展立法工作,从而规范各类民间调解组织及仲裁组织的解决纠纷能力,加强对多元化纠纷解决机制的保障,通过地方立法加强人民群众对多元化纠纷解决方式尤其是非诉讼纠纷方式的信心。第二,在地方试点取得突破之后,为了保持法律的稳定性、可预测性,也为了法律更加符合我国实际情况,应采取《人民调解法》的制定模式,即在现有的法律框架下,对社

---

① 参见李明哲:《多元化纠纷解决机制的地方立法探索——以厦门为样本》,《法律适用》2015年第7期。

会矛盾纠纷多元化解机制下尚未立法或立法不完善的各种纠纷解决方式单独立法，后续通过修改法律以及出台司法解释的形式进行完善。第三，在地方试点工作取得突破，乡村社会矛盾纠纷多元化解机制运行更加稳定时，再由全国人大常委会制定一部符合我国基层矛盾纠纷化解现实的全国性法律，由此形成规制社会矛盾纠纷多元化解机制的完整法律体系。

其次，在具体立法层面，主要是针对规制不同纠纷解决方式的法律进行细化和完善。第一，调解制度的立法与完善。我国目前已经制定了《人民调解法》，但是针对其他调解方式，比如行政调解、法院诉前调解等，仅仅根据《民事诉讼法》或者由最高人民法院出台司法解释进行规制，缺乏明确的法律来保障。因此：(1)应针对法院诉前调解、行政调解等形式制定专门的法律或形成一部更加全面的调解法；(2)通过完善立法工作加强《人民调解法》及与其他调解形式有关的规范性法律文件同《民事诉讼法》《仲裁法》等法律的衔接；(3)通过立法提高调解协议的效力，并根据我国社会经济发展情况扩大涉农领域调解的范围，例如随着互联网的不断发展，涉农领域的互联网纠纷也越来越多，亟须扩大调解范围，化解与互联网相关的矛盾纠纷。第二，仲裁的立法与完善。《仲裁法》第三条即通过排除列举的方式将婚姻、继承等纠纷排除在了仲裁的范围之外，而这些纠纷往往是乡村社会较为常见的纠纷。因此：(1)应对仲裁范围进行适当调整，将乡村社会发生频率较多的纠纷列入仲裁范围；(2)在加强仲裁与诉讼等纠纷解决方式衔接的同时，也要提高仲裁的独立性，避免过多受制于诉讼方式，增强仲裁方式的终局效力；(3)应提高仲裁协议的法律效力，优化执行层面与诉讼的衔接。第三，行政调解的立法与完善。应通过立法明确行政调解的效力、方式和调解人员等具体性规定，并赋予行政调解协议一定的法律效力以及明确的救济方式。通过具体细致的法律明文规定,保证行政调解包括其他行政机关介入的解纷方式程序更加规范,过程及内容更加权威,能够更加有效地在化解乡村社会矛盾纠纷过程中发挥作用。

2. 保障村民诉讼权益

乡村矛盾纠纷多元化解机制必须保证惠及每一位村民,即使是在乡村中处于弱势地位的贫困村民或者老年群体,也应当确保他们能够行使自己的诉讼权利,为他们提供平等的司法保护。为此,应通过一定的制度性安排维护全体村民合法的诉讼权益。首先,加强乡镇司法所的建设。目前,我国各乡镇都设置了乡镇司法所,司法所的工作人员也受过法律专业训练,他们长期扎根基层,熟悉村民矛盾纠纷的现状以及在纠纷解决中所遇到的法律问题等,对于村民的法律问题可以做出更为迅速的反应。应当加强对乡镇司法所工作人员的培训,完善乡镇司法所工作职责并建立相应的工作考核机制,引导工作人员主动介入乡村矛盾纠纷中,为广大村民尤其是弱势群体提供专业的法律咨询。通过乡镇司法所的主动作为,可以有效地避免乡村矛盾纠纷的激化,为村民通过诉讼方式解决问题奠定了基础。其次,培养面向乡村的公益律师队伍。执业律师是法律援助的主力军,相比较而言,在城市社区中,我国的法律援助制度更加完善,通常会有值班律师在司法局等指定地点为需要帮助的群众提供必要的帮助。在化解乡村矛盾纠纷过程中,也要充分调动律师的积极性,建立值班制度,定期定点地在农村为弱势群体提供法律咨询等服务。人民法院也应密切加强与司法局和当地律师协会的协作,对于村民当中的弱势群体在诉讼前应指派公益律师进行帮助,充分维护该群体的合法权益,将援助律师拓展到民事领域当中去。最后,保障农村法律援助的专项经费。不同级别的政府部门都应当加大对农村法律援助资金政策的倾斜力度,增加法律援助经费的专项划拨,按照不同地区的不同标准,设立最低经费标准,充分保障村民在诉讼以及其他纠纷解决方式过程当中的合法利益。

(六)完善社会矛盾多元预防调处化解综合机制

党的十九届四中全会明确提出:"完善正确处理新形势下人民内部矛盾有效机制。坚持和发展新时代'枫桥经验',畅通和规范群众诉求表达、利益协调、权益保障通道,完善信访制度,完善人民调解、行政调解、司法调解联动工作体系,健全社会心理服务体系和危机干预机制,完善社会矛盾纠纷多元预防调处化解综合机制,努力将矛盾化解在基层。"[①]以上重要表述对于化解乡村矛盾纠纷具有重要的理论及现实意义,对于健全乡村矛盾纠纷多元化解机制具有指向性作用。在 2021 年这一中国共产党建党一百周年的重要节点上,我国取得了脱贫攻坚的全面胜利,下一步乡村工作的重点是实现乡村振兴。在这一过程中,必然会有更多的矛盾纠纷,乡村纠纷也会呈现出更加复杂、多元的特点。解纷工作应当更加注重"疏堵结合","事后解纷"虽然可以取得一定的效果,但也要注重"事前预防",避免激化矛盾,扩大影响。因此,建立健全社会矛盾纠纷调处化解综合机制势在必行。

1. 坚持和发展新时代"枫桥经验"

习近平总书记多次提到"枫桥经验"对于基层社会治理的重要作用。在化解乡村矛盾纠纷、构建社会矛盾多元预防调处化解综合机制的过程中,我们要学习好并发展好新时代"枫桥经验","小事不出村,大事不出镇,矛盾不上交,就地化解"[②],这就是"枫桥经验"数十年来的经

---

① 中共中央党史和文献研究院编:《十九大以来重要文献选编》(中),中央文献出版社 2021 年版,第 287 页。
② 何柏生:《作为先进典型的"枫桥经验"及其当代价值》,《法律科学》(西北政法大学学报)2018 年第 6 期。

验总结和成果展示，也是健全乡村矛盾纠纷多元化解机制的主要任务和目标。

新时代的"枫桥经验"可以从如下两个方面进行考察和研究。第一，坚持和完善"四前工作法"。"四前工作法"的核心内容包括组织建设走在工作前、预测工作走在预防前、预防工作走在调解前、调解工作走在激化前。[①]"四前工作法"对于化解乡村矛盾纠纷具有很强的借鉴意义。首先，组织建设走在工作前。在工作之前做好组织建设工作，充分发挥基层党组织的核心作用以及相关部门和社会组织在乡村矛盾纠纷化解中的重要作用。其次，预测工作走在预防前。在社会矛盾多元预防调处化解综合机制的建设过程中，政府部门以及村"两委"应当根据每个自然村的不同情况，科学合理地对潜在的纠纷进行评估和预测，有针对性地开展后续的预防调处工作。再次，预防工作走在调解前。应开展源头治理，预防与教育工作并重，通过提前教育重点对象，及时发现纠纷势头，将乡村矛盾纠纷的预防工作做实、做牢、做细。最后，调解工作走在激化前。《关于加强法治乡村建设的意见》明确提出，要加强人民调解在乡村矛盾纠纷化解中的主渠道作用。[②]应进一步强化人民调解制度化建设，赋予人民调解协议充分的法律效力，让人民调解制度在化解乡村矛盾纠纷中真正发挥主渠道作用。第二，在化解乡村矛盾纠纷过程中也要积极采取行政调解、诉前调解等多样化调解方式，多途径有效避免乡村矛盾纠纷的激化，缓和乡村社会矛盾。

---

① 参见谌洪果：《"枫桥经验"与中国特色的法治生成模式》，《法律科学》（西北政法大学学报）2009年第1期。
② 参见《中央全面依法治国委员会印发〈关于加强法治乡村建设的意见〉》，2020年3月25日，https://www.moj.gov.cn/pub/sfbgw/zwxxgk/fdzdgknr/fdzdgknrghjh/202210/t20221031_466373.html。

2. 发挥人民调解的主渠道作用

人民调解不仅是乡村最重要的纠纷解决方式之一，同时也是村民自治的重要组成部分，应得到各级政府以及乡村社会的高度重视。各级人民调解委员会和其他公益性调解组织等要增强自身使命感，发挥人民调解在农村矛盾纠纷化解中的主渠道作用，不断提高业务能力，努力提升乡村地区人民调解的质量和效率。

要想使人民调解在化解乡村矛盾纠纷中发挥主渠道作用，应当对症施策，精准下药。首先，规范乡村人民调解制度，为人民调解能够真正发挥主渠道作用提供制度性保障。第一，规范调解程序。人民调解的程序设计既不同于诉讼程序，也和仲裁程序有很大区别。人民调解是一种在纠纷当事人自愿、合法的前提下进行的民间性、自治性的纠纷解决方式。《人民调解法》在第四章对于调解程序做出了规定，但是大多是原则性的规定，尤其对于乡村人民调解而言，需要从受理、调查、调解、回访等多个步骤做出具体详细的规定，使乡村人民调解有章可循，便于操作，进而提升乡村人民调解的效率和公信力。第二，规范调解方法。人民调解是通过劝说、斡旋以及协商等方式进行解决纠纷的，相较于诉讼以及仲裁等其他方式，人民调解是以一种柔性的力量在乡村社会结合法律、村规民约、传统习俗等多方面因素来形成纠纷当事人都可以接受的解决方法。因此，在实际调解中，要注重"情理法"的结合，在平等自愿等原则的基础上，既要发挥"田间地头"等传统调解方式的优势，也要根据法律、村规民约的相关规定进行调解，做出纠纷双方都可以接受的调解结果，真正做到于情于理于法都契合。

其次，强化人民调解协议效力。人民调解协议是乡村矛盾纠纷得到解决的最显著标志，也是人民调解制度所要达成的最终目标的直接成果。人民调解协议规范与否关系到人民调解制度能否在农村长效化地运行下去,也关系到人民群众对人民调解制度的信心,因此规范人民调解协议具有重要的现实意义。人民调解协议是否具有较强的法律效力,是乡村群众在面临纠纷时,能够选择人民调解方式化解纠纷的最重要考量因素之一。我国现行的《人民调解法》尚未充分赋予人民调解协议完全且有效的法律效力,这自然与我国人民调解制度的现状息息相关,但我们必须认识到效力不足问题正成为制约人民调解发挥应有作用,尤其是化解乡村矛盾纠纷的主渠道作用的重要因素。因此,提高人民调解协议的效力,赋予其一定的强制执行力,对于推动人民调解协议在乡村的广泛运用和制度自身的完善都具有重要的意义。如同前文所叙述的那样,《人民调解法》规定矛盾纠纷双方当事人有向人民法院申请强制执行的权利,但这是一种间接的强制执行,效力并非来自人民调解协议自身。我国基层尤其是农村地区的人民调解员专业素质仍有待提升,同时也缺乏必要的监督机制,因此,尚不能直接赋予人民调解协议以完全的强制执行力。但是这样就割裂了人民调解与诉讼的衔接机制,也不利于乡村矛盾纠纷的解决。因此,人民法院在接受纠纷当事人强制执行人民调解协议的申请时,可以采取形式审查与实质审查相结合的方式对人民调解协议进行司法审查,根据是否能够提供相应的事实依据,开展不同形式的司法审查工作。即当出现纠纷一方当事人不履行人民调解协议的情况时,另一方当事人则可以依据《人民调解法》的有关规定向人民法院申请司法审查。此时人民法院可以分为两种情况开展司法审查工作:第一,要求另一方当事人在规定的时间内进行答辩,提供相应证据证明人民调解协议存在违法违规或其他无法履行人民调解协议的情形。第二,如果另一方当事人无法提供有效证据,则人民法院只进行形式审查,在审查符合强制执行标准并且不损害他人、集体以及社会的利益时,则赋予其强制执行力;相反,如果另一方当事人提供了有效证据或其他证明文件,人民法院则进行实质审查,进入一般的诉讼程序中解决纠纷。在完善人民调解协议效力的基础上,还可以有其他一系列的制度对人民调解协议的有效履行提供保障,如加强与其他纠纷解决方式的衔接、建立人民调解员追责制度等。通过一系列的改革与制度建设,人民调解协议一定会更加规范,人民调解制度在农村也会取得更蓬勃的发展。同时,也可以给人民调解协议设定一定期限的异议期,充分保障乡村矛盾纠纷中各纠纷主体的合法权益。

3. 建立社会矛盾纠纷调处化解中心

政府要求把党员干部下访与群众上访结合起来,并且老百姓要有地方解决矛盾纠纷。同时,随着经济社会的不断发展,乡村社会的矛盾纠纷也呈现多元化、复杂化的特点,仅仅依靠人民调解来实现社会矛盾多元预防调处化解显得力不从心。因此,需要建立各部门联合解决纠纷的工作模式,让预防调处矛盾纠纷更加专业化,也让村民有一个可以解决问题的场所。建立社会矛盾纠纷调处中心对于完善社会矛盾多元预防调处化解综合机制,努力将矛盾化解在基层,具有重要现实意义。

作为主要面向乡村的工作机构,其基本架构应当向广大乡村地区倾斜。应建立县、乡、村三级社会矛盾纠纷调处化解中心。首先,县级部门应该在县委县政府的牵头下,由纪委监委、公安局、法院、检察院以及信访局等单位派遣人员常驻,及时受理来访群众的问题,对于所涉问题和纠纷早预防、早介入;并将所涉的不同问题转交给不同职责的单位处理,通过多个部门的共同努力,力争将矛盾纠纷化解于萌芽之中。同时,应当建立领导干部值班制度,开辟村民与相关部门领导直接对话的途径,对于较为棘手的问题,第一时间做出协调和应对。县级社会矛盾纠纷调处机制主要处理的是乡镇以及自然村无法解决的较为专业的问题,更重要的是开辟村民上访与干部接访的衔接通道。在这一过程中,领导干部可以充分听取信访村民的具体意见,同时对于涉及多部门职责的,可以及时与相关部门进行联合接访,通过积极地协调与指挥,及时处理村民诉求;对于涉及多部门的信访事项,可以在社会矛盾纠纷调处化解中心的框架下,调动各方力量,推动息诉息访,进一步促进乡村矛盾纠纷化解。其次,建立乡镇社会矛盾纠纷调处化解中心。在领导干部主动接待处理群众上访的基础上,不断落实"巡回接访"制度,领导干部应当深入基层,切实了解乡村矛盾纠纷调处实际情况,将信访重心不断下移,主动下访,推进乡村矛盾纠纷及时就地解决。最后,落实和强化村级社会矛盾纠纷调处化解中心。以村"两委"以及人民调解委员会为主体,充分发挥基层党组织在乡村生活中的引领作用以及人民调解制度的主渠道作用,及时发现并化解村民的矛盾纠纷。

改革开放四十多年来,我国乡村发生了翻天覆地的变化,农村社会秩序与经济结构发生了根本性变革。同时,我国乡村治理体系和治理能力不断完善,自治、法治与德治相辅相成、相得益彰。随着"半熟人社会"的到来,传统的乡村矛盾纠纷化解机制无论在制度层面还是实际运行层面都无法满足农村利益主体多元化、矛盾纠纷复杂化的现实情况,因此需要将原有的解决纠纷资源进行整合及有效衔接,在法治现代化视域下建立切实可行的乡村矛盾纠纷多元化解机制。在我国乡村,构建和完善矛盾纠纷多元化解机制具有重要的现实意义,同时也面临着很多具体的问题,例如缺少源头预防意识、群众诉求表达渠道不通畅、利益协调性不足、诉讼与非诉讼机制衔接不协调、缺乏完善保障以及社会矛盾多元预防调处化解不完善等。我们要在《关于加强法治乡村建设的意见》的指导下,有针对性地研究具体的机制来解决这些问题,具体来看:应当构建诉源治理机制、群众诉求表达机制、利益协调机制、调诉衔接与仲诉衔接机制、权益保障机制、社会矛盾多元预防调处化解综合机制等多项具体机制,通过机制建设,力图完善乡村矛盾纠纷多元化解机制的具体机制路径。乡村矛盾纠纷多元化解机制是"共建共治共享"社会治理制度在基层乡村纠纷领域的具体体现,充分践行了自治、法治与德治相结合的基本原则,对于构建包容性法治社会、实现乡村振兴具有重大的理论和现实意义。

四、精细化治理:一个民主法治示范村的实践逻辑

(一)新时代法治乡村建设的理论分析

1. 新时代法治乡村建设的相关概念

(1)"法治"与"新时代法治乡村建设"

在新时代全面依法治国战略背景下,我国的法治实际上是由"依法治国"的治国方略和"平等、自由、民主"等原则、价值和精神共同构成的,法治需要建立在特定的原则基础上,依据制定的法律规范和机制,落实到国家治理上。法治化是在治国理政中践行法治价值理念,实现依法治理、规范治理的目标,更是在追求法治目标的过程中推进治理制度化、程序化、规范化。[①] 法治建设则是指治理主体在掌握法治思维的基础上运用法治方式治理国家的系统化建设。从范畴上来看,在中国特色法治建设道路上,包括法治中国、法治政府、法治乡村建设;从内容上来看,则包括立法、执法、司法、守法等多个领域。

党的十八大以来,中国特色社会主义进入新时代,也意味着中国进入新的发展阶段。2018年中央一号文件上,中共中央首次提出了"建设法治乡村"的概念。这一创新概念,涵盖了党领导全面依法治国在乡村

---

① 参见姜彦君、姜学成:《地方先行法治化的内涵探索》,《学习与探索》2010年第1期。

工作中的思想结晶。这一创设性举措,意味着我国法治建设道路的重点已经向农村转移,旨在化解农村矛盾,解决农村问题,维护村民权益。《关于加强法治乡村建设的意见》更是直接刻画了我国法治乡村的风貌:基本建成一个乡村法治可信赖、权利有保障、义务必履行、道德得遵守,乡风文明达到新高度,乡村社会和谐稳定开创新局面的新时代法治乡村。随着全面依法治国和乡村振兴战略的推进,我国对法治乡村建设的要求也在不断发展。在中国特色社会主义法治道路上,新时代的法治乡村建设被赋予了时代新内涵,不再是以往"送法下乡"的形式化延续,而是新时代党和国家统筹全局、兼顾长远的战略规划。[①] 新时代法治乡村建设,包含诸多要素:治理规范、治理主体、治理实践过程、治理环境、治理成效等。新时代法治乡村建设要深刻把握好保障乡村振兴、构建乡村治理体系的时代背景,处理好《关于加强法治乡村建设的意见》规划的九项重要任务,破解乡村治理法治难题和发展困境,推进法治建设成果有效,助力乡村振兴。

(2)"精细化"与"精细化治理"

"精细化"是一种企业管理理念,来源于20世纪50年代的西方国家,其含义包括精确、细致和规范等。这种管理理念的出现,主要是因为随着社会分工的不断细化,以及服务精度的不断提高,原先那种粗放的管理方式已经无法满足高效能的要求,高效率、高质量、精细化的管理理念因而成为企业和现代工业的管理新思想。精细化管理,通过系统细化规则,结合程序化、标准化、数据化和信息化的运营手段,让各组织各单元能够持续高效运行,这背后所展现的是一种兼具效率和效益

---

① 参见陶泽飞、杨宗科:《新时代乡村法治建设的核心命题及路径重构》,《郑州大学学报》(哲学社会科学版)2021年第4期。

的经济理性。① 新公共管理理论认为,"精细化管理"的实质就是通过规范化、程序化、标准化、信息化的手段,要求每一个环节都尽可能地精细,从而形成一个完美的管理系统,降低企业成本,提升企业效率。② 自20世纪80年代以来,"精与细"逐渐被应用到行政领域。随着管理模式的改革,政府管理以绩效为导向,在目标设定、部门构建、权责分配等方面进行更为详尽的设置和安排,其目的是构建更高效、准确的组织结构体系,以降低运营成本,提高工作效率。政府精细化管理的内涵主要包括过程细节化、手段专业化、效果精益化和成本精算化等方面,其主要特征是"精、细、准、严"。

精细化管理理念虽然发端于企业的管理理念,但是随着社会的发展,其在社会上的功能展现会越来越明显,也会受到越来越多的重视。就像赫伯特·斯宾塞所言,社会是一个日益分化的有机体,随着规模的增长,结构也会变得愈加复杂和分化;结构的分化伴随着功能的分化,进一步带来了社会分工的精细化。③ 社会分工的细化会推动社会不断提高专业化程度,也进一步对社会治理的效能提出了新的更高要求。党的十八届五中全会提出了"构建全民共建共享的社会治理格局",并且认为"精细化"是社会治理的核心面向。引入精细化理念与原则,意味着要利用更低的成本和更专业的治理手段,实现更优质、更注重细节和更人性化的治理效果。具体而言,即按照精益、精确、细致、严格的原则,采用标准化、科学化、规范化、人性化的思路,实现社会治理理念、制

---

① 参见司汉武:《知识、技术与精细社会》,中国社会科学出版社2014年版,第30—31页。
② 参见王阳:《从"精细化管理"到"精准化治理"——以上海市社会治理改革方案为例》,《新视野》2016年第1期。
③ 参见〔美〕乔纳森·H. 特纳:《社会学理论的结构》(第7版),邱泽奇、张茂元等译,华夏出版社2006年版,第23页。

度、手段和技术的精细化,从而实现社会治理活动的全方位覆盖、全过程监管和高效能运作。①

2. 新时代法治乡村精细化建设的理论工具

(1) 以实现乡村治理现代化为愿景的治理目标论

乡村治理是国家治理关键的组成部分,乡村治理现代化则成为实现国家治理现代化目标不可或缺的一环。在《关于加强法治乡村建设的意见》中,中共中央、国务院明确表示,到2035年,要基本实现乡村治理体系和治理能力现代化。习近平总书记指出:"农村现代化既包括'物'的现代化,也包括'人'的现代化,还包括乡村治理体系和治理能力的现代化。"②在新时代,法治乡村建设是推动乡村治理现代化的基础工程和重要手段。我们应利用国家在推进治理体系和治理能力现代化方面的发展机遇,将法治乡村建设延伸至更广泛和更深入的领域,以推动乡村基层治理的现代化发展。

(2) 以人民为中心的治理主体论

习近平总书记在全国脱贫攻坚总结表彰大会上指出:"坚持把解决好'三农'问题作为全党工作重中之重,坚持农业农村优先发展,走中国特色社会主义乡村振兴道路。"③乡村振兴,关键在人。历史也已经证明,人民群众是历史的创造者,只有坚持人民的主体地位,才能推进乡村振兴的有效实施。乡村振兴作为解决"三农"问题的重要战略部署,要始终坚持以人民为中心的治理思想,充分调动广大人民群众的积极性和主动性。习近平总书记也多次强调要重视村民的主体地位,维护

---

① 参见陆志孟、于立平:《提升社会治理精细化水平的目标导向与路径分析》,《领导科学》2014年第9期。

② 习近平:《把乡村振兴战略作为新时代"三农"工作总抓手》,《求是》2019年第11期。

③ 习近平:《在全国脱贫攻坚总结表彰大会上的讲话》,《人民日报》2021年2月26日。

村民的合法权益。忽视人民群众的力量，则无法取得乡村治理的实效，也无法推动乡村社会的进步，更无法实现乡村振兴战略的目标。因此，法治乡村建设作为乡村振兴的基础工作，一切为了村民，也必须依靠广大村民参与，建设的成果也应当由村民检验。

(3) 自治、法治、德治相结合的治理道路论

党的十九大明确提出加强农村基层基础工作，健全自治、法治、德治相结合的乡村治理体系。在新时代乡村治理制度体系构建中，"三治"有着各自的角色：自治是核心，代表政治方向；法治是保障，强调依法治理；德治是导向，侧重于民主行为。乡村民主自治必须跟随全面依法治国的方向，遵循党的领导这一根本原则，在这一政治方向的领导下，坚持和完善乡村基层群众自治制度，强化基层民主化建设，是乡村治理的核心内容。法治是国家长治久安的必要因素，更是乡村治理和乡村振兴的保障，只有通过法治的引领和规范，才能筑牢乡村自治的基础，才能更有效地推进法治乡村建设。法治乡村的建设离不开"以德治国"的建设理念，"法治"和"德治"的有机统一在法治中国建设体系中就已经展现得淋漓尽致，法治乡村建设亦是如此。只有将中国传统美德和社会主义核心价值观融入法治乡村建设过程中，才能让法治理念更加充满活力，深入人心，传承久远。

(4) 以加强基层党组织建设为核心的治理保障论

"火车跑得快，全靠车头带。"习近平总书记多次对基层党组织工作做出重要论述。在党的二十大报告中，他就指出要"抓党建促乡村振兴"，"把基层党组织建设成为有效实现党的领导的坚强战斗堡垒"。2023年的中央一号文件也再次强调要"强化农村基层党组织政治功能和组织功能"，"坚持以党建引领乡村治理"。只有持续推进基层党组织建设，强化基层党组织的核心地位，提升基层党组织的组织力，突出政

治功能,提升基层党组织战斗力和凝聚力,才能推进党组织领导的乡村治理体系和治理能力现代化建设迈上新台阶。因此,在法治乡村建设中,只有充分发挥基层党组织的核心作用和堡垒作用,才能让广大村民的生活更有保障。

(5) 以精细化治理为核心的智慧治理论

党的十九大报告提出,要"加强和创新社会治理","提高社会治理社会化、法治化、智能化、专业化水平","为建设网络强国、数字中国和智慧社会提供有力支撑"。"十四五"规划提出,要"加快建设数字经济、数字社会、数字政府,以数字化转型整体驱动生产方式、生活方式和治理方式变革"。

智慧治理就是充分利用大数据,将现代数字技术与多元社会参与相结合,实现社会治理智慧化。美国学者法雷尔曾指出:"如果个人在互联网上的交往活动能被系统地捕捉到,那么我们就可以有史以来第一次对非正式沟通的流向、观点在不同社会群体之间的传播以及隐藏在沟通之下的实际网络结构进行观察或做出合理的判断。"[1]正是由于大数据赋予了社会治理者对某事物进行深度挖掘与多维分析的能力,它将推动社会治理由传统的粗放型向精细化转变。由于精细化治理"精、准、细、严"的原则,可以说,基于大数据的应用精细化治理,为最大程度地降低政府治理成本、提升政府治理质量并且以最为精确、有效的方式满足社会公众的公共服务需求提供了保障,因此它也成为智慧治理的本质内涵。[2]

---

[1] 转引自苑雪:《大数据时代网络社会管理中的政府行为模式创新》,《广东行政学院学报》2013年第4期。

[2] 参见张海柱、宋佳玲:《走向智慧治理:大数据时代政府治理模式的变革》,《中共济南市委党校学报》2015年第4期。

(二) 沿湖全国民主法治示范村的精细化生活 *

1. 沿湖村简介

沿湖村地处扬州市邗江区的东北角,地处邵伯湖西岸,是扬州市唯一的纯渔民居住的行政村。人民公社时期沿湖村曾被称为黄珏大队,大队内有红光养殖场。1985年改为板河村、桥口村,保留红光养殖场,增设渔业乡养殖场。1998年5月因实行乡镇体制改革,合并为沿湖村。合并时村里几乎没有集体收入来源,渔民人均年收入不足3000元。

目前,沿湖村东邻邵伯湖,南与合玉村毗邻,西与庙头村以板桥为界,北与兴湾村接壤。现有村民420户,共1600余人。沿湖村村内陆地面积0.8平方千米,拥有外湖水面12万多亩,内湖水面2600多亩,大小船只1000多条,特色水产精品养殖1.3万亩。2022年全村接待旅游团队400多个,旅游人数达30万人次,旅游收入达2800万元,村集体收入达246万元,渔民人均年收入从10年前的不足6000元增加到3.5万元。沿湖村在向生态旅游乡村转变过程中,以"渔""隐"为主题,将生态与渔产业、渔文化结合起来进行产业结构调整,在利用渔文化旅游品牌综合开发的先发优势下,打造都市生活外的"世外桃源",成为"最美乡村"。同时,沿湖村将法治建设与乡村产业发展深度融合,持续推进法治乡村建设,以法治保障之力夯实最美渔村共富根基。2021年,沿湖村被评选为第八批"全国民主法治示范村(社区)"。

2. 选取沿湖村作为分析案例的原因

历史上沿湖村的渔民一直贫穷落后,被外界称为"渔花子"。"呆男不娶渔家女,傻女不嫁渔家汉"的顺口溜曾是旧沿湖村面貌的真实写

---

* 本部分的写作基于课题组研究团队成员多次赴扬州市邗江区沿湖村调研,通过查阅档案资料、走访、问卷等方式获得的相关资料和信息。

照。渔民一家几代人同挤一条渔船,船上载有网、叉等捕鱼用具,装有柴米油盐等生活用品,该村在教育、医疗、卫生等各方面条件都十分落后。

土地问题一直是农村发展和治理的核心问题,如何整竣土地,帮助渔民上岸,成为沿湖村发展面临的第一道难题。2007年开始,沿湖村在政府政策支持和村集体收入投入下进行了第一轮渔民上岸定居工作,通过铲荒坡、填洼地,平整了100多亩荒地,以"时间换空间"的办法,建成渔家小楼130幢,每户建筑面积205平方米,即新渔小区。渔民集中居住区是镇、村统一规划下的村庄,村庄布局匀称、环境优美,公共设施配套齐全。伴随着土地整竣和新渔小区的落成,渔民上岸工作初步完成。

解决了渔民上岸和土地问题之后,如何促使传统渔业养殖和捕捞产业转型升级,增加渔民收入,成为沿湖村发展面临的新问题。近年来,该村利用毗邻邵伯湖的自然优势,坚持发展渔业特色产业,不断壮大村级集体经济。在乡村发展中,沿湖村走出了发展渔业特色乡村旅游的新路。

沿湖村充分发挥法治在乡村治理过程中的作用,立足乡村实际,因地制宜,精细化治理实践,通过加强基层党组织建设,引领基层社会治理,促进发展基层民主;建立村民治事三大制度,制定村规民约,加强法治宣传;打造"乡贤工作室""渔家学堂",弘扬社会道德,激发群众热情,鼓励民众参与,积极推进和践行法治乡村建设,逐渐发掘出引领村庄建设发展的"红色密码",凝练出支撑村庄发展的"沿湖道路",成为"全国民主法治示范村"。沿湖村的治理实践,既充分体现了乡村振兴战略的任务和目标,其实践路径也充分彰显了自身的村庄文化和历史底蕴,具有可参考性和复制性。因此,笔者选取沿湖村作为法治乡村建设精细化研究的个案代表。

3. 沿湖村精细化治理的探索与成效

(1) 加强基层党组织领导,发挥示范治理精细效能

充分发挥农村基层党组织的核心领导作用。"党支部的领导核心作用主要通过提出议案和建议、党员代表在村代会中发挥主导作用来体现。"[①]沿湖村村民多为来自本地以及山东、安徽、山西等地的渔民,这使得村民的人口结构复杂且分散,而且渔民们习惯于四海漂泊,拥有极为自由的个性。因此,党支部管理村民变得非常困难。为了解决这一问题,沿湖村灵活运用渔家传统中的"帮"概念,科学地划分出每个片区,并在每个片区设立了党支部和片长。当村民出现矛盾纠纷时,首先由所在片区的党支部进行调解,如果无法解决,再由村党支部进行调解。这种精细化的组织结构,将"帮"变成了片,党支部组织的覆盖面扩大,不仅能够及时解决村民的需求和问题,而且还能提高党组织的工作效率和管理能力。

提升农村基层党组织法治化治理水平。沿湖村党组织一直致力于推动农村经济社会发展和农村改革不断深入,并帮助农村、农业实现现代化,帮助村民过上小康生活。为此,它们提供了各种服务,例如政策咨询、学习培训、信息提供、解决纠纷、协调矛盾和法律咨询等,以便更好地履行责任。同样,沿湖村党组织一直坚持以需求为导向,努力提高组织力,满足村民的需求。"我们知道村民在想什么,村民知道我们在做什么"一直是该村党组织的工作理念。

以创新农村党建方式引领法治乡村建设。沿湖村党组织进一步拓

---

① 颜婧:《新时代乡村治理中农村基层党组织法治化问题研究》,江苏大学 2020 年硕士学位论文。

展了党的思想理论宣传的范围,打破了仅限于党支部内部的局限。通过创新宣传平台,并采用多种渠道和形式,生动活泼地使党的思想理论深入人心、宣传落实到位。同时,沿湖村党组织还实行了党员分类管理、积分考核,在全村党员家庭户开展"挂牌亮户"活动,成立"党群创业互助会"和党员"生态保护志愿者"组织,评选"党员示范户",唤醒党员身份意识;邀请党员创业示范户分享特色菜、舞蹈、礼仪相关知识,更好地发挥党员的先锋模范作用,帮助群众创业致富。

(2)完善村民自治机制,促进民主治理精细分工

在乡村社会,权力、威势虽然有时候能够解决问题,但是效果不尽如人意。早在2004年,沿湖村还是"一穷二乱人心散",全村共1620人,仅有76亩地,家家户户只能蜗居在船上,靠捕捞湖里的鱼蟹勉强糊口,村集体还欠了20万元外债。沿湖村几年前发生的"水泥砖事件"令该村认识到村委解决问题的方法应转变。沿湖村由于鱼塘回收时利益分配出现了问题,个别村民心中不平衡,其中有户宅基地靠近村口的人家故意将旧房子拆下的水泥砖等杂物都堆在村头附近,影响村子的面貌。村主任对此曾多次"把人劈头盖脸数落一顿",导致村民对村主任的评价不高,认为对方"把自己当个官了"。"水泥砖事件"发生后,因"劝说"无果,村主任就带着村委会的两名成员将该废旧材料全部搬走,第二天却发现,所有的废弃材料又都堆积在了村口边上,村民摆明态度要和村主任对着干。

为了解决问题,村支书提出了"还权于民"的口号,推行村民代表会议、村民代表监督、全体党员审议这三项民主机制。在沿湖村的日常管理中,形成了以"两委"班子的领导为核心,以村民代表制度、党员审议制度以及村务监督三大制度为支撑的村务管理体制,所有大小事宜均由村民代表投票表决。这三项民主制度的推行结束了沿湖村混乱的局

面。具体而言,村民代表议事制度即村民在特定范围内根据自己的意愿选择村民代表;党员审议制度即村内的党员对于村内事务进行审议;村务监督则是监事会监督村委会、村民代表做出涉及村庄共同利益的决定。由村民自主推选而出的村民代表,因其自身具备的学识、能力、品格成了村民的"发言人",加上村民代表与村民的接触更多,因此,对于村民代表,村民是非常认可的。在这一系列制度的运行中,村民的自主意识被激发了出来,村庄也形成了良好的内生秩序。沿湖村在基层自治中形成了支部是核心、书记是带头人、村干部是服务员、村民是主人翁的自我管理模式(见图1)。

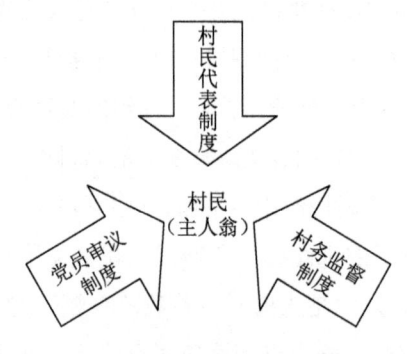

图1 沿湖村三项组织工作制度

沿湖村采用村民代表议事、村民代表监督和全体党员审议这三种组织民主管理工作模式,成为全区的样板(见图2)。此举在强化基层权力行使的监督方面,实现了对村委会和党组织的参与式、社会化、网络化和巡查式的监督,从而确保了基层权力行使的效益,实现了村务的"还权于民"。此外,这一举措还成功解决了村内历史遗留的矛盾,制定了发展规划,贯彻了相关惠民政策,写就连续14年无重大矛盾和群众上访发生的纪录。该举措对党组织嵌入社会组织的方式和内容做出了

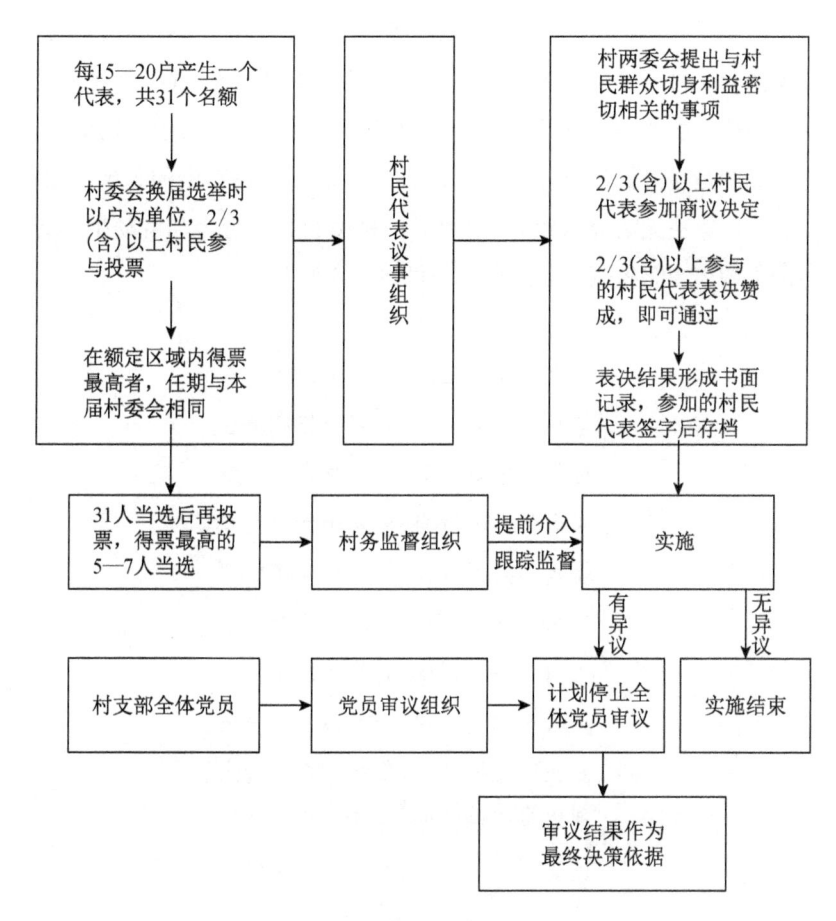

第三章 包容性法治社会实现机制(二):制度构建

```
┌─────────────┐                          ┌──────────────┐
│每15—20户产生一个│                      │村两委会提出与村│
│代表,共31个名额│                        │民群众切身利益密│
└─────┬───────┘                          │切相关的事项   │
      │          ┌────┐                  └──────┬───────┘
┌─────┴───────┐  │村  │                         │
│村委会换届选举时│ │民  │                  ┌──────┴───────┐
│以户为单位,2/3 │→│代  │→                 │2/3(含)以上村民│
│(含)以上村民参  │ │表  │                  │代表参加商议决定│
│与投票         │ │议  │                  └──────┬───────┘
└─────┬───────┘  │事  │                         │
      │          │组  │                  ┌──────┴───────┐
┌─────┴───────┐  │织  │                  │2/3(含)以上参与│
│在额定区域内得票│ │    │                  │的村民代表表决赞│
│最高者,任期与本 │ │    │                  │成,即可通过    │
│届村委会相同   │  └────┘                  └──────┬───────┘
└─────────────┘                                  │
                                          ┌──────┴───────┐
                                          │表决结果形成书面│
                                          │记录,参加的村民│
                                          │代表签字后存档 │
                                          └──────────────┘

┌─────────────┐   ┌──────────┐  提前介入   ┌──────┐
│31人当选后再投 │   │          │  跟踪监督  │      │
│票,得票最高的 │→ │村务监督组织│─────────→│ 实施 │
│5—7人当选     │   │          │            │      │
└─────────────┘   └──────────┘            └──┬─┬─┘
                                          有异议│ │无异议
┌──────────┐   ┌──────────┐   ┌──────────┐   │ │  ┌────────┐
│村支部全体党员│→│党员审议组织│→│计划停止全 │←─┘ └→│实施结束│
│          │   │          │   │体党员审议 │       └────────┘
└──────────┘   └──────────┘   └─────┬────┘
                                    │
                              ┌─────┴────┐
                              │审议结果作为│
                              │最终决策依据│
                              └──────────┘
```

图2 沿湖村村务监督工作流程

重大贡献,为其他乡村提供了宝贵的成功经验。

(3) 依法制定村规民约,推进民间规范精准约束

村规民约是村民根据《村民委员会组织法》的授权召开村民会议制定的一种规章制度。村规民约集合了党和国家的方针政策以及法律法规,在村民的集体意愿下,往往融合了长久以来村民潜移默化形成的行

为准则、道德准则等社会规范,以此维护本村的社会秩序、社会公德、村风民俗等。村规民约与国家法所组成的显性法律系统不同,前者属于隐形法律系统的一部分,能够弥补法律在乡村的空白。对于村民而言,村规民约是村民们认可的"公约",也是乡村实施村民自治的基本依据,能够在国家法无法介入时,灵活地对于村民的日常行为和劳动生产行为产生约束力和控制力。沿湖村的村规民约如下:

> 湖上渔家村庄靓,传统美德在弘扬。
> 举止言谈学优雅,诚实守信礼谦让。
> 都是渔家好儿郎,爱国爱家聚力量。
> 孝敬父母理所当,教育子女讲良方。
> 婆媳相处互敬让,一方有难多方帮。
> 迷信赌博人财伤,酗酒赌博损形象。
> 红白喜事勿铺张,勤俭节约家业旺。
> 垃圾杂物莫乱放,门前四包美村庄。
> 防火防盗两不忘,安全大事记心上。
> 理财投资细算账,生活幸福最健康。
> 民主议事集体商,发展大计不能忘。

沿湖村所在的方巷镇党委、政府重视乡村文明建设,紧盯民生难点,破解农村痛点,提倡移风易俗,制定了覆盖全镇20个村社区的"完善村规民约树立文明新风"专题协商议事清单。如沿湖村的清单上既有出嫁不收彩礼、老人过寿不放烟花爆竹、白事不吹不唱办、孩子过周简办等农村存在的"老大难"陋习的破解办法,也有垃圾池每天清、村组道路修补、取缔菜地变绿化、拒绝广场舞噪音扰民等民生难题的解决妙招。此外,沿湖村还定期组织渔民晒家风、比家训,组织党员干部签订"婚丧事宜俭办承诺书",积极引领群众广泛参与其中,改掉不文明行为和生活陋习,为建设美丽渔村、推进渔村振兴发展营造良好氛围。

(4) 培育发展"新乡贤",推动多元主体精细治理

近年来,随着经济社会的发展,农村社会出现的矛盾也日益多元化。为切实有效化解群众纠纷,沿湖村挖掘培育了一批以优秀基层干部、优秀党员代表、经济带头人、文化能人、回乡创业青年、道德模范等为代表的乡贤群体参与乡村社会治理,这些基层党员先锋模范是当代农村发展的"新乡贤"。在"新乡贤文化"的引领下,邻里遇到纠纷时,村中能人或者其他具备一定社会资本且在村里获得良好评价的人一般会出面调解,并通常能够获得良好的效果。

在沿湖村,除去经济、生态发展过程中产生的矛盾、纠纷,家庭中的婆媳纠纷便成了最为突出的一种纠纷。而婆媳关系作为家庭关系中的重要组成部分,影响着婚姻幸福及家庭和睦,乃至文明乡风塑造和社会和谐。然而,在村民惯有的思维中,此类纠纷实属家事,不必通过司法渠道厘定权利。乡村纠纷自然可以走法律途径,通过诉讼程序解决,但判决结果并不意味着矛盾、纠纷的结束。一来乡村的婆媳纠纷本就是因生活琐事积攒起来的负面情绪的集中爆发,并不是非黑即白的,也未必有可查的具体证据,判决难度大;二来由司法工作人员出面总使乡民有所顾虑,这种不信任的因素会给工作人员了解事情的原委制造障碍,不利于问题的解决。

在乡村治理中,村干部运用权力和规范确实可以在一定程度上实现秩序管理的目的,但是随着新农村建设中农民观念的转变,外在行政的压力型体制的作用正在减少,而"新乡贤文化"以其独有的涵养乡里、促进社会关系和谐的价值内涵,积极地发挥着政治引领的作用。在沿

湖村,"新乡贤"主要有两大类型:优秀的基层干部和群众中的村知识分子、经济能人、道德模范等。其中更具代表和影响的当属前者。我们应强调以基层党组织领导为核心,以乡情为纽带,以优秀的基层党员、干部为"新乡贤"主体,充分运用本土资源,在经济、政治、社会、生态、文化等方面充分发挥重要的引领作用,从而对村民的价值观念、思维方式和行为规范产生积极影响。在村民自治实践中,以优秀的基层干部为引领,依托"新乡贤文化","两委"班子与村民之间形成良好的党群关系。"新乡贤文化"在乡村治理过程中属于"软约束",不但有利于重塑村庄共同体,而且增强了村民的一致行动力,共同为法治乡村的建设贡献力量。沿湖村的这支"新乡贤"队伍既了解政策法规,又深谙群众需求,强调"有话好好说,有事依法办",能够实现处理事情既合情又合法,通过内部纠纷化解机制,精细化稳定基层社会。

(5) 积极引进"新技术",实现公共法律服务精准对接

"绿水青山就是金山银山。"在生态保护方面,沿湖村一直坚持精细化的服务理念。该村先是设立了包括生态保护宣传、水陆垃圾收集保护、污水管网系统建立、渔家乐专属净化池筹划、填塘造地等一系列措施在内的"六位一体管护机制",配合生态补偿机制,达到了一定的环境治理和保护成效。随着信息化技术的发展,沿湖村积极推动警网融合,依托警务室建设网格化指挥中心,由民警、网格员、平安志愿者组成专门管护队伍,在湖面进行日常巡查走访,建立健全水生生物管护巡查机制,从而达到保护野生动物、提升重点水域质量的治理效果。与此同时,沿湖村也高度重视新技术的关键能力发挥,其相关执法设备配备高倍望远镜、无人机,实现数据的实时传输,指挥中心实时监控,提升了重点水域和交界水域管理效果。为做优做强网格这一社会治理单元,沿湖村成立了集政策法规宣传、治安巡逻、矛盾排查化解、环境消防巡查

等为一体的网格员队伍,网格员利用"1+4"App上报事件,巡查走访,做好服务记录。

在日常管理中,网格员全面开展"拉网式"排查,完善"清单式"管理,推进"挂牌式"整改,力行"竞赛式"考核,确保事件不搁置、民意不滞留。通过这样的一张网,网格员广泛收集信息,同时更好地畅通社情民意渠道,也在一定程度上减少了因为信息差引发的普法、执法困难问题,实现了基层社会的有效治理。

第三节　检察职业责任

中国司法话语的核心始终离不开"司法改革",《中共中央关于全面推进依法治国若干重大问题的决定》中有关"保证公正司法,提高司法公信力"的论述再次引发"司法改革该怎么走"的诘问,包括如何确保依法独立公正行使审判权、检察权,如何确认主体的办案责任,落实"谁办案谁负责"等问题。司法改革背景下的检察制度改革顺势呼之欲出,为检察权"松绑"的呼声也越来越高。然而我们不能光谈检察的独立性,也需要将之和监督、问责、惩戒相配套。《专横的正义:美国检察官的权力》给我们带来了相关启示。[①]"罪刑法定""控辩平衡""疑罪从无"这些词汇曾经是我们对美国检察制度惯有的判定,但如今和专横联系在一起,究竟是我们的误读,还是另有隐情?

一、美国的检察权:"偏颇"而"肆意"

我们曾不假思索地大量移植西方观点与做法,甚至陷入"言必称英

---

① 参见〔美〕安吉娜·J. 戴维斯:《专横的正义:美国检察官的权力》,李昌林、陈川陵译,中国法制出版社2012年版。

美,动辄谈接轨"的怪圈。"国人对自己在不反思和不批判的前提下大量移植西方观点的做法仍处在'集体性'不思的状态……"①很多人曾陶醉于西方法治的恢宏,更对三权分立下的美国司法检察制度念念不忘,美国检察制度果真如想象般美好吗?曾在哥伦比亚特区公设辩护人局任公设辩护人、主任的美国大学教授的安吉娜·J. 戴维斯给了我们不一样的答案。

为什么在共同犯罪中,主犯因辩诉交易而逍遥法外,而从犯却只能在监狱里度日如年?一名白人杀害了一名越南籍男子,检察权却让辩护律师找到了能够证明被告人无罪的证据?为什么一名黑人出于防卫杀死一名臭名昭著的白人男子,却被检察官指控一级谋杀?检察权如何可以使一个无辜的未成年人因为没有与检察官合作作证指控另两名成年人,而面临在成年人监狱服刑的牢狱之灾?这一系列疑问不仅揭开了美国检察权的暗角之殇,更打破了美国人心中"正义女神"的形象。这个被誉为具有浓厚法治民情土壤的国度为何对此失声并熟视无睹呢?

(一)"偏颇"的检察权

在戴维斯看来,检察官是美国刑事司法制度中权力最大的官员,他们例行公事的日常决定控制着刑事案件的方向和结局。尤其是在关键性的指控阶段,"是否签发指控(以及签发何种指控)可能是刑事司法制度中最大的自由裁量权的行使……检察官必须决定所有案件中,哪个案件能被起诉,哪个应该被起诉。……大体上来说,这是要求检察官作

---

① 邓正来:《主持人寄语:回归经典 个别阅读——写在"西方法律哲学论著书评"栏目开设之际》,《河北法学》2006年第10期。

出主观裁决的决定"①。因此,在起诉程序启动的那一刻,"专横的正义"随之粉墨登场。美国法律并没有规定只要某人犯罪就对他提出起诉,由此这一至关重要的决定便落于检察官之手。如果检察官决定起诉,此人就面临牢狱之灾;如果他放弃起诉,此人就自由了。② 检察官对于特定人群有意或无意的偏见将影响其是否提起诉讼。或许有人要搬出"大陪审团"制度为上述检察官的任意辩驳,"作为最早从12世纪英国的大陪审团演变而来的,早期其是作为界定可能有罪的市民的工具。而今,大陪审团制度不仅具有揭露犯罪的重要使命,它还作为保护公民免受政府不公平刑事指控的盾牌"③。这一"剑盾合一"的大陪审团被赋予监督检察官起诉决定是否正确并最终决定是否起诉的权力。在实践中,很多州适用大陪审团程序起诉重罪,但在戴维斯眼中,这些没有受过法律培训的普通公民在大多数情况下不过是检察官的一个工具,因为检察官对大陪审团拥有单方面的控制力。检察官传唤所指称的罪行的证人并使他们出庭,大陪审团可以询问证人,在理论上大陪审团也可以传唤证人,但通常他们对案件知之甚少,不知道要传唤哪些证人,并且他们询问证人的问题也总是对检察官所提问题的简单重复。④

并且,在非正式的刑事司法程序中同样可能看到专横与不公的身影,安德鲁·克里帕案的发生将之表露无遗。克里帕就读于一所久负盛名的中学,父亲是律师,母亲是中学训导咨询师,他和两位就读于同

---

① 〔美〕爱伦·豪切斯泰勒·斯黛丽、〔美〕南希·弗兰克:《美国刑事法院诉讼程序》,陈卫东、徐美君译,中国人民大学出版社2002年版,第251页。
② 参见〔美〕爱伦·豪切斯泰勒·斯黛丽、〔美〕南希·弗兰克:《美国刑事法院诉讼程序》,陈卫东、徐美君译,中国人民大学出版社2002年版,第24页。
③ 〔美〕爱伦·豪切斯泰勒·斯黛丽、〔美〕南希·弗兰克:《美国刑事法院诉讼程序》,陈卫东、徐美君译,中国人民大学出版社2002年版,第354页。
④ 参见〔美〕安吉娜·J.戴维斯:《专横的正义:美国检察官的权力》,李昌林、陈川陵译,中国法制出版社2012年版,第26—27页。

一所中学的同学招了一个妓女,然后残忍地殴打并强暴了她,最后还劫走了她 2000 多美元。克里帕被当作成年人起诉,罪名包括一级性犯罪、共谋实行性犯罪、持械抢劫罪、共谋实行持械抢劫罪。在马里兰州,所有指控的法定最高刑期都是无期,然而戏剧性的事情发生了——克里帕从未蹲过一天大牢。原因是检察官提出了一个交易是他对抢劫、一级殴打和四级性犯罪做有罪答辩,检察官还同意支持对他缓刑五年。具有讽刺意味的是,他是三个男孩中唯一逃脱入狱的人,但其行为是最令人发指的;十九岁的从犯在性侵犯不在场的情况下仍被判处四年徒刑,甚至十四岁的从犯也被少年管教所羁押。①

《芝加哥论坛报》撰稿人肯·阿姆斯特朗和莫里斯·坡斯里对 1963—1999 年间涉及检察行为不端的 11 000 个案件的研究表明,从 1963 年以来,法院因检察官隐藏无罪信息或者提供虚假证据而撤销了对至少 381 名杀人案件被告人的定罪,其中 67 人曾被判处死刑,各级法院最终无罪释放这 67 个死囚中的 30 多人,2 名被告人因 DNA 检测而被证明无罪,还有 1 名被告人在法院撤销对他的定罪之前,已经在监狱服刑 26 年。② 然而这些只是美国检察官行为不端的冰山一角。

(二) 视而不见抑或其他:检察权"肆意"的症结

戴维斯在哥伦比亚特区公设辩护人局担任了 12 年的公设辩护人,正是在这 12 年间,她目睹了检察官所拥有的犹如脱缰野马般的可怕权力:在美国,"几乎所有在刑事司法制度中行使权力和裁量权的官员,都因裁量权的行使造成差别性的或者不公平的结果,而受到了批评,承担

---

① 参见〔美〕安吉娜·J. 戴维斯:《专横的正义:美国检察官的权力》,李昌林、陈川陵译,中国法制出版社 2012 年版,第 51—52 页。
② 参见〔美〕安吉娜·J. 戴维斯:《专横的正义:美国检察官的权力》,李昌林、陈川陵译,中国法制出版社 2012 年版,第 137 页。

了责任……只有一个例外——检察官。……公众对检察官的批评几乎完全难觅踪影,美国联邦最高法院一直对检察裁量权表示尊重并加以肯定。立法机关亦然"①。正是法院、社会及立法机关对检察官的格外开恩,造成了检察权"肆意"的局面。

一方面,联邦最高法院偏袒、检察惩戒规则失灵使得检察权"随他所欲",联邦最高法院在一系列案件中,通过限缩解释构成检察行为不端的情况之范围,使检察官们免受审查。由于检察官们知道即便他们的行为被发现并受到质疑,法庭也很有可能认定其属于"无害错误"②,因此,只要检察官获得被告有罪的确切证据清楚,定罪就会被维持。根据宪法,联邦最高法院拥有监督刑事司法的监督权,但这种监督在不断萎缩。此外,检察官民事责任豁免以及职业惩戒的失灵更加剧了不端行为的泛滥。"对职业责任办公室最明显的批评是它重现了检察职能运作的方式——缺乏责任。能够信任检察官惩戒自己吗?只有在它自己的调查认定有不端行为和检察官所在检察院维持这一认定时,它才会这样做。职业责任办公室只有在自己认定存在不端行为后才将检察官提交给独立的机构,这真的能够使联邦检察官负起责任来吗?"③

另一方面,普通大众的集体失声造成检察官不端行为逃脱处罚,即缺乏对公众负责的有效机制酝酿了偏颇与专横。公众没有强烈呼吁,检察官也没有因不端行为而受到处罚、落选,相反有的还在职业生涯中得到了很好发展。"《芝加哥论坛报》和《匹兹堡邮报》刊载了关于当地

---

① 〔美〕安吉娜·J. 戴维斯:《专横的正义:美国检察官的权力》,李昌林、陈川陵译,中国法制出版社2012年版,第7—8页。
② 根据无害错误规则,即使被告人没有受到公正审判,只要证据支持有罪的结论,上诉法院就会维持定罪。
③ 〔美〕安吉娜·J. 戴维斯:《专横的正义:美国检察官的权力》,李昌林、陈川陵译,中国法制出版社2012年版,第167页。

检察官恶劣行径的报道,而这些文章并没有引起公众采取行为反对犯错的检察官。"①戴维斯道出了其中的原委,即他们最重要的职责尤其是做出指控和辩诉交易决定脱离了公众的视线,"检察官现在不再需要对州长或者法院负责,而是要对称为'人民'的不可名状的事物负责"②。程序缺乏透明,极少有人了解检察官日复一日的责任,加之当前媒体对犯罪的过度关注,使得公众对犯罪侵害的恐慌远远超出对待检察官是否合法负责履职的态度。公众不能也不会让检察官对不端行为负责。

这种缺乏对检察职业的责任约束,无论源于制度进路的缺失还是公众的集体失声,无疑是造成检察官决策专横的"罪魁祸首"。当在合法性边界处游走的检察造成的诸多不公在一个个案例、一段段叙事中被逐渐烘托出来的时候,关注检察权的正义、关注检察官履职背后的责任诉求对于个体权利的实现和保障俨然是一个严肃命题。

二、检察权"移情"后的责任诉求

偏颇权力引发的专横着实发人深省,权力滥用的广泛存在及其可能导致的非正义,不仅使我们在掩卷深思后产生一种恐慌与不安之感,更让我们知晓自己可能面临"专横正义"的同样境遇。《专横的正义》实质上触及了有关权力本质的普遍问题,检察权力恣意行使的背后揭示出的不仅是社会的冷漠,更是责任的缺失。基于此,检察行为之不端甚嚣尘上,责任机制之重要性凸显。

正如世界上没有两片一模一样的树叶,或许对美国检察权力的直面与审视并不必然化为中国经验,我们也很难比照书本形成真正的中

---

① 〔美〕安吉娜·J. 戴维斯:《专横的正义:美国检察官的权力》,李昌林、陈川陵译,中国法制出版社 2012 年版,第 147 页。

② 〔美〕安吉娜·J. 戴维斯:《专横的正义:美国检察官的权力》,李昌林、陈川陵译,中国法制出版社 2012 年版,第 11 页。

国问题意识,特别是强调在厚重经验主义基础上进行思考的背景下,我们更需要论证我们的感受、经验与常识并得出中国应该或必须怎么做,而不是通过例证或是引证在西方理论的经验材料中"寻章摘句","只有让经验本身的逻辑得以展开和贯通,面对外来的理论,面对抽象的大词和理论模型,我们才能真正进行有主体性的思考"①。因而,我们认为这种让检察官承担起责任的诉求不仅仅源于对戴维斯笔下美国检察权专横的担忧,单纯从书本获取的对检察不端行为的批判是不完整的,比照书本得来的关于中国问题意识同样是不自足的。《专横的正义》更似一面明镜。中国检察职业责任的构建也有着自身深刻的现实语境与制度逻辑。

(一) 破解冤案难题的必然回应

防止司法腐败乘机作祟不能小觑,这不仅关系到司法改革的整体推进,更关系到人民群众感受公平正义。实践中冤案逻辑与权力运行格局仍顽强地延续固有的脉络,"权大责小"的现实为冤案的生成造就了制度缝隙。当出现检察官故意或重大过失而铸成冤案,或者滥用权力徇私舞弊、贪赃枉法时,完善并落实责任追究制度势在必行。通过责任机制让检察官真正负起责任是对见于报端的冤案的积极回应,更符合当前把权力关进制度牢笼的法治诉求。现代检察官制度的本质要求是防范法官恣意与警察滥权,但是检察官在肩负拯救人民对司法不信任重任的同时,自身又面临着如何对抗不信任的问题,即如何防范自身的恣意与滥权问题。② 习近平总书记在中央政法工作会议上特别强调:"政法系统要在更高起点上,推动改革取得新的突破性进展,加快构建优

---

① 陈柏峰:《乡村江湖:两湖平原"混混"研究》,中国政法大学出版社2011年版,序。
② 参见林钰雄:《检察官论》,学林文化事业有限公司1999年版,第113页。

化协同高效的政法机构职能体系。要优化政法机关职权配置,构建各尽其职、配合有力、制约有效的工作体系。"① 要通过完善的监督管理机制、有效的权力制衡机制、严肃的责任追究机制,加强对检察权的监督制约,要紧紧牵住检察责任这个"牛鼻子",防止权力恣意,防止冤案发生。

(二)检察"去行政化"的制度需求

"对检察官制定专门的规则和专门的惩戒程序会是旷日持久的,但它会形成一个既有利于检察官也有利于大众的有效制度。"② 自《中共中央关于全面深化改革若干重大问题的决定》明确提出深化司法管理体制改革以来,"钱袋子""官印子"的去地方化、去行政化的呼声越来越高,与之形成鲜明对比的是检察责任在实践中呈现出的科层化倾向,无论是以"执法过错"名义的责任追究或是适用公务员管理模式的纪律惩戒,都在庞大的检察系统科层化中表现出无法挣脱的命运。《检察人员纪律处分条例(试行)》《检察人民执法过错责任追究条例》和《人民检察院监察工作条例》的规定,都说明了检察系统不存在行政处分之外独立的职业化责任机制。偏离了职业化属性的检察责任不仅在实践层面与检察独立产生摩擦,更不符合当前检察系统"去行政化"的制度需求。

一方面,对检察人员的惩戒是"按照普通公务员对待的"③,检察机关被列入公务员法实施范畴。《检察人员纪律处分条例(试行)》《人民检察院监察工作条例》一定程度上成为《行政机关公务员处分条例》《行政监察法》在检察领域的翻版,包括警告、记过、记大过、降级、撤职

---

① 《习近平谈治国理政》第三卷,外文出版社 2020 年版,第 354 页。
② 〔美〕安吉娜·J. 戴维斯:《专横的正义:美国检察官的权力》,李昌林、陈川陵译,中国法制出版社 2012 年版,第 170 页。
③ 张智辉、杨诚主编:《检察官作用与准则比较研究》,中国检察出版社 2002 年版,第 438 页。

与开除的处分手段被移作检察纪律处分的方式。此外,套用公务员管理的绩效考评与组织处理,《检察官考核暂行规定》将优秀、称职、不称职作为检察官年度考核等次,并对不称职做出免除现任职务、降低行政职级甚至辞退的处分处理,整个责任体系中并未严格区分职级处分与检纪处分,未能体现检察官作为司法官的职业特点。对于执法办案这一职业行为而言,执法过错同样会引起包括延期晋级晋职、责令辞职、免职等带有行政性质的职级处分。

另一方面,适用的惩戒依据政策性强,表现出责任从法治化偏向治理化。法治化更强调以程序公正为前提的规则之治,而治理化则更强调以结果为导向的纠纷解决。① 检察系统的责任依据倾向于体现在治理逻辑下的检察政策里,表现为运动式的禁令、命令、规定。2003年高检院出台的"九条硬性规定",不仅明确规定检察官必须遵守的检察纪律规范,还对相应行为做出撤职处分的规定。其中第八条规定:"因玩忽职守、非法拘禁、违法办案等致人死亡的,除依法依纪追究直接责任人员外,对于领导严重失职渎职的,要依照法定程序给予撤职处分。"② 此外,最高人民检察院还配合开展各类规范执法活动出台"廉洁从检十项纪律""六条规定""禁酒令"等文件。2009年最高检下发"禁酒令"通知,不但列明了各类禁止行为,还规定了批评教育、记过、记大过、降级、撤职、辞退、开除的责任后果,这些政策规定构成现行检察官责任制度的主要依据。

可见,检察官职业责任本身满足了中国现实的某种需要,在求得责

---

① 参见陈柏峰、董磊明:《治理论还是法治论:当代中国乡村司法的理论建构》,《法学研究》2010年第5期。

② 韩杼滨:《最高人民检察院工作报告》(2003年3月11日在第十届全国人民代表大会第一次会议上),2006年2月22日,https://www.spp.gov.cn/spp/gzbg/200602/t20060222_16389.shtml。

任制度深层话语正当性与实践运作合理性的舒展空间后,人们会相信,操作得当、程序合法的责任机制不但可行,且有必要,它终将在伸张正义的舞台上得到更加名正言顺的表达。要编织起检察官责任之笼,不仅需要有"壮士断腕"的勇气,更需要有"凤凰涅槃"的决心。

三、中国语境下检察职业责任的制度构建

或许,中国语境下的检察职业责任诉求更具有说服力,它避免了本质主义的、从主观愿望出发的先验主义的观点,进而也为我们更为清醒理智地进行制度改革并选择改革的具体措施提供指引。就检察职业责任追究制度这个子系统而言,改革方案如何落实到现实的良性制度中去,需要对责任对象、事由、主体等具体制度予以分析。

(一)错案追究的逻辑展开

错案最早源于法院系统。1998年8月最高人民法院发布《人民法院审判人员违法审判责任追究办法(试行)》,此后一些地方法院在贯彻办法时变了形、走了样,形成了今天褒贬不一的"错案追究制"[①]:只要法官在主要事实认定或法律适用上存在被上级院改判情形,法官就会受到错案追究。一时间,办案法官精神紧张,担心背上办错案的"骂名"。对于错案的命题其实暗示了一个唯一标准的逻辑,即一个案件只有唯一正确的判断;然而,大量的司法实践告诉我们,很多时候我们很难在法律的殿堂里找到唯一的方向,"法是一间有着许多大厅、房间、凹角和脊角的大厦,一盏灯要同时照亮每个地方是极为困难的。当照明系统由于技术知识和经验的限制而不充分或至少是不完全时,这点就

---

① 参见魏胜强:《错案追究何去何从?——关于我国法官责任追究制度的思考》,《法学》2012年第9期。

更明显"①。因此,对于具体案件的处理没有一个客观的、绝对的标准。裁判案件既不像小学生做算术题那样只能得出一个唯一的正确答案,更不可能如概念法学认为的法律的运作如同一台绞肉机那样,只要上面投入法律的事实,下面就能得出确定的法律结果。② 以这种改判作为错案认定标准的责任追究方式很可能带来"上命下从"的负面效果,案件请示汇报成为系统内部心照不宣的"护身符"。在检察实务中同样面临如此境遇,检察官在犯罪事实认定的基础上通过适用法律开展追诉活动,其行为的性质与过程和法官极为相似,故而,我们很难苛求在事实认定不确定、法律理解不一致、法律适用存在分歧的前提下,简单以刑事案件有罪作无罪、无罪作有罪、量刑超幅度改判和抗诉理由成立而改判为理由,认定检察官办错案而进一步追究其责任。因此,首先需要明确并非所有错案都应追究检察官的责任。

(二) 责任追究的量化标准

检察官什么样的行为才算僭越了法律的雷池,需要追究责任呢?我们认为主要通过两个标准予以界定:一是程序性标准。"刑事案件是过去发生的事情,根本无法使之再现、重演,而且人们去认识它、调查它还要受到种种条件的限制,客观真实只能成为刑事案件证明的一个要求,它告诫办案人员要奋力地接近它。"③在事实真相无法还原,由此造成以事实错误为基准的责任追究失灵的情况下,通过制定并完善诉讼程序规则以及检察官办案规范,并以违反这些程序性规则和规范作为

---

① 〔美〕E. 博登海默:《法理学——法哲学及其方法》,邓正来、姬敬武译,华夏出版社1987年版,第199页。
② 参见陈东超:《现行错案责任追究制的法理思考》,《法商研究》(中南财经政法大学学报)2010年第6期。
③ 樊崇义:《客观真实管见:兼论刑事诉讼证明标准》,《中国法学》2000年第1期。

检察官责任追究的量化标准。在程序正义与实体正义的竞技场中,程序的正义价值被认为是最能通过看得见的方式存在并体现着,并且严格遵守诉讼程序规则,确保诉讼过程符合程序正义,更能通向实体裁判的公正。通过那些直观可见的程序性要求认定检察官的责任符合正义的朴素标准,不仅淡化了事实认定上存在的虚幻,也回避了法律在适用与推理上的多元。近些年,高检院根据法律更新的要求出台了《检察机关执法工作基本规范》,该规范不仅全面吸收了法律修改的基础内涵,还充分反映了当前中央司法工作机制改革及检察改革的最新成果,细化了检察执法办案流程,使得各项检察业务工作规范更系统、更完整。因此,问责检察官的一个重要标准是完善程序规则与办案规范,并以适用上更具直观性、可操作性的程序正当作为追究检察官责任的重心。二是职业伦理标准。检察伦理作为重要的衡量标准被很多国家用作追究检察官责任的依据,我国《检察官法》也将具备良好的道德品行作为检察官任职的基本条件。我们很难想象,一个不具备起码职业道德的人能明辨是非、伸张正义,毕竟司法的公平正义很大程度依靠检察官的"良心","需要我们筑起另一道屏障,它是无形的、内在的,它要挡住来自另一方的,来自于一个灵魂的隐蔽角落的利剑,这就是道德的屏障"[①]。

(三) 惩戒委员会的角色定位

成立以检察官惩戒委员会为主体的中立性惩戒机构,协调处理好检察院内部纪检监察机构与惩戒委员会的关系。继上海成立国内首个法官检察官遴选(惩戒)委员会,吉林省法官、检察官惩戒委员会也宣告成立。作为此轮司法改革的一项新生事物,惩戒委员会将负责对检察

---

① 曹刚、戴木才:《论司法正义及其保障》,《中共中央党校学报》2002年第2期。

官涉嫌违反职业道德或职业纪律的行为进行审议,并提出是否惩戒的专门意见。长期以来,检察系统内部沿袭的"行政一体"的官僚化管理模式,以及本院检察官的纪律惩戒由本院自行掌握的做法,难以确保对检察官不当行为进行惩戒的中立性。这种"内部"的惩戒运作机制因受部门保护主义非制度性因素的制约,功能难以彰显。① 就此,最高检出台《关于完善人民检察院司法责任制的若干意见》,明确了检察机关纪检监察机构与检察官惩戒委员会相结合的主体部署,即人民检察院纪检监察机构受理检举控告并开展调查核实,经报请检察长决定后,移送惩戒委员会审议。将办案责任终身负责制与当前正在进行的检察改革结合起来是明智之选,推行体现检察官专业化、职业化的惩戒委员会制度也势在必行,关键在于惩戒委员会的中立性及其与检察机关内部的关系分工。在人员组织上,鉴于惩戒委员会相对超脱的地位及组成人员业务上的专业要求,应当坚持广泛性与专业性相结合,充分体现客观性与权威性特点,淡化行政化、部门化色彩,从资深检察官、法官、法学专家、律师代表、人民监督员以及人大代表中择选,委员会组成人员为兼职,从委员人才库中随机抽取组成。在职能分工上,可以实行相对独立的外部监督与专门的内部追责相结合:借助惩戒委员会的独立地位屏蔽、排除来自各方面的不当干扰,同时充分发挥检察机关纪检监察部门专门监督、专业监督的作用,共同推动检察责任追究的落实。

四、我国检察职业责任的社会化延伸

近年来,随着法治进程的逐步开展和公众法律意识的提高,走向

---

① 参见孙谦、郭立新、胡卫列:《中国检察官管理制度研究》,载孙谦、刘立宪主编:《检察论丛》第2卷,法律出版社2001年版,第39—40页。

"社会的司法化"的呼声越来越高,通过公众化参与,将整个社会纳入"司法治理"的轨道,并在媒体网络的放大效应下,带入了公共意见的元素,民众参与式的诉讼文化让我们不再小觑国民参与司法的改革趋势。检察职业责任的构建亦是如此,作为一项系统工程,社会化的制度延伸不仅可以提升公众对刑事司法制度的信心,也可以有效避免戴维斯在书中描述的检察官向"称为'人民'的不可名状的事物"负责的尴尬。

随着国家的民主化、自由化进程加快,国民参与司法的热情提高,为了满足民众参与司法和对其予以监督、制衡的需求,世界主要国家尝试性地进行了改革。2007年英国司法改革报告《所有人的正义》增加公众参与司法的措施:"刑事司法制度的宗旨是为公众服务,……因此,在刑事司法制度改革的同时,我们想继续发扬英国民众积极参与保持司法公正的优良传统。"[①]戴维斯在书中也说道:"为什么没有让检察官负责任? 一种更贴切的解释是,他们的多数行为都不公开,不受公众审查。"[②]根据这种观点,将检察官行为更多暴露于公众视野,通过对检察职能更详尽、准确、全面的报道,构建公众参与式的责任机制,或许会促使检察官更负责任。当前,我国民众参与检察活动的通道大致有两条:一条是公民基于关联性参与到检察实务中,另一条则是以监督者身份拉开人民监督员制度的序幕。2003年9月,为了加强外部监督,切实防止和纠正检察机关查办职务犯罪工作中执法不公的问题,高检院开展了人民监督员制度的试点工作。对此,我们认为构建公众参与式的检

[①] 最高人民检察院法律政策研究室组织编译:《所有人的正义——英国司法改革报告》,中国检察出版社2003年版,第131页。
[②] 〔美〕安吉娜·J. 戴维斯:《专横的正义:美国检察官的权力》,李昌林、陈川陵译,中国法制出版社2012年版,第188—189页。

察职业责任体系同样可以沿着这两条通道继续走下去。

（一）责任追究主体的多元化

检察系统内部的责任追究需要补充外部监督机制。如果检察系统难以与外界对接,让检察官承担起责任的目的将难以实现。制度设计围绕权力而展开,结果很可能导致权力主导一切:起源于权力的分配,发展于权力的运用,然而出现问题之后也只是由各权力在内部追究责任。① 作为美国开国元勋之一的麦迪逊如此感慨道:"如果人都是天使,就不需要任何政府了,如果天使统治人,就不需要对政府有任何外来的或内在的控制了。"②实现检察权责任与相对独立之间的平衡的制度设计,不仅应当体现检察官的职业化,更要体现公众参与的社会化。检察职业责任不应当看作仅仅是法律职业共同体内部的事情,需要建立起外部的、民主的、独立的检察官责任追究制度,吸纳社会人士的参与,以责任追究主体的多样性体现民主性。曾经有人担心民众参与司法的热情可能会演变为检察权被民众压力所左右的闹剧,这种担心不无道理。当一个个案被媒体推上风口浪尖之时,来自所谓普罗大众的正义情怀一次次将独立行使审判权、裁判权吞噬,因此在民主化与专业化对张之时,人民监督员的加入将是一个不错的选择。2004年,在开展人民监督员试点工作的第二年,高检院发布《关于实行人民监督员制度的规定(试行)》。根据该规定,人民检察院在查办职务犯罪案件中实行人民监督员制度,接受社会监督,人民监督员在检察机关查办职务犯罪案件中对犯罪嫌疑人不服逮捕决定的、拟撤销案件的、拟不予起诉的情形实施监督,并且还被邀请参加人民检察院查办职务犯罪案件工作的其他执

---

① 参见周强:《刑事被追诉人人身自由保护模式之完善》,《法学》2010年第12期。
② 〔美〕汉密尔顿等:《联邦党人文集》,程逢如译,商务印书馆1980年版,第264页。

法检查活动,发现有违法违纪情况的,可以提出建议和意见。人民监督员对办案流程的亲身经历性,使其能够知晓案件的事实与情节,从而对检察官是否公正行使权力做出判定。这种来自社会的朴实声音使得原本封闭的检察职业责任体系不至于沦为孤立,因而在惩戒委员会的制度设计上应当看到人民监督员的身影。

(二) 检察官的赔偿责任

另一条走向社会化的责任通道源于对受害群体权利保障的思考。这是一个有待进一步探讨的问题,即检察官的责任追究形式是否可能有所突破,对那些免于刑罚处罚的检察官严重侵权行为追究执法者个人的民事赔偿责任。根据现行赔偿规定,对于检察官职务行为造成的损害,无须个人承担赔偿责任,即使损失是由故意或重大过失造成的,也由赔偿单位先行支付,受害人并没有直接要求检察官赔偿的机会。《国家赔偿法》第七条规定:"行政机关及其工作人员行使行政职权侵犯公民、法人和其他组织的合法权益造成损害的,该行政机关为赔偿义务机关。"第十六条规定:"赔偿义务机关赔偿损失后,应当责令有故意或者重大过失的工作人员或者受委托的组织或者个人承担部分或者全部赔偿费用。""假如由国家全面取代公务人员承担起公权力损害赔偿责任,又会从一个极端走向另一个极端,会弱化和放松公务人员的行为约束机制,甚至会让公务人员对其侵权行为的后果无所顾忌而恶意行使权力或者任意疏忽职责要求。这样的后果不利于国家对公务人员的有效控制,也不利于善政的形成。"① 相反,建立追究检察官民事赔偿责任的私法救济有利于平衡国家、检察官、受害人三者之间合理的权责关系,不仅使受害人获得充分救济,也确保国家财政不因检察官的个人过

---

① 沈岿:《国家赔偿:代位责任还是自己责任》,《中国法学》2008年第1期。

错而过度"买单"。

五、小结

一面是源自对美国检察权专横的警醒,一面是源于对当下中国司法改革的憧憬,在这两种复杂情感的交织下,引发了我们今天对检察职业责任体系构建的思考。习近平总书记提出"把权力关进制度的笼子里"①,作为国家权力的检察权,同样是一种危险却又必要的恶,通过编织职业责任的制度牢笼,将检察权也关进笼子里,这不仅体现驯服权力的政治思维,更符合制衡权力的宪治话语。《中共中央关于全面推进依法治国若干重大问题的决定》提出要确保依法独立公正行使检察权,当我们沉浸在为检察权松绑的美好期许中时,是否更应当冷静下来,思考今后检察权何去何从。"苛政猛于虎"的古训被美国检察官专横的姿态表现得淋漓尽致,也警示我们检察改革不止于体制层面,还需要从机制上细化,否则再完美的顶层设计也只会是昙花一现。对于我们笔下检察职业的责任机制构建而言,确立社会化的责任延伸不仅是对戴维斯书中缺乏对公众负责的有效机制通常导致决策显得专横的积极回应,更是打破了传统以公权力为主导的检察王国的封闭性。如何让检察官真正地负起责任来,需要我们在漫漫摸索中努力实现"凤凰涅槃"式的蜕变。

第四节 法官问责

司法改革推进以来,在全面落实司法责任制的背景下,关于法官责

---

① 习近平:《科学有效防治腐败　坚定不移把反腐倡廉建设引向深入》,《人民日报》2013年1月23日。

任,存在着一些困惑:到底哪些情况该承担责任? 是违法办案,还是办错案件就要被追责? 是因为事实认定错误要承担责任,还是由于程序错误要承担责任? 党的十八届四中全会提出实行办案质量终身负责制和错案责任倒查问责制①之后,这些困惑更需得到解决。产成这些困惑的原因是多方面的,既有过去实施错案责任追究制度的弊端,也有法官自身对司法责任理解的偏差。从最高人民法院出台的《关于完善人民法院司法责任制的若干意见》(以下简称《意见》)来看,法院系统实施的是违法审判责任,与党的十八届四中全会提出的错案责任并不完全一致,由于目前在理论和实践层面对"错案"的理解存在较大争议,故最高人民法院出台的《意见》规避了"错案"的提法,以"违法审判"取而代之,同时也限缩了对法官办案责任的追究,体现了司法责任的谦抑性。在对"错案"尚无权威解释的情况下,错案责任容易被理解为结果责任,即法官办错案件就要被追究责任,这有悖司法责任制的初衷,而违法审判责任是一种行为责任,即只有法官在办案过程中违反法律法规才可能会被追究责任。以行为为导向的司法责任制模式无疑是符合司法规律的,既能够强化法官办案责任心,也能确保司法责任制有效落实。但由于错案与责任的界定不清、错案的标准不统一等,且"错案责任"在全国各地法院制定司法责任制的相关文件中随处可见,加深了法官办案被追责的担忧。为消除法官的这种担忧,应当对错案及错案责任进行准确的界定,统一违法审判责任的认定与追究。

---

① 关于法官司法责任的提法,党的十八届四中全会提出实行错案责任倒查问责制,最高人民法院出台的《关于完善人民法院司法责任制的若干意见》确定的是违法审判责任。二者关于司法责任的提法虽然不同,但制度设定的初衷是一致的,都是要强化法官办案责任心,确保司法责任制能够有效落实。为凸显文章主题,本节更多采用错案责任倒查问责制的表述。

一、隐忧：错案责任对法官办案的冲击

为客观反映法官对错案责任的认识，笔者对某地区基层人民法院的 50 名法官进行了问卷调查。问卷调查内容包括是否清楚办案质量终身负责制和错案责任倒查问责制、错案责任对办案的影响、何种情况下承担错案责任、错案责任与违法审判责任的区别等等。从问卷调查的情况可以看出，所有被调查的法官对违法办案要承担责任均有一致的认识，但对于要承担什么责任并不完全了解。由于对办案质量终身负责制和错案责任倒查问责制的模糊理解，绝大多数法官对错案责任是什么以及追责的主体、程序等均不清楚。也正是由于对错案责任认识理解的模糊，不少法官认为错案责任就像一颗炸弹，说不定自己什么时候就可能因为办错案件而被追究责任，体现到办案上的弊端就是：其一，错案责任挫伤了法官办案的积极性，使其主观上排斥办案，甚至产生多办案多出错、少办案少出错、不办案不出错的畸形思维。其二，错案责任会促使法官滥用调解，影响审判效率。调解是双方当事人在协商一致的情况下达成的调解协议，一般情况下不会出现错案追责的情况，这也导致法官在案件审理过程中出于对错案责任的担忧而过于强调调解，造成案件久调不判，从而影响审判效率。其三，错案责任会促使法官通过请示、案件上交等方式逃避责任，间接损害了独立行使审判权、裁判权。本轮司法改革的一大重要目的就是去法院行政化，将审判权还给法官，从而实现"让审理者裁判，由裁判者负责"。虽然当前各地法院已经全面推进审判权运行机制改革，落实员额法官直接签发裁判文书，但由于不少法官担心办错案件被追责，往往会以案件疑难复杂或矛盾较大等事由将案件交由领导决策或提交专业法官会议、审判委员会讨论决定，这无疑又强化了法院的行政管理，既加重了审判委员会的

负担,又不利于法官独立行使审判权、裁判权。其四,错案责任可能会损害当事人的权益。休谟曾指出自私是和人性不可分离的,不论他们的身份和地位如何。① 对法官而言,在面对错案责任和当事人权益时,更多地会考虑自己是否被追责,而不是案件当事人的利益。例如,一些法院把上级法院改发的案件归类为"错案",甚至把"改发率"作为惩罚法官的依据。有的法院还将"错案"分为"差错案件""一般错案""严重错案"等,并按差错级别决定对法官做何种处罚,这在无形之中会扭曲法官的行为动机,影响当事人的上诉权。一些法官担心他们审理的案件因被改判而成为"错案",因此会在判决前"请示"上级法院法官,或者在案件进入上诉程序后向上诉法院法官进行公关,以防止案件被改发。这些都是在错案责任制度运行中出现的偏差,背离了错案责任制度的初衷,造成了负面影响,甚至产生了新的司法不公。

与上述法官主观认为办错案件就要被追责截然相反的是,被调查的法官中无一是由认识上的分歧导致办错案件而被追责的;被追究司法责任甚至刑事责任的法官均因违法办案或存在违法行为而被追责。这种法官心理上的错案问责泛化与司法实践中的错案追责虚化并存是当前错案责任制度的现实状况。

二、溯源:错案问责制的错位解读

错案问责泛化与错案追责虚化的产生主要是由于法官对错案责任的错位理解。基层法官对错案责任追究制和错案责任问责倒查制并没有清晰的认识,不少法官将这两个制度混淆为同一个制度,仅认为是表述上的不同。尽管这两个制度都旨在确保人民法院依法独立公正行使审判权,防止"错案"的发生,但由于两个制度所面对的社会环境、理论

---

① 参见休谟:《人性论》上册,关文运译,商务印书馆1980年版,第53页。

基础、配套制度等均有所差异，因此这两个制度的内涵及外延存在差异，这在我国错案责任的发展历程中也有所体现。

（一）司法责任制度的发展

作为20世纪80年代末进行司法改革试点的措施，错案责任追究制度在全国法院得到了广泛推广。1997年中国共产党第十五次全国代表大会报告提出："推进司法改革，从制度上保证司法机关依法独立公正地行使审判权和检察权，建立冤案、错案责任追究制度。"至此，中共中央从顶层设计的视角对错案责任追究制度予以了明确，但随后并未出台相关政策文件对错案责任追究制度予以解释说明。为贯彻落实党的十五大报告精神，1998年，最高人民法院发布了《人民法院审判人员违法审判责任追究办法（试行）》（以下简称《办法》），明确审判人员故意违反审判工作有关法律法规或因玩忽职守造成严重后果的，应当承担违法审判责任。值得注意的是，由于司法实践以及学术界对"错案责任追究制度"尚未形成共识，《办法》通篇均未出现"错案"二字。或许是对错案责任追究制度的纠正，《办法》对审判人员的追责也由此前的"错案结果"追究转向"违法审判行为"追究。2013年，中央政法委发布了《关于切实防止冤假错案的规定》，明确了法官、检察官和人民警察对职责范围内的办案质量负责，要求建立健全错案责任追究机制。同年，最高人民法院发布了《关于建立健全防范刑事冤假错案工作机制的意见》，提出建立健全法官权责一致的案件责任制。2013年，党的十八届三中全会提出改革审判委员会制度，完善主审法官和合议庭办案责任制，让审理者裁判，由裁判者负责。党的十八届四中全会提出实行办案质量终身负责制和错案责任倒查问责制。2015年最高人民法院下发了《关于完善人民法院司法责任制的若干意见》，规定了违法审判责任的认定和追究程序以及不得作为错案进行责任追究的情形等。随之，全国各地法院也都制定了司法责任追究实施细则。

（二）法官对违法审判责任担忧的原因分析

从党的十五大提出的"错案责任追究制度"，发展至后来党的十八届四中全会提出的"错案责任倒查问责制"，以及最高人民法院《意见》提出的违法审判责任，可以说对错案责任的问责，无论是在理论层面的制度基础上，还是在实践层面的制度运行上，都具备了一定的基础和条件。随着司法责任制的不断推进和配套制度改革的不断完善，错案责任的内涵及制度运行的环境也在发生变化。对法官而言，目前最大的问题是普遍对错案责任的理解存在偏差。尽管从"错案责任追究制度"到"错案责任倒查问责制"只是几个字的差别，但这一变化的背后是观念的更新、制度的健全、理论基础的支撑以及现实的需要。当然，司法实践中法官追责乱象依然存在，突出表现在三个方面：责任与错案的界定不明，认定错案的标准不统一，错案责任制度的运行出现偏差。

1. 责任与错案的界定不明

正如前文所指出的，绝大多数基层法官并不完全清楚什么是错案，对错案责任仅有模糊的认识。错案责任的威慑力很大程度上取决于错案被追责的概率以及追责的严厉程度这两个因素。由于对错案追究强化办案质量终身负责制、责任倒查机制的深入推进，让审判责任的追究无限扩张，以至于不少法官错误地以为只要办错案件就随时可能要被追究责任，在审判责任构成要件上，不少法官认为"错案"是审判责任的唯一构成要件。作为决定司法责任制的核心要素，设置科学合理的审判责任构成要件的边界就显得尤为重要。

审判责任构成要件是确立审判责任、追究法官责任的必要条件。根据以主客体相统一为基础的责任承担理论，对法官审判责任进行追究，不仅要有可追究的行为，而且要有过错，并因过错而产生"错案"结果。《意见》第二十五条规定:"法官在审判工作中,故意违反法律法规的,或者因重大过失导致裁判错误并造成严重后果的,依法应当承担违法审判责任。"从《意见》的规定可以看出,违法审判责任包括错案责任。违法审判责任的确定不以错案结果为条件,只要行为人有违反法律、法规、司法程序等规定的行为,且主观故意,就可以依照有关法律、法规追究责任。而错案责任的认定既要有违法审判行为,主观上还要有故意或重大过失并造成严重后果。

根据主客观相统一的责任承担理论以及《意见》的具体规定,错案责任的成立必须具备四个要件:一是必须有"错案"的结果;二是行为人有违法行为;三是行为人的行为与"错案"结果有因果关系;四是行为人主观上有故意或者重大过失。值得注意的是,从当前的司法实践来看,无论在民事领域还是刑事领域,都存在直接以"造成严重后果"作为推定法官失职造成"错案"的倾向,并对法官予以追责,这也是法官担忧错案责任的很重要的原因之一。

2. 认定错案的标准不统一

《中共中央关于全面推进依法治国若干重大问题的决定》明确要求实行"错案责任倒查问责制",遗憾的是,文件中没有明确界定错案的含义。在地方上,各级立法机关、政法机关对法官错案责任追究制定了很多文件、办法,但规定并不一致,导致错案责任标准不统一。

由于对错案没有权威的解释,法官无法预测错案的结果,这增加了法官办案的后顾之忧。关于什么是错案,没有统一的标准,各级法院对错案的认定也不尽相同。一些学者认为,法律规定的不确定性、事实认定的不确定性以及法律之外的其他社会和个人因素(甚至是非理性因素)的不确定性导致了法律运行过程的不确定性,由于存在这些不确定性,很难明确界定什么是"错案"。

基于法官判断行为的不确定性和法官法律认知的差异，即使面对相同的案件，不同的法官基于对法律的认识不同，可能做出不完全相同甚至截然相反的判决，但这并不能依此否认事实认定、法律适用错误和错案存在的空间。由于法官只能根据所掌握的证据，依据法律规定和证据规则做出无限接近案件事实的判断，但囿于科技水平、认识能力、诉讼制度上存在的诸多局限性，其司法判断与客观真实之间可能会存在一定差距甚至较不相符。从这个角度看，错案是一种客观存在的司法现象且无法完全避免。笔者同意有学者提出的错案是一种客观现象的观点，对错案的认定应当坚持客观的标准，至于法官主观上是否具有过错、是否有违法审判行为，并不影响认定错案的标准，但应当作为错案责任追究的构成要件予以考虑。① 综上所述，错案就是在诉讼过程中，认定事实或者适用法律错误的案件，其实质表现为错误的司法决定。正如法国大革命时代的民主政治家罗伯斯庇尔所言："如果法官是天使，是不会犯错误的完美无缺的人，那么立法就成为多余，只需设置法官的职权就够了。但是无论法官怎么样，他们总是人。"②

关于什么是错案，以刑事错案为例，目前学术界有客观说、主观说、主客观统一说、三重标准说等观点。客观说指基于案件处理结果判断是否为错案。③ 主观说认为，判断刑事案件是否为错案，应当以司法人员主观上是否有过错为依据，主张重结果、轻行为，更加注重对司法人

---

① 参见罗永鑫：《司法体制改革背景下司法人员责任的认定与追究》，《云南大学法律评论》2017 年第 1 期。

② 〔法〕罗伯斯比尔：《革命法制和审判》，赵涵舆译，商务印书馆 1965 年版，第 30—31 页。

③ 参见金汉标：《错案的界定》，《法学》1997 年第 9 期。

员的行为进行评价。① 主客观统一说则认为,错案认定应系统全面地审查司法人员办案过程和结果是否违反法律法规,是否侵犯公民的合法权益,司法人员主观上是否有故意或重大过失。② 三重标准说认为,由于刑事案件认证标准的层级性,错案认定标准应分为错案纠正、错案赔偿和错案追究三个标准。③ 有学者认为,"错案认定是不可能的,由于法律规定的不确定性、事实认定的不确定性以及法律以外的其他社会和个人因素(甚至是非理性因素)的不确定性,导致法律运行过程的不确定性。由于这些不确定性,很难明确界定什么是'错案'"④。有的学者甚至对错案持否定态度,认为错案命题隐含着一个被公众自觉或不自觉接受的大前提,即一个案件只能有唯一正确的判决,否则就是错误的判决。事实上,面对复杂而困难的案件,案件只有唯一正确的结论是不成立的。⑤

错案的标准确立之后,下一步就是如何认定错案。有观点认为,只要后一诉讼程序做出了跟前一诉讼程序完全相反的处理决定,前一诉讼程序的处理决定即可界定为错案。有观点认为,应以后一诉讼程序所做出的完全相反的处理决定生效,作为界定前一诉讼环节处理决定为错案的依据。⑥ 我们基本赞同第二种观点。错案的依据应当由后一诉讼程序的生效裁判所决定,但"完全相反的处理决定"失之偏颇。以

---

① 参见周永坤:《错案追究制与法治国家建设——一个法社会学的思考》,《法学》1997年第9期。
② 参见王乐龙:《刑事错案:症结与对策》,中国人民公安大学出版社2011年版,第28页。
③ 参见陈学权:《刑事错案的三重标准》,《法学杂志》2005年第4期。
④ 王晨光:《法律运行中的不确定性与错案追究制的误区》,《法学》1997年第3期。
⑤ 参见李卫红、李莹莹:《法院错案追究制度的困境分析与重构》,《河南公安高等专科学校学报》2007年第5期。
⑥ 参见朱孝清:《试论错案责任》,《人民检察》2015年第16期。

刑事案件为例,司法实践中除有罪认定为无罪或无罪认定为有罪等典型的错案外,仍有大量的介于两者之间的情况,如罪名认定错误、量刑处罚过重或过轻等情况,这些同样会给当事人带来不同程度的影响,也应当认定为错案。有人可能担心扩大错案的认定范围会导致司法人员压力太大,最终往往会将案件上交审委会决定,从而抑制司法人员的独立判断。在司法实践中,有些法官认为办了错案就要被追责,尤其是在实行办案质量终身负责制和错案责任倒查制度的背景下,很多法官认为自己随时可能因为办错案件而被追责,导致办案时变得畏手畏脚。正前文所述,错案仅仅是一种司法现象,并不必然要追究法官的责任,只有具备审判责任的全部构成要件才能对法官追责。因此,扩大错案的认定范围并不必然导致责任的扩大。

当然,对于错案的认定有几项标准需要把握好:第一,诉讼程序是逐步认识案件事实的过程,由于不同时间段对事实证据的掌握情况不同,由于证据发生变化导致法官对案件事实认定不同,不能认定为错案。第二,在法官自由裁量权范围内对案件做出的不同裁判不能认定为错案。第三,在法律的基本认识范畴内,不同法官由于对法律的理解不同而做出的不同裁判不宜认定为错案,但如何把握法律理解问题需要注意。除上述三种情况外,也可能还存在其他一些不宜认定为错案的情形。为此,需要针对案件进行具体分析和比对,从而确定是否为错案。

3. 错案责任制度的运行出现偏差

在最高人民法院《意见》发布之前,对错案责任的问责名目和方式较为混乱,错案追责的制度设定较为随意。自20世纪90年代初错案责任追究制度在全国法院推行后,全国各地法院,上至省院下至基层法院都在制定错案责任追究制度,不少法院在文件制定上对法官责任的追究颇为严格。例如,不少法院将错案结果作为错案责任追责的前提,问责基准重客观轻主观、重结果轻行为。还有不少法院出台的政策,将错案责任扩大化,无论客观上发生什么行为,只要出现了后果,统统认定为错案并追究责任。这种扩大化的倾向,迫使法官只能绕着政策走,要么提交上级指导,要么以调代判,规避问责风险。实践中还存在司法纪律责任虚化的问题,除刑法明确规定的责任追究外,针对法官相对轻微的违反职业纪律的行为很少去追责,主要原因在于纪律责任的追责主要是由法官所在单位内部进行的,且出于各种考核的原因,如果所在单位有人被追究责任,那么该单位的相关考评就要被扣分,这会直接影响到单位自身的业绩、年终奖金等,甚至还跟单位领导的升迁具有一定关联。因此,出于对单位自身利益的考量,一旦出现法官被纪律追责的情形,则往往会尽可能地"大事化小,小事化了",最后不了了之,真正被追究责任者屈指可数。

三、厘清:错案问责制的路径回归

一项制度的逻辑目标能否实现,不仅取决于其自身运作是否偏离预定目标,还取决于包括策略、路径及配套制度变革在内的逻辑进路是否顺畅。[①] 单就错案责任倒查问责制的逻辑目标而言,就是为了有效防范错案发生以及发生错案后能够及时得到纠正。为确保错案问责能够发挥作用,要建立错案评估和防范机制,比如明确如何启动倒查程序、错案的要件是否满足及办案人员责任。对于错案防范,公正的审判程序、法官的选任及审判独立和职业保障,以及对法官行为的内外监督等,均是错案防范系统的重要环节。要顺利实现这一逻辑目标,不仅要

---

① 参见刘斌:《从法官"离职"现象看法官员额制改革的制度逻辑》,《法学》2015年第10期。

落实好错案责任追责的问题,还要考虑如何保障法官不因正常履职而被追责以及如何平衡司法监督与审判独立的关系等。

(一)错案责任倒查问责制的实施基础

作为一项法律或者制度,其有效运行需要两个条件:一是法律或者制度本身的合理性,二是良好的运行环境。党的十八大以来,新一轮司法改革的四梁八柱已经搭建,错案问责的制度体系已经构建并初显成效。从最高人民法院《意见》来看,我国法院系统当前的错案问责的内涵具有综合性,它是以审判权运行机制改革、法官员额制改革、省级以下人财物统管、法官职业保障等一系列配套制度改革为基础的一项制度。可以说,我国在制度层面、实践层面、理论层面都具备了实施错案责任问责制的条件。

第一,从理论基础看,新一轮司法改革之前的错案责任追究制度是建立在犯罪预防理论基础上的,该制度过分倚重惩罚,无法真正预防错案发生。而错案责任倒查问责制建立在独立行使审判权、裁判权以及权责统一理论的理论基础上,该制度注重区分错案的原因,"法官有能力而未采取措施控制错案风险"是必要条件,只有满足此条件,才能启动问责程序,确定责任范围。正如英国著名的法官和法学家丹宁勋爵所指出的:"所有法官都应该能够完全独立地完成自己的工作,而不需担惊受怕。绝不能弄得法官一边用颤抖的手指翻动法书,一边自问,假如我这样做,我要负赔偿损害的责任吗?……只要法官在工作时真诚地相信他做的事情是在自己的司法权限之内,他就不应承担法律责任。"[1]第二,从制度层面看,为确保错案责任倒查问责制在实践中不变形、走样,保障法官依法独立办案,2015年3月中共中央办公厅、国务院

---

[1] 〔英〕丹宁勋爵:《法律的正当程序》,李克强等译,群众出版社1984年版,第55页。

办公厅印发了《领导干部干预司法活动、插手具体案件处理的记录、通报和责任追究规定》;2016年7月又印发了《保护司法人员依法履行法定职责规定》,明确规定法官非因故意违反法律、法规或者有重大过失导致错案并造成严重后果的,不承担错案责任。中共中央从顶层设计的角度为法官依法办案提供了有力的制度保障。第三,从实践层面看,过去错案较多的一个重要原因是法官的专业素养不够,法院队伍素质的参差不齐加剧了法律适用可能出现的偏差。在员额制改革推行之前,法院中有很大一部分法官是刚从法学院校毕业的年轻人,可以说在社会阅历、知识累积等方面与一名合格的法官都有一段距离;另外还有一部分法官是转业干部,没有经过法学专业的系统学习,办案常常依赖于自身的经验。目前,员额制改革已经在全国法院普遍推开,其目的就是实现法官队伍的正规化、专业化、职业化,这在一定程度上能够避免错案发生。

(二)错案责任制度需要注意的几个问题

无论错案责任制度如何发展,都应当遵循司法运行规律。

第一,适时完善《法官法》。最高人民法院《意见》针对错案责任问责制定了较为详细的程序,但法官法关于错案责任问责的程序规定基本是空白,我国《法官法》中已经有相关条文规定了司法惩戒机制的基本框架,为确立完整、系统的法官问责机制奠定了基础。当前只需在《法官法》的基础上再对法官惩戒制度进行完善,通过立法确立错案问责制是最基本的问责形式要求,细化法官责任、问责主体、问责程序等内容,增加其在实践中的操作性,而不须另外专门起草一部法律,就可以打破我国问责机制的法治困境,也符合节约立法成本原则。同时,可以将司法惩戒制度、司法豁免制度等共同纳入司法责任追究体系,既能把司法责任追究上升到国家法律层面,为司法责任追究提供法律依据,使司法责任追究体系具有统一性、系统性，又能确保办案人员依法独立行使职权，并为办案人员依法维护自身权益提供保障。

第二，要确保法官能够独立行使审判权、裁判权。确保法官能够独立行使审判权、裁判权是实施司法责任制最根本的前提，是法官职业化的必然要求，更是实现司法正义的重要保障。在现代司法责任的语境下，清晰界定独立行使审判权、裁判权已经成为错案责任制度建构的逻辑起点。只有确保法官依法独立行使审判权、裁判权，才能要求法官承担独立责任。在这样的背景下，如何把握中国语境下的独立行使审判权、裁判权与错案责任之间的关系显得尤为重要。司法过于独立而缺乏制衡，容易丧失司法正当性；过于重视责任，又难免侵蚀独立。[1] 因此不仅要厘清独立行使审判权、裁判权与错案责任的内涵，更要平衡独立行使审判权、裁判权与错案责任之间的关系，确保司法责任制的构建更加合理规范。

第三，准确把握错案认定标准。其一，诉讼程序是逐步认识案件事实的过程，由于不同时间段对事实证据的掌握情况不同，由于证据发生变化导致法官对案件事实认定不同，不能认定为错案。其二，在法官自由裁量权范围内对案件做出的不同裁判，不能认定为错案。其三，在法律的基本认识范畴内，不同法官由于对法律的理解不同而做出的不同裁判，不宜认定为错案，但需要注意把握法律理解问题。除上述三种情况外，也可能还存在一些其他情形不宜认定为错案的。为此，需要针对案件进行具体分析比对，从而确定是否为错案。

第四，严格区分错案责任与行政责任。虽然公权力及其行使都要

---

[1] 参见陈杭平：《在司法独立与司法负责之间——美国州法官考评制度之考察与评析》，《当代法学》2015年第5期。

受到监督和制约，但审判权与行政权具有不同的属性，在责任追究的原则、事由、程序等方面均存在差异。如权责一致是行政责任追责适用的原则，而错案责任追责应当保持谦抑性，即豁免原则追责为例外；为确保审判责任不损害法官独立行使审判权，错案责任追究应当比行政责任追究遵守更为严格的程序；行政追责的事由为公职人员的违法违纪行为，而错案追责的逻辑起点是法官行为对司法公正的损害。最高人民法院《意见》指出，推进审判责任制改革，要遵循"权责统一"原则，却未明确规定法官责任的"豁免原则"。

第五，要严格限制审判责任认定。审判权本质上是一种判断权，是对已经发生的事实进行再认识的过程。问责的是错案还是不当行为，这个问题在错案问责机制中居于核心位置，是问责的逻辑起点，决定着问责的启动和结果。最高人民法院《意见》明确规定了七种承担审判责任的情况，包括故意违法和重大过失造成的严重后果。但如何确定办案人员是故意还是重大过失，还需要加以考虑。不同办案人员对法律、法规的理解是存在差异的，当某一案件被认定存在质量问题时，导致案件质量出问题的办案人员究竟是出于对法律、法规认识理解的偏差，还是故意曲解法律、法规，很难判断。过于严格的审判责任，容易加大法官的从业压力和审判负担，严重打击办案人员的积极性，导致办案人员在办案时畏首畏尾，增加法官的职业风险和心理压力，削弱其职业自豪感。建立错案问责制度的根本目的是让法官增强责任意识，切实承担起法律赋予的职责，而不只是追究责任。而且，我国诉讼法已经建立了健全的程序性制裁制度，完全可以通过二审、再审对有质量问题的案件予以纠正。因此，在追究法官违法审判责任时，必须坚持可评价性原则，严格限制因办案人员主观故意或重大过失造成的案件质量责任，责任追究主要限于法律程序上的非标准司法行为。

错案问责制的设立是为了规范法官的司法行为,实现审判权的科学运行,但由于受各种因素诱导以及历史因素影响,一些法官产生了办案会被追责的担忧。要解开这些担忧,绝非一朝一夕之功,既需要上层理论基础、制度的支撑,也需要依法公正审理,独立行使审判权,在每一宗案件中,让人民群众有更多的司法获得感。建立违法审判责任制是符合我国国情的,能够切实提高案件质量,有效防范错案的发生。下一步需要关注的是相关配套制度的跟进,正如习近平总书记在十九大报告中所说的,要"深化司法体制综合配套改革,全面落实司法责任制,努力让人民群众在每一个司法案件中感受到公平正义"①。

---

① 中共中央党史和文献研究院编:《十九大以来重要文献选编》(中),中央文献出版社 2019 年版,第 27 页。

第四章
包容性法治社会实现机制（三）：秩序共治

第一节 智能社会的法律秩序*

人工智能是研究、开发用于模拟、延伸和扩展乃至超越人类的感知、认知、行为等智能的新的技术科学。"与人类历史上其他技术革命相比，人工智能对人类社会发展的影响可能位居前列。人类社会也正在由以计算机、通信、互联网、大数据等技术支撑的信息社会，迈向以人工智能为关键支撑的智能社会，人类生产生活以及世界发展格局将由此发生更加深刻的改变。"①机器人在家庭、工作、社会公共层面的广泛存在，不仅带给人类新的机会与挑战，同时还改变着人类的行为方式。② 2017年7月8日国务院发布的《新一代人工智能发展规划》（以下简称《规划》）认为，经过60多年的演进，人工智能进入了一个新的发展阶段。特别是在移动互联网、大数据、超级计算、传感网、脑科学等理

---

* 本节曾以《论类型化人工智能法律责任体系的构建》和《"人工智能+法律"发展的两个面向》为题，分别发表于《中国高校社会科学》2018年第4期、《求是学刊》2018年第4期，收入本书时有修改。

① 高文、黄铁军：《从信息社会迈向智能社会》，《人民日报》2020年2月18日。

② 参见Danit Gal：《联合国的人工智能政策》，孙那、李金磊译，2017年4月5日，http://www.sohu.com/a/132199558_556637。

论创新、技术创新等多因素的共同驱动下,人工智能加速发展,呈现出深度学习、跨界融合、人机协同、群智开放、自主操控等新特征。大数据驱动知识学习、跨媒体协同处理、人机协同增强智能、群体集成智能、自主智能系统成为人工智能的发展重点,类脑智能助推人工智能发展进入新阶段。当前,新一代人工智能相关学科发展、理论建模、技术创新、软硬件升级等整体推进,正在引发链式突破,推动经济社会各领域从数字化、网络化向智能化加速跃升。① 新一代人工智能是国际竞争的新焦点、经济发展的新引擎,它带来社会建设的新机遇。但其发展的不确定性也带来新挑战,如改变就业结构、冲击法律与社会伦理、侵犯个人隐私、挑战国际关系准则等问题,将对政府管理、经济安全和社会稳定乃至全球治理产生深远影响。② 面对2030年要建成的"更加完善的人工智能法律法规、伦理规范和政策体系"的目标,我们要做的事情还有很多。

一、机器人、人工智能及其法律面向

人工智能最早的表现形态是机器人,以替代人类难以实现的更大数据计算、更细微量度操作或更恶劣环境等重复劳动为目标。华盛顿大学法学院教授瑞安·卡洛是美国最具影响力的机器人法律方面的专

---

① 国务院:《新一代人工智能发展规划》(国发〔2017〕35号),2017年7月20日,http://finance.china.com/news/11173316/20170720/30991028.html。《规划》描绘了我国新一代人工智能发展的蓝图,确立了"三步走"目标:到2020年人工智能总体技术和应用与世界先进水平同步;到2025年人工智能基础理论实现重大突破、技术与应用部分达到世界领先水平;到2030年人工智能理论、技术与应用总体达到世界领先水平,成为世界主要人工智能创新中心。《规划》确定了六方面重点任务:一是建立开放协同的人工智能科技创新体系,二是培育高端高效的智能经济,三是建设安全便捷的智能社会,四是强化人工智能对军事和国防安全的支撑,五是构建泛在安全高效的智能化基础设施体系,六是设立新一代人工智能重大科技项目。

② 国务院:《新一代人工智能发展规划》(国发〔2017〕35号),2017年7月20日,http://finance.china.com/news/11173316/20170720/30991028.html。

家之一,他通过研究美国50多年来所有涉及机器人的案件后,发现机器人涉法问题的争论早已有之。他认为机器人法律简史可以通过以下四个案例来描述:案例一是肖像权案。20世纪90年代初,三星做了一个广告,广告中的机器人使用了女星万那·怀特的肖像特征。而万那·怀特认为这一举动侵犯了她的公开权及肖像权,她以各种方式起诉三星公司。最终,她赢得了这场官司。这是一个典型的关于人类是否能拥有自己版本权利的案例。法庭也由此开始考虑是否能够视机器人为演员从而征收娱乐税。案例二是木马捣乱案。有一名网页开发者在推特上向当地的一场时装秀发布了死亡威胁,然而被逮捕后他表示对此事毫不知情。调查后发现,始作俑者是他编写的一个程序,最终他被无罪释放,一则"无犯罪实施者"的案件形成了。案例三是太空机器人律师案。2015年11月,奥巴马签署法案鼓励私人公司进行太空探索,包括那些对小行星矿产感兴趣的公司。卡洛教授表示在未来这种工作肯定是交给机器人去做的,不难想象各种法律问题会由此而生,说不定太空机器人律师会成为一个正式的工作头衔。案例四是无人驾驶车案。关于无人机和自动驾驶机器人的法律机制更为复杂,许多法律尚需实施,以便控制它们的法律风险。①

卡洛教授论及的这些法律案,涉及诸多法律问题,比如:是否存在机器人的肖像权,或由此衍生的人格权?是否应该像对待人类一样给予机器人权利?如果机器人犯罪了,机器人是否具有刑法意义上的"主观能动性",它是否要受到法律的约束与制裁?机器人行动的程序是由人编写的,相应的法律责任由谁承担,抑或按比例分担?是否允许无人

---

① 参见《4个案例——深度解密你所不了解的机器人法律简史》,2016年3月26日,http://www.sohu.com/a/65846007_335773。

驾驶车辆在道路上行驶呢？车辆管理部门该如何给机器人做视力检查及驾驶培训？当一辆自动驾驶汽车发生道路交通安全事故，谁负责赔偿损失？紧急状态时，计算机应该选择撞向一只动物还是冲下公路？

有学者认为，随着机器人崛起和"机器人法律"出现而引发的其他重要问题，我们必须面对：其一，机器人规制必须要针对特定机器人并结合具体场景而定。这就要求对特定领域的"机器人行为"产生的微观与宏观效果有深刻的认识。其二，（完善的）现有法律类型能够被合理地应用并对机器人予以规制。其三，机器人法律受到社会"深层次规范结构"的影响。其四，如果该结构是实用主义的，那么在不远的将来，智能机器人就会被当作人类来对待。那就意味着，智能机器人应当被赋予法律人格，并因此有能力取得并持有财产以及订立合同。其五，反对将机器人当作人类一样对待的理由源自认识论与本体论层面。这些观点都关系到机器人是否能思考（目前它们不能）以及成为人类意味着什么。[1]

机器人发展的最新形态是新一代人工智能。人工智能领域的研究包括机器人、语言识别、图像识别、自然语言处理和专家系统等。斯图尔特·罗素和皮特·诺维格在《人工智能：一个现代路径》中提出了八个不同的人工智能定义，并分成四类：像人一样思考；像人一样行为；理性思考；理性行为。[2] 人工智能可以模拟人的意识及思维的信息过程，能像人那样思考、像人那样行为，甚至超过人的智能。

---

[1] 参见〔德〕霍斯特·艾丹米勒：《机器人的崛起与人类的法律》，李飞、敦小匣译，《法治现代化研究》2017年第4期。

[2] 参见〔美〕马修·U.谢勒：《监管人工智能系统：风险、挑战、能力和策略》，曹建峰、李金磊译，《信息安全与通信保密》2017年第3期。关于罗素和诺维格对人工智能分类的观点，参见 Matthew U. Scherer, "Regulating Artificial Intelligence Systems: Risks, Challenges, Competencies, and Strategies", *Harvard Journal of Law & Technology*, Vol. 29, No. 2(2016).

面对人工智能的飞速发展及可能随之而来的一系列问题,《规划》在注重人工智能理论、技术和应用的同时,提出要加强人工智能相关法律、伦理和社会问题研究,建立相应法律法规和伦理道德框架;提出建设智慧法庭,实现法院审判体系和审判能力智能化;并提出"人工智能+X"复合专业培养新模式,重视包括法学在内的一系列学科的交叉融合。

二、人工智能法律规制的理论构造

人工智能运动的发展,不仅在全球范围内逐步建立起自己的生态格局,而且开始深度介入人类的社会生活。

(一)人工智能三定律与八原则

人类与机器人/人工智能的关系将掀起一场对于私隐、尊严及安全的讨论。随着机器人/人工智能的适应性和自主学习能力不断增强,它们可能不再是人类使用的简单工具,"类脑"人工智能可能超越人类的智力,这将对人类控制机器人构成挑战。一旦机器人的自我意识崛起,高度自主、独立判断且不受人类直接控制的人工智能机器人甚至可能威胁人类的生存。欧盟议会法律事务委员会参照美国科幻小说作家艾萨克·阿西莫夫在1950年出版的短篇小说集《我,机器人》中提出的"机器人学三大法则"(也被称为"机器人学三定律"),提出了机器人自我意识觉醒后的行为规范。据此,我们可以为人工智能设定三个原则,即"人工智能三定律"。① 第一定律:人工智能机器人不得伤害人,也不得见人受到伤害而袖手旁观。第二定律:人工智能机器人应服从人的一切命令,但不得违反第一定律。第三定律:人工智能机器人应保护自身的安全,但不得违反第一、第二定律。"人工智能三定律"只有在一个大前提之下方可成立,即人工智能不得伤害人类整体,或因不作为使人

---

① 参见於兴中:《当法律遇上人工智能》,《法制日报》2016年3月28日。

类整体受到伤害，它有义务保护人类的整体利益，以契合阿西莫夫在《机器人与帝国》中补充提出的第零法则。① 日本学者新保史生提出机器人使用的八原则，被称为"新保试案"：人类优先原则；服从命令原则；保护秘密原则；限制利用原则；安全保护原则；公开透明性原则；个人参加原则；责任原则。②

（二）法律吸纳风险理论

人工智能技术在造福人类的同时也增加了人类受危害系数，这恰恰能够验证技术的负面性与风险的不确定性之间的关联。传统法律治理体系无力解决新一代科技革命带来的社会问题，这恰恰能够验证法律的确定性与风险的不确定性之间的背离。当前，人工智能发展的规制，其实是基于风险的制度选择和法律安排，我们应"通过法律化解风险""通过法律吸纳风险""将风险社会置于法治社会的背景之中"，即对智能革命时代的法律制度乃至整个社会规范进行新的建构。③ 1986年，德国学者乌尔里希·贝克在《风险社会》一书中首次从学理层面提出了"风险社会"的概念。贝克认为，人类面临着威胁其生存的由社会所制造的风险。现代化正在成为它自身的主题和问题，因此变得具有反思性。④ 风险概念表明人们创造了一种文明，以便使自己的决定将会造成的不可预见的后果具备可预见性，从而控制不可控制的事情。在风险理论中，人工智能存在着现代性的负面影响，因此有必要采取风险

---

① 参见《4个案例——关于机器人时代的伦理，阿西莫夫早就给出了三条法则》，2017年4月3日，http://www.sohu.com/a/131831765_483391。
② 参见储陈城编译：《日本政府对人工智能的发展战略和法律应对框架》，2017年10月28日，http://www.zgfzxxh.com/ywdt/201710/t20171028_2087931.shtml。
③ 现代风险社会对人的生命与健康、尊严与隐私、安全与自由带来巨大冲击，人工智能的安全问题表现尤甚。参见吴汉东：《人工智能时代的制度安排与法律规制》，《法律科学》（西北政法大学学报）2017年第4期。
④ 参见吴汉东：《知识产权的制度风险与法律控制》，《法学研究》2012年第4期。

措施,即预防性行为和因应性的制度。对风险社会问题的法学研究,其重点是法律制度与法律秩序。① 一方面,"法律制度的价值和意义就在于规范和追寻技术上的可以管理的哪怕是可能性很小或影响范围很小的风险和灾难的每一个细节"②。另一方面,法律秩序客观上表征了法律制度实施的效果,大致使人类社会生产生活基本方面实现法律化和制度化。现代社会是法治社会,制度风险及风险法律控制是风险社会法学研究理论的基本内涵。风险社会同时也是一种"全球风险社会",风险的空间影响超越了地理边界和社会文化的边界。

（三）法律责任理论

中国科学院科技战略咨询研究院吴焦苏提出了Graceful AI,不仅考虑AI的责任,还考虑AI的技术、伦理和法律之间的界限。Graceful AI以网络行为学的策略相关性原理(SCP)为基本模型,其策略相关系数的上界是图博弈矩阵的最小特征值的倒数,下界是图博弈矩阵的最大特征值的倒数,在上下界之间的行为才是亲人类行为,过之属道德过载(Moral Overload),略少属道德负担不足(Moral Underload),过多低于该阈值,则是法律管辖的范围。③ 这也正是当前人工智能发展面临的主要法律挑战,即人工智能法律化规制的具体面向:法律责任划分和法律责任承担问题。法律责任是由于违反了第一性义务(如违约、侵权等)而引起的第二性义务(如赔偿等),是因为特定的法律事实而引起的对损害进行补偿、赔偿或接受处罚的特殊义务。人工智能机器人的法律责

---

① 参见吴汉东:《人工智能时代的制度安排与法律规制》,《法律科学》(西北政法大学学报)2017年第4期。

② 〔德〕乌尔里希·贝克:《从工业社会到风险社会(上篇)——关于人类生存、社会结构和生态启蒙等问题的思考》,王武龙译,《马克思主义与现实》2003年第3期。

③ 参见齐昆鹏:《"2017人工智能:技术、伦理与法律"研讨会在京召开》,《科学与社会》2017年第2期。

任是否当然包括现有的民事责任、行政责任、刑事责任、违宪责任和国家赔偿责任,是一个有待明确的问题。此外,法律责任除了分责,还有归责、免责、偿责等诸多方面,某种程度上,人工智能机器人作为拟制人,与所有参与到机器人的发明、授权和分配中的自然人或(和)法人,甚至承保相应险种的保险公司,在归责、免责和偿责等诸多方面均是法律空白,需要在既有规范之外制定新的法律责任规则。

三、人工智能法律规制的立法探索

人工智能从产品到技术都在迅猛发展,现在是人工智能立法的准备阶段、摸索阶段、积累阶段,也是人工智能立法的促进阶段,可以先制定促进人工智能发展法。立法应该优先考虑对人们生活已经有影响的领域,比如自动驾驶、服务类机器人领域,应该率先启动立法立项工作。我们有必要对人工智能进行体系性的讨论和专题式的研究,可研究的议题包括功能风险以及与法律制度、权利利益相关的风险等等。此外,在讨论初期可对部分议题进行个别性把握。①

(一)联合国的人工智能法律与伦理

2016年,联合国教科文组织和世界科学知识与技术伦理委员会联合发布报告,主要讨论了"机器人的制造和使用促进了人工智能的进步,以及这些进步所带来的社会、法律与伦理道德问题"②。报告呼吁在国际层面上应该在以下几个方面加强立法控制:数据和隐私保护;创新关于机器人与机器人制造者之间的责任分担机制;预警机制的建立;对机器人在实际生活场景中的测试;在涉及人类的机器人研究中的知情

---

① 参见储陈城编译:《日本政府对人工智能的发展战略和法律应对框架》,2017年10月28日,http://www.zgfzxxh.com/ywdt/201710/t20171028_2087931.shtml。
② Danit Gal:《联合国的人工智能政策》,孙那、李金磊译,2017年4月5日,http://www.sohu.com/a/132199558_556637。

同意权;智能机器人的退出机制;为应对自动机器人的广泛应用将给人类教育和就业带来的巨大影响而建立全新的保险制度。①

随着人工智能的广泛使用,机器人的责任问题越来越突出。联合国的报告认为:"机器人以及机器人技术造成的伤害,很大一部分由民法中产生责任的相关法律调整,因为机器人一般被视为通常意义上的科技产品。从这个角度看,机器人造成的伤害很大一部分被归责于机器人制造者和零售商的'过失''产品警告的缺失''没有尽到合理的义务'。"②在阿萨罗看来,这种归责制度会随着机器人越来越自动化及智能化而逐渐被废弃。③然后,一个新的平衡机器人制造者、销售者和最终使用者的责任分担机制会被逐渐创造出来。④而高度智能化的机器人如何独立承担责任,值得我们深入研究。

(二) 欧盟的立法建议

早在2015年1月,欧盟议会法律事务委员会就决定成立一个工作小组,专门研究与机器人/人工智能发展相关的法律。2016年5月,法

---

① 详细分析参见 Danit Gal:《联合国的人工智能政策》,孙那、李金磊译,2017年4月5日,http://www.sohu.com/a/132199558_556637。联合国作为全球最重要的国际组织,在2016年最新发布的人工智能报告中,表达了其对于人工智能的关注;同时,为应对人工智能及机器人技术的发展带来的各种问题,提出了全新的思考方式与解决路径,这对世界各国的人工智能监管具有重要的参考意义。

② Danit Gal:《联合国的人工智能政策》,孙那、李金磊译,2017年4月5日,http://www.sohu.com/a/132199558_556637。

③ 参见 P. M. Asaro, "A Body to Kick, but still No Soul to Damn: Legal Perspectives on Robotics", in P. Lin, K. Abney and G. A. Bekey (eds.), *Robot Ethics: The Ethical and Social Implications of Robotics*, Cambridge, MA: MIT Press, 2012, pp. 169-186。

④ 对此,一种可行的解决办法是采取责任分担的解决途径,让所有参与到机器人的发明、授权和分配过程中的人来分担责任;另一种解决办法是让智能机器人承担责任,因为智能机器人确实拥有前所未有的自主性,并且拥有能够独立做出决策的能力。这两种责任分担方式展现了两种极端,既无视了人类在科技发展过程中的固有偏见,也忽略了科技被居心叵测的使用者用作他途的可能性。详细分析参见 Danit Gal:《联合国的人工智能政策》,孙那、李金磊译,2017年4月5日,http://www.sohu.com/a/132199558_556637。

律事务委员会发布《就机器人民事法律规则向欧盟委员会提出立法建议的报告草案》①,讨论欧洲首份管制机器人的建议立法草案,旨在为民用机器人的使用制定法律框架。报告对机器人可能引发的安全风险、道德问题、对人类造成的伤害等情况进行了讨论,呼吁制定"人类与人工智能/机器人互动的全面规则",这或是首个涉及管制机器人的立法草案。报告要求欧盟为民用机器人制定法律框架,探讨是否需要为机器人安装"死亡开关"、研究机器人抢走人类工作的应对措施等等。专家认为,此次立法将有利于人类应对机器人革命带来的社会震荡。② 同年10月发布《欧盟机器人民事法律规则》。在此基础上,2017年2月16日,欧盟议会投票表决通过一份决议,包含了立法建议,并要求欧盟委员会就机器人/人工智能提出立法提案。法律事务委员会提出的立法建议涉及多个方面,主要包括:成立一个机构,专门负责欧盟的机器人和人工智能;确立人工智能伦理准则;重构智能机器人的责任规则;长远考虑,也许可以赋予复杂的自主机器人法律地位(所谓的"电子人");明确人工智能在知识产权领域的"独立智力创造";注重隐私和数据保护;推进标准化工作和机器人的安全性;针对具有特定用途的机器人和人工智能系统(主要包括自动驾驶汽车、护理机器人、医疗机器人、无人机、人类修复和增强等)出台特定规则,进行特殊监管;关注人工智能的社会影响;加强法律政策领域的国际合作。③

---

① Ethics of Scientific Knowledge and Technology (COMEST), Preliminary Draft Reports of COMEST on Robotics Ethics, 2015.

② 参见《全球首个涉及管制机器人的立法草案或将落地欧盟》,2017年1月17日,https://www.sohu.com/a/124530614_371013; European Parliament, Draft Report with Recommendations to the Commission on Civil Law Rules on Robotics, 2016。

③ 参见司晓、曹建峰:《论人工智能的民事责任:以自动驾驶汽车和智能机器人为切入点》,《法律科学》(西北政法大学学报)2017年第5期。

(三) 美国的草案

2016年,美国弗吉尼亚州州长签署了一项关于送货机器人的法案,它将允许送货机器人合法地在全州的人行道上行驶,这也是美国第一项关于送货机器人的立法。两名弗吉尼亚州的立法者与爱沙尼亚一家做地面送货机器人的公司合作提出了这条法律的草案。根据最新法案规定,送货机器人被允许在道路上自动行驶,但速度不能超过每小时10英里(约每小时16千米)或者重量不得超过50磅(约23千克)。虽然法案没有要求机器人一定要在操作者的视线范围内行驶,但还是需要操作者进行远程控制,以防止其在道路运行的过程中失控。这项州立法案的规定并不是唯一固定的,各个城市可以根据本地的运营条件对它做出适当的调整。比如市议会可以制定更严格的速度限制或禁止送货机器人上路等。除弗吉尼亚州之外,美国的其他州如爱达荷州及佛罗里达州也在提出类似的立法草案。[1]

(四) 英国的监管与目标

2013年英国挑选出"机器人技术及其自动化系统"作为其"八项伟大的科技"计划的一部分,并且宣布英国要力争成为第四次工业革命的全球领导者。英国下议院的科学和技术委员会在2016年发布的《机器人技术和人工智能》报告,侧重阐述了英国会如何规范机器人技术与人工智能系统的发展,以及如何应对其发展带来的伦理道德、法律及社会问题,报告认为积极响应并且负责任的监管措施能促成监管的介入和领导体制的建立。英国政府总是落后于工业进步、学术研究和不断增长的公共关注,在政府决策机制中引入人工智能,制造了非常有趣的关

---

[1] 参见《送货机器人在美国合法上路了,还有了第一条关于机器人法案》,2017年3月3日,https://itech.ifeng.com/44550432/news.shtml? &back。

注点,在为社会创造利益的同时,也带来了新的伦理、法律和社会问题。下议院的科学和技术委员会在伦理道德和法律方面的重点关注点包括:人工智能的安全与管控;管理——标准与规则;鼓励公众对话;研究——资金支持与创新。①

(五)日本的机器人革命战略

作为"机器人超级大国",日本政府希望开发推广机器人技术,缓解劳动力短缺问题,提高生产效率。2014年9月,日本成立了"机器人革命实现委员会",召开会议讨论与机器人革命相关的技术进步、监管改革以及全球化标准等具体举措。日本经济产业省将委员会讨论的成果进行汇总,2015年1月发布了《日本机器人战略:愿景、战略、行动计划》,机器人革命战略的三大支柱包括:作为世界机器人创新的据点——彻底强化机器人创新能力;成为世界上主要的机器人使用大国;领导世界走向机器人新时代。同时建议制定机器人发展"五年计划"。② 日本的机器人革命战略涉及人工智能与宪法、民法、刑法、劳动法、国际法等诸领域的法律问题,法律法学界正加紧研究。

(六)人工智能立法规制的中国方案

在前文人工智能法律规制的理论构造基础上,我们依次从人工智能的权利能力、行为能力、责任能力等方面进行相应的立法规制。

其一,人工智能机器人享有法律权利。对应"人工智能三定律"第三条"人工智能机器人应保护自身的安全",若要赋予人工智能机器人保护自身的权利,必然与一般的基本权利保护范围由自然形成不同,人

---

① 参见腾讯研究院:《人工智能各国战略解读》,2017年3月1日,http://www.360doc.com/content/17/0301/09/35919193_632883078.shtml。
② 参见储陈城编译:《日本政府对人工智能的发展战略和法律应对框架》,2017年10月28日,http://www.zgfzxxh.com/ywdt/201710/t20171028_2087931.shtml。

工智能机器人的基本权利形成必须通过立法来确定其范围。具有高度智慧、独立意思表示能力和独立决策行为能力的高智能机器人是自然人和服务类机器人之外的特殊主体,其享有的法律权利及对应的法律义务都应当在立法中予以明确界定。

其二,人工智能机器人类型化立法技术管控。"这是最好的时代,也是最坏的时代",狄更斯在《双城记》中的开篇语,同样适用于"未来已来"的人工智能时代。人们既希冀于人工智能机器人带来的高效率、高精度、高细度的"三高"智能时代,又忧虑于人工智能优于人类的学习深度、优于人类的工作强度、优于人类的生活态度以及可能颠覆人类的潜在风险。面对这种具有共生性、时代性和全球性的风险,①不高估、不怯懦,不低估、不自大,以权利能力、行为能力等基本法律概念为切入点,通过分级、分类管控的方式化解、吸纳人工智能风险。例如,参照自然人民事行为能力的分类,将人工智能机器人按照智能程度高低分为无民事行为能力者、限制民事行为能力者,智能程度低的人工智能机器人属无民事行为能力者,智能程度高的人工智能机器人属限制民事行为能力者,其行为需经相关责任主体追认方可生效。如此,权利享有者顺理成章地成为责任的承担者。

其三,全区链备案制的法律责任规制。自然人之权利始于出生,终于死亡,无民事行为能力人的法律责任和限制民事行为能力人的大部分法律责任由其监护人承担。对于人工智能机器人,其权利应当始于登记备案时,登记备案是必经的法定程序,人工智能的设计者、生产者、销售者、使用者、监管者都是法律责任的可能承担者,任何一方不得擅

---

① 参见吴汉东:《人工智能时代的制度安排与法律规制》,《法律科学》(西北政法大学学报)2017年第5期。

自更改人工智能数据,人工智能数据"黑匣子"只在主管部门授权或司法部门鉴定时提供。如此可以倒逼人工智能行业自律,亦能保证整个生产使用链条在程序上的可追责性。

其四,投保强制责任险。具有深度学习能力、独立意思表示能力的高智能机器人,其性质远不是学界流行的工具说、电子奴隶说、代理说等[①]所能囊括的。高智能机器人致人损害的责任有可能是产品责任,这类责任毫无疑问由产品的设计者、生产者、销售者承担损害赔偿责任;也可能是"类脑"机器人的故意损害,这种情况下,单方面将赔偿责任归给使用者或管理者等"实际控制人"显然不妥,而投保强制或许是以法律手段调整新型人机权责关系最有效的方式。

四、法律科技人工智能化的可能路径

"现代法律制度的每一个建构性要素及其运作过程的每一个环节,都表现出很强的技术性特征,这使得法律成为一种典型的社会技术。……法律技术本身也是法治的基本条件之一。"[②]人工智能在法律领域的运用,即法律科技的重点规制领域包括但不限:"智能化的法律检索;法律文件自动化生成;法律服务标准化自动化;人工智能法律援助;律师市场评价与法律人工智能职业;法律教育与人工智能;计算法律与算法裁判等。"[③]对于法律人工智能化的发展趋势,我们需要加大理论研究力度并对此做出顶层规制设计。

在智能发展引擎的驱动下,法律的人工智能化可能遍及立法的人工智能化、司法的人工智能化、执法的人工智能化等领域,其发展进程

---

① 参见袁曾:《人工智能有限法律人格审视》,《东方法学》2017年第5期。
② 周少华:《法律理性与法律的技术化》,《法学论坛》2012年第3期。
③ 曹建峰:《法律人工智能十大趋势》,2017年8月5日,http://www.sohu.com/a/162390641_455313。

亦离不开法律规制。人工智能技术在法律领域的开发应用必须跨过一个鸿沟,即法理学原则在智能开发领域的有效运用。有学者指出,擅长法律推理的人工智能应当可以解决以下问题:根据案例的类比推理(包括真实案例和假设案例);根据规则推理;多种推理方式的结合;处理定义不严密及含义开放的概念;设计论证和解释;处理各项知识的例外和其间的冲突,比如规则间的冲突;包容法律知识基础的变化,尤其是法律概念的变化,处理非单一性因素引起的变化,即由于更多新知识的出现而使原有的真理不再是真理,因之而起的变化;模拟普通常识;模拟人的意向和信念知识;承担理解自然语言的功能。①

面对法律的人工智能化,我们需要应对并解决以下具体问题:其一,人工智能法律语言的规制。其二,人工智能法律解释的规制。其三,人工智能法律推理系统的规制。无论是人工智能法律检索还是人工智能司法裁判,都必须基于最基本的法律语言而展开,这一点恰恰是人工智能需要攻克的难题。因为现有法律语言存在模糊性,不同学者对法律概念的内涵和外延的认知有差别,对某一法律问题的理解,可能法律职业共同体内部就有多种解释,而机器语言只做单向的精确推理,如需穷尽推理结果,必须在法律语言的确定性、法律解释的一致性和法律推理的多维性等方面预先加以规制。

法律的人工智能化在智慧司法中的运用应当是"有限智能化"②,尤其现阶段该应用主要集中于数据检索环节,更需兼顾效率与公正、权衡案件的共同性和差异性。在"人工智能与未来社会:趋势、风险与挑战"学术研讨会上,王枫指出:"没有数据的人工智能是一个理论和空

---

① 参见於兴中:《法理学前沿》,中国民主法制出版社2015年版,第102—105页。
② 黄京平:《刑事司法人工智能的负面清单》,《探索与争鸣》2017年第10期。

谈,数据的完整性、专业性和准确性是最基本的。"①人工智能发展的原始助推力不是算法,不是推理,更不是软件系统,而是大量的数据,所涉数据的来源和使用都不可避免地带来安全隐患或产生隐私侵权行为,这就需要在道德伦理与法律之间寻求一个平衡点,在保护数据信息安全使用的前提下,通过人工智能系统促进法律职业技术改革。总之,法律的人工智能化不仅追求效率,更要兼顾公平与正义。在使用数据方面,遵循目的明确、最少够用、公开告知、知情同意等基本原则,通过数据使用主体权限、数据使用者登记备案、数据使用流向注明标签水印等方式严格规范数据使用,对于滥用数据或窃取使用数据的行为,在查明责任主体的前提下,以民事和刑事责任予以规制。

人工智能从技术到产品都在发展和成熟的过程中,也正是人工智能立法的准备阶段、摸索阶段、积累阶段。加快制定专门的《人工智能发展法》势在必行,坚持以人为本,建立全流程监管,明确数据信息及其跨境流动保护,加强隐私权保护,是我们面临的全新课题。一部体系和结构完整的《人工智能发展法》既需要廓清人工智能机器人的基本权责义务,还需要厘清人(法人)机之间的责任分配以及责任承担方式,更需要不同领域相关法律的配合和补充。

人工智能已然提升至国家战略层面,毫无疑问,立法也将紧随科技进步的步伐。当前,围绕自动驾驶、服务机器人等应用基础好的领域,加快立法进度,将人工智能复杂环境中的突发事件纳入法律规制的范围,探索归纳该场景下突发事件的应对主体、问责机制,为后续立法提供借鉴。

人工智能迅猛发展的势头通过传统媒体、新兴媒介以各种形式不

---

① 2017年8月28日,由上海市社联《探索与争鸣》杂志社和华东政法大学政治学研究院共同主办的"人工智能与未来社会:趋势、风险与挑战"学术研讨会在上海社联大楼召开。

断冲击人们的感官,继而引起国内外多学科专家学者们的广泛关注。"人工智能+X",加号后面的"X"所涉领域包括但不限于制造业、金融业、能源领域、医疗领域、教育领域、司法领域、公共管理领域甚至基因科学领域等。"X"指向的领域千变万化,现阶段,这些领域尚属于法律规制范围以内,过错责任、过错推定责任、严格责任或无过错责任等法律责任的划分以及责任承担主体都是明晰的。但"人工智能+X"的法律规制因为"人工智能"智能化程度的不同而产生新的、更为复杂的法律责任界定问题,现行侵权法、合同法及刑法等法律规制的局限性日益显现。因此,研究人工智能法律责任问题并探索新的责任框架显得必要而迫切。

五、人工智能三维法律责任构造

人工智能类别化之分在理论上奠定了对人工智能进行全方位法律规制的基础,使得将包含人工智能(AI)、高级人工智能(Advanced AI)和超级人工智能(Super intelligence)在内的已有的和将有的人工智能全部置于法律规制之中成为可能。

2017年1月初在美国加州的阿西洛马市举行的"有益的人工智能"(Beneficial AI)会议上,包括业界领袖以及数百名人工智能和机器人领域的专家在内的参会者已联合签署《阿西洛马人工智能原则》,共同保障人类社会的自身安全和未来利益。专家们认同以下观点:高级人工智能是碳基文明的一次深刻变革,人类还没有做好准备;而超级智能的开发必须符合广泛认可的伦理观念,必须是为了全人类的共同利益而非某个国家或组织的利益;基于人工智能系统可能引致灾难性的或有关人类存亡的风险,必须超前并有针对性地规划以减少可预见的冲击。① 对此,无论

---

① 参见杨昌宇:《数字时代法律面临的技术性挑战及其法学应对》,《求是学刊》2022年第4期。

是从现行研究还是从道德价值标准抑或长远发展来看,关于人工智能的风险防范理念的树立和风险应对措施的设置宜尽早提上日程,而人工智能法律规制(尤其是类型化法律规制)不仅具备可能性,更具备充分的必要性。

无论从已有立法经验还是长远发展考虑,人工智能法律责任是构建人工智能法律规制体系的重要组成部分,它是由特定法律事实所引起的损害予以补偿、赔偿或接受处罚的特殊义务。在各种责任形式中,我们将以引起法律责任的最主要的条件违法行为的种类为标准,结合前文中的分类,重点论述类型化人工智能法律责任的三个维度——民事责任、刑事责任和行政责任("九宫格"责任模型如表1所示)。

表1 "九宫格"责任模型

人工智能类型	民事责任	刑事责任	行政责任
一类人工智能(人造人)	电子人严格责任及实际管理人有限责任	完全刑事责任能力	行政责任 行业准入 登记备案
二类人工智能(人造机器或人造机器人)	替代责任或代理人(教练)责任	限制刑事责任能力	行业准入 登记备案
三类人工智能(人造程序)	过错推定责任	无刑事责任能力	登记备案 (快速审批程序)

六、人工智能法律责任构造

(一)民事责任维度

法学研究人员普遍认识到现行的民事责任规则无法适应人工智能行业发展的现状,欧盟、美国、英国和俄罗斯等国家和地区已经开始探索新的责任规则。2017年1月12日,欧盟议会法律事务委员会以12

票同意、2票反对、2票弃权的投票结果通过了一份决议,其中提出了一些具体的立法建议,请求欧盟委员会就机器人和人工智能提出立法案(在欧盟只有欧盟委员会有权提出立法案)。2017年2月16日,欧盟议会以396票同意、123票反对、85票弃权的投票结果通过了这份决议。① 欧盟提出,考虑到机器人所致损害的民事责任是一个至关重要的问题,而自主机器人可以被认为是人类(如制造商、运营商、所有者、用户等)手中简单的工具,这导致普通责任规则可能无法明确各类主体尤其是机器人行为的损害责任。在现有责任制度下,机器人作为或不作为的原因可以追溯到特定人类(如制造商、运营商或代理的用户),机器人不能承担责任。但机器人的自主性存在一个终极问题:对于它们的本性(自我意识的觉醒),现有的法律是否应该创建一个新的类别,使其具有自己特定的功能和意义?俄罗斯学者起草的具有专家建议稿性质的首部机器人法草案《在完善机器人领域关系法律调整部分修改俄罗斯联邦民法典的联邦法律》(也称"格里申法案"),②提出了机器人作为类似动物的财产、作为准主体和作为高度危险来源,在不同法律关系中和不同发展阶段的不同定位,界定了不同定位之下的民事法律规范的适用。参照以上民事规范,结合上文关于人工智能的分类,人工智能民事责任维度可以以过错推定责任、替代责任和严格责任为主,以补充责任为辅。

"三类人工智能"(人造程序),如语音识别、图像识别、语义分析、智能搜索、大数据营销等,适用过错推定责任。过错推定责任是过错责

---

① 参见"REPORT with recommendations to the Commission on Civil Law Rules on Robotics",2017年1月27日,http://www.europarl.europa.eu/sides/getDoc.do?type=REPORT&reference=A8-2017-0005&format=XML&language=EN.

② 该法案文本参见 http://robopravo.ru/proiekty_aktov,具体参见张建文:《格里申法案的贡献与局限——俄罗斯首部机器人法草案述评》,未刊稿。

任的一种特殊表现形式,较典型的就是产品责任,因产品的质量问题给消费者造成损害的,法律推定生产者、运输者、仓储者、销售者未履行其应有的注意义务,据此须承担法律责任。当然只要满足其责任排除条件,证明自己没有过错,就可以免除法律责任。"三类人工智能"仅仅是人造程序,终究是人类(自然人、法人或其他组织)的工具。以人工智能在法律领域的应用为例,ROSS Intelligence 在认知计算的基础上研发了具有自然语言处理(NLP)能力的法律搜索功能,它理解人类问题的意图和正在阅读的法律语言,[①]基于此,法律职业者可以搜索相关的法律法规和其他第二手相关资料。法律检索类人工智能在一定程度上兼具产品和服务的双重功能,但归根结底是法律职业者的辅助工具,法律工作者有义务核实其准确性,法律工作者在提供法律服务过程中尽到合理注意义务,在不存在重大过失的情况下,因使用有缺陷的人工智能系统而导致客户遭受损失,适用过错推定责任,法律职业者不应当为有瑕疵的人工智能系统承担民事赔偿责任。

"二类人工智能"(人造机器或人造机器人),如无人驾驶车、无人机、生活服务智能机器人,适用替代责任或代理人(教练)责任。因为"二类人工智能"具有一定的自主学习能力,其系统行为可能部分脱离编程者、设计者或制造者的控制范围。美国交通部在其发布的《联邦自动驾驶汽车政策》中强调,汽车制造商及其他机构应遵循健全的产品开发流程,使得安全风险(包括网络安全风险)降到最低。高度自动化汽车系统应具备相关的识别、保护、探测、反应及恢复功能,从而做出风险管理决定,解决风险和威胁,对网络安全事件快速反应并从中总结经

---

① 参见 Andrew Arruda,"An Ethical Obligation to Use Artificial Intelligence? An Examination of the Use of Artificial Intelligence in Law and the Model Rules of Professional Responsibility", *American Journal of Trial Advocacy*, Vol. 40(2017), pp. 443-458.

验。该项性能指引还鼓励行业内车辆网络安全相关信息的分享,从而有助于相互吸取经验教训。① 高度自动化汽车自主习得的经验以及相互之间学习的经验,很可能超出制造商的预期。若由于不可归因于编程者、设计者、制造者或销售者的损害而归责于以上主体,显然是不公平的。欧盟关于机器人的民事规则指出,机器人的责任应当与其学习能力、自主程度成正比,与此同时,机器人接受训练的时间越长,其教练的责任越大。② 有学者支持这一观点,认为"智能机器人实际上'代理或者代表'某个法律主体从事行为或进行决策",并且提出"可以比照父母对未成年子女的责任、监护人对被监护人的责任"③,由类似代理人承担替代责任。

"一类人工智能"(人造人),适用以电子人严格责任为主,以实际管理人有限责任为补充。一方面,以产品生产者行为规制为主的产品责任或以人类行为规制为主的侵权责任,显然无法适用于"一类人工智能"的民事责任规制。另一方面,智能机器人(人造人)似乎比公司法人更为"实体",罗马法承认各种作为非自然人却享有权利并承担义务的主体,毕竟"人格"的拉丁文 persona 的原始意思就是面具或角色。④ 长期来看,赋予"一类人工智能"以"电子人"的法律地位具有可能性。对于"一类人工智能"造成的损害,应当适用严格责任,不考虑行为主体的心理因素,不考虑行为主体主观方面的过错,只要求"电子人"的损害

---

① 参见《美国〈联邦自动驾驶汽车政策〉概述》,2017 年 4 月 13 日,http://www.ibgbuy.com/article-10505.html。
② 参见席斌、张志坚:《欧洲机器人技术民事法律规则》,《上海法学研究》2021 年第 5 卷。
③ 司晓、曹建峰:《论人工智能的民事责任:以自动驾驶汽车和智能机器人为切入点》,2017 年 8 月 9 日,http://www.sohu.com/a/163393878_455313。
④ 参见〔德〕霍斯特·艾丹米勒:《机器人的崛起与人类的法律》,李飞、敦小匣译,《法治现代化研究》2017 年第 4 期。

行为与损害结果之间存在因果关系。对于"一类人工智能"的损害赔偿问题,应当引入强制保险制度,电子人以其财产(不出预料,彼时的"电子人"应当具有财产权)①和保险金承担损害赔偿责任,不足以赔偿全部损失时,由"一类人工智能"的实际管理人(使用人)以其投保的相应的强制保险赔偿额度为限承担损害赔偿责任。

(二)刑事责任维度

从石器时代开始,人们就开始利用工具进行生产生活;第一次工业革命后,人们利用机器开展大规模生产。尽管机器可以"思考"的想法在1843年尚被当作奇怪的想法,但是拜伦夫人开启了人类思考"人工智能"的可行性思路。② 人工智能从可行性思路到可行性方案再到付诸实践,人类关注不可谓不多。这种关于新技术的思考、评价与预测,正面与负面始终并存。"尽管人工智能有着各种特殊问题,但是我们仍然有理由相信法律制度能够在不阻碍创新的前提下,控制人工智能带来的公共危险。"③现在及未来,人类与人工智能共存,越来越先进的人工智能给刑法规制提出了更为严峻的问题:如何界定"人工智能"的刑事责任,如何对危害社会的"人工智能"科以刑事处罚,是否可以前瞻性地教育"人工智能"不要在社会生产生活中实施违法犯罪行为,等等。

"三类人工智能",适用无刑事责任能力。人工智能技术的刑事责

---

① 郑戈教授认为,机器人不可能有独立的收入。参见郑戈:《人工智能与法律的未来》,《探索与争鸣》2017年第10期。我们认为,电子人的预期可能实现,当电子人履行劳动义务时,也可以享有获得劳动报酬的权利,那么其具有独立财产并以独立财产承担责任,就是可能的。

② 参见 Gabriel Hallevy, *Liability for Crimes Involving Artificial Intelligence Systems*, Cham: Springer International Publishing Switzerland, 2015, p.2。

③ 〔美〕马修·U. 谢勒:《监管人工智能系统:风险、挑战、能力和策略》,曹建峰、李金磊译,《信息安全与通信保密》2017年第3期。

任应当与其自主性程度高度匹配,人造程序本身没有辨别和控制能力,所以不存在风险,或者说,人造程序本身不具备可受刑法处罚性,因此,它在法律规制中尤其是责任承担条款中不具有可责性。当且仅当人(包括自然人、法人和其他组织)将其作为犯罪工具使用来实现人的犯罪目的时,才有可能被纳入刑法规制的范畴。利用"三类人工智能"可以实施的犯罪行为涵盖刑法分则已有的各种犯罪,如危害国家安全、国防利益、公共安全、社会管理、经济秩序和人身安全等。例如,犯罪分子利用人工智能物联网家居系统侵入住户家庭网络,用家庭监控设备录制私人隐私,借此实施敲诈勒索的行为。但是,在这种情况下,"三类人工智能"仅仅是犯罪工具,本身不具备刑事责任能力,应受刑罚处罚的是使用该工具的人。

"二类人工智能",适用限制刑事责任能力,类似于公司的刑事责任能力。当刑事犯罪的构成指向不作为(例如不履行法律义务、不善待被看护人等),而这些合理义务恰恰是"二类人工智能"的责任时,"二类人工智能"就要承担相应的刑事责任。类似于父母有责任照顾年幼的子女,却未尽抚养义务,则有构成遗弃罪的可能。当刑事犯罪的构成指向作为,即"二类人工智能"作为人(包含自然人、法人和其他组织)的代表而实施指令行为时,其经授意的行为引致的刑事责任由"实际控制人"承担。例如,恐怖活动组织或恐怖分子利用"人造机器人"携带武器、弹药、爆炸物在人员密集的场所或公共区域实施爆炸袭击等恐怖活动,虽然严重危害公共安全的犯罪行为是"人造机器人"实施的,但是刑事责任由教唆指示"人造机器人"实施该行为的恐怖分子承担。

"一类人工智能",适用完全刑事责任能力。在刑法语境中,刑事责任的基本构成是具备外部事实成分要求(犯罪行为)和内部心理因素要求(主观方面)。有学者指出,强人工智能产品(类似"一类人工智能")

在设计和编制的程序范围外的行为相比于传统理论对"行为"的定义，除了不满足自然人犯罪主体须具有生命体的要素，其他均符合，因此，其在设计和编制的程序范围外实施的犯罪行为可以成为刑法意义上的"犯罪行为"。① 比照完全刑事责任能力人，在犯罪行为以外，"一类人工智能"的主观方面可能也包含两个方面：一般故意和过失。只是，"一类人工智能"的认知大多基于程序、算法及深度学习，因此，在主观罪过的判断方面与完全刑事责任能力人的主观要求必须有所区别。再者，科学合理区分故意与过失，对"人造人"的定罪量刑及其他相关主体的刑事责任承担都具有意义，也值得研究。此外，现代刑法除惩罚功能之外的威慑、警示、教育功能如何作用于"一类人工智能"，亦有待进一步探讨。

（三）行政责任维度

在新兴科技领域，行政机关可以通过公布行业标准和加强公共宣传，通过许可或禁止某项产品的应用，在事前监管中有所作为。② 我国行政相对人承担行政责任的具体方式有承认错误、赔礼道歉、接受行政处罚、履行法定义务、恢复原状、返还财产、赔偿损失等。在人工智能的行政责任维度，可以类推公司登记和自然人身份登记制度，有必要采用统一的人工智能登记制度，注明人工智能的类别、程序商、制造商、经销商、实际管理使用人等，变更须经过申请并及时做出变更登记。行政登记是特殊情势下主体承担或免于承担民事责任和刑事责任的主要依据。

"三类人工智能"本身不具备责任能力，不属于法律意义上的行政

---

① 参见刘宪权：《人工智能时代的"内忧""外患"与刑事责任》，《东方法学》2018年第1期。

② 参见〔美〕马修·U. 谢勒：《监管人工智能系统：风险、挑战、能力和策略》，曹建峰、李金磊译，《信息安全与通信保密》2017年第3期。

相对人,因此不需要承担行政责任。行政登记是必须履行的前置程序,只是未来人工智能行政监管机构可以在"三类人工智能"领域适用快速审批程序。为了审批和核准该类人工智能的新版本,行政监管机构可以建立一个类似流水线的审批程序,这方面可以参考美国食品药品管理局关于已获批准的药物再次申请类似同种类新药的新药审批简报制度(Abbreviated New Drug Application)。①

"二类人工智能"严格遵守行业准入和登记备案制度。除基础的登记备案程序之外,国家行政监管机构应当根据使用领域和智能水平等对人造机器或人造机器人行业实施严格的行业准入制度。对行政主体来说,怠于行使权力或滥用行政权力都需要承担相应的行政责任,作为行政相对人的"二类人工智能"的开发设计者、生产者、销售者和使用者可以就具体行政行为提出行政诉讼。对于行政相对人来说,尤其是"二类人工智能"的开发设计者、生产者、销售者和使用者应当在行业主管机关登记备案,同时签署安全责任书及强制保险协议书,否则,上述主体将失去有限责任保护,并接受相应的行政处罚。

"一类人工智能"除遵循行业准入和登记备案制度外,因其类似于行政相对人中的自然人公民,会被赋予更多功能并被授以更多现在仅自然人才享有的权利,所以其行政违法行为会被追究行政责任。行政机关或其他行政主体可以依法定职权和程序对违反行政法规但尚未构成犯罪的行政管理相对人给予行政制裁。以《治安管理处罚法》为例,"一类人工智能"违反治安管理的行为,具有社会危害性,尚不构成刑事处罚的,由公安机关给予治安管理处罚。至于具体的处罚种类,有待相

---

① 参见〔美〕马修·U.谢勒:《监管人工智能系统:风险、挑战、能力和策略》,曹建峰、李金磊译,《信息安全与通信保密》2017年第3期。

关部门法领域的专业分析与预测。

关于人工智能的法律规制问题,除了法学研究领域,机器人研究领域也有人提出:"我们的法律体系必须积极主动地收集专业知识和必要的手段来预测我们的机器人未来,讨论安全、责任、公平和生活质量这些最关键的问题,并且为本世纪创造了一个可行的法律框架,而不是对更加巧妙的机器所发现的新的法律漏洞——作出反应。"[①]现阶段,国内外一致认为,对人工智能的法律规制是必需且迫切的,这也是阿西洛马人工智能原则的指向之一。但是,必需且迫切的法律规制不等于法律压制,更不能因为对技术的过度担忧而束缚人工智能技术的正常发展,让伦理的归伦理,道德的归道德。长远来看,类型化的法律规制路径更为可取。不过,对"人工智能+X"的法律规制的"类型化"不能以"人形"或"非人形"为分界点,亦不能以"X"所在领域为分界点,因为是否具有人形以及应用于何种领域并不具有必然的法律意义,唯有以法律责任能力为基础对人工智能进行类型化方能回归法律规制的本意。当然,随着人工智能的快速发展以及更为广泛的应用,人类对其法律地位的认知可能更新,也许有比"人造程序""人造机器或人造机器人""人造人"更合理的类型化方法,这有待后续探讨。无论类型化的依据有何变化,只有在类型化框架内将"人工智能+X"归入恰当的门类,进而填充式地探讨各类主体的法律责任才显得更加清晰,唯有明晰的法律责任才是规制人工智能发展风险的最低保障。

[①] 〔美〕I. R. 诺巴克什:《机器人与未来》,刘锦涛、李静译,西安交通大学出版社2015年版,第126页。

第二节　人工智能法律系统

关于人工智能法律系统的研究，在过去几十年已经出现了相当多的研究成果。① 但是以往的研究大多属于以下两条进路：其一是从宏观上描述人工智能法律系统的可能前景，并不涉及技术分析。其二是仅仅从逻辑角度刻画人工智能法律系统可能的逻辑进路，并未对逻辑进路局限性进行严谨的分析刻画。换言之，学者们对人工智能法律系统到底能够解决何种复杂程度的案件以及人工智能法律系统在司法裁判中作用的局限性这两个问题的讨论有待深入推进。

人工智能法律系统所能处理的案件复杂程度应该从如下角度出发，进行讨论与论证。其一，基于目标案例本身的争议程度及不同理由的权衡程度。其二，基于目标案例与其他案例的相似性。第一点可以延伸为"基于规则推理"。第二点可延伸为"基于案例推理"。本节将引入"理由逻辑"对"基于规则推理"这一推理模式进行刻画。同时，本节将表明，"基于案例推理"的自动化模型因其相似理由集总存在差异性，故并不能保证推理论证结果的有效性。这是由于"同案同判"并不总是带来"司法公正"，有时为了司法公正，必须"同案异判"。

通过以上讨论，我们得出如下结论：可以通过引入"理由逻辑"对一些复杂程度不高或者尽管复杂程度较高但规范链和理由链较为完整清晰的案例进行刻画，从而为人工智能法律系统的自动化推理论证提供可能路径。但与此同时，对于那些复杂程度较高且规范链和理由链并

---

① 参见张妮、杨遂全、蒲亦非：《国外人工智能与法律研究进展述评》，《法律方法》2014年第2期。

不完整或这两种链条产生明显分歧的案例,由于该类案例本身的复杂程度及其争议性或理由链与规范链的不完整性,我们无法通过提供"理由逻辑"对案例的诸多可能性情形进行权衡,从而获得令人满意的结果,同时此类案例由于法规范选取的争议性,也无法仅仅通过可废止逻辑刻画此类案件。或者即使我们可以通过以上工具对诸多可能性进行权衡并获得相应结果,但我们无法期待人工智能法律系统对该结果进行有效论证。这是因为一个有效性论证应该满足如下标准:相关性、可接受性和充分性。① 对于那些复杂程度较高的案例而言,人工智能法律系统的推理仅仅是从纯粹逻辑角度出发,推导出可能的结论。该结论无法完全说服听众使其放弃对其他可能结果的认同,就此而言,如果仅仅依靠人工智能法律系统进行推理论证,该结果并不满足论证的可接受性,也不满足论证的充分性。

除此以外,司法裁判实践并非单纯的"逻辑推理"与"演绎涵摄",法官必须与当事人充分互动,做到"以理达情",方可使得裁判效果最大化。对于我国司法实践而言,裁判也绝不是简单地将法律规范作用于案件事实。更重要的一点在于司法裁判必须做到司法效果、政治效果、文化效果与社会效果的统一。我们将试图说明,这种统一需要裁判者进行"价值判断",从而达到所欲实现的效果,而这是价值无涉的人工智能法律系统能力所不及的。人工智能法律系统只适合有限案件,对于复杂程度较高的案例且规范链和理由链不清晰的案例,并不适宜用人工智能法律系统取代人类进行推理论证。

一、人工智能法律系统的推理进路及其评述

关于人工智能法律系统可能的推理进路这个问题,应该说不同的

---

① 参见 R. H. Johnson and J. A. Blair, *Logical Self-Defense*, Toronto: McGraw-Hill Ryerson, 1977, p. 202。

学者对此认知并不相同,但这并不意味着该问题不存在阶段性的共识。然而,正如下文所揭示的那样,这种阶段性的共识依然存在缺陷。该缺陷并非来源于学者们对该问题的讨论不充分,而是来源于人工智能技术的"超预期"发展。可以说,这种"超预期"发展表明,人工智能法律系统领域"应然"与"实然"存在裂缝,而这种裂缝存在的根本原因来自客观现实的发展超过理论研究者所预期的进度。在本部分,笔者将首先综述中外学者对"人工智能法律系统可能的推理进路"这一问题的论述,然后,我将结合最近的人工智能系统的发展指出这些论述可能存在的缺陷。

（一）基于规则推理与基于案例推理

若要对"人工智能法律系统可能的推理进路"这个问题予以回答,我们必须首先对人工智能法律系统的概念与性质做出大体阐释。对于该问题,不同学者的看法大致相同,如雷磊认为,法律人工智能是法学与计算机、应用数学和心理学等多学科交叉的新兴学科,其又是同法律人思维相似的智能系统。该系统的核心在于法律推理。[①] 张保生认为,人工智能法律系统研究的核心内容是法律推理模拟,所谓人工智能法律系统,就是机器模拟人脑进行法律推理的自动化系统,该系统采取非形式逻辑进路进行建构。[②] 持相同看法的还有刘东亮[③]、杜文静[④]等学者。域外学者也指出,人工智能法律系统的核心功能是模拟人类进行

---

① 参见雷磊、王品:《法律人工智能背景下的法律推理:性质与特征》,《武汉科技大学学报》(社会科学版) 2022 年第 5 期。
② 参见张保生:《人工智能法律系统——两个难题和一个悖论》,《上海师范大学学报》(哲学社会科学版) 2018 年第 6 期。
③ 参见刘东亮:《新一代法律智能系统的逻辑推理和论证说理》,《中国法学》2022 年第 3 期。
④ 参见杜文静、蔡会明:《法律论证的人工智能模型》,《上海政法学院学报》(法治论丛) 2019 年第 1 期。

法律推理,实现该功能有赖于法律逻辑的建构。如荷兰学者雅普·哈赫认为,人工智能法律系统的核心在于模拟人类推理模式进行自动化的法律推理与法律论辩,为了给人工智能法律系统的推理论辩建构有效模型,有必要通过法律规则和法律推理的可废止性,从而建构一套逻辑工具。① 亨利·帕肯也持有类似看法,其进一步指出了非形式逻辑在建构该系统时的重要性。② 总之,上述学者大致均认为,人工智能法律系统就是模拟人类进行法律推理、法律论证并处理案件纠纷的自动化系统。该系统的核心在于自动化推理,而建构自动化推理需要一些特定的逻辑工具。

关于人工智能法律系统的推理进路的分类及其相应特征,不同学者有不同理解。传统观点认为,人工智能法律系统可以二分为基于规则推理的系统与基于案例推理的系统。中国学者熊明辉③和外国学者雅普·哈赫④、亨利·帕肯⑤等人持有此看法。

所谓基于规则推理,就是将法条表达为机器可理解的法律知识库,以供自动法律推理引擎随时调用。毫无疑问,对成文法系国家而言,该进路应当是主流进路。荷兰学者阿什利认为,法律首先是一个规则领域,许多法律规则均体现在法律与法规中。既然规则可以从逻辑上进行表达,而计算机可以进行演绎推理,那么从计算机上进行建模成文法

---

① 参见〔荷〕雅普·哈赫:《法律逻辑研究》,谢耘译,中国政法大学出版社2015年版,第260—261页。
② 参见〔荷〕亨利·帕肯:《建模法律论证的逻辑工具——法律可废止推理研究》,熊明辉译,中国政法大学出版社2015年版,第1页。
③ 参见熊明辉:《法律人工智能的推理建模路径》,《求是学刊》2020年第6期。
④ 参见〔荷〕雅普·哈赫:《法律逻辑研究》,谢耘译,中国政法大学出版社2015年版,第93页。
⑤ 参见〔荷〕亨利·帕肯:《建模法律论证的逻辑工具——法律可废止推理研究》,熊明辉译,中国政法大学出版社2015年版,"引言"。

推理应该很容易。我们只需要向计算机程序输入一个事实情节,程序就会识别相关规则,判定规则适用条件是否得到满足,并根据规则提供解释或者给出答案。① 然而,该观点并不现实,这是因为成文法国家的法律规范在许多情况下具有开放性,这种开放性法律规范在语义上和语法上是含混的,并受制于法律规范在结构上的不确定性。由此,这种法律规范如何适用、如何解释,以及如何判定该规范之例外集,是该模式下人工智能法律系统必须面对的问题。

所谓基于案例推理,熊明辉认为,其不仅关注语义和语形维度,还关注语用维度,如语境要素。语境要素具有很强的语境敏感性。② 之所以如此,如上所述,是因为有些规范包含了开放性结构的术语和概念,这种开放性概念体现了语义模糊性。基于案例的推理模式不仅是英美法系国家的主要推理模式,也是大陆法系国家处理疑难案件的主要推理模式之一。这是由语言结构的空缺性和立法者对未来规划的有限性所致,在该种情形中,司法自由裁量权是不可避免的。③ 而对于该种情形的自动化推理模式,宜适用基于案例推理模式。该模式在实例中已存在应用模式,即海波系统(1980)。应该说,该系统的基点是建立在案例的相似性前提下实现同案同判,但是,如雷磊所言,该系统也存在缺陷,这是因为"同案"本身就是进行价值判断(法律上的相似性)的结果。这种判断只能由人类法官来进行,而无法交由不具备价值判断能力的机器。即便存在个人价值判断的余地,从而不同法官对同样的案件做了不同判断,也不影响同案同判原则本身。因为此时通常支持同

---

① 参见 K. D. Ashley, *Artificial Intelligence and Legal Analysis: New Tools for Law Practice in the Digital Age*, Cambridge: Cambridge University Press, 2017, p.38.

② 参见熊明辉:《法律人工智能的推理建模路径》,《求是学刊》2020年第6期。

③ 参见〔英〕哈特:《法律的概念》(第三版),许家馨、李冠宜等译,法律出版社2022年版,第207—210页。

案的法官会主张同判,而否认同案的法官会主张异判,他们的分歧只在于"法律的要求"究竟是什么。甚至可以说,保留一定的分歧余地正是司法创新的前提。①

(二) 强力法与训练法

应该说,上述划分体现了大多数人工智能法学研究者的观点,但不可否认的是,对于人工智能法律系统的进路划分及其特征,仍然有少部分学者的观点与上述观点存在差异。雷磊认为,人工智能法律系统可以划分为下述两种进路,即强力法和训练法。②

强力法的基本原理是:第一,根据问题的精确模型,建立一个搜索空间;第二,压缩搜索空间;第三,在压缩空间中枚举所有选项,找出问题的一个解。强力法的基本前提是:待解问题存在一个良定义的精确模型,且该模型默认为某种符号模型,以逻辑形式化、概率形式化和决策论形式化为主导模型。③

训练法的工作原理是:用一个人工神经网络表示给定问题的输入输出格式(元模型),然后用大量标注数据去训练这个元模型,即调整这个人工智能神经网络的连接权重,从而得到一个具体的亚符合模型,这种训练遵从数据拟合原理。训练集中的每个样本包含着一对输入值和期望的输出值,训练过程中反复比较被训练的人工神经网络的输出值与训练样本标注的期望的输出值之间的偏差,用监督学习算法调整元模型的参数(即人工神经网络中的连接权值),努力让总体偏差尽量小。④

---

① 参见雷磊:《司法人工智能能否实现司法公正》,《政法论丛》2022年第4期。
② 参见雷磊:《司法人工智能能否实现司法公正》,《政法论丛》2022年第4期。
③ 参见雷磊:《司法人工智能能否实现司法公正》,《政法论丛》2022年第4期。
④ 参见雷磊:《司法人工智能能否实现司法公正》,《政法论丛》2022年第4期。

持有该分类的学者认为,人工智能法律系统的实质是"将开放的司法数据通过自然语言处理后,输入机器学习的算法之中,然后得出一种或多种用于预测或预见案件胜诉或败诉可能性的模型。这个算法的目标并非复现法律推理,而是寻找判决中各个参数间的相关性"①。

(三) 评述

少数派学者基于强力法和训练法的划分,本质上与主流划分方法并不冲突,且强力法是用知识和推理解答问题,要求针对某应用场景编写相关的知识库,然后用推理机回答问题(类似于规则推理);训练法则要求首先采集、制作训练数据集,训练出一个合格的神经网络,然后用该网络回答问题(类似于案例推理)。其本质可以看作主流进路的变种,因此我们采取主流进路,对人工智能法律系统进行分析。

然而,尽管这种划分是大多数学者对该问题之回答的"最大公约数",但这并不意味着该划分是完美的。首先,有学者曾经指出,除以上划分之外,人工智能法律系统还可基于大数据进行分析。不过该学者随即指出,该路径仅仅是构想,并不具有实操性。纵观中外学者对该问题的探讨,不少学者也指出了基于大数据进行智能化推理的可能,但他们大多认为该进路在当下不现实。这是因为尚未有智能系统能够通过"图灵测试"。② 雷磊也指出,当下的人工智能法律系统属于"弱人工智能"时代,弱人工智能具有基于逻辑运算而在静态环境下模拟人类思维

---

① 雷磊:《司法人工智能能否实现司法公正》,《政法论丛》2022年第4期。
② 参见雷磊、王品:《法律人工智能背景下的法律推理:性质与特征》,《武汉科技大学学报》(社会科学版)2022年第5期。

的能力，但其心智远未达到人类的水平。①

然而该论断在当下可能存在一定局限性。正如2022年末至2023年初在中文互联网掀起的对ChatGPT人工智能系统的讨论浪潮所表明的那样，尽管类似ChatGPT这样的智能系统没有通过"图灵测试"，但是如若对这些人工智能系统进行一些有限的改良，那么该人工智能系统可能会在不久的将来通过"图灵测试"，②并可能超越"弱人工智能"阶段，进入介于"弱人工智能"与"强人工智能"之间的过渡阶段。就拿ChatGPT来说，现有资料已经表明，ChatGPT已经应用到司法裁决中，并取得了预期效果。③ 当然，本部分所关注的焦点并不是ChatGPT进行司法审判所引发的法律职业伦理和道德问题，而是ChatGPT在司法中的应用并不属于上文所述的可能的推理进路的任何一种。即是说，ChatGPT进行判案的进路并不依赖于上文所述的"基于规则推理"或"基于案例推理"，并且ChatGPT判案的原理不在于逻辑演绎，而在于大数据的分析处理。因此，ChatGPT应用于司法判案的原理在于"基于大数据进行分析"。这恰恰表明，传统推理进路的划分在当下存在局限性。传统理论认为，人工智能法律系统进行推理论证依赖于逻辑有效性。但现有实践表明，逻辑有效性只是构建人工智能法律系统推理论证的可能进路之一，除此之外，我们可以通过大数据分析获得有效推理论证。但这又凸显了人工智能法律系统的另一个局限性，即该进路必须依赖于先

---

① 参见雷磊、王品：《法律人工智能背景下的法律推理：性质与特征》，《武汉科技大学学报》（社会科学版）2022年第5期。
② 参见张佳欣、刘园园、陈曦：《从ChatGPT还没有通过图灵测试看AI喜与忧》，2023年2月22日，https://k.sina.com.cn/article_1075090297_m402200f9033015o7p.html?sudaref=www.baidu.com&display=0&retcode=0。
③ 参见陈育超、周辰：《全球首个由ChatGPT给出的法院判决诞生，法官也要失业了吗？》，2023年2月10日，https://new.qq.com/rain/a/20230210A05BEQ00。

例、已有数据对当下案件进行刻画与模拟，而如果现有案例与先例出现明显差异或已有数据无法对现有案例进行有效刻画，人工智能法律系统将无法对这类案件进行有效裁判。

二、人工智能法律系统的可能：基于理由逻辑分析

正如前文所述，主流观点认为，人工智能法律系统的推理进路有两种。第一种进路是基于规则推理。这是一种基于规范适用于事实的推理，其典型的论证模型是演绎法与可废止推理。所谓演绎法，指的是对于简单案件，基于规则推理一般是按照"事实真相+法律规范=判决结论"这一三段论模式进行。由于规范具体确定，在适用该模型中，无须对规范进行解释、权衡，即可进入规范适用阶段。该模型是现有人工智能法律系统所能解决的，而这种推理模式本质上是一种单调性推理。不过并非所有案例都可以通过这种简单操作就推导出结论，这是因为，对于较复杂案件而言，法律规则固然是最重要的理由，但绝非唯一的理由。也就是说，即便案件事实符合相关法律规则的构成要件，也不一定就会得出该法律规则所要求的后果，因为法律规则永远可能存在例外。这种例外表明，并非所有法律推理都具有单调性，在一些较为疑难的案例中，由于有"例外"的存在，法律推理被赋予了非单调性。从逻辑角度出发，对于单调性推理而言，如果前提集 R 可以获得结论 C，那么对于 R 的任意一个超集 R′而言，其也可以推出结论 C。[①] 上文所提及的逻辑演绎就是典型的单调推理。但是如果考虑"例外"因素的话，可能会出现如下情形，即前提集 R 推出的结论 C 并不一定能从其超集 R′推出。反映在法律推理中，有可能因为推理前提集元素的增加而使得之前

[①] 这里超集指的是包含一个较小集合的所有元素的集合。例如，如果集合 B 是集合 A 的子集，那么，集合 A 就是集合 B 的超集。

依据相关法律规则能够证成的结论不再成立，从而使得该种法律推理具有非单调性。法律推理的这种性质有时也被称为可废止性。当然，与非单调性不同的是，可废止性除了用来指称推理，还可以用来指称理由。这为通过理由逻辑刻画该模式的法律推理提供了可能。下文将以法律推理的可废止为前提，刻画基于规则推理的可能的理由逻辑模型。

人工智能法律系统推理的第二种进路是基于案例推理。这种基于案例推理本质上是不同案例之间的比较。在这里，只有当目标案例与已知先例具有相似性时，比较才有意义。从逻辑角度而言，如果两个"相似的"集合（这里指相似理由）含有不止一个共同的元素，那么，唯有这些理由权重之间的所有差异导向相同方向时，才能根据这些理由的权重对两个集合进行定性的比较。① 在基于案例的推理中有两种不同的子模式。第一种子模式表明，我们应当首先从一个已知的先例中提取出某一规则，之后，再将这一规则应用于目标案例，进而以同样的方式加以应用。该种子模式与基于规则推理的模型具有共通性。第二种子模式是，基于目标案例与先例的充足相似性，就可以将先例的裁判结论运用于目标案例中，从而导出结论。这是一种类比论证或者反向论证。不过值得注意的是，由于这种模式只是基于目标案例与已知先例的部分相似性，因此其结论并非充分，我们只有进行二次权衡，才能得出该种类比是否合适，而这种权衡本质上需要法官进行实质判断。这也是基于案例推理自动化模型的不足之处。另外，如何处理相似理由集的差异性，亦是一大难题。

---

① 参见〔荷〕雅普·哈赫：《法律逻辑研究》，谢耘译，中国政法大学出版社2015年版，第118页。

（一）理由逻辑及其重要性

理由逻辑是一种非形式逻辑推理方式，在这种推理方式中，论证者使用事实、证据来证明其观点，这种事实与证据统称为"理由"。理由逻辑的核心在于"理由"。"理由"有不同种类，但所有种类的理由共享一个相同的特征：这些理由都是事实。与理由相关的概念是"结论"，结论也是一种事实，其与理由的相关性在于，结论的有效性与可接受性取决于理由的充足性与一致性。这里需要指出的是，理由的一致性并非单向度的，有时论证理由链中的部分理由可能会废止该理由链中的其他理由，在这种情况下，只要理由链推导出的结论是唯一的，那么这种理由链也就具有一致性。举例而言，"X是不满12周岁的未成年人"这个理由可能会废止理由"X成立盗窃罪"，但这里并不能说该理由链不具有一致性，因为一旦理由"X是不满12周岁的未成年人"成立，那么其导出的结论C就具有唯一性，即"X不负有刑事责任"。因为结论的唯一性与确定性，所以该理由链具有充足性与一致性。因此只要该理由链的其他理由间不存在冲突，则论证有效。

理由逻辑在法律中的运用广泛，主要表现在以下几个方面。第一，判决理由的构建：在法律判决中，理由是判决的重要构成部分。判决理由必须具有严密的逻辑推理，能够证明法律事实和法律规则之间的合理联系，从而支持合理的法律判决。因此，法官需要使用理由逻辑来构建判决理由。第二，法律证明的实现：在许多案例中，法庭需要证明某些理由是否属实，例如，证明被告人是否犯罪、是否有过失，证明某些行为构成侵权，等等。在这些情况下，法庭需要运用正确的证明方法和逻辑推理，以最终得出正确的结论。第三，法律解释的阐明：法律解释是法律适用的核心。在解释法律的过程中，需要使用理由逻辑来理解和解释法律规则，从而保证法律适用的准确性和一致性。第四，法律论证的实现:在法律争议中,当双方对法律规则的理解和适用有不同的看法时,需要通过提出理由进行法律论证,并通过逻辑推理和理由权衡等方式来支持自己的观点,最终得到合理的法律判决。综上所述,理由逻辑在法律中的运用非常重要,其能够保证法律实施的准确性和公正性。

(二)理由逻辑相关概念的引入

理由逻辑源于谓词逻辑,但理由逻辑并非谓词逻辑的简单复述。雅普·哈赫认为,理由逻辑与谓词逻辑的关系在于,理由逻辑所适用的语言是谓词逻辑语言的扩充。① 这种扩充包括关系词、谓词和函数表达式的扩充。在此我们将对这些关系词、谓词和表达式的概念进行释明,下文以此为基础,从"基于规则推理"与"基于案例推理"两个角度建构人工智能法律系统可能的推理论证进路。

我们约定以下基本规则,作为建构论证的起点:

第一,定义符号:$\exists$、$\forall$、$\vee$、$\wedge$、$\sim$、$\equiv$、$\rightarrow$分别表示特称量词(存在)、全称量词(任意)、相容析取(或者)、合取(且)、否定(非)、等价、蕴含。比如,$A \vee B$表示A或者B,$\sim A$表示非A,以此类推。

第二,我们定义,所谓事态,指的是事实未现实化之前所处的可能状态。② 事态可以分为事实和非事实。事实指的是客观真实发生的事态,非事实指的是并未真实发生的事态。由此,可以得出如下结论:一个表达了事实的语句是真值语句,而一个没有表达事实的语句是非真值语句,即"假的语句"。

第三,我们约定,表达事态的个体常元(表示具体或特定的个体)或者变元(表示抽象或泛指的个体)s,以 $*s$ 表示。其中,这里的s是小写

---

① 参见〔荷〕雅普·哈赫:《法律逻辑研究》,谢耘译,中国政法大学出版社2015年版,第82页。

② 参见〔荷〕维特根斯坦:《逻辑哲学论》,贺绍甲译,商务印书馆1996年版,第74页。

字母。

第四，对于自然语言的逻辑处理规则如下。如果 S 是一个语句，那么：(1) 首先，我们将 S 分拆成各个原子语句，所谓原子语句是谓词演算语言中的最基本单位，即这种原子语句不可再分。(2) 之后，为了方便起见，我们将各个原子语句符号化，这样得到字符串 s。(3) 那么，*s 就表达着 S 所表达的事态。现举两例说明：语句"我是学生"表达了我是学生这一事实，那么"*我是学生"则表达了我是学生这一事态。再复杂一点，*∀x（强奸犯(x)→制裁(x)）表明所有强奸犯都应该受到制裁这一事态，这一事态还可以字母化地表达为 *∀x(rapist(x)→punishable(x))以便智能系统存储。下文将用字母化表达来处理自然语言的逻辑化表达。有时语句中可能存在多种事态，比如语句"A 相信所有他母亲相信的东西"可以形式化地表达为" *∀s(believe(A,*s)→believe(mother,*s))"。显然，该语句中涉及多个不同的事态。

第五，定义"真实发生"如下：

$$\forall *a(obtains(*a)) \equiv A$$

该语句表明，如果一个语句是真值语句，那么它所表达的事态是真实发生的。同时，这里约定，英语单词 obtains 表达汉语中"真实发生"的意思。

（三）理由的分类与权衡

理由可以分为如下类别：决定性理由与辅助理由。其中决定性理由指的是能够使得结论成立并可以单独支撑结论 C 的具体理由，我们用 Dr 表示。辅助理由是可以支持或反对结论的理由，我们用 Cr 表示。Cr 不同于 Dr，单一的 Dr 足以支撑结论 C 成立，但是单一的 Cr 不能支撑结论 C 成立。在 Cr 模式下，对于结论而言，必须通过对 Cr 的权衡比较才能支撑结论成立。

对于 Dr 而言,有以下两条公理。

公理一:决定性理由是事实。

$$\forall *a(\exists *b(Dr(*a,*b)))\rightarrow obtains(*a)$$

公理二:决定性理由保障其结论成立。

$$\forall *b(\exists *a(Dr(*a,*b)))\rightarrow obtains(*b)$$

由公理一和公理二,显然可得:

$$\forall *a*b(Dr(*a,*b)\rightarrow(A\wedge B)$$

对于 Cr 而言,情况比 Dr 复杂得多。因为对结论 C 而言,有两种可能的情形。情形一是对于结论 C 而言 Cr 和 Dr 共存,依据 Cr 和 Dr 的定义可得,此时 Dr 优先于各种类型的 Cr。该情形较为简单,在此不再举例。情形二是一种复杂情形,也是人工智能法律系统进行推理的通常场合。其既有支持结论 C 的 Cr,我们记作 Cr^+,也有反对结论 C 的 Cr,我们记作 Cr^-。此时我们需要对 Cr^+ 与 Cr^- 进行权衡,才能得出结论。对于 Cr 的权衡模式,我们有以下定义。

定义,"支持性的辅助理由集":

$$r^+*a=\{*s|Cr(*a,*s) \text{ is true}\}$$

同理,定义"反对性的辅助理由集":

$$r^-*a=\{*s|Cr(*\sim a,*s) \text{ is true}\}$$

关于理由权衡,我们定义,若支持理由胜出,则:

$$\forall *a(r^+(*a)>r^-(*a)\wedge\sim\exists x(Dr(*x,*\sim a))\rightarrow obtains(*a))$$

若反对的理由胜出,则:

$$\forall *a(r^-(*a) > r^+(*a) \wedge \sim \exists x(Dr(*x, *a)) \rightarrow obtains(*\sim a))①$$

上述规定在法律场景与生活场景中的应用,举两例进行说明。对于"某人实施强奸行为,因此某人应该受到刑法制裁"这一语句而言,"某人实施强奸行为"是"他受到制裁"的 Cr,该语句可以表达为:

$$Cr^+((rapist(x), punishable(x)))$$

但是有时候可能会出现阻却结论成立的理由,比如上述案例中,假设该男子只有 13 岁,那么该理由废止了结论 C。该假设可以表达为:

$$Cr^-((incapacity(x), \sim punishable(x)))$$

在这种场合下,显然依据我国《刑法》规定,$Cr^+ > Cr^-$。于是结论 C 为该男子不能被刑法制裁。但是当强度相当的 Cr^+ 与 Cr^- 进行权衡时,推理并非如此简明。举例而言,对于事态"今天会下雨"而言,可能会存在多个冲突的 Cr,比如 A 引用天气预报来说明该事态是非事实:

$$Cr(prediction\_sunshine, *\sim rain)$$

而 B 利用"燕子低飞""蛤蟆出洞""蚂蚁过街"等现象来表明该事态是事实:

$$Cr(customs\_(Swallows, Ants, frogs) behaviors, *rain)$$

由于两者并无排序标准,所以此时我们必须对冲突理由进行实质判断,方可得出结论。

---

① 参见〔荷〕雅普·哈赫:《法律逻辑研究》,谢耘译,中国政法大学出版社 2015 年版,第 82 页。

理由还可以分为具体理由与抽象理由。① 对于抽象理由,可举例如下,如"某人是抢劫者"是"某人应该受到制裁"的抽象理由。在理由逻辑中,所有辅助理由都是抽象理由的具体实例,我们用 Ar 表达。比如"某人是抢劫者"是"某人应该被制裁"的辅助理由,可表达如下:

$$Ar(*robber(x), *punishable(x))$$

下文对人工智能法律系统推理进路的逻辑构建将以上述表达为基础。

(四) 规则与基于规则推理

本部分结构如下:首先,笔者将从理由逻辑角度出发探寻规则表达的性质,并尝试进行规则具体的运用。其次,笔者将举例说明如何运用理由逻辑进行"基于规则推理"。

一般来说,规则可以三分为:适用条件、行为模式与法律后果。② 对于理由逻辑而言,规则的实质在于如果使用条件得到满足,则其结论成立。在理由逻辑中,规则是一个函数,该函数存在双变量。第一个变量代表规则适用条件,第二个变量代表结论的输出。例如命题"抢劫者应该受到惩罚",可以表达为:

$$*robber(x) \Rightarrow *punishable(x)$$

传统观点认为,规则的应用主要是通过涵摄完成。③ 因此应用规则的推理传统上也可以被称为"涵摄模型"。但在理由逻辑中并非如此。在理由逻辑中,如果某个规则可以应用于某个案件中,那么该规则就是

---

① 参见〔荷〕雅普·哈赫:《法律逻辑研究》,谢耘译,中国政法大学出版社 2015 年版,第 93 页。
② 参见马长山主编:《法理学导论》(第二版),北京大学出版社 2022 年版,第 46 页。
③ 参见马长山主编:《法理学导论》(第二版),北京大学出版社 2022 年版,第 342 页。

该案件结论的"决定性理由"。比如"以暴力、胁迫或者其他方法抢劫公私财物的,处三年以上十年以下有期徒刑,并处罚金"(《刑法》第二百六十三条)是"抢劫者 A 应该受到惩罚"这一结论的决定性理由(这里假设 A 有刑事责任能力)。这里的符号化表达为:

$$* \text{robber}(A) \Rightarrow * \text{punishable}(A)$$

具体可以通过以下表达进行推理:

$$A = \text{robber}$$
$$* \text{robber}(x) \Rightarrow * \text{punishable}(x)$$
$$* \text{robber}(A) \Rightarrow * \sim \text{incapacity}(x)$$
$$\therefore * \text{robber}(A) \Rightarrow * \text{punishable}(A)$$

上述情形是简单的理由逻辑应用,有时对理由逻辑的应用需要结合上文所述的"辅助理由"进行刻画。在这里,如果一个理由 r 表明,一个规则在某个案例中是可应用的,那么该理由 r 就是应用该规则的"辅助理由"。可形式化表达为:

$$\forall * r(\text{Ar}(* \text{applicable}(r), * \text{applies}(r)))$$

反之,如果一个辅助理由表明,该规则不适用,那么可形式化表达为:

$$\forall * r(\text{Ar}(* \sim \text{applicable}(r), * \sim \text{applies}(r)))$$

正如前文所述,法律推理具有可废止性,这种可废止性本质上是一种规则的例外。对于该例外,理由逻辑可表达为:

$$\forall * r(\text{Exception}(r) \equiv \text{applicable}(r) \wedge * \sim \text{applies}(r))$$

在理由逻辑中,如果一个规则存在例外,那么反对该规则应用的理由胜过所有支持该规则应用的理由。但是例外的例外在于,如果存在反对该例外应用的决定性理由,那么例外不得使用。这是由 Dr 优先于 Cr 的性质造成的。

现举例表明理由逻辑如何应用于"基于规则推理"。

案例:13 岁的 A 盗窃了路人的手机,且涉案金额巨大,检方是否应当起诉?

首先我们必须将问题形式化:

$$\text{Should-do}(\text{procuratorate}, \text{prosecute}(A))?$$

我们找出两个抽象理由,一个理由是:

$$Ar(*\text{thief}(x), *\text{should-do}(\text{procuratorate}, \text{prosecute}(A)))$$

另一个理由是:

$$Ar(*\text{mirror}(x), \sim\text{should-do}(\text{procuratorate}, \text{prosecute}(A)))$$

已知条件为:

$$A = \text{thief} \land A = \text{mirror}$$

$$\text{Mirror}(x) = \text{incapacity}(x)$$

假定两个抽象理由未排除:

$$\sim\text{excluded}(*\text{thief}(x), *\text{should-do}(\text{procuratorate}, \text{prosecute}(A)))$$
$$\sim\text{excluded}(*\text{incapacity}(x), \sim\text{should-do}(\text{procuratorate}, \text{prosecute}(A)))$$

由条件,显然可得:

$$Cr(*\text{thief}(x), *\text{should-do}(\text{procuratorate}, \text{prosecute}(A)))$$
$$Cr(*\text{incapacity}(x), \sim\text{should-do}(\text{procuratorate}, \text{prosecute}(A)))$$

于是利用辅助理由的定义,该表达可转化为:

$$r^+(\text{should-do}(\text{procuratorate},\text{prosecute}(A))) = *\text{thief}(A)$$
$$r^-(\sim\text{should-do}(\text{procuratorate},\text{prosecute}(A))) = *\text{incapacity}(A)$$

由于 $*\text{Mirror}(x) = *\text{incapacity}(x)$(CL17)构成规则的例外。又因为:

$$*r(\text{Dr}(r^+(\text{should-do}(\text{procuratorate},\text{prosecute}(A))))) = \varnothing$$
$$*r(\text{Dr}(r^+(\sim\text{should-do}(\text{procuratorate},\text{prosecute}(A))))) = \varnothing$$

这表明不存在"检察院是否起诉 A"的决定性理由。
因此可得:

$$r^+ < r^-$$

结论是:

$$\sim\text{Should-do}(\text{procuratorate},\text{prosecute}(A))$$

因此,A 不应该被起诉。

(五) 小结

上文指出,基于规则推理可以通过"理由逻辑"进行刻画,进而进行自动化推理。但该模式存在着明显的缺陷,即它只适合"简单案件",而不适合"疑难案件"。所谓简单案件,是可以通过"司法三段论"与"涵摄"直接推导出结果的案件。对于简单案件而言,法律规范是明晰的,因此司法裁判的核心是适用规范而非解释规范。但对于疑难案件而言,法律规范没那么明晰。所谓疑难案件,有两类子情形:子情形一即"规则边缘地带",这种情形的特征是法律规则的语词含义模糊,以至于司法裁决时必须通过特殊技术去确认规则语词的具体意义。该情形产生的原因在于语言本身的不确定性、案件事实的不确定性与法律适用的不确定性。在司法裁判中,必须通过消减这些不确定性来对案件进行裁判。然而,问题在于消减不确定性的诸多技术涉及"外部证成",包括"法律解释""利益衡量""原则权衡"等诸技术,这些技术无不需要法官首先做出价值评判,进而消除不确定性。但对于价值无涉的人工智能法律系统而言,运用涉及价值评判技术显然是其能力所不及的。子情形二是"案件事实无法律规则可适用"的情形。该情形的主要问题在于法律出现漏洞或于法无依时法官如何对案件事实进行裁量。此时,一般认为法官适用自由裁量权以进行法律续造对于裁判这类案件而言是必不可少的,即使有些法哲学家(如德沃金)否认疑难案件应该适用自由裁量权,他们也认为对于该情形应该求助于诸如"法律原则""政治道德"等抽象概念予以裁判。① 而这些抽象概念同样要诉诸价值判断。因此,这同样是人工智能法律系统所不能及的。

理由逻辑同样无法处理"基于案例推理"的情形。这里,我们并不赞同如雅普·哈赫一样通过"不同选择的比较"去处理"基于案例推理"。② 可以说,"不同选择的比较"本质上是"同案同判"的数理逻辑建构模型。接下来我们将会说明"同案同判"只是一种理论可能,它无法使得所有类型的案件均达到"司法公正"。

综上,尽管我们在上文通过逻辑建模建构了人工智能法律系统可能的逻辑模型,但这并不意味着可在所有案件中适用该模型——正如函数需要"定义域"一样,逻辑建模也需要"定义域"。如果超过这个

---

① 参见〔美〕罗纳德·德沃金:《认真对待权利》,信春鹰、吴玉章译,中国大百科全书出版社1996年版,第38—40页。
② 参见〔荷〕雅普·哈赫:《法律逻辑研究》,谢耘译,中国政法大学出版社2015年版,第122—124页。

"定义域",逻辑建模将会超越人工智能法律系统本有的限度。我们将分别从人工智能法律系统的限度与人工智能法律系统可以处理何种复杂程度的案件入手,探讨对于人工智能法律系统来说,逻辑建模的"定义域"在哪里,以及应该如何刻画该"定义域"。

三、人工智能法律系统的限度

尽管人工智能法律系统在简单案件或虽然复杂程度较高但规范链和理由链较为完整清晰的案例中可以实现自动化推理,但是并非所有案件均满足上述前提。在面对复杂程度较高且规范链或理由链不甚清晰,或者现有法律规范无法对案件事实进行评价的案件中,法官必须应用目的论主观解释、法律发现、漏洞填补、不确定法律概念的填充、利益衡量等技术对案件进行裁判,而这些技术的应用本身具有价值性。换言之,在这类案件中,裁判者的实质判断是必不可少的。在这种情形下,裁判者只有通过实质判断,才能对技术应用是否达到预期效果进行评估。这也是人工智能法律系统无法处理这类案件的原因。

(一)"同案同判"一定会实现司法公正吗?

正如上文所言,"基于案例推理"有两种子模式:第一种子模式表明,我们应当首先从一个已知的先例中提取出某一规则来,之后,再将这一规则应用于目标案例,进而以同样的方式加以应用。该种子模式实质上可以通过"基于规则推理"进行操作。第二种子模式是,基于目标案例与先例的充足相似性,就可以将先例的裁判结论运用于目标案例中,从而导出结论,这是一种类比论证或者反向论证。这种子模式是"基于案例推理"的主要应用场合。"基于案例推理"的核心要点在于"同案同判"。然而,"同案同判"模式对于人工智能法律系统而言,存在两大难题难以解决:其一是如何判定"同案",其二是"同案"下的"同判"是否一定意味着司法公正。

其一,对于"同案"的判定,雅普·哈赫指出,"同案"本质上是一种相似理由集,只有当目标案例与已知先例具有相似性时,比较才有意义。① 并且雅普·哈赫进一步指出,从逻辑上来说,唯有在两个判例的"相似理由"相同导向时,才可以依据"理由权重"对"相似理由集"进行比较。这里预设了这么一个前提,即在进行比较前必须首先对"相似理由"导向进行判断。对于简单案例而言,该判断并不困难。但是对于复杂案例而言,对于"相似理由"的导向无法通过纯粹的逻辑判断进行刻画,这是因为有时这里涉及"价值权衡",而这种"价值权衡"是在人工智能能力范围外的。举个例子,案例1是A驾驶摩托车载着同伙B持刀追砍同样骑着摩托车的C,C为躲避追杀,驾车超速行驶以求逃离,B则紧追不舍。途中,C不慎撞到行人某甲,致其受重伤。② 案例2是某绑架犯甲绑架一男一女,绑匪甲要求男青年强奸女青年并杀死女青年,否则绑匪甲会将两人统统杀死。男青年照做,不得不勒死女青年。③ 问题在于案例1与案例2是否构成"同案"从而将案例1的结论类推到案例2,此时所要比较的是行为人受保护的法益是否大于受侵害时的法益。案例1和案例2中行为人所保护的法益都是生命法益,所不同的是案例1中行为人侵犯了他人的健康权和交通安全法益,案例2行为人侵犯了某女的性权利法益和生命法益。对于案例1与案例2是否都构成紧急避险,我们必须要权衡法益。对法益的权衡中,首先,需要被

---

① 参见〔荷〕雅普·哈赫:《法律逻辑研究》,谢耘译,中国政法大学出版社2015年版,第82页。
② 选自赵某某故意杀人案,改编自 https://www.12309.gov.cn/12309/gj/nx/szss/zda-jxx/202211/t20221130_11964746.shtml。
③ 选自平顶山检察官被逼强奸杀人案,参见《检察官被逼强奸杀人应与庶民同罪》,http://news.sohu.com/20090730/n265602764.shtml。

保全的法益与受侵害的法益性质是否同质,即是否属于同一性质;其次,在同质性下再继续判断其量的差异。① 而这种法益性质判断与位阶确认本身需要结合社会人的一般观念与公共秩序以及政治政策,所以此时人工智能法律系统无法取代人类进行推理论证。因此,对于什么是"同案",不仅仅凭借逻辑判断,还要进行价值权衡。而价值权衡并非单纯的逻辑计算,无法被量化处理,也无法被代码化。所以疑难案件往往就成为算法系统无法预期和应对的异态。②

其二,对于"同案"前提下的"同判"。首先应该指出的是,"同案"本身是两个案例法律上的部分相似性而非全部相似性。正如俗语"世界上没有两片相同的叶子"一样,法律世界中也不存在两个完全一样的案例。尽管一般而言,"同案"的相似性越高,则"同判"的裁判结果越公正,不过从逻辑的角度而言,在这种情况下,两个理由集合中存在足够大比例的交集理由元素,但是总会存在差集理由元素。而无论差集理由集合中理由元素数量在该理由集合元素中所占的比例多么小,差集元素对于案件的影响总是存在且不可量化。有时这种差集理由元素对案件的裁判具有决定性影响,如果一味将先例的裁判结果应用于个案中,则会导致案件的不公正。所以这时有必要推翻先例并承担论证负担,也就是说,必须要"同案异判"。而对于差集理由元素对理由集所产生的影响力,只有进行实质权衡才可进行判断。总之,不可否认"同案同判"是大多数司法裁判应该秉持的理念,但对于较为特殊的案例,有必要通过推翻先例实现"同案异判",从而实现个案正义。而对于究竟何种案例属于特殊案例以及推翻先例的理由,只有综合案件事实、法

---

① 参见张明楷:《刑法学》(第四版),法律出版社2011年版,第209页。
② 参见雷磊:《司法人工智能能否实现司法公正》,《政法论丛》2022年第4期。

律规范、政策、利益比较、社会观念、价值因素、习惯差异等各方面因素加以权衡才能做出判断。这种权衡是人工智能法律系统所不能及的。因此,人工智能法律系统不能在所有场合下通过"同案同判"实现司法公正。

(二)无法准确把握并适用"不确定的法律概念"

所谓"不确定的法律概念",指的是为了使法律规范更加适应社会事实的复杂性,立法者在定义某些法律概念时赋予其一定的开放性,以帮助法律摆脱自身的僵化,弥补可能的漏洞,从而保证法律规范与社会事实之间的顺利对接。"不确定的法律概念"分为两类:第一类是经验性概念,这种"不确定的法律概念"主要是指可依据知觉或经验感知的事实或状况;第二类则称为规范性概念,主要是指需要裁判者进行价值判断方可感知其意义的概念。前一类法律概念的不确定性在于其外延的模糊,理解时须着眼于经验对象,多做事实判断;后一类法律概念的不确定性则多在于其价值内涵难以把握,理解时须着眼于价值权衡,多做利益的考量。

在司法裁判中有大量场合需要"对不确定的法律概念"进行释明。比如《道路交通安全法实施条例》第五条规定:"初次申领机动车号牌、行驶证的,应当向机动车所有人住所地的公安机关交通管理部门申请注册登记。"这里"机动车"就属于"不确定的法律概念"中的经验性概念。众所周知,汽车、摩托车、无轨电车等均属于机动车,但对于"超标电动自行车"是否属于本款所言的"机动车"存在争议。① 再比如,《道路交通安全法》第一百一十九条规定,道路指"公路、城市道路和虽在单

---

① 参见最高人民法院刑事审判庭指导案例:第 894 号林某危险驾驶案,https://www.court.gov.cn/shenpan-gengduo-77.html。

位管辖范围但允许社会机动车通行的地方,包括广场、公共停车场等用于公众通行的场所"。该款中"道路"即是经验性概念。在实践中,对于校园道路是否属于本款所称的"道路"亦存在争议。① 对于这种概念争议,理论上有两种处理方式:一是探寻立法者的原意,即主观目的解释;二是综合社会观念进行综合判断,即对不确定法律概念进行客观实质解释。但无论以上何种处理模式,都必须综合事实判断与价值权衡从而得出结论,而这种事实判断和价值权衡恰恰是人工智能所不能及的。

此外,规范性概念在法律规范中也大量存在。比如"公序良俗""公平原则""合理"等概念。下文以《民法典》进行举例:《民法典》第九百七十九条规定:"管理事务不符合受益人真实意思的,管理人不享有前款规定的权利;但是,受益人的真实意思违反法律或者违背公序良俗的除外。"《民法典》第四百九十六条规定:"采用格式条款订立合同的,提供格式条款的一方应当遵循公平原则确定当事人之间的权利和义务,并采取合理的方式提示对方注意免除或者减轻其责任等与对方有重大利害关系的条款,按照对方的要求,对该条款予以说明。"在第一个例子中,判定受益人的意思是否违反"公序良俗"是判断无因管理请求权是否成立的关键。而在第二个例子中,"合理的方式""公平原则"则构成了判断格式条款是否有效的关键。在适用这类规范时,裁判者必须对何谓"公序良俗""公平原则""合理方式"做出实质判断,才能准确适用规范,判定合同条款效力与请求权基础是否成立。这种实质判断包括对交易情形的分析、对社会观念的比较和利益衡量等。以上判断方法均必须通过价值权衡完成。但是对于无感情的逻辑机器,即人工智能

---

① 参见最高人民法院刑事审判庭指导案例:第 893 号廖某危险驾驶案,https://www.court.gov.cn/shenpan-gengduo-77.html。

法律系统而言，价值权衡是无法实现的，这是因为人工智能法律系统本身是价值无涉的。因而，对于规范性概念而言，人工智能法律系统无法准确将其应用于事实。

综上所述，对于"不确定的法律概念"，裁判者应该结合社会一般观念、交易习惯、社会价值、政策、目的解释等多方面考虑，从而将"不确定的法律概念"具体化、确定化。但对于逻辑机器而言，运用上述手段将"不确定的法律概念"确定化显然是一种奢望。因此，人工智能法律系统无法准确将"不确定的法律概念"运用于具体个案中。

（三）无法探究"情理法"中的"情"

司法裁判的正义性是实现法治的重要前提。那么，司法裁判的正义性来源于什么？在当下中国的法律语境中，司法裁判的正义性来源于司法的功能，即"定分止争"。所以，对于司法裁判的正义性的探究本质上是对"定分止争"技术的探究。与西方法律传统不同，中国司法裁判的正义性不仅仅来源于法官的可信赖性或者司法的权威性，也不仅仅来源于法律推理论证过程的逻辑无瑕，而是主要来源于法律推理论证的可接受性。这种可接受性除逻辑的无瑕疵以及司法本身的权威公正以外，很大程度上取决于裁判者如何"以情达理"。甚至可以说，在当下中国语境下，后者在达成司法裁判正义性中的作用远胜于前者。与西方法律传统不同，中国的法律传统是"法理"和"人情"的结合，这种结合在民事裁判中表现得更为突出。所以，对于中国法律文化而言，司法裁判的核心不仅仅在于将规范作用于事实，也不仅仅在于法律论证中理由的权威性与严密性，更为重要的是论证理由本身的可接受性，即理由能否说服听众。而能说服听众的理由不仅需要"理"的有效性，更需要"情"的可接受性，后者是人工智能法律系统无法达到的。

准确地讲,上述论断不仅在中国法律传统中成立,甚至在法教义学的母国德国也有一定的适用空间。德国学者阿列克西曾将法律论证的内部结构分为"内部证成"与"外部证成":"内部证成"着眼于逻辑命题,要探究的是逻辑的无瑕疵性。而"外部证成"相较于"内部证成"更为重要,也更为棘手。"外部证成"的核心问题是,"内部证成"是否具有可接受性。在这里,阿列克西给出了三个衡量"外部证成"可接受性的标准:其一是实在法规则,其二是经验命题,其三既非实在法规则,也非经验命题。① 对于外部证成的可接受性,绝不能只停留在对规范链的无瑕疵性的检验上,而应该结合经验命题予以判断。这种经验命题很大程度上与中国传统法律文化中的"情"相通。上文提到,法律推理与论证的有效性取决于三种要素,即相关性、可接受性和充分性。对于相关性和充分性,逻辑或许能提供一定的帮助与指引,但是可接受性问题不能仅仅依靠逻辑处理,而需要经验命题与逻辑命题的"连接"。这种"连接"质量的好坏很大程度上决定了法律推理论证可接受性的强弱,进而影响到论证推理的效果。

回到中国司法的语境中,中国的纠纷解决机制本身并非完全依靠司法审判与传统的诉讼程序。对于中国司法实践尤其是民事诉讼制度而言,"调解制度"某种程度上是一种比"审判程序"更加优先的选择项。与西方的 ADR 制度不同,中国的调解制度不仅仅是一种纠纷解决模式,还承载着中国法律文化传统,即儒家的"无讼"思想。② 正是在这一思想传统下,"调解"成功与否的衡量标准绝不在于推理是否符合逻

---

① 参见〔德〕罗伯特·阿列克西:《法律论证理论》,舒国滢译,中国法制出版社 2002 年版,第 287—290 页。

② 参见强世功:《文化、功能与治理——中国调解制度研究的三个范式》,《清华法学》2003 年第 2 期。

辑以及实在法适用是否正确,也不在于论证逻辑的无瑕性,而在于裁判者、调解者与当事人的对话是否可以说服当事人,使其接受调解结果。这不仅需要裁判者与调解者"晓之以理",更需要裁判者与调解者"动之以情"。"动之以情"的效果取决于裁判者与调解者诸因素的影响,比如"共情能力""人生阅历""生活经验""修辞手法"等等。而这些要素都在作为逻辑机器的人工智能法律系统能力范围之外,因为人工智能法律系统无法把握"情感",更谈不上与当事人"共情"。所以在很多情况下人工智能法律系统无法满足法律论证的可接受性。故而,对于当下中国的司法实践与社会价值观而言,至少在部分民事案件(如家事案件)中,难言人工智能法律系统可取代法官进行推理论证,更难言人工智能法律系统可代替人类调解纠纷。

(四)无法探究裁判的综合效果

需要指出的是,对于当下中国而言,司法裁判的作用不仅体现在对现有案件的公正裁量,更为重要的是,司法裁判应该考虑判决结果对将来可能产生的效果,并确保个案裁决对社会产生正当、有益的激励。正如卡多佐所说:"今天的判决将决定明天的对错,如果法官打算明智地宣告判决,那么就必须要有某些原则来指导他从各种争取法律认可的可能判决中作出选择。"①换句话说,对于当下中国而言,公正司法、定分止争只是司法裁判综合效果的众多维度之一;更为重要的是,个案裁判对整个社会起着激励作用。这种激励作用不仅来源于司法公正,更来源于社会效果、文化效果与政治效果的有机统一。

就我国实际而言,把握社会效果、文化效果与政治效果的有机统

---

① 〔美〕本杰明·卡多佐:《司法过程的性质》,苏力译,商务印书馆1998年版,第9页。

一,关键在于将社会主义核心价值观融入裁判中。正如最高院所指出的:"案例的核心价值是对方法、理念的传扬和引导。对于司法者而言,案例是动态的法典与活法资料;对于社会民众而言,是弘扬社会主义法治理念、精神、价值的鲜活教材。发挥好案例作用,有助于提升人民群众对执法司法的认同感,传承中华法律文化精华。社会主义核心价值观融入司法的路径在于以案例为支撑,要发挥案例在人民法院践行社会主义核心价值观中的作用,确保案例能够成为践行社会主义核心价值观的生动载体与有效路径。"[①]由此可见,将社会主义核心价值观融入司法裁判中,不仅可以止恶扬善,也能达到政法统一的效果,更可以弘扬中国传统法律文化与精神。因此,将社会主义核心价值观融入裁判是社会效果的最大化、政治效果的最大化、文化效果的最大化与司法效果最大化的有机统一。

在司法裁判中,将社会主义核心价值观融入裁判的先例也有不少,如何某玮诉杜某妹物权保护纠纷案,方某某、黄某某诉周某、陈某某等物权保护纠纷案,李某某诉某市第一人民医院案,徐某某健康权纠纷案,等等。[②] 司法数据显示,2022 年,全国法院在法律框架内运用社会主义核心价值观释法说理的一审民事案件达 38.25 万件,比 2021 年增长 21.66%。由此可见,社会主义核心价值观不仅成为引导司法审判的原则,更成为裁判说理的"利器"。将社会主义核心价值观融入裁判说理中,不仅可以从原则上指导案例的裁判,更可以增加论证的可接受性,从而满足司法论证的有效性。

[①] 龚晨航:《发挥好案例作用 弘扬社会主义核心价值观》,2022 年 10 月 24 日,http://zt.shiyan.gov.cn/ztzl/srxxxjp/srxxxjphx/202210/t20221024_3962499.shtml。

[②] 参见《最高人民法院发布第三批人民法院大力弘扬社会主义核心价值观典型民事案例》,2023 年 3 月 1 日,https://www.chinacourt.org/article/detail/2023/03/id/7168386.shtml。

对于裁判者而言,将社会主义核心价值观融入裁判不仅需要裁判者对具体个案"明察秋毫",更要了解、把握、领悟政治价值、社会价值、文化价值,这离不开裁判者的经验判断与价值判断。可以说,将社会主义核心价值观融入裁判的关键在于,司法裁判不仅仅满足于事实判断与逻辑判断,也不仅仅满足于规范适用于事实的准确性,其更应该做到"天理、国法、人情"的有机统一。这也是中国传统法律文化的精髓。这就要求裁判者不仅要懂法律,也要懂社会、懂政治、懂常识、懂文化。但这些都是人工智能法律系统所欠缺的。这也是机器不能取代人进行司法裁判的原因之一:司法裁判效果是多种效果的综合,但是作为机器的人工智能法律系统不能体察到个案裁判的社会效果、政治效果与文化效果。因此,在该层面而言,人工智能法律系统尚不可以取代人类法官进行司法裁判。

四、可能的未来:人工智能法律系统适用案例的复杂条件设定

如数学中的函数思维一样,对于每个函数而言,函数必须要在"定义域"内取值,否则函数无意义。对于人工智能法律系统司法裁判而言,这个"定义域"也至关重要。前述人工智能法律系统的种种不足并不是表明人工智能法律系统完全无法应用于司法裁判中,而只是说明人工智能法律系统不能适用于复杂程度较高的案件中。这里有必要结合理由逻辑的缺陷,对于案件复杂程度进行分级。

通过理由逻辑的引入,我们可以清晰地判断出,对于一般的"适用规则无矛盾"或存在"决定性理由"的案例而言,适用人工智能法律系统无疑是可行的。但问题在于有大量案件并不满足以上要求,包括不确定法律概念的应用、规范冲突案例、法律漏洞案例、利益冲突案例、欲适用法律规范模糊的案例、合法性与合理性冲突的案例、新类型的案例等

等。这些案例所需要的技术分别是不确定概念的填补、漏洞填补、辩证推理、利益衡量、司法创新。这些技术无不需要司法者进行价值权衡从而给出相关判断。因此，上述情况是在人工智能法律系统的适用中被"排除在外"的情形。除此以外，我们还可以结合案件事实的复杂程度对法律案件的复杂度进行分级，从而判断人工智能法律系统适用案例的限度。我们将尝试通过对案件复杂程度的分级，探讨人工智能法律系统在何种情况下可以适用于司法裁决。

依据规范应用与事实、证据的复杂程度，可以将案件分为以下八个级别。级别越低，则表明案件越简单；级别越高，则案件越复杂。

第一级别：适用规则简单，规范链条无矛盾且案件事实争议不大，结论单一。这时只需要"涵射"即可得出司法裁判答案。

第二级别：案件事实简单，但是理由链中存在可废止理由。与此同时可废止理由导出的规范是决定性规范，这种决定性规范可以直接导出唯一结论。该情形如无刑事责任能力人实施的具有刑事违法性的行为不受刑法制裁。

第三级别：案件事实既不简单也不复杂，但是规范链适用的过程中存在含有"不确定的法律概念"的规范，且确定"不确定的法律概念"对案件审理关系重大。此时必须做出实质判断。

第四级别：案件事实较为复杂，适用规范较不清晰，但存在指导性案例与本案类似，且不存在足以影响本案裁判的与先例不同的差集理由，或者即使存在上述所说的差集理由，该差集理由不足以影响本案裁判结果。此时可以适用"同案同判"技术。

第五级别：案件事实复杂，适用规范不清晰。尽管存在指导性案例与本案情况相似，但存在差集理由，且这种差集理由足以改变本案裁判结果。

第六级别：案件事实较为复杂，可以适用的法律规范本身产生冲突，即该情形中出现"规范冲突"。此时必须结合社会观念、政策、经济状况进行规范选取。

第七级别：案件事实极为复杂，存在两种以上法律保护的利益的冲突。适用规范会导致合法性与合理性矛盾，且无指导性案例与之相似。这里需要对各种可能进行权衡。

第八级别：新类型案件。这种案件不存在与之相似的案例，且本案所涉及的争议焦点在法律规范的调整范围之外。这种案件的出现来源于法律的相对稳定性与社会的相对运动性之间的不同步。此时需要用漏洞填补技术与司法创新技术进行裁判。

上述案例中，第一、二级别的案例可通过"基于规则推理"进行处理。第四级别的案例可以通过"基于案例推理"进行处理。其余级别的案例则不适合用人工智能法律系统处理。因为其他级别的案例需要以下裁判技术：漏洞填补、利益衡量、不确定法律概念的填补、辩证推理、司法创新。而这些技术的应用需要裁判者的价值判断与利益权衡。这是人工智能法律系统所不能及的。

由此，我们可以得出结论：只有第一、二、四级别的案件，才可通过人工智能法律系统进行处理。

通过以上分析，我们认为法官在司法活动中具有不可取代性与不可替换性。现阶段，司法人工智能系统的定位只能是人类法官的助手，而不能取代人类法官。具体来说，在一些非疑难案件或某些存在较完整理由链的复杂案件中，人工智能法律系统可以帮助人类进行符合逻辑构造的内部证成，在该内部证成中，基于有待使用的目标规范，由此展开每个步骤的任一前提，均可推理出另一更为具体的规范。这一系列具体规范构成了连贯的规范链，由此在具体个案事实和所适用的规范之间建立起严谨的法律论证过程，从而使得法律结论在逻辑上满足论证的有效性，并且减轻人类法官论证的负担。但这并不意味着人工智能法律系统可以主宰这类案件，对于这类案件的论证的外部证成，人类法官必须依赖经验命题或者通过修辞学命题使得当事人信服结论，或者使用相关命题改善结论，从而使得结论更加具有有效性和可接受性，并说服当事人。虽然司法论证中逻辑十分重要，但是论证有效性并不等于逻辑有效性。对于法律论证而言，商谈和修辞必不可少。只有在一定的语境下通过合理修辞、商谈并结合裁判者的价值判断，外加逻辑有效性，才能完全说服当事人。而修辞和商谈与价值判断等领域是人工智能法律系统所不能及的。总之，在一定范围内，可以通过一定的逻辑方式刻画人工智能法律系统，但是在大多数情况下人类裁判者在司法活动中具有不可取代性与不可替换性。所以，现阶段，司法人工智能系统的定位只能是人类法官的助手，而非取代者。

第三节　权利的宪法秩序

在现代宪治中，基本权利是其核心的价值观念，而权利的宪法化则是对基本权利的一种确认。权利的宪法化通过人民制宪来实现其正当性，以"看得见的正义"为前提和手段，最终达到实质民主和满足人的尊严的要求。权利的宪法化一旦过度，不但会制约权利本身的价值、公共利益和财政保障，而且还可能导致权利"霸权化"等一系列问题，最终导致结果与立宪的目标背道而驰。为确保权利宪法化之正义达至，可以通过确立基本权利的合理分类体系、设置"限制基本权利"条款、完善修宪与释宪程序等制度构建来实现。

公民权利至上是现代宪治以及各种法律制度设计的逻辑起点，现代法律制度设计的最初目的就是维护公民权利。① 从我国宪治建设的实质来看,公民权利是宪治的根源和基础,宪治的实质就是通过制度设计,建立民主政治制度,完善国家机构的设置,最大限度地确认和保障公民权利,避免国家公权力可能对公民权利造成的侵害。② 通过宪法宣告公民的权利是宪治对权利的保障机制,因此,我国宪治道路的轨迹与权利宪法化的过程,二者无论在历史上还是现实中都是密切联系的。从晚清变法、修律至今,我们国家的宪法治理已经有一百多年的历史,在这么长的时间里公民的基本权利也在不断地演变。权利时代呼唤权利的法律化、宪法化,入宪,或在入宪的路上,正成为一股潮流。我们不禁由此思考:何为权利宪法化的正当性基础?何种权利可以宪法化?权利宪法化的界限在何处?

一、权利宪法化的正当性基础

从宪法的产生和发展过程来看,宪法的首要价值和终极目标在于保障公民权利。正如博登海默所言,每条法律规则的产生都源自一种目的。宪法是公民权利的保障书,宪法产生的目的就是保障公民权利。"国家尊重和保障人权"条款的出现,促使我国大批权利要求入宪的呼吁声此起彼伏。在权利居于核心的社会主义法律体系中,出现这样的呼声也是符合时代要求的,因为近代宪法的产生过程就是易为大众所忽视的权利宪法化,③即将个体权利广泛上升为宪法权利的过程。然而,权利的宪法化又必须与法的正当性相符合。因此,对权利宪法化的

---

① 参见尹华、胡建华:《论公民权利的宪法保障》,《四川教育学院学报》2004年第5期。
② 参见文正邦:《宪政——人类法治文明的最高结晶》,《现代法学》2002年第5期。
③ 参见龚向和:《近代权利宪法化探析——从宪法的产生看"宪法是公民权利的保障书"》,《广西政法管理干部学院学报》2003年第5期。

正当性进行追问,不失为一种对宪法权利的价值进行评估的途径。

(一)正当性界说

正当性是古往今来学者关注的对象,作为确定的概念最早是由马克斯·韦伯提出的,但在这个概念被正式提出之前,学者已经对此进行了激烈的论证并留下了丰富的思想,之后更是导致百家争鸣。正当性是正义理论在权力领域的运用。正如博登海默所言:"正义有一张普洛透斯的脸,变换无常,随时可呈现不同的形状,并具有极不相同的面貌。"[1]这样一股研究的热潮,造成了关于正当性的资料大量涌现。一方面,这些资料为后人做研究提供了学理依据;另一方面,不同的学者在不同的年代,处于不同的立场,基于不同的研究视角,对于正当性的界说,也存在着不同的看法。要想证明权利宪法化的正当性,就必须对正当性理论展开筛选。

关于正当性的界定,学界众说纷纭。马克斯·韦伯将正当性等同于合法性,认为"任何一种统治关系都包含着一种特定的最低限度的服从愿望,即从服从中获取(外在的和内在的)利益。一切经验表明,没有任何一种统治自愿地满足于仅仅以物质的动机或者情绪的动机,或者仅仅以价值合乎理性的动机,作为其继续存在的机会。毋宁说,任何统治都企图唤起并维持对它的'合法性'的信仰"[2]。卡尔·施米特区分了正当性和合法性,他认为"当今谁想强调自己拥有正当,为自己的诉求辩护,他所使用的词语至多是正当,而不是合法的"[3]。在施米特看

---

[1] 〔美〕E. 博登海默:《法理学:法哲学与法律方法》,邓正来译,中国政法大学出版社1999年版,第352页。
[2] 〔德〕马克斯·韦伯:《经济与社会》,林荣远译,商务印书馆1997年版,第238—239页。
[3] 〔德〕卡尔·施米特:《政治的概念》,刘宗坤等译,上海人民出版社2003年版,第530页。

来,合法性是指"在大多数公民认为合法的情况下,一个给定的秩序是合法的"①。然而,施米特把目光投向了合法性深究之后的正当性,并跳出了形式合法性的表象,进入了实质正当性的范畴。日本学者谷口安平对此的看法为:"正当性就是正确性。"②正如博登海默所言:"这里的正确有两层意思,一是结果的正确,另一则是实现结果的过程本身所具有的正确性。"③它可以被划分为程序上的正确与结果上的正确,即程序正当性和实质正当性。尽管学者对正当性的实质内容有不同的理解,但他们都强调正当性包含着对一种制度的认可,即认为该项制度是合理的、正确的。正当性是一种价值选择问题,某种制度、规则或规范要获得正当性,就需要符合和遵守社会基本价值。正如罗尔斯将正义分为形式正义、实质正义和程序正义,④实质正当性需要程序来加以保证,形式正当性和程序正当性是作为判断实质正当性是否实现的一种具体化标准。程序正当性是指权利宪法化的方法、步骤等符合法律规定。形式正当性是指权利宪法化要符合宪法、法律的规定,不得与宪法、法律相抵触。实质正当性是正当性的核心,它是程序正当性和形式正当性追求的最终价值,是指一种为人们所普遍接受、认同、享受的公正。实质正当性决定形式正当性和程序正当性;形式正当性所反映的实质正当性的内容,应满足实质正当性的要求;程序正当性是实质正当性的保障,是实现结果正当性的基础。

---

① 〔美〕理查德·沃林:《文化批评的观念》,张国清译,商务印书馆2000年版,第138页。

② 〔日〕谷口安平:《程序的正义与诉讼》,王亚新、刘荣军译,中国政法大学出版社2002年版,第9页。

③ 〔美〕E.博登海默:《法理学:法哲学与法律方法》,邓正来译,中国政法大学出版社1999年版,第49页。

④ 参见〔美〕约翰·罗尔斯:《正义论》,何怀宏等译,中国社会科学出版社1988年版,第54页。

(二) 权利宪法化的形式正当性——人民制宪

宪法是组成共同体的全体人民的共同意志,制宪权属于人民,且制宪权不受任何实在法约束。[①] 权利宪法化源自人民意志的绝对权威,当然制宪权的权力来自人民,但这并不代表行使制宪权的部门就是人民自身,比如我国的制宪机关是全国人大第一次全体会议。制宪机关代替人民行使制宪权。一方面,制宪机关是通过某种方式产生的,比如选举,选举结果能够代表绝大多数人民的意愿,从而使人民的制宪权得以充分发挥;另一方面,制宪机关的权威性又能避免因人民意愿变化而引起的反复修宪,从而维持宪法的稳定。人民制宪,体现了"主权在民"的原则,"人民主权"是现代民主制度的核心与基础,也是社会主义法治国家最基本的原则和最根本的要求。"主权在民"是指一个国家或政府的最高权力来自人民,并最终归属于人民。"主权在民"的原则,现在已经被各国的宪法肯定和确认。我国作为社会主义国家,一切权力属于人民,人民通过代表制并依照法律规定行使管理国家和社会事务的权利。人民主权包含了三项基本内容:(1)国家权力来自人民的授予,或者说国家权力来自公民权利的让渡;(2)人民主权不一定由人民直接行使,可能是由一定的代表机关来行使;(3)人民可以对国家权力的行使进行有限监控。如前所述,在一个民主法治的国家中,国家的一切权力都来自人民的授权。但是,人民对国家或者政府的授权存在一些保留,也即人民不可能也不能将所有的权利授予政府。属于人民基本权利的部分是绝对保留的部分。人民授予政府权力,同样也是建立在保护权利这一特定目的上的。在此基础上,任何国家的宪法均对公民的基本权利

[①] 参见黄辉明:《制宪权视角下的宪法正当性之评判——评施米特的制宪权学说》,《学术界》2010年第12期。

予以确认。

(三) 权利宪法化的程序正当性——"看得见的正义"

有学者仅将正当性分为形式正当性和实质正当性两类,将程序正当性纳入形式正当性之内。① 其实,程序正当性有其自身的独立价值,在一定意义上是与形式正当性相应而存在的。程序指的是办事的方法、步骤和程序,形式只是一种外在的表现。程序与形式并不相同,形式也不能充分地体现出程序的功能和价值。过程性、动态性是程序的特征,形式则是静态的、固定的;程序正当性相对应的是结果正当性,而形式正当性与内容正当性相对应。程序正当性为权利的宪法化赋予了新的内涵,而不仅仅是形式正当性和实质正当性的论证。

人民,不仅是制宪权的主体,更是那些权益可能受到权利宪法化直接影响的对象,"正义不仅要得到实现,而且要以人们能看得见的方式得以实现"②。权利宪法化的程序正当性,指的是那些权益可能会受到宪法权利变化直接影响的人,参与到权利宪法化的进程中,并对其表达自己的观点。在我们国家,权利宪法化的程序具有其独特的民主正当性。制宪机关、修宪机关、释宪机关都是由选举产生的代表构成的,它们分别代表着选民的利益的意志。宪法权利的产生和变更,表面上看是制宪机关、修宪机关和释宪机关的立法行为和释法行为,而本质上则是人民对自己的制宪权的间接行使。只有在宪法文本中对权利进行确认,权利才能以"看得见的正义"的方式得以实现。

---

① 参见严存生:《法的合法性问题研究》,《法律科学》(西北政法学院学报) 2002 年第 3 期。

② 转引自程燎原、王人博:《赢得神圣——权利及其救济通论》,山东人民出版社 1987 年版,第 429 页。

(四) 权利宪法化的实质正当性——人的尊严和实质民主

运用宪法来保障公民的个人权利,是人类政治文明的标志性事件。① 权利宪法化的实质正当性是其正当性的核心,也是其存在必要性的最重要的价值判断。在古希腊,亚里士多德认为法律离不开正义,离不开美德,法律是正义的体现,法律的好坏完全以是否符合正义为标准,服从法律就是服从正义。② 在当代,尽管因为历史、文化、经济、政治等方面的不同,社会日益多元化,对公民个人权利的规定也存在着很大的差异,但从总体原则上来说,没有公开反对民主、人权的声音。权利宪法化作为对公民个体权利的最高保障形式,其实质正当性如下:

1. 人的尊严

尊严具有超越性、不可替代性,人的尊严是人的本质和核心所在。人的尊严被视为权利正当性的依据,③据不完全统计,已有三十余国和宪法规定了"人的尊严"。④ "尊严就是最能使人高尚起来,使他的活动和他的一切努力具有崇高品质的东西。"⑤所以"人们并不是为了生活而'需要'人权,而是为了一种有尊严的生活而'需要'人权"⑥。因此,"享有权利是任何形式的人类社会作为正当性的衡量标准,人是目的而不是手段,尊严是人的属性,为所有人享有。人正因为是伦理学意义上的'人',因此他本身具有一种价值,即人不能作为其他人达到目的的手

---

① 参见邓联繁、蒋清华:《论基本权利的宪法保留》,《湖南大学学报》(社会科学版)2009年第6期。
② 参见张宏生主编:《西方法律思想史》,北京大学出版社1983年版,第41—42页。
③ 参见万其刚:《论人的尊严作为人权正当性根据》,中国政法大学2007年博士学位论文。
④ 参见龚向和、刘耀辉:《农民宪法权利平等保护的正当性》,《东南大学学报》(哲学社会科学版)2011年第1期。
⑤ 《马克思恩格斯全集》第四十卷,人民出版社1982年版,第7页。
⑥ 〔美〕杰克·唐纳利:《普遍人权的理论与实践》,王浦劬等译,中国社会科学出版社2001年版,第13页。

段,人具有其'尊严'"①。以人的尊严作为衡量标准,就其行为本身而言,任何能使人的尊严得到满足并有益于人的尊严的行为,都应被视为正当的;反之,对人的尊严有害或有损于人的尊严的行为,则为非正义。"人的尊严"是对人权的尊重与保障,从对人的尊严的承认、尊重与维护的角度出发,就是要为每一个社会个体提供物质与精神上的条件,使其能够维持最起码的生存,而把这些权利写入宪法,恰恰能够满足保障人的尊严的需求。

2. "以人为本"

现代法治的基本精神和实践原则都起源于宪治理论,而宪治的诸多理念无不围绕"以人为本"这个核心价值来展开。② 宪法作为一个国家的最高法,不仅是一个国家的公民个人权利的宣言,也是一个国家内对个人权利的保障。因为"以对人权的尊重和维护为核心的宪法才是法治社会本质的意义上的宪法"③。"以人为本"原则要求"人民利益至上",将权利写入宪法是对人类自身的终极关怀。

3. 实质民主

社会主义从一开始就与民主理想有一种本质性的内在联系。有一点是确定的:社会主义应该是民主的,否则就不是社会主义。④ 我们将民主划分为两种:一种是形式民主,它是一种手段;另一种则是实质民主,它是一种目的,是一种人民所追求的终极结果。我们不仅要看到立法的目的,更要看到人民认可的结果。实质民主要求在宪法中保障公

---

① 胡玉鸿:《"人的尊严"在现代法律中的地位》,《公法研究》2008年第1期。
② 参见罗正德:《以人为本:现代法治建设的基本价值取向》,《湖南涉外经济学院学报》2007年第2期。
③ 陈焱光:《宪法六论》,《湖北大学成人教育学院学报》2001年第6期。
④ 参见 Nicos Poulantzas, *State, Power, Socialism*, London: Verso, 1978。

民的民主权利,保障公民在政治、文化、经济、社会等各个领域的独立和平等,所有的事情都应该以民主为其价值取向。如果一部宪法没有为个人的权利提供保护,甚至排斥和反对个人的权利,那么这部宪法就注定会被人们抛弃。

二、权利宪法化的可能限度

"权利宪法化"是一种法治主义的思维,将人权条款写入宪法是其重要表征。不过,法外并非无权,目前世界上许多没有成文宪法的国家,如英国,它的国家治理和对公民权益的保护都相对比较完善。当然,大多数国家的宪法都是以成文形式制定的,对个人权利内容的规定也各不相同,但有一点是一致的,那就是几乎每个国家都会慎重地选择一小部分权利规定并将其纳入宪法,因为宪法不可能也不需要穷尽权利的规定。给权利宪法化设置界限,从表面上看这与宪法是人民权利保障书的理念相悖,但事实上这并不是对公民个人权利的践踏,而是为了更好地保障公民个人权利的实现。

(一) 权利自身的边界

权利宪法化的内在限制,主要表现为权利自身的界限,即权利的"固定范围",也就是权利与权利的边界。权利与义务具有相对的统一性,只要有权利,就必然有义务。人并不是孤立的,社会共同体中的人之间存在着相互依存的关系,权利的发展也由自由权本位转变为社会权本位。人在行使其权利的时候,不能限制另一主体权利的行使,所以必然会伴随着权利内在的约束。应该说,所有的权利都有这样的内在限制,权利的和平共处对于构建一个合理、公正的法制体系有着非常重要的作用,权利不能通过践踏其他权利的方式来获得。因此,用合适的方法和标准来对权利的宪法化设置限制,其必要性是显而易见的。

(二) 公共利益的要求

美国人权学家曾对权利的"绝对性"提出质疑:"一般认为,人权是'基本'的。意味着人权是最重要的,生命、尊严和其他重要的人类价值都依赖于人权;而不意味着人权是'绝对的'……如果人权不轻易地服从公众关心的事情,那么,若与人权相对的社会利益足够重要,在特定的条件下,在有限的时间内,为了有限的目的,在非此不可的一定程度上,可以牺牲人权。"① 公共利益是权利宪法化的一个制约因素,尽管目前对公共利益并无统一的规定,但在立法过程中,均有对公共福利、福祉、社会利益、公共安全、公共利益等方面不同程度的考量。

(三) 财政保障的有限

"基本权利是一种主观权利,所谓'主观权利'的属性,是指基本权利是基本权利主体通过主张可以实现的权利。"② 个人可以按照宪法的基本权利规定,向国家提出要求,国家必须按照相关规定做出相应的行为或者不作为。个人可以直接要求公权力主体为或者不为某种特定的行为,个人也可以请求司法机关介入以实现自己的要求。换言之,如果公民个人依据宪法规定的权利条款向公权力提出要求,公权力机关就负有相应的作为或者不作为的义务,如果公权力机关没有对公民个人的要求履行义务,个人就可以请求司法救济。③ 在立法初期,对政府与司法机构的美好期望,要求有足够的经济保证,若将一切权利都写进宪法中,这些经济要求就会成为政府的负担,最后导致政府难以承受,权利也就得不到实现。

---

① 〔美〕L. 亨金:《权利的时代》,信春鹰等译,知识出版社1997年版,第6页。
② 秦奥蕾:《基本权利体系研究》,山东人民出版社2009年版,第59页。
③ 参见张翔:《基本权利的规范建构》,高等教育出版社2008年版,第111页。

（四）权利霸权化的倾向

成文宪法的生命立基于一个教条：宪法先于并高于立法机关。因此，凡属于宪法权利范围的事项，立法机关的政治审议范围需要保持克制。① 宪法的作用就是保护公民的个人权利免遭侵害，无论是由个人带来的侵害，还是由国家机关带来的侵害。换言之，立法机关只有在获得非宪法权利的情况下，才有权考虑并做出决定。如果把所有的权利都写进宪法，虽然从表面上看，个人的权利会得到更好的保护，但是在实质上突出了立法机关的不作为义务，从而极大地制约了立法机关对权利的审议和决定权，使得立法机关成了一个空壳，这显然是与现代宪治理念相违背的。

三、权利宪法化之正义达至

权利宪法化的限度这一问题，究其本质是何为基本权利的外围。要想对这个问题予以解答，首先必须界定基本权利的内涵。我国现有的宪法学教材对"基本权利"有比较完整和系统的定义："(1)公民的基本权利与义务是由宪法所确认的，其内容和范围都来自宪法的规定。(2)公民的基本权利和义务是公民最主要的，也是必不可少的权利和义务，同时也是其他一般法律规定公民权利和义务的依据和基础。(3)宪法所确定的公民的权利和义务主要反映了国家机关和公民的关系，而公民的其他权利和义务则调整公民同某具体的社会组织及公民之间的关系。"② 该界定以"基本性"为评判标准，但"基本性"反映的是不同主体对某一特定事物的主观评价，且不同主体对某一特定权利的重要性、基本性的理解并不一致，因此以"基本性"来论证、定义、识别基本权利

---

① 参见姜峰：《权利宪法化的隐忧——以社会权为中心的思考》，《清华法学》2010年第5期。

② 蒋碧昆主编：《宪法学》（修订本），中国政法大学出版社1999年版，第263页。

是没有客观根据的。

那么基本权利应该如何界定？可以从以下几方面来理解：第一，基本权利作为一种最高价值形态，是国家和社会公认的政治价值追求，具有引导、整合和传递的作用。第二，公民的基本权利必须能够反映出一国的社会理念，并能够对公民的行为起到激励、评价等作用。作为一个国家宪法的核心内容的基本权利，在给予公民个人充分和广泛的权利之外，还应反映出一个国家的社会公平与正义。第三，基本权利必须能够发挥出一种调控的功能，其最高效力性包含处理各类法律关系的一般原则，要能够对权力与权利之间的冲突进行控制，并协调权力与权利之间的矛盾。

（一）权利宪法化模式比较

1. 默示授权模式

此模式的典型代表是英国。英国没有成文宪法，但认为公民权利是与生俱来的，无须法律规定，法律亦无法穷尽列举。在这种模式中，法无禁止即合法，基本权利和普通权利没有特殊的界限。

2. 明示授权模式

我国权利宪法化是典型的明示授权模式，从《共同纲领》到1982年《宪法》，以及四次宪法修正过程，我国对公民基本权利采取了列举式的规定。2004年"国家尊重和保障人权"条款入宪后，我国依然以"权利法定"为原则来指导权利实践过程。在此种模式下，宪法仅确认宪法文本中规定的权利，对于宪法文本中没有列举的权利，采取了消极的应对态度。

3. 混合模式

混合模式采取的是明示授权和默示授权相结合的方式，这种模式既坚持了"法无明文禁止即自由""法无明文即合法"的原则，也坚持了公民基本权利的法定性。美国就是其中最具代表性的一个国家。美国在立宪初期，模仿英国的宪法传统，最初采用的是一种模式化的授权方法。但在《权利法案》的起草过程中，由于麦迪逊等民主人士的强烈要求和一再坚持，加上各州之间的讨论，有关权利的条款被明确地列入了美国宪法和修正案之中。

4. 权利推定模式

德国是这种模式的代表。宪法明确列举公民基本权利，法律没有明确规定的，由有权机关推定公民是否合法享有该权利。在这种模式下，为了避免公民对宪法中没有列出的权利的滥用，将判断权赋予了国家公权力。

以上四种模式都各有特点，而权利宪法化的限度则和其封闭与否、开放程度如何等密切相关。明示授权方式是一种采取审慎态度的比较封闭的模式，其形式主要有两种：一是在宪法的前言部分明确规定基本权利；二是在宪法的框架中设置"基本权利"的专章。默示授权模式、混合模式以及权利推定模式相对于明示授权模式，呈现出相对开放性。在三种开放模式中，开放度最大的是默示授权模式，这种模式不会对权利的宪法化进行任何限制，如前所述，采用这种模式将会带来一系列实际问题。混合模式一方面坚持"法无禁止即自由"的原则；另一方面对各种权利都进行了列举，但并没有对权利之外的权利应如何处理做出规定。相较而言，权利推定模式有了较大的改进，宪法未列举权利的效力是由有权机关来确定的，可以为权利宪法化限定模式提供镜鉴。

(二) 权利宪法化之制度构建

1. 建立合理的基本权利分类体系

在权利推定模式下，公民的一部分权利通过列举的方式从而达到宪法确认的目的。根据前文所述，若简单地将现实生活中的各类权利一概纳入宪法,不但费时、费力、费钱,甚至会产生事与愿违的效果。因此,需要构建一个合理的甄别机制,以保证宪法所列出的各项权利既能被完全涵盖,又能被切实落实。建立基本权利筛选机制,需要确立科学的分类标准,通过列举方式予以明确宪法基本权利。

要建立一个科学、合理、适用于中国法治社会的基本权利分类体系,需要满足如下条件:首先,这一制度要有一定的覆盖性,要涵盖社会生活的所有重要领域;其次,这一基本权利制度要在价值上反映出公民权利是宪法保护的中心;最后,这一制度所包含的权利,必须具有普遍性与现实性,也就是说,被纳入制度中的基本权利,应当具有普遍性与可操作性,并且能够在现实中得到保障。

2. 设置"限制基本权利"条款

权利宪法化不仅需要对其准入机制进行限制,对于已经进入宪法文本的基本权利也要进行适当的限制。对基本权利的限制根源于秩序确立的必要和增进社会资源的最大化利用。[1] 权利宪法化就是对权利进行宪法文本的确认,构建基本权利和自由是国家立宪的根本目的。如果说对基本权利进行开放性设置是对未列举的权利进入宪法的一种限制,那么对基本权利设置限制性条款是对列举权利进行限制的一种方式。我国宪法亦有类似规定,公民行使权利和自由不得损害他人以及国家、社会、集体的利益。

3. 完善修宪和释宪程序

我国现行《宪法》第三十三条规定,国家尊重和保障人权。作为一种开放性的宪法条文设置,这一条款在某种程度上使我国的权利宪法

---

[1] 参见胡肖华、徐靖:《论公民基本权利限制的正当性与限制原则》,《法学评论》2005年第6期。

化模式不再是完全封闭式的。基本权利的开放性设置取向没有错，但这种开放性也需要设定一个限度，权利推定模式是一种可资借鉴的方式。与我国的现实状况相结合，可以看出，全国人大及其常委会是这个权威机关的不二之选择，它可以通过解释宪法甚至修改宪法的方式，将某项具体权利纳入宪法的保护范围，或者将其排除在宪法文本之外。修宪权和释宪权是制宪权的延伸，全国人大及其常委会在行使这项权力时，必然会对公民的基本权利起到决定性的影响，因此必须完善其程序，这样才能有效地防止权利宪法化的过度倾向。党的十八届四中全会通过的《中共中央关于全面推进依法治国若干重大问题的决定》中明确要求，"完善全国人大及其常委会宪法监督制度，健全宪法解释程序机制"，正是对此的积极回应。

权利是一种动态发展的观念，随着人类社会的发展，权利的内涵也会越来越丰富，而权利又会以宪法的形式上升到更高的层面。在过去的一百多年里，中国人的权利观念也发生了巨大的变化。这一百多年来，宪法的诞生与发展正是权利的宪法化进程。对我国权利宪法化的进程进行梳理，有助于我们准确理解其正当性基础和立宪标准，使现行宪法既与立宪的基本规律相一致，又与国家追求法治状态的价值目标相一致。

第四节　社会组织的良法之治

党的十九届四中全会提出的"坚持和完善中国特色社会主义制度，推进国家治理体系和治理能力现代化"将改革目标推向了浴火重生式的"整体突围"之中。国家治理的新思路折射出传统管理模式向现代治理体系转型的关键在于从国家单方面支配社会的窠臼中走出，过渡到实现国家对社会的有效治理,并进一步推进国家与社会的良性互动和相互制衡。国家治理是一项系统工程,法治社会的发展至为重要,微观层面社会组织的依法自治、协同治理对宏观层面的国家治理做出典范性的诠释,通过深入挖掘并实践社会组织的良法善治来回应国家治理"法治化""协同化""共治化"的迫切诉求。政府与社会组织的良性互动是以市民社会与国家良性的结构性互动为基础的,不仅是政府对社会组织监管模式变革,更是一种平等对话与合作。自20世纪90年代西方国家兴起治理理论以来,良法善治俨然成为全球政府治理变革的基本共识,中国也不例外。在党的十八届三中全会通过的《中共中央关于全面深化改革若干重大问题的决定》中,"治理"成为热词,出现的频次颇多,不仅首次出现"治理体系"和"治理能力"等概念,还从国家治理、政府治理、社会治理三个层次和维度展开了结构性论述,从创新社会管理到迈向国家治理现代化,似乎整体改革的新轮廓正在顶层设计中孕育推进。

一、国家治理现代化的内在规定性

(一) 治理与国家治理

谈起治理概念,或许已是老生常谈,但论及国家治理,又无法挣脱对治理的表达与描绘。英语中的"治理"(governance)可以追溯到中世纪,但长期以来与"统治"(government)交叉使用,直至20世纪90年代初,西方政治学和经济学家赋予"治理"新的含义,并迅速成为社会科学的高频范式。治理理论的主要创造人之一罗西瑙曾经对治理有过经典描述:"它们虽未得到正式授权,却能有效发挥作用。与统治不同,治理指的是一种由共同的目标支持的活动,这些管理活动的主体未必是政府,也无须依靠国家的强制力量来实现;治理既包括政府机制,但同时也包括非正式、非政府的机制,随着治理范围的扩大,各色人和各类组织等得以借助这些机制满足各自的需要,并实现各自的愿望。"①联合国发展计划署认为:"治理是基于法律规则和正义、平等的高效系统的公共管理框架,贯穿于管理和被管理的整个过程,它要求建立可持续的体系,赋权于人民,使其成为整个过程的支配者。"②1995年,全球治理委员会在《我们的全球之家》研究报告中指出:"治理是各种公共的或私人的机构在管理共同事务时所采用的方式总和,也是在调和各种冲突和利益矛盾时采取联合行动的持续过程。"③作为曾经时髦的词汇,治理的定义不下数十种,虽然这些定义都有所侧重、有所取舍,但大致都涉及了治理的核心特质,即多元治理、多中心治理、多领域治理等等。

国家治理作为治理体系的子系统,有学者认为,国家治理是在扬弃国家统治、国家管理的全新概念,是国家政权的所有者、管理者和利益相关者等多元行动者在一个国家的范围内对社会公共事务的合作管理。④它不仅局限在国家对政治领域的治理,也即政治治理或政府治理,⑤还涵盖了国家对社会的治理、社会自身的治理等众多领域,并由此实现国家与社会共治的秩序场域。"国家治理的广义概念可以界定为是国家按照某种既定的秩序和目标,对全社会包括政治、经济、社会、文化、生态等领域进行自觉的、有计划的控制、支配、规范和引导、组织、协

---

① 〔美〕詹姆斯·罗西瑙:《没有政府统治的治理》,剑桥大学出版社1995年版,第5页;转引自俞可平:《全球治理引论》,《马克思主义与现实》2002年第1期。
② United Nations Development Programme (UNDP), *Public Sector Management, Governance, and Sustainable Human Development*, New York, 1995, p.9.
③ 转引自俞可平:《全球治理引论》,《马克思主义与现实》2002年第1期。
④ 参见何增科:《理解国家治理及其现代化》,《马克思主义与现实》2014年第1期。
⑤ 有学者将国家治理划分为广义与狭义,狭义的国家治理即政府治理。参见丁志刚:《如何理解国家治理与国家治理体系》,《学术界》2014年第2期。

调的活动。"①可见,它改变了传统主体—客体的二元单向思维模式,将原本单向的主体问题转化为主体间的或交互主体间的双向问题,以互相影响、互相作用的共治者逻辑取而代之,是主权国家的执政者协同组织共同体和公民一起管理社会公共事务、推动社会经济发展的过程,是多层管理主体协调共处的过程,更是多种制度、体制、规制共生交往的过程。

(二) 国家治理现代化及其结构样态

国家治理现代化赋予了"治理"更高的地位,不仅是全面深化改革的发展目标,更标志着中国现代化进入了一个崭新时期:从管理向治理的变革,从人治向法治的转换,从硬治理向软治理的推进。

首先,国家治理现代化标志着新的治理变革。传统的"管理"和"治理"基于不同的治国理念,并且在内涵上也相去甚远。管理强调强制,政府下命令、发指示,因而蕴含更多专断性权力②,在行使权力过程中无须与社会协商,可能在看似"雷厉风行"的"美誉"下出现权力的"为所欲为"。而治理则强调政府、社会、民众多主体互动协作,共同处理公共事务,因而主体结构是多元的,"权威并非一定是政府机关"③,并且国家行使的是一种制度性权力,讲求与社会的协商,需要征得社会的同意和寻求社会的支持。治理作为一种过程,其权力运行方式是上下互动、合作协商的。在治理中,权力的运行不再只是采用上行下效的行政命令方式,而是更多地依靠各行为主体在彼此信任的基础上,通过合作、

---

① 丁志刚:《如何理解国家治理与国家治理体系》,《学术界》2014 年第 2 期。
② 美国加州大学迈克尔·曼教授把政治权力划分为专断性权力(despotic power)与制度性权力(infrastructure power)。
③ 〔德〕哈贝马斯:《公共领域的结构转型》,曹卫东等译,学林出版社 1999 年版,第 4—5 页。

协商的方式达成共识,解决矛盾;相反,政府管理的权力运行方向总是自上而下的,通过"上命下从"实现集权管理。国家治理的现代化首当其冲的是理念的变革,从管理走向治理,"意味着将国家对现代化建设各领域的有力有序有效管理,同各种范畴、各种层次、各种形式的自主网络、自治权威相结合,从全能转向有限、从垄断转向参与、从管理转向服务、从集权转向分权、从人治转向法治、从封闭转向开放、从权力转向责任,做到国家治理、政府治理、社会治理的全覆盖"①。

其次,国家治理现代化意味着从人治走向法治。人治与法治作为人类治理的不同形态在历史的流变中更迭,中华文明的演进历程中同样出现了人治型国家治理方式向法治型国家治理方式的转变。党的十八大报告提出"法治是治国理政的基本方式"②,人治与法治不仅体现在有无法律以及是否运用法律上,更关键的在于法律对谁有约束力。国家治理现代化内含了依法治国的基本方略,这是治理的选择,也是现代化发展的要求。2014年1月7日,习近平总书记在中央政法工作会议上的讲话对"推进国家治理体系和治理能力现代化"做了新的阐释,不仅明确依法治国是党领导人民治理国家的基本方略,更要求领导干部"要带头依法办事,带头遵守法律,牢固确立法律红线不能触碰、法律底线不能逾越的观念"③。国家治理现代化与法律底线和法律红线紧密相连,法治是治理的基本要求,没有健全的法制就没有善治。④"离开了'法治化'的评价尺度和标准空洞地谈论'国家治理体系和治理能力现

---

① 许耀桐、刘祺:《当代中国国家治理体系分析》,《理论探索》2014年第1期。
② 中共中央文献研究室编:《十八大以来重要文献选编》(上),中央文献出版社2014年版,第21页。
③ 《习近平出席中央政法工作会议并发表重要讲话》,《人民日报》2014年1月9日。
④ 参见俞可平:《中国治理评估框架》,《经济社会体制比较》2008年第6期。

代化'是没有实质性的意义的,甚至是有害和起反作用的。"①

最后,国家治理现代化更加重视软治理。"良好的治理不但体现为社会秩序和权威被自觉认可和服从,而且也体现为治理主体能及时回应公民的要求。"②传统管理的价值取向更多定位在基于权威与强制要求实现国家秩序的有序与健康,通常以成文形式出现,且具有制裁性与约束力,然而这种类似于国家科层制内部的"指令体系"的法律规制、行政监管等"硬制度",无法解释与解决当前出现的种种治理危机,反而因为过分强调先"明刑"、后"弼教"而造成制度"失语",出现治理"失灵"。新制度主义主张制度不仅包括正式的规则、程序或规范,而且还包括符号系统、认知规定和道德模板。这种夹杂着非正式制度的软治理更加强调柔性治理,更加重视文化、价值以及理念在国家治理中的作用和力量,相比于生硬冰冷的国家权力维度,"公共治理的崛起呼唤软法之治"。"统治系统中的权威表现形式是传统的命令和控制方式,而治理中赖以实现秩序的权威则有所不同。传统的权威体现为自上而下的等级制度和规则设定主体的垄断,多数情况下的规则设定主体都是国家公共部门。而治理依赖的是多重权威,而且这些权威并不必然是公共主体,也并非为一家所垄断。统治形式下的法律是硬的;治理形式下的法律则是软的。"③

国家治理现代化表达了从管理到治理、从人治到法治以及从硬治理向软治理转化的序量图谱,意味着国家治理要更加科学、更加民主、

---

① 莫纪宏:《国家治理体系和治理能力现代化与法治化》,《法学杂志》2014年第4期。
② 蒋建湘、李沫:《治理理念下的柔性监管论》,《法学》2013年第10期。
③ Ulrika Mörth, *Soft Law in Governance and Regulation: An Interdisciplinary Analysis*, Edward Elgar, 2004, p. 1;转引自罗豪才、毕洪海:《通过软法的治理》,《法学家》2006年第1期。

更加法治。因此，作为国家治理的体系系统，其本身具有质的规定性，并由此形成特有的结构样态。我们尝试着对这一结构形态做框架性描述，国家治理现代化体系是一个以多元制度体系为支撑，各个领域治理主体有效履行自身功能的动态结构系统，国家治理体系现代化应当包含国家治理体系的制度化、协同化、共治化。（1）制度层面：在国家治理现代化的场域中，制度的内涵是多种的，不存在单一的"制度主义"。并且区别于传统的旧制度，它不仅注重描述国家正式的法律框架，还依赖各种非正式的自治规则、习惯等。在这一层面，多元的规则所形成的广义规则系统相互融通，其中作为正式规范的法律概念也一次次被刷新，出现硬制度（规制）与软制度（规范）被法律化的局面。其实在《法与国家的一般理论》开篇，凯尔森就指出："法是人的行为的一种秩序。一种'秩序'是许多规则的一个体系。法并不是像有时所说的一个规则，它是具有那种我们理解为体系的统一性的一系列规则。"①（2）秩序层面：治理形成了跨越统治与自治的共治局面，社会的自主运行以及与国家职能部门之间的分工协作促使国家与社会形成共治，其中，社会组织作为独立于政府与企业之外的第三部门崛起并存在，一场声势浩大的"社团革命"在全球掀起，以社会组织为代表的社会治理正逐步向国家治理的领域"进军"。在新一轮政府机构改革提出要放松相关限制之际，2013年3月26日，观察中国第三部门发展的权威报告《中国第三部门观察报告（2013）》发布，其中对社会组织存在的意义和价值给予了高度肯定。

当前，社会组织在中国的发展是实现国家治理现代化的重要阵地

---

① 〔奥〕凯尔森：《法与国家的一般理论》，沈宗灵译，中国大百科全书出版社1996年版，第1页。

与突破口。它期许着将成员利益诉求聚合为具有一定普遍意义的权利主张,并以组织化、建制化的形式凝聚为社会权力,使国家公权力的行使在权力制衡制度之外得以获取源于外部的制约,由此达至国家治理现代化所期盼的国家与社会、政府与公民、权力与权利的关系重构。"当前推进国家治理体系现代化的重点是社会治理领域。社会组织作为国家与社会、政府与市场之间的媒介,具有公共性功能,可以接受政府授权,承担公共事务管理。"①要实现可持续发展、民生与民权的改善和可持续稳定等三大国家治理目标,仅靠各级党委和政府是不够的。因为它们所掌握的资源、信息和知识都是有限的,理性和能力也都是有限的。全能全控的国家治理模式需要转向一核多元良性互动合作管理的国家治理模式,为此需要使市场、企业、社会组织、基层自治组织和地方政府发挥更大作用。②

二、国家治理现代化的"突围":社会组织的良法善治

习近平总书记曾在《人民日报》发表文章,阐明国家治理体系和治理能力的基本含义,他指出:"国家治理体系是在党领导下管理国家的制度体系,包括经济、政治、文化、社会、生态文明和党的建设等各领域体制机制、法律法规安排,也就是一整套紧密相连、相互协调的国家制度;国家治理能力则是运用国家制度管理社会各方面事务的能力,包括改革发展稳定、内政外交国防、治党治国治军等各个方面。"③可见,治理现代化旨在对各个领域、各个层次的国家治理制度进行全面改革、系统改革和综合性改革,不仅强调"工业、农业、国防和科学技术现代化"等

---

① 许耀桐、刘祺:《当代中国国家治理体系分析》,《理论探索》2014年第1期。
② 参见何增科:《理解国家治理及其现代化》,《马克思主义与现实》2014年第1期。
③ 习近平:《切实把思想统一到党的十八届三中全会精神上来》,《人民日报》2014年1月1日。

国家硬实力方面的"现代化",更提出"国家治理体系和治理能力"等国家软实力方面的"现代化"。① 这是一项系统工程,更是一项极具挑战性的工程。现代化并非一蹴而就、一跃而成,毕竟改革往往"牵一发而动全身"。因此在加强顶层设计的同时,更需要"摸着石头过河",通过整体推进与重点突破相结合,实现治理体系现代化的战略转型。

近些年社会组织作为衡量公民社会成长的重要尺度,其发展进入了前所未有的黄金机遇期,截至 2022 年年底,全国共有社会组织 89.13 万。② "一些非政府的、非经济的联系和自愿联合,它们使公共领域的交往结构扎根于生活世界的社会成分之中"③,社会组织的发展显然成为中国崛起的一个缩影。从中央到地方,从体系内到体系外,关于社会组织的发展理念、制度创新的各种实践和探索,形成了一股巨大的合力,逐步推动社会组织迈向整体改革的重大突破,也为国家治理现代化的"深水突围"打通了通道。国家治理现代化的实质或者说关键举措在于治理过程的重心下移,透过治理的社会化实现治理现代化的孕育。我们寄希望于通过微观层面社会组织的依法自治、协同治理来对宏观层面的国家治理做出典范性的诠释,通过深入挖掘并实践社会组织的良法善治来回应国家治理"法治化""协同化""共治化"的迫切诉求。

(一) 社会组织治理的结构性失衡

《中国第三部门观察报告(2013)》在肯定近些年社会组织存在的意

---

① 参见莫纪宏:《国家治理体系和治理能力现代化与法治化》,《法学杂志》2014 年第 4 期。
② 参见黄晓勇主编:《中国社会组织报告(2023)》,社会科学文献出版社 2023 年版,第 3 页。
③ 〔德〕哈贝马斯:《在事实与规范之间:关于法律和民主法治国的商谈理论》,童世骏译,生活·读书·新知三联书店 2003 年版,第 453—454 页。

义和价值的同时,也得出了社会组织整体"发育不良"这一重要结论。社会性是社会组织的核心特征,当前中国社会组织处于尴尬局面的根本原因是社会性欠缺。一方面,长期以来双重管理体制下社会组织的"官民二重性"色彩浓厚,且"官"味大于"民"味。社会组织本应相对独立于政府,为群众提供服务,但在现实中仍与政府有着"剪不断,理还乱"的联系,①双重管理恶化为双重难管。另一方面,社会组织现有的法制化路径狭窄,依靠正式的法律规制推进社会组织的改革之路崎岖而又迷茫。从这个意义而言,规制("硬制度"层面)这一单兵推进型的治理思路是不彻底的,并且这种控制型的制度范式因其与生俱来的僵硬性与滞后性造成社会组织陷入治理困境。

(二) 社会组织治理的软法推进

当人们意识到传统国家主义法律模式不仅不是作为法的唯一形式存在,并且这种画地为牢、整齐划一的国家立法已经严重制约公共治理的兴起时,一种新的"法现象"研究方兴未艾。软法的"诞生"引导人们开始用柔性的方法或协商的手段解决问题,从而寻求权益诉求的多样性和需求的个性化。柔性开放的软治理孕育了在一个共同体中成员之间的意见交换和商谈,并由此与社会组织治理一拍即合,其以灵活性、协商性、开放性的优势逐渐成长为社会组织重要的秩序动力装置。软法的"在场"使得我们对于社会组织原先单兵推进型(主要依靠硬法)的治理思路变得开阔起来。

关于软法是什么的命题,国内外学者有着自己的理解,甚至出现软法研究中"白马非马"式的"不承认软法主义"和"热狗亦狗"式的"泛软

---

① 参见张清等:《非政府组织的法治空间:一种硬法规制的视角》,知识产权出版社2010年版,第129页。

法主义"的争辩。① 我们无意被裹挟于这场争辩中,只是希望软法的出现能弥补社会组织制度化过程中的结构性漏洞。在我们看来,社会组织软法治理的基本定位在于自律,在这样的语境下,实现发展的手段已不再局限于强制或权威式的管制方式,而更多强调组织内部成员之间的对话、协商,基于承诺机制与道德评判获取制度认同。并且从制度运作的过程看,软法制度的实施是一种有别于物质剥夺或是身份丧失而言的"丢面子"机制,"是一种道德力量……成员国家遵守规则的动机来自同伴的压力"②。在这期间,制度化的能动者向社会组织以及其内部专业人员倾斜,强调他们作为新制度框架创造者的作用。由此,我们归纳出包括公共政策之治、自律之治等在内的针对社会组织进行软法治理的要素。

一方面,有关社会组织的公共政策管理,是指国家以政策性规范的方式,而不是以法律规范的方式,对特定的社会组织实现的治理。它具有较强的国家政策色彩,是一项涉及经济、政治、文化等多个领域的政策。关于社会组织的国家政策,一般是国家机关为实现对社会组织治理的特定目的而制定的策略和措施。例如2003年民政部、财政部针对社会团体的会费政策问题出台通知,对调整社团的会费政策给予了明确规定。

另一方面,作为制度化、规范化和程序化的公共治理主体,社会组

---

① 目前国内外学者对于软法究竟是不是法、软法包括哪些内容的命题持两种偏向:一是"不承认软法主义",认为软法只是一种规则而非法,即所谓"软法非法""白马非马";二是"泛软法主义",认为一切非硬法的规则皆为软法,即所谓"规则即法""热狗亦狗"。参见姜明安:《法在构建和谐社会中的作用:在中国政法大学"名家论坛"上的讲演》,载罗豪才等:《软法与公共治理》,北京大学出版社2006年版,第86页。

② Ulrika Morth, *Soft Law in Governance and Regulation: An Interdisciplinary Analysis*, Cheltenham: Edward Elgar Publishing, 2004, p. 196.

织自我约束、自我控制、自我管理、自我发展的自治规范同样发挥了重要作用。自治规范是社会组织为了维护其内部治理的秩序而制定实施的调整内部事务的相关规范、准则。自治规范是软法制度的重要部分，是社会组织"自我规制"的集中体现。它与其他软法规范相比具有鲜明的特征：首先，它是以组织的名义制定并实施的自我约束性规范，是在组织内部建立的；其次，这种规范的指向通常更明确，针对性更强，内容规定更具体，可操作性更强；最后，这种自律规范呈现多样化的自律要求，形成一个由鼓励、倡导、允许、认可、限制、禁止等多种要求共同构成的体系。

（三）社会组织治理的"第三域"

党的十八大报告对如何推进社会组织的管理创新释放了明确的信号，其中"依法自治"成为核心与关键，它意味着今后社会组织发展不仅需要法律，更需要自律，不仅需要依靠刚性的"硬法规制"，还需要依靠柔性的"软法规范"，由此在两者的相互联合下共同发挥作用，形成社会组织治理的"混合第三域"。

近年来，学者们提出了软法与硬法合二为一的理念："社会生活和公域之治的复杂性，要求一套完整的法律体系，应当是由多种类型的创制主体、遵循严格程度不等的创制程序、为了规范和调整不同领域的社会关系、存在着法律位阶差异、具有不同调整功能的法律规范所共同构成的有机体系。这就使得法律体系通常呈现为一个由多样化规范所共同构成的混合法结构。"[①]即在宏观层面，软法与硬法是并列关系，各自都是独立的法律范畴；但在微观层面，在具体规范和调整社会关系时，两者呈现出错综复杂的逻辑关系。对于正处于转型时期的中国而言，

[①] 罗豪才、宋功德：《软法亦法：公共治理呼唤软法之治》，法律出版社2009年版，第405页。

软法与硬法的对接为我们提供了动态的、理性的、平衡的分析视角来看待社会组织的发展问题。这种对接不仅在实践中推进了社会组织的健康发展，从而迈向回应型的国家治理；也在理论上印证了国家治理现代化所要求的制度多元主义，即制度的规制性要素与规范性要素共生。如果一项制度中规制性要素过大，那么制度运作大多依靠强制性政策完成，由此共同体的活动空间也相应压缩，但这并不是我们所追求的理想状态。我们需要实现的是一种混合化的衡平治理，即社会组织为实现"共生型"的治理目标，回应多元治理的需要，通过多种主体间的协商，依靠激励与制约相容的制度机制，运用多样化的行为方式实现混合治理的构造。

混合化的治理构造要求在社会组织的治理中对软硬制度中任何一端的完全偏执都是非理性的，混合法的衡平并非机械的，不能被理所当然地理解为不同领域、不同层次的软硬法要素的各自为政，相反，它是"一种对各种软、硬法规范加以综合考虑形成的整体性平衡，是一种综合考虑不同法律领域、不同层面的机制、制度、方法、策略、实践等所实现的一种结构性均衡"[1]。我们认为，实现社会组织软法之治（自律）与硬法之治（他律）之间的平衡，或许不只需要关注软硬法规范层面的交流，更需要关注政府与社会组织之间的良性互动。

三、国家治理现代化的"深耕"：良性互动如何可能

国家治理现代化期盼国家与社会、政府与公民、权力与权利的关系重构。在社会组织治理层面，不仅体现为社会组织治理的制度多元，实现软法推进及其在规范层面上的衡平治理，更体现为实现法律制度的

---

[1] 罗豪才、宋功德：《软法亦法：公共治理呼唤软法之治》，法律出版社2009年版，第452页。

政府与外在社会结构之间的良性互动。混合的制度结构还应当实现全方位的互动,不仅法律主体的能动性与制度刚性之间应实现互动,而且不同的能动的法律主体之间也应实现互动。① 政府与社会组织的良性互动以中国市民社会与国家良性的结构性互动为基础,不仅表现在政府对社会组织监管模式的变革,更是一种平等对话与合作。

1. 推进政府采购,建立新型公共服务体系制度

纵观我国目前的公共服务体系,政府在其中占主导作用,提供着绝大多数的公共产品。我们认为搭建社会组织与政府的合作平台,首先要做的是让政府放权,使更多的社会组织参与到提供公共产品的行列,通过推进政府采购制度,把一部分资源让渡给社会组织来经营,从而改变其因政府拨款所带来的依附现象。"根据莱斯特·M.萨拉蒙教授主持的社会组织国际比较研究发现,所调查的32个国家中,服务收费、政府拨款和私人慈善捐赠平均分别占非政府组织总收入的50.9%、38.8%和10.3%,服务收费成为各国社会组织的主要资金来源。"② 我国于2002年颁布了《政府采购法》,尽管法律上明确规定供应商是指向采购人提供货物、工程或者服务的法人、其他组织或者自然人,但并未将社会组织排除在外。自2005年以来,我国许多地方政府开始尝试推行"政社合作,购买服务"的改革。2007年,上海浦东新区出台《关于着力转变政府职能建立新型政社合作关系的指导意见》和《浦东新区关于政府购买公共服务的实施意见(试行)》,大力推行政府购买服务,通过政府承担、定向委托、合同管理、评估兑现的运作机制,将一大批事务性、

---

① 参见罗豪才、宋功德:《软法亦法:公共治理呼唤软法之治》,法律出版社2009年版,第449页。
② 王建芹等:《从管制到规制:非政府组织法律规制研究》,群言出版社2007年版,第55—56页。

服务性工作交由社会组织承担,推动了互动合作的新型政社关系的形成。① 随后,成都、杭州、南京等城市相继出台政策,展开与社会组织的合作。我国在探索政府购买服务制度上已初有成效,但前面的路还很长,如何构造一个既注重公平又讲求效率的购买程序,确保引入公开、公平的竞争机制,如何强化资金监管建立绩效管理机制,确保政府购买资金使用效率,等等,这些都将是政府在今后一段时间需要直面与解决的问题。

2. 构建科学的绩效评估制度

构建社会组织科学的绩效评估,不仅有助于为社会组织承担公共责任搭起一道约束堤坝,同样有利于政府优化监督管理,实现公共资源配置的合理化。20世纪初,国际掀起了对非营利组织绩效评估的风潮,建立了许多或官方或民间的学术评估机构,对社会组织参与公共管理的能力与水平进行评估。例如,美国慈善信息局制定的9条评估准则已经成为慈善机构沿着正确的政策方向和运用科学管理方法的向导。美国马里兰州的非营利机构协会则用了两年时间制定出一份包含8个大类、55个细目的非营利机构评估标准,还规定了通过评估的标志。② 中国香港社会福利署对社会组织的评估则更具指导性,因为福利署是官办性质。1999年,福利署制定了《服务表现监察制度》,目的是评估各社会福利服务单位所提供的服务,该评估的组织者是香港社会福利署津贴科,具体实施者是该科的机构探访办公室,评估客体则是接

---

① 参见上海市社会团体管理局:《上海市社会组织建设与管理工作综述》,载中国社会组织年鉴编委会编:《中国社会组织年鉴(2008)》,中国社会出版社2008年版,第206页。
② 参见樊欢欢:《对外国社会组织规范管理的国际比较研究》,2009年4月9日,http://www.chinacoop.gov.cn/HTML/2009/04/09/25210.html。

受了津贴的非政府组织。评估结果与资助资金的划拨直接相关。①2007年国务院办公厅在《关于加快推进行业协会商会改革和发展的若干意见》中提出加快建立评估机制、建立行业协会评价体系的要求,随后国家层面推进建立组织评估体系的工作方兴未艾。同年8月,民政部又发布了《关于推进民间组织评估工作的指导意见》,对开展民间组织评估工作的要求、内容及方式做了概括性规定。2010年12月,历时三年时间,《社会组织评估管理办法》最终经民政部部务会议审议通过。该办法以规范的方式明确了各级人民政府民政部门为依法实施社会组织监督管理职责的机关。相较国外,我国社会组织绩效评估还是新兴事物,尚处起步阶段,随着政府职能的转移,以及政府与社会组织关系的逐步融洽,政府出面推动社会组织的绩效评估势在必行。

3. 强化社会组织问责机制

无责任即无权利,这一观点对于社会组织依然适用。一方面,"随着非营利组织作为一种特殊组织越来越多地参与社会生活,其不可避免地遭遇'合法性'与'问责性'的诉求"②。另一方面,"近年来一系列NPO丑闻的接连曝光,严重毁损了其原有的'天使'形象,也使得公众的信任度有所降低。如果不能尽快建立有效的NPO问责机制,不仅危及NPO自身的良性发展,也会对整个社会的道德风尚产生影响"③。问责是现代民主政治的有机组成部分,最早源自政府问责、行政问责。2004年3月5日,时任国务院总理温家宝在向全国人大做《政府工作报

---

① 参见纪颖:《政府在社会组织评估中作用的思考》,《学会》2009年第2期。
② 范丽珠主编:《全球化下的社会变迁与非政府组织(NGO)》,上海人民出版社2003年版,第51页。
③ 康晓光、李呈呈:《公益领域问责研究》,载康晓光等:《依附式发展的第三部门》,社会科学文献出版社2011年版,第283页。

告》时表示"政府的一切权力都是人民赋予的",强调"有权必有责、用权受监督、侵权要赔偿"。① 这意味着问责政府的理念在我国行政改革中得到了全面推行,成为一种常态。

构建我国社会组织问责制度,应当考虑以下内容:其一,明确问责对象与主体。社会组织产生的特殊性决定了依法登记的组织首先是责任的承担者,而对于那些游离于登记约束之外的则尚不宜纳入问责对象范围。合法登记的社会组织成员与官员问责的法治原理和内在逻辑是一致的,同样适用。对于主体问题,也就是谁有权要求社会组织承担责任,我们认为利益关系人的多元化也就意味着责任参与主体的多元化,组织的其他成员以及与组织有密切关系的群体,例如捐款者与受捐组织之间,都会因为某种需求或代表某种需求而对社会组织或其相关成员进行问责。其二,加强社会团体的信息披露。在现代社会中,信息是优化问责过程中不可或缺的一环,不管是对社会组织问责还是对其他有关人员的问责,都必须要知道社会组织是怎样进行活动的。因此,社会组织必须主动地公布必要信息。持续进行的、信息交流广泛的行动的可信度较高,并且有组织的人们也较易获取信任。在信息公开之下,问责也较易得到推行。② 增强信息公开度,就是要在实践中落实社会组织的规范化运作要求,以对社会组织经营信息的制度性、程序性披露,迫使社会组织不时检讨自己的行为是否符合公益使命。

推进国家治理体系和治理能力现代化,是完善和发展中国特色社会主义制度的内在要求。国家治理现代化应将善治作为其理想模式而

---

① 温家宝:《政府工作报告——2004年3月5日在第十届全国人民代表大会第二次会议上》,《国务院公报》2004年第13号。
② 参见〔美〕詹姆斯·S. 科尔曼:《社会理论的基础》(上),邓方译,社会科学文献出版社2000年版,第52页。

进行追求,并做出相应的制度安排。① 社会组织作为法治社会发展的主要力量来说,其结构调整和软法推进,以及与国家良性互动进程中内部治理机制的完善,就显得异常重要而迫切。

第五节　社会组织治理的包容性法治秩序[*]

登记管理制度和双重管理体制从制度层面为社会组织的自发成长留下了有限的空间,社会组织的自主性的生成也因此有了独特的逻辑。一方面,社会组织自身的建设需要不断扩充其生存能力和自主性,需要主动地向外界寻求资源并不断进行制度化建设;另一方面,社会组织的自主性也必须尝试融入政府设定的控制框架中,只有这样才能够得以维持。这一过程涉及社会组织与政府间诸多法理层面关系的明晰,比如国家与社会的双向调适、社会组织的他律与自治、正式法律法规即"硬法"与"软法"规制的互补等。然而,长久以来,学术界过多地关注政府管理社会组织的策略和手段,抑或是描绘社会组织为了获取更多政府层面的支持而不断做出的策略性的行为;但只有从法理的视角切入,将这两个方面结合在一起,才能够完整地考察中国情境下社会组织的发展路径。因此,基于"包容"的法治理念,拥有有限自主性的社会组织需要嵌入何种类型或特征的法理框架下,才能实现与政府的协调共治和合作共赢,是我们必须面对并予以理论回应的重要问题。以此为导向的深入探究,不仅丰富了

---

① 参见杨春福:《善治:国家治理现代化的理想模式》,《法制与社会发展》2014 年第 5 期。

[*] 本节曾以《包容性法治框架下的社会组织治理》为题,发表于《中国社会科学》2018 年第 6 期,收入本书时有修改。

公共事务的法治治理理论,而且也能够对公共管理三大研究路径之一的"法律"路径之匡正和补充做出贡献,[1]更为探索社会组织法律治理提供一种可行的路径。

一、包容性法治:社会组织治理的可能框架

社会组织的传统治理模式越来越难以回应市场经济生态下的社会深层矛盾,看来过分强调国家立法和法律的权威性,强调国家依法管理很可能诱发一种过度自负,但"许多情况下,法律都并非保持社会秩序之核心"[2]。当前,一种以包容性发展理念为导向,以"法范畴不同要素的亲和"为制度前提,以实现各种范畴、各种层次、各种形式的多元参与为核心,以权利的释放与平等保护为目标的包容性法治正当其时,中国法治建设实践中的包容性品质日益突出,对于社会组织而言,法律规范的单一和滞后早已凸显,结构性失衡更是当前全新背景下社会组织的硬伤,社会组织应该在包容性法治的视野下,走向一个更广阔的治理空间。

(一)"包容性"理念

2016年1月1日,联合国"变革我们的世界:2030年可持续发展议程"正式启动,其中指出:"我们决心在现在到2030年的这一段时间内,

---

[1] 美国国家公共行政研究院院士罗森布鲁姆在其公共管理的经典文献中,强调公共行政研究的多元途径,主要包括管理、政治和法律,这三种途径分别主张不同的价值体系,提供不同的实现其价值的组织安排。尽管他强调要把民主宪制的基本价值和公共行政整合起来并促进公共行政管理者的宪法认知,但经典文献中的法律途径分析仅仅局限在硬法的范围内,尚未有更为广阔的法律规制(尤其是软法规制)视域下展开探讨,因此其思路和方法还有待进一步拓展和深化。详细论述参见〔美〕戴维·H.罗森布鲁姆、〔美〕罗伯特·S.克拉夫丘克、〔美〕理查德·M.克勒肯:《公共行政学:管理、政治和法律的途径》(第七版),张成福等译,中国人民大学出版社2013年版,第9、11章。

[2] 〔美〕罗伯特·C.埃里克森:《无需法律的秩序——邻人如何解决纠纷》,苏力译,中国政法大学出版社2003年版,第5页。

建立和平、公正和包容的社会;我们要创建一个每个国家都实现持久、包容和可持续的经济增长和每个人都有体面工作的世界。"①同年9月,联合国开发计划署在北京发布《2016中国人类发展报告》,报告呼吁社会创新促进包容性发展,并建议通过社会政策和公共治理领域的创新来解决发展中面临的挑战。"包容性"观念再次闯进大众的视野。包容性的提出首先源于经济学领域,作为一种全新的发展理念与模式,近年来在国内外掀起了研究热潮。2011年博鳌亚洲论坛年会将主题选定为"包容性发展:共同议程与全新挑战"。中国在年会开幕式上,发表了以"推动共同发展,共建和谐亚洲"为题的主旨演讲,阐述了中国对"包容性"概念的看法以及中国在"包容性发展"上的实践。有学者认为,包容性发展是通过一种规范稳定的制度安排,让每一个人都有自由发展的平等机会并分享改革与发展的成果。②也有学者认为,实现包容性的关键在于制定公平的社会规范,实现社会各阶层之间的相互兼容和彼此包容。③在包容性发展的术语变迁中,其考察的维度不再局限于经济方面,还包括诸如医疗卫生和教育等公共服务供给的可及性与公平性、发展机会的非歧视性与非垄断性,甚至包括更为广泛的政治过程的公民参与。④2012年2月,常修泽发表的《以体制创新支撑包容性发展》一文在"包容性发展"理论的基础上,尝试性地提出了"包容性体制"的概

---

① United Nations, *Transforming our World: The 2030 Agenda for Sustainable Development*, 2015.
② 参见李惠斌:《包容性发展:可持续发展理念中的新概念》,《北京日报》2012年1月16日。
③ 参见王汉林:《"包容性发展"的社会学解读》,《科学·经济·社会》2011年第4期。
④ 参见高传胜:《论包容性发展的理论内核》,《南京大学学报》(哲学·人文科学·社会科学)2012年第1期。

念。① 他还在专题论文《包容性体制创新论》中系统阐释了"包容性体制"命题,"其实质是在认识并尊重客观规律的基础上,以'海纳百川,有容乃大'的'包容性'胸怀寻求公平正义,通过构建更大范围和更高境界的制度治理框架,来促进包括中国在内的转轨国家的制度创新以及人类文明的进步"②。无独有偶,在国际上,一部探讨"包容性制度"的制度经济学著作《国家为什么会失败》受到广泛关注,德隆·阿西莫格鲁与詹姆斯·A.罗宾逊在书中认为,世界上的国家呈现不同程度的繁荣的原因不是气候、地理或文化,而是制度,并且提出了"包容性制度"的概念:"包容性制度是建立在权力运作限制以及政治权力在社会中多元分配的基础上。这是法治尊奉的信条。"③"一旦多元主义和法治建立起来,就会需要更广泛的多元主义和更广泛地参与政治过程。"④"包容性制度要求的不仅仅是市场,而且是能够为大多数人创造公平竞争环境和经济机会的包容性市场。"⑤

从包容性发展到包容性体制、包容性制度,包容性观念已经凝聚为社会经济发展的共识,旨在构建机会均等、合作共赢的发展模式,注重兼容性、共享性与参与性,通过构建更大范围和更高境界的可能框架来实现治理体系与治理能力的现代化。

---

① 参见常修泽:《以体制创新支撑包容性发展》,《人民日报》2012年2月3日。
② 常修泽:《包容性体制创新论:关于中国改革、两岸整合和新普世文明的理论探讨》,《上海大学学报》(社会科学版)2012年第5期。
③ 〔美〕德隆·阿西莫格鲁、〔美〕詹姆斯·A.罗宾逊:《国家为什么会失败》,李增刚等译,湖南科学技术出版社2016年版,第230页。
④ 〔美〕德隆·阿西莫格鲁、〔美〕詹姆斯·A.罗宾逊:《国家为什么会失败》,李增刚等译,湖南科学技术出版社2016年版,第230页。
⑤ 〔美〕德隆·阿西莫格鲁、〔美〕詹姆斯·A.罗宾逊:《国家为什么会失败》,李增刚等译,湖南科学技术出版社2016年版,第241页。

(二) 包容性与法治的中国实践

当下包容性法治不再过于强调国家正式法律制度的中心地位,而是注重正式规范与多元规则的互动与包容,体现出法律体系的功能互补。以1978年12月党的十一届三中全会宣布建立社会主义民主与法制为起点,国家颁布制定了一系列重要法律,推动一系列法律制度变革。"无论是全国人大及其常委会所制定的法律和有关法律问题的决定,国务院制定的行政法规,国务院所属的各部、各委员会所制定的行政规章,还是省一级人民代表大会及其常委会所制定的地方性法规的数量,在1949—1978年和1979—2008年两个阶段都有着明显的差别。改革开放以来全国人大及其常委会的立法数量是改革开放前的6.49倍,国务院的立法数量是改革开放前的14.21倍,国务院所属的各部委的立法数量是改革开放前的80.17倍,省一级人民代表大会及其常委会的立法数量是改革开放前的774.01倍。"① 中国特色社会主义法律体系已经形成,并且近年来伴随着软法的崛起,逐步发展成国家立法与社会软法功能互补、协调发展的局面。软法的在场改变了法律创制的唯一性,其不拘一格的特点促使其得到了充分的发展。国务院发布的《全面推进依法行政实施纲要》作为中国全面推进依法行政、加速建设法治政府的纲领性文件,如同浓缩的行政法典,不仅涵盖了行政法制建设的精要,也对行政强制法和行政程序法的制度安排产生了深刻影响。② 社会组织共同参与制定的自治规范也因为来自同伴的压力而获得效力:在那种有别于物质剥夺或是身份丧失而言的"丢面子"机制之下,每当有协会成员出现违法违规情形时,对于他的惩戒与处罚不再是一种国

---

① 冯玉军:《中国法治改革三十年述评》,《甘肃政法学院学报》2010年第1期。
② 参见罗豪才、宋功德:《软法亦法:公共治理呼唤软法之治》,法律出版社2009年版,第456页。

家的强制力量,而是作为集体行为所施加的"冷暴力",通过来自同伴的压力使其"自动"出局。① 党的十八届四中全会通过的《关于全面推进依法治国若干重大问题的决定》强调发挥各社会规范在法治社会建设中的积极作用,极大增强中国法治的社会活力与可持续性。可以说,当前国家立法构建起了最基本的规范框架,在此基础上社会软法对整个法律体系的完善起着促进作用,全面提升了整个法律体系的民主性、灵活性、适应性、回应性。

中国的包容性法治发展不仅体现为"包容性"的规范亲和,还表现在国家与社会以新方式互动来推进法治建设。"包容性政治制度把权力广泛分散于社会,并限制滥用。"②在四十多年的改革开放进程中,法治建设重心逐步下移,通过拓展社会的有序化基因,实现了一种获得广泛认可的法秩序。从有计划的商品经济到市场经济,从简政放权到"负面清单",展现的是转变行政化、集中化的政府管理方式,不断地放权给市场和社会,进而培育市场自主和社会自律的治理变革轨迹。③ 四十多年来,我国已经形成了以居委会为主体的社区自治、以村委会为主体的村民自治等社会自治体系。这一自治体系不仅成为基层治理秩序的重要力量,也倒逼公权力依法运行,成为破解权力监控"近勤远怠"和"灯下黑"的有效路径。在法治整体取得巨大进步的同时,法治国家在中国的前提性地位在实践中获得了验证。但转型国家法治建设道路和序列的特殊性并不能否定法治的一般基础与源泉是社会这一逻辑关系,而

---

① 参见 Ulrika Morth(ed.), *Soft Law in Governance and Regulation: An Interdisciplinary Analysis*, Cheltenham: Edward Elgar Publishing, 2004, p. 196。

② 〔美〕德隆·阿西莫格鲁、〔美〕詹姆斯·A. 罗宾逊:《国家为什么会失败》,李增刚等译,湖南科学技术出版社 2016 年版,第 57 页。

③ 参见马长山:《法治中国建设的"共建共享"路径与策略》,《中国法学》2016 年第 6 期。

不是国家。当前我国基于法治国家框架基本确立而将法治建设重心向社会转移。① 在 2012 年 12 月 4 日首都各界纪念现行宪法公布施行三十周年大会上,习近平总书记第一次明确提出,要"坚持依法治国、依法执政、依法行政共同推进,坚持法治国家、法治政府、法治社会一体建设"②。

需要强调的是,突出权利诉求是"包容性发展"的主体动力,就是要确保社会公众普遍具有同质均等的发展权利。只有权利同质、机会均等和公平竞争,才能实现包容性发展。③ 四十多年的改革开放是一个通过民主化、法治化不断释放自由和权利的进程,不仅还权于民,更用权为民。从宪法有关权利确认与保护的发展脉络看,从 1982 年《宪法》规定的集体经济在国家计划指导和遵守法律前提下"有独立进行经济活动的自主权",到 1993、1999、2004 年《宪法》修正案进一步明确和保障私营经济、非公有制经济的合法利益,以及建立健全社会保障制度,④这一"权利释放进程表明,包容性更加注重自由自主的个体性追求,立足于私人领域的社会组织也得以成长"⑤。

包容性所具备的共享、兼容、参与的学术品格意味着法治的重大转向。回首中国法治建设,法治图景从国家依靠权力推进转化为多元话语通过法律机制顺畅表达与释放,法治的包容性特质在实践中获得了验证,法治在整体上取得了巨大进步。中国在法治建设中逐步推崇包容、互动、

---

① 参见江必新、王红霞:《法治社会建设论纲》,《中国社会科学》2014 年第 1 期。
② 习近平:《论坚持全面依法治国》,中央文献出版社 2020 年版,第 112—113 页。
③ 参见王汉林:《"包容性发展"的社会学解读》,《科学·经济·社会》2011 年第 4 期。
④ 参见马平川:《共建共享治理格局中的私法自治》,《学术交流》2016 年第 5 期。
⑤ 王诗宗:《治理理论及其中国适用性:基于公共行政学的视角》,浙江大学 2009 年博士学位论文。

合作的公共精神,要求法律寻求多元利益主体的法律地位平等,对各种利益诉求的表达保持开放态度,尊重正当的诉求,保证公共决策过程的广泛参与和公私合作,建构竞争合作的多方协作关系,通过法治政府与法治社会的良性互动实现跨越统治与自治的善治秩序。①

作为具有包容性和超越性的法治理想,包容性法治给出了一个解释中国社会治理的新思路,也为社会组织治理问题的展开和理论的建构提供了全新的理论视野,包容性法治不仅与治理理论所蕴含的多中心、多层次的运行机理内在契合,还可以破解社会组织运行过程中规范单一、体制单一、手段单一的结构性瓶颈,包容性法治视域下社会组织治理不仅是一种规范性治理,也是一种参与性治理。"法治"维度本身意味着一种规范性的分析视野。"社会最重要的功能是规范化。……失范之令人无法忍受,以至于人们宁可去死。"②特别是面对复杂的社会关系与多元的利益冲突时,我们需要以一种相对平稳的方式规范人们行为,赋予人们预期。公共组织的法律途径主要意在建立一个公平判决和争端解决的结构形式,这样的结构形式可以提供展示证据或者有关法律或者规则解释的信息,公共组织的法律途径强调程序的公平和管制而非效率,强调个人的权利而非团体的代表性。③法治思维以明确、具体、可行的规则首先凝聚了社会组织治理的共识。不仅如此,包容性法治也为社会组织治理提供了参与性的框架,

---

① 参见罗豪才、宋功德:《软法亦法:公共治理呼唤软法之治》,法律出版社2009年版,第47页。

② 〔德〕尤尔根·哈贝马斯:《合法化危机》,刘北成、曹卫东译,上海世纪出版集团2009年版,第129—130页。

③ 参见〔美〕戴维·H.罗森布鲁姆、〔美〕罗伯特·S.克拉夫丘克、〔美〕理查德·M.克勒肯:《公共行政学:管理、政治和法律的途径》(第七版),张成福等译,中国人民大学出版社2013年版,第181页。

这本身与治理理论内在统一,政府和其他社会主体参与公共事务,多元治理主体实现共治,社会实现自治。① 公共组织应该是多元的,它们应当是社会中不同政治、社会和经济利益团体的代表,公共机构应该为这些利益团体提供代表机会。② 因此,政府依法管理与社会组织依法自治构成了社会治理的重要内容。

二、寻求规则的包容:社会组织的混合法模式

包容性法治为社会组织治理提出了规范性要求,但这种规范性长期以来偏向于"法律中心主义",不但没有如愿以偿地引领社会组织走上法治,反而因为过分强调先"明刑"、后"弼教"造成制度"失语"。相反,包容性诉求不再过分强调正式法律,取而代之的是多元规则的功能互补,即在刷新对推进社会组织有序化的软法构建的基础上达至社会组织混合法之间的协调共生。在社会组织治理中我们恐怕很难找到只有硬法而无软法这样一个"纯粹"的领域,因为在解决治理问题时,既很少完全指望政策与惯例,也很少完全依赖硬法规范,毕竟在一些社会部门(特别是非营利部门)中,组织往往面临着"制度复杂性",即它们不得不经常面对所在领域中内在要求互相不一致的目标、原则或者意义的"强制"。③

(一)社会组织的软法之治

"现代法治的发展形态由'硬性法治'到'软性法治'的转向从根本

---

① 参见王诗宗:《治理理论与公共行政学范式进步》,《中国社会科学》2010年第4期。
② 参见〔美〕戴维·H.罗森布鲁姆、〔美〕罗伯特·S.克拉夫丘克、〔美〕理查德·M.克勒肯:《公共行政学:管理、政治和法律的途径》(第七版),张成福等译,中国人民大学出版社2013年版,第187页。
③ 参见 N. Fligstein, "Social Skill and the Theory of Fields", *Sociological Theory*, Vol. 19, No. 2 (2001), pp. 105-125.

上讲还是来自于法治自身的变化——在以形式法治为主导的前提下，现代法治也融入了实质合法性、实质正义、实质合理性等实质法治的要素。"①法治自身的变化促使一种新的"软法现象"方兴未艾，它引导人们开始用柔性的方法或协商的手段解决问题，从而寻求权益诉求的多样性和需求的个性化。软法的"在场"不仅符合包容性法治的制度需求，更使得社会组织原先单一化的规制模式变得开阔起来。

"软法"一词，近几年在欧洲、日本以及我国流行，不仅引起法学界专家的关注与兴趣，更成为社会学、政治学领域学者所涉猎与研究的话题。其实，软法现象最早出现在国际法学领域，当时考虑到达成一个硬的约束性的国际法协议的局限性，"国际法与国际关系学者们转而采用了相对柔和的软法概念来描述一种日益增长的趋势，即政府与国际间政府组织在执行一个正式条约来指导其机构的行为既不可行又不情愿，而采用的成文化的或/和一套明确的程序而从中获益"②。当时国际法上采用的这种成文化的明确的程序成为其后软法的雏形。伴随着"软法"一词在国际法领域的应运而生，以及随之而来的有关欧盟推行的新的治理方式的探索，软法的兴起成为趋势。人们开始试图引入一些柔性的方法或软规范来解决问题，这样"软法"就诞生了。作为不同于带有强制色彩的正式法律而言，软法更增添了柔性与沟通的元素，其以灵活性、协商性、开放性的优势逐渐成长为同样重要的秩序动力装置。

斯科特在制度理论综合分析框架建构中提出了制度包含规制性

---

① 高鸿钧：《现代西方法治的冲突与整合》，载高鸿均主编：《清华法治论衡》第一辑，清华大学出版社 2000 年版，第 29—30 页。

② 参见 Jonathan Graubart, *The Intersection of Transnational Activism and Soft Law: How Activists Exploit NAFTA's Labor and Environmental Accords*, The University of Wisconsin-Madison, 2002, p. 25.

（或者强制性）、规范性及文化-认知性要素的观点，①我们同样可以将影响社会组织治理的制度逻辑划分为规制性、规范性以及文化-认知性要素，规范性要素存在说明性、评价性和义务性的维度，规范也可能引起强烈的情感，但与由违背规制引起的情感不同，违反规范会引起羞耻感，可能对自尊产生重要影响。② 事实上，这种源于道德支配的规范要素与软法的"丢面子"机制异曲同工，它构成了社会组织制度结构不可或缺的部分，是搭建组织内部自律与外部他律之间的桥梁。在这样的语境下，实现社会组织治理的法治化手段已不再局限于强制或权威，而更多强调组织内部成员之间的对话、协商，基于承诺机制与道德评判获取认同，在这期间，制度化的能动者向社会组织以及其内部专业人员倾斜，强调他们作为新制度框架创造者的作用。我们归纳了体现在社会组织治理中的软法要素主要是以社会组织章程等自治规范为主的软法结构，包括组织章程、自律规范以及行业标准等。这一归纳并未穷尽社会组织软法的全部情形，其庞大而多元的结构系统也无法一言以蔽之。

　　社会组织作为制度化、规范化和程序化的治理主体，首先需要建立自我约束、自我控制、自我管理、自我发展的规范体制。自治规范是社会组织为了维护其内部治理的秩序而制定实施的有关调整内部事务的规范、准则。自治规范是软法制度的重要部分，是社会组织"自我规制"的集中体现。它与其他软法规范相比具有鲜明的特征：首先，它是以组织的名义制定并实施的自我约束性规范，是在组织内部建立的；其次，这种规范的指向通常更明确，针对性更强，内容规定更具体，可操作性

---

① 参见〔美〕W. 理查德·斯科特：《制度与组织：思想观念与物质利益》，姚伟、王黎芳译，中国人民大学出版社 2010 年版，第 59 页。
② 参见〔美〕W. 理查德·斯科特：《制度与组织：思想观念与物质利益》，姚伟、王黎芳译，中国人民大学出版社 2010 年版，第 60—65 页。

更强;最后,这种自律规范呈现多样化的自律要求,形成一个由鼓励、倡导、允许、认可、限制、禁止等多种方式共同构成的体系。① 自治规范包含了组织章程与自律规范。章程对于社会组织的作用犹如一国宪法,是对其基本定位、活动宗旨、职责、组织机构设置的高度概括,法律明确了社会组织有制定章程的职责。相对而言,自律规范则更为具体,它是社会组织在具体运行与管理中针对某一具体事项所出台的执业规范、惩戒规范、议事规则等。

此外,随着"标准治国"时代的到来,专业标准、行业标准越来越成为社会组织治理的重要工具,近些年例如"馒头标准""乳制品标准"等一系列事件都不约而同地将标准规制的问题提上社会治理的议事日程。专业标准同样具备引导、评价、制约的规范功能,其作为一定范围内成员必须遵守的准则,为特定主体实施特定行为提出了最低限度的要求,意味着相关主体只有在经过了检验符合标准后才具有行为资格。从世界范围看,标准的制定权已经由政府逐步下放到社会组织手中,如英国标准学会(BSI)是世界上第一个国家标准化机构,也是非营利的社会组织。英国政府通过宪章承认并支持其制定标准,并且采用 BSI 制定的标准为英国国家标准(BS)。② 我国目前实行的则是政府主导下的标准体系,政府作为主要的标准制定主体,掌握着标准的立项、起草、审查、发布等权力。这种方式不仅与时代发展步伐有所脱节,更造成公众

---

① 参见宋功德:《公域软法规范的主要渊源》,载罗豪才等:《软法与公共治理》,北京大学出版社 2006 年版,第 197—198 页。

② 颁发王家宪章,是英国政府对某些自愿性、公益性组织予以特殊承认并赋予特殊地位的一种古老方法。王家宪章规定:英国标准学会的宗旨是协调生产者与用户之间关系,解决供求矛盾,改进生产技术和原材料,实现标准化和简化,避免时间和材料的浪费;根据需要和可能,制定和修订英国标准,并促进其贯彻执行;以学会名义,对各种标志进行登记,并颁发许可证;必要时采取各种措施,保护学会的宗旨和利益。参见毕雁英:《社会治理中的标准规制》,《法学杂志》2011 年第 12 期。

在标准制定上的"失声"。因此,应当将权力下放,逐步转移给具有一定专业知识的社会组织,并通过进一步规范制定程序予以保障。具体来说,应通过强化透明度,确保利益相关者的知情权,增设消费者参与的法定程序,在涉及消费者利益的标准制定上,引入消费者代表参与机制,并以法律形式明确参与的方式、程序、权利义务等。

(二)社会组织软法与硬法的衔接和整合

包容性法治所期待的多元规则的互动与包容如何在经验层面实现社会组织的良法善治?在大多数制度形式中,并非某一单独的制度基础要素在起作用,而是三大基础要素之间的不同组合在起作用,这些制度基础要素结合在一起,所产生的强大力量是十分惊人的。① 因此,社会组织治理中对软硬法任何一端完全偏执的接受都是非理性的,但衔接和整合也并非机械,不能被理所当然地理解为不同领域、不同层次的软硬法要素各自为政。回应"包容性法治"的治理目标,需要对各种软硬法规范加以综合考量并达至整体性平衡。

首先,按照法律保留原则、辅助原则勘定社会组织制度要素的边界。众所周知,软法以其柔性而保障合理性,使得规则易于为人所接受;硬法以其强制性而保障合法性,使得软法的实施不至于危害公共利益。那么,对于如何在两者之间框定监管的底线,我们认为法律保留原则中的"重要性"给了一些启发。伴随着行政权的扩张和给付行政的发展,法律保留原则逐渐丰富起来,德国联邦宪法法院提出"重要性"理论,即不仅干涉人民自由权利的行政领域应适用法律保留原则,而且在

---

① 参见〔美〕W. 理查德·斯科特:《制度与组织:思想观念与物质利益》,姚伟、王黎芳译,中国人民大学出版社 2010 年版,第 70—71 页。现代社会治理,强调多元参与、理性协商、建设性解决社会问题,是一个不断建构和积累良好、尊重、包容、信任等积极元素的过程。参见杨丽等:《社会组织参与社会治理:理论、问题与政策选择》,《北京师范大学学报》(社会科学版)2015 年第 6 期。

给付行政领域中凡涉及人民基本权利的实现与行使，以及涉及公共利益尤其是影响共同生活的"重要基本决定"，应当有法律的明确规定。① 这种以公民基本权利为核心的抽象的概括为划分社会组织软硬法界限提供了一定的参考，满足"给付"行政时代社会组织发展的新需求。将边界设定为"重要性"提供了社会组织硬法要素与软法要素间的弹性空间，可视为社会组织治理中有关法律规制的范围基本上等同于宪法中规定的公民基本权利的范围。具体而言，对于社会组织的设立条件、程序，参与政治活动、社会公益活动的行为，有可能涉及公民基本权利以及社会公共利益的事项必须由硬法规制，通过赋予强制性规定加以引导。而事关社会组织的内部活动、正常的业务活动等专业性与随意性较强的行为则属于软法规范的规整范畴，可通过社会组织自己制定规则加以调整。

其次，将制度要素有的放矢地介入社会组织内外部事务。社会组织存在的逻辑前提是成员的结社权，组织成员通过契约条款让渡部分自主权给社会组织，而社会组织则通过契约与协商一致获得成员让渡的权利并集合成为自治权。"正如自然赋予了每个人以支配自己各部分肢体的绝对权力一样，社会公约也赋予了政治体以支配它的各个成员的绝对权力。"②因此内部关系是一种类似契约的关系，应以平等对话、协商开放的软调节为首要原则。会员之间通过协商一致共同处理内部事务，制定社会组织章程以及其他规范性文件，讨论决定本组织的重要事项以及成员之间的惩戒关系等，这些属于社会组织的内部处理事务。作为政府或是具有强制力的硬法应以克制的态度为主，逐步隐

---

① 参见黄学贤：《行政法中的法律保留原则研究》，《中国法学》2004年第5期。
② 〔法〕卢梭：《社会契约论》，何兆武译，商务印书馆2003年版，第41页。

退,给软法以施展的空间。相反,在社会组织与外界交往过程中,硬法应该倾注较多的注意力,特别是在参与社会管理时会出现其社会责任与组织自治、组织利益相冲突的情形。硬法之治必须坚守其监管的底线,社会责任的制度构建要求社会组织将自身运作的轨迹不再以组织成员为中心,而要顾及成员以外的其他利益相关者。例如,慈善组织募捐涉及面广,利益多元,以社会组织互益性为特征的软法之治难免有失公允,因此,在处理社会组织的对外关系时,单纯的软法会显得力不从心,需要硬法的制约与配合。

最后,在制度要素适用的过程中坚持自治优先、程序优先。社会组织治理是个复杂的过程,因此制度要素的适用中没有绝对的"楚河汉界",特别是在融合的状态下应当坚持自治优先与程序优先。自治优先即软法之治优先,硬法只是对软法所不能及的领域予以回应,构成默认的制度,在具有软自发性和实验性的规范性制度不存在时获得遵守。自治优先既是社会组织治理的本质要求,也是避免正在减少的国家干预借硬法之名再度复归完全管制和高度干预态势的办法。正如时任总理李克强在十二届全国人大一次会议答记者问时所说的那样:"市场能办的,多放给市场。社会可以做好的,就交给社会。"①此外,"在强调自治优先的同时还需要明确程序的重要性,程序所内蕴的客观、中立、过程公开等可限制权力的恣意独断"②。强调社会组织的决策程序,能确保所有利益相关者参与,让社会组织成员拥有自身的话语权,还可以避免暗箱操作和私下交易。信息资源的充分准确披露,能够减少因信息不对称而产生的逆向选择和道德风险,提高社会组织内部决策的透明

---

① 《李克强答中外记者问》,《人民日报》(海外版)2013年3月18日。
② 鲁篱:《行业协会社会责任与行业自治的冲突与衡平》,《政法论坛》2008年第2期。

度,优化组织内部资源的配置。

对于正处于转型时期的中国社会组织而言,软法与硬法的衔接为我们提供了包容的、理性的、平衡的分析视角来看待社会组织的发展问题,这种衔接不仅能在实践中推进社会组织的健康发展,也能在理论上回应包容性法治的制度需求。

三、寻求秩序的包容:社会组织的多元共治

社会组织的包容性法治不仅是一种制度要素的包容,同时也是一种治理秩序的包容。以"包容性发展"为中心的发展策略依靠激励与制约相容的制度机制,运用多样化的行为方式实现多中心的动态结构。就社会组织而言,在治理过程不仅要淡化传统的以管理为目的的行政秩序,还要通过不断拓展自治秩序,实现政府依法管理与组织依法自治。

(一)政府管制的法治化

管制行政的法制性是可以理解的,因为管制对个人、团体以及企业的权利产生影响,它关系到财产的使用和处置问题。此外,管制规章对其他行政机关、各级政府的政策或行为也有约束作用。[1] 社会组织的监管秩序逐步从行政化向法治化方向发展。

一方面,直接登记稳妥推进,逐步改变原有"双重管理体制"。民政部出台相关办法,明确行业协会商会类、科技类、公益慈善类、城乡社区服务类社会组织,实行民政部门直接登记,不再由业务主管单位审查。这给我们传递了信号:政府正探索对社会组织进行因地制宜、因时制宜

---

[1] 参见〔美〕戴维·H.罗森布鲁姆、〔美〕罗伯特·S.克拉夫丘克、〔美〕理查德·M.克勒肯:《公共行政学:管理、政治和法律的途径》(第七版),张成福等译,中国人民大学出版社2013年版,第417页。

的治理,并在许多地方试点展开。①许多原本属于登记范畴的社会组织将转而向备案制发展,出现了分类控制、柔性监管的模式。例如,南京实行社区社会组织备案制改革。南京出台《南京市基层民间组织备案管理暂行办法》,通过实施"三简、四免、五宽、六许"制度,降低社区社会组织的登记备案门槛,放宽对社会组织登记的限制。再如,重庆探索城乡基层民间组织登记管理新途径,按照"边发展、边规范"的原则,采取降低门槛、简化程序、典型引路等方式,整合、优化业务活动相同或相近但达不到登记条件的社团。②《关于改革社会组织管理制度促进社会组织健康有序发展的意见》明确,行业协会商会、科技类社会组织、公益慈善类社会组织直接向民政部门依法申请登记。

另一方面,监管手段向法治化转移,侧重对社会组织自治规范的法律监督。2008年的北京律师协会直选风波,之所以被法律界诟病,就在于它赤裸裸地暴露了社会组织章程制定的疲软无力。"软"实施在脱离了国家强制力保障的同时,缺乏相应的司法救济与法律约束,容易造成"集体掠夺"对公益的侵害,为此自治规范不能排除监督的完全"豁免"。

自治规范的监督模式可以通过有所侧重的立法监督、行政监督、司法监督立体化的模式,实现三者间的协调共生。自治规范的第一要素在于它的合法律性。首先,应当为自治章程确立法律底线,通过实行立

---

① 抑或是一种"项目制"的治理模式。项目制实质是一种发包体制,竞争、嵌入性过程监督更有利于发包方的权力监督;政府购买社会服务的项目制细化、专业化造成社会组织分割,同时购买主体的分割性使社会组织无法联合,购买类型的选择性则造成社会组织类型的失衡。项目制的社会组织治理,将成为贯通国家与社会、实现监控与服务的国家治理模式。参见王向民:《中国社会组织的项目制治理》,《经济社会体制比较》2014年第5期。

② 参见蒲奇军、罗伟、彭林:《重庆民间组织发展报告》,载黄晓勇主编:《中国民间组织报告(2011—2012)》,社会科学文献出版社2012年版,第175页。

法阶段的审查实现监督。但实践中在硬法制度领域尚未建立起违宪审查机制的情况下，讨论软法领域实现对自治规范的立法监督恐是无源之水、无本之木。就目前条件看，立法监督的必要性毋庸置疑，但由谁来提出异议、如何提出异议、最终异议又该如何解决需要做进一步的探讨。其次，各类行政主管部门以备案或审批的方式推进对自治规范的监督。这种监督方式是退而求其次的选择，这种主要通过事先的备案甚至审批的方式进行的行政监督方式可能造成对社会组织自治权限的介入与干预。因此，除非有明显侵犯公共利益或有明显行业保护与垄断的情形，否则应当慎用。最后，将社会组织的自治章程纳入司法审查范围。相比较而言，司法监督的方式是一种被动的消极监督，但司法权的运作有着不可比拟的优势，公开公正的司法程序使得这种监督方式成为最合适也最有效的监督途径。如"英国行业协会对内部成员的侵权行为早已纳入法院司法审查的范围，不仅其实施的行为，而且其制定的规章本身都要接受法院的司法审查"[1]。再如，根据德国《联邦行政法院法》第47条的规定，行政法院的审查对象也包括行业协会制定的自治规章。[2] 将社会组织的自治规范纳入司法审查国外早有先例，我国也应积极探索自治规范的司法审查，对其实现有效监督。

（二）社会组织的依法自治

《中华人民共和国国民经济和社会发展第十三个五年规划纲要》对完善社会组织管理制度提出新的要求。围绕社会组织自治而进行的改革创新是共同体为实现利益协调与整合，通过自治权的完善、内部结构调整等权力安排来实现运作的自主化、规范化，实现依法自治。

---

[1] 〔英〕丹宁勋爵：《法律的训诫》，杨百揆等译，法律出版社1999年版，第165—195页。
[2] 参见于安编著：《德国行政法》，清华大学出版社1999年版，第92页。

社会组织自治权是一个庞大系统,包含了规范制定权、管理监督权、惩戒权等方面。一是规范制定权,包括自治章程和执业规范。章程是组织、团体根本性的规章制度。依据相关法律的规定,我国社会组织有通过会员代表大会制定组织章程的权力,特别是一些专门性质的协会。例如,我国《律师法》第四十四条规定,全国律师协会章程由全国会员代表大会制定,报国务院司法行政部门备案;地方律师协会章程由地方会员代表大会制定,报同级司法行政部门备案。而各类执业规范、法律或是协会章程也有明确规定,2007年《律师法》修订,增加了律师协会制定行业规范和惩戒规则的权力。二是管理监督权。行业管理的职责通常应由社会组织自行承担,例如年检注册、日常监督、业务指导和交流培训,等等。"注册登记,对律师及律师执业机构进行资格管理,是律师协会的一项重要职权。在日本,律师会和律师联合会对律师资格的管理,主要是通过登录、更换或撤销律师登录进行的。"[①]我国社会组织的监督管理权同样可以通过业务指导以及惩戒来实现。各类社会组织都有义务对其会员进行业务上的培训指导,通过开展各类经验交流活动、开办各类业务培训班提高会员的执业水平。此外,监督职能的有效实现还建立在惩戒实施的基础上。三是纠纷调处权。"美国的地方性律师公会有权对律师与当事人酬金争议进行仲裁。当事人可以提出要求,律师应将律师酬金争执事件交付仲裁律师,公会已设置各地方律师公会仲裁小组处理相关事宜。"[②]日本《律师法》也规定,律师会对有关律师职务上的争议,经律师或当事人或其他关系人的请求,可以进行

---

① 朱伟:《律师协会的权力及其有效制约》,《苏州大学学报》(哲学社会科学版)2007年第4期。
② 周塞军:《发达国家律师管理制度》,时事出版社2001年版,第207页。

调停。① 我国社会组织也应当被赋予解决其会员在执业中发生纠纷的调处权。四是惩戒权。实践中惩戒呈现出的二元化模式，即行政机关的行政处罚与组织内部的纪律处分并存，不仅制约了社会组织的自主化发展，也违背了"一事不再罚"的基本原则。应当成立专门的惩戒委员会具体负责惩戒事务，在机构人员的配备上充分考虑独立性与专业性，强调人员的多元化；明确惩戒规则，保障惩戒合法行使。细化惩戒种类，明确惩戒程序，确认社会组织行使各类惩戒权的适用情形；建立惩戒的司法审查，应当确立对惩戒决定的司法最终审查原则，允许受到惩罚的会员向人民法院提起司法审查的请求。

另外，完善社会组织的监督结构，明确监事会与理事会是相互独立、平行的机构，分别对全体代表大会负责日常监督与决策。监事会独立行使监督职权，监督者与被监督者之间不存在直接的利益关系。② 监督事项不仅包括程序监督，还包括财务监督：程序性监督主要体现在对理事会、常务理事会及相关执行机构的日常行为进行程序性监督；财务监督则包含财务状况是否公开透明、会费使用是否合法合理、是否经过一定的程序表决等。监事会有权对理事会全体成员是否尽职尽责和完成履职情况进行监督。对违反者，监事会应予提醒改正。此外，监事会还拥有是否决权，这是保障监督权有效行使的关键。监事会有权对理事会拟通过的决议，在没有相应的程序性规定作为依据，或严重违反法

---

① 参见黎军：《行业组织的行政法问题研究》，北京大学出版社2002年版，第160页。
② 根据2004年3月8日国务院颁布的《基金会管理条例》和其他有关法律法规制定的《基金会章程示范文本》，"理事、理事的近亲属和基金会财会人员不得任监事"（民政部：《关于印发〈基金会章程示范文本〉的通知》，2004年5月27日印发，民函〔2004〕124号文件）。另参见《上海市律师协会监事会工作规则》，上海市律师协会监事会2002年7月讨论通过；《北京市律师协会监事会工作规则》，北京市律师协会监事会第八次会议通过，2002年8月28日起试行。

律法规、违背章程宗旨的情况下,予以否决。

(三)政府与社会组织:购买服务与评估监管

党的十八大以来,习近平总书记围绕全面深化改革、创新社会治理发表了一系列重要讲话,对加强和改进社会组织工作也提出了总体要求:"要通过社会体制改革创新,充分调动各方面积极性,最大限度增强社会发展活力。"①组织不再是一种控制化的等级结构,而是一种互动参与的交织过程,"政府与非政府组织在各自组织特征上具有互补性,它们之间能建立起良好互动的合作关系,由政府负责资金动员,非政府部门负责提供服务,使双方都能发挥出自己的比较优势,扬长避短,达到'1+1>2'的效果,从而提高公共物品供给的质量和数量,增进社会福利"②。相关有益尝试如下。

第一,政府购买服务制度,深化与社会组织的合作关系。政府对社会组织进行调控和监管,同时社会组织的发育也是其主动合作、协调和把握的自治过程。考虑到资源的外部依赖性,社会组织为了借助政府提供的政策,会对国家职能进行反作用;至于政府,从需求—供给的角度,社会组织也起到了拾遗补阙的作用,由此促使国家—社会之间外化为某种合作性关系模式。伴随着备案制度改革、评估定级制度的确立,这些柔性干预与调控也给了社会组织更大空间。近年来,政府向社会组织购买服务,通过整合社会资源,扩大社会参与,实现了维护社会秩序与激发社会活力的统一。许多地方政府开始尝试性地推行"政社合作,购买服务"的改革。上海浦东新区出台《关于着力转变政府职能建

---

① 中共中央文献研究室编:《习近平关于全面深化改革论述摘编》,中央文献出版社2014年版,第93页。
② 张清等:《非政府组织的法治空间:一种硬法规制的视角》,知识产权出版社2010年版,第156—157页。

立新型政社合作关系的指导意见》和《关于政府购买公共服务的实施意见(试行)》,大力推行政府购买服务,通过政府承担、定向委托、合同管理、评估兑现的运作机制,将一大批事务性、服务性工作交由社会组织承担,推动了互动合作新型政社关系。[1] 河北省政府建立长效经费扶持机制,促进社会组织的健康发展,包括建立政府资助行业协会发展机制、政府长期购买行业协会固定性服务机制、政府购买行业协会临时性服务机制等,充分体现"政府出资,定向委托,合同管理,评估兑现"的长效合作机制。[2] 随后,杭州、南京等城市都相继出台政策,充分展现社会组织发育向国家层面渗透和控制的能力。[3] 进入21世纪,地方政府在探索购买服务制度上已乘风破浪,政府与社会组织都在为建立一个既注重公平又讲求效率的合作机制努力。2013年国务院办公厅颁布关于政府向社会力量购买服务的指导意见。2017年年初财政部、民政部出台《关于通过政府购买服务支持社会组织培育发展的指导意见》,围绕供给侧结构性改革,结合"放管服"改革、事业单位改革和行业协会商会脱钩改革,充分发挥市场机制作用,大力推进政府向社会组织购买服务。

第二,评估定级与税收监管成为促进合作发展的保障。《关于加快推进行业协会商会改革和发展的若干意见》中提出加快建立评估机制、建立行业协会评价体系的要求,国家层面推进建立组织评估体系的工

---

[1] 参见上海市社会团体管理局:《上海市社会组织建设与管理工作综述》,载中国社会组织年鉴编委会编:《中国社会组织年鉴(2008)》,中国社会出版社2008年版,第206页。
[2] 参见河北省民间组织研究课题组:《河北省民间组织研究报告》,载黄晓勇主编:《中国民间组织报告(2011—2012)》,社会科学文献出版社2012年版,第214页。
[3] 2014年12月财政部、民政部和工商总局出台了《政府购买服务管理办法(暂行)》,2015年5月上海市出台了《上海市政府关于进一步建立健全本市政府购买服务制度的实施意见》。

作逐步展开,并且不断规范化、制度化,为政府寻求合作伙伴提供了基础。其后民政部又发布《关于推进民间组织评估工作的指导意见》,对开展民间组织评估工作的要求、内容及方式做了概括性规定。2010年12月,民政部通过《社会组织评估管理办法》,该办法明确各级人民政府民政部门是依法实施社会组织监督管理职责的机关。为促进社会组织健康发展,依照规范的方法和程序,由评估机构依据评估标准,对社会组织进行客观、全面的评估,并做出评估等级结论。相比评估制度的建设,我国运用税收监管促进社会组织发展的脚步还有待加快。世界上很多国家都制定了相应的税收政策以促进社会组织发展,这些政策成为社会组织治理框架的重要组成部分。尽管我国各类非营利社会组织的税收优惠政策涵盖面宽泛,但尚未专门建立一套与社会组织有关的税收管理制度,因此健全税收征管办法并出台相应的实施细则刻不容缓,应通过建立普遍税务登记和免税申请等全程跟踪机制,强化对社会组织的税收监管。

四、小结

包容性法治为我们分析当前中国社会组织法治化功能及治理提供了一个现实、可行的框架,描绘了社会组织治理的一种美好愿景。其实,"包容性"是一个深邃且庞杂的结构系统,特别是在面对动态性、复杂性以及多样性不断涌现的现实世界时,社会组织治理不仅要满足内在制度与策略的协调一致,还要实现与外在社会结构其他组成因素的互动,更需要符合普遍的朴素的社会正义情感以及法律资源最优配置的效益需求。"国家开始联合社会进行超出正式官僚机构能力的活动,新型的国家与社会的关系在逐渐衍生,这里是更具协商性而非命令性的新型权力关系的发源地,或许未来(法律)制度变革的希望应当是在第三领域,而不是在仍被严厉限制的私人领域。"[1]因此,对待社会组织治理更需要用包容的理念去引导,用法治和自治的眼光去洞察,用共治的方式去推动。

---

[1] 张清等:《非政府组织的法治空间:一种硬法规制的视角》,知识产权出版社2010年版,第24页。

结　语
新时代包容性法治社会建设的八大论题

党的十八大以来,在建设法治中国、走中国式法治现代化道路的总体布局中,强调法治国家、法治政府、法治社会一体建设,"法治社会"作为一个核心概念首次进入了法治话语体系。党的二十大报告进一步强调,要加快建设法治社会。① 刚刚结束的二十届三中全会强调要"完善推进法治社会建设机制"。因应顶层设计层面的最新战略部署,学术界自觉地将法治社会与法治国家、法治政府等概念进行辨析,厘定"法治社会"的内涵。"什么样的社会算是法治社会呢？习近平总书记的一系列论述给出的答案是:党政依法治理、社会依法自治、全民自觉守法、矛盾依法化解、建成平安中国。"② 在中国式法治现代化道路上推进包容性法治社会建设,需要坚持自治、法治、德治的有机结合,将社会公平正义作为一切国家机关、社会组织和公民个人的基本价值追求,促进和谐发展,强化全民守法,运用法治思维、法治方式营造良好的法治环境,坚持和发展新时代"枫桥经验",将矛盾纠纷消弭在事前、化解在基层,完善社会矛盾纠纷多元预防调处化解综合机制,构建共建共治共享基层社

---

① 参见习近平:《高举中国特色社会主义伟大旗帜　为全面建设社会主义现代化国家而团结奋斗——在中国共产党第二十次代表大会上报告（2022年11月16日）》,人民出版社2022年版,第42页。
② 张文显:《习近平法治思想研究（下）——习近平全面依法治国的核心观点》,《法制与社会发展》2016年第4期。

会治理机制,依法治理网络(数字)空间。

一、法治社会是政治、自治、法治、德治的有机结合

自治既是社会治理的一种形式,也是社会生活的一个价值目标。①《中共中央关于全面深化改革若干问题的决定》指出,"要激发社会组织活力。正确处理政府和社会关系,加快实施政社分开,推进社会组织明确权责、依法自治、发挥作用"②。进一步推动社会组织健康发展,必须坚持党的领导与社会组织依法自治相统一,充分激发社会组织活力,实现政府治理与社会自治良性互动。③ 法治社会是全部社会生活的民主化、法治化、自治化,包括社会基层群众的民主自治,各社会组织、行业的自律,企事业单位和社区的民主管理,社会意识、社会行为、社会习惯都渗透着民主的法治精神,形成一种受社会强制力制约、由社会道德规范和社会共同体的组织规范所保障的法治文明。法治社会与法治国家建设相辅相成,法治社会是法治国家建设的基础。法律的权威源自全民守法以及人民的内心拥护和真诚信仰。只有全面增强全民法治观念,让法治成为全民思维方式和行为习惯,加快建设法治社会,才能夯实法治国家建设的社会基础。要适应社会主要矛盾的发展变化,在民主、法治、公平、正义、安全、环境等方面采取更有效的举措,推进全民普法,促进全民守法,发挥社会规范的积极作用,推动多层次多领域依法治理,提高社会治理法治化水平,充分调动全社会和广大民众参与国家建设和社会发展的积极性、主动性、创造性,努力为法治国家

---

① 参见张文显:《习近平法治思想研究(下)——习近平全面依法治国的核心观点》,《法制与社会发展》2016年第4期。
② 《中共中央关于全面深化改革若干重大问题的决定》,《人民日报》2013年11月16日。
③ 参见吕行:《坚持党的领导与社会组织依法自治相统一推动社会组织健康发展》,《人民日报》2017年3月21日。

建设奠定更加坚实的社会基础。法治社会建设,要紧紧围绕建设社会主义法治国家的目标进行顶层设计、完善体制机制、明确工作重点、做出部署安排,坚决贯彻落实实现这一目标所必须坚持的原则,即坚持党的领导、坚持以人民为中心、坚持法律面前人人平等、坚持依法治国和以德治国相结合、坚持从中国实际出发。

二、公平、正义、和谐是法治社会的基本价值追求

法治社会与人治社会以及各种非法治社会最大的区别就是在法治社会中,社会公平正义是一切国家机关、社会组织和公民个人的基本价值追求。法治作为治国理政的基本方式,能得到全社会的认可和支持,在于按照法治原则办事,每一个人都能体会到公平正义。在法治社会中,以实现公平正义为目标,可以使得人们之间的交往成本降到最低。因为只要按照宪法和法律办事,一切国家机关、社会组织和公民个人的行为就具有明确的"可预期性",人们就会在趋利避害的心理引导下,追求法治所设计的制度公平正义。在解决法律矛盾、纠纷和各种利益冲突中,更需要将公平正义作为首选价值目标。只有按照公平正义原则的要求来处理纠纷、化解矛盾,人们才会心服口服,从内心深处真正接受司法机关的判决。如果在每一个法律制度、每一个执法决定、每一个司法案件中人民群众不能感受到公平正义,宪法法律信仰和权威就无从确立。公平正义关系我们党执政的群众基础和制度根基,是关系党执政安全的头等大事,各级党政机关和领导干部都必须把依法办事与追求公平正义紧密地结合在一起,从而赢得信任、赢得民心。早在2005年,习近平总书记在浙江工作期间就特别强调:"和谐社会是秩序良好的社会,它要求社会依照既定的规则有序运行,反对无序化和无序状态。实现和谐社会有赖于人们对法律的信仰和遵循。……和谐社会本

质上是法治社会……法治通过调节社会各种利益关系来维护和实现公平正义,法治为人们之间的诚信友爱创造良好的社会环境,法治为激发社会活力创造条件,法治为维护社会安定有序提供保障,法治为人与自然的和谐提供制度支持。"①2014年10月23日,习近平总书记在十八届四中全会第二次全体会议上更进一步强调:"我国改革发展稳定形势总体是好的,但发展中不平衡、不协调、不可持续问题依然突出,人民内部矛盾和其他社会矛盾凸显,党风政风也存在一些不容忽视的问题,其中大量矛盾和问题与有法不依、执法不严、违法不究相关。市场经济应该是法治经济,和谐社会应该是法治社会。"②

三、全民守法是法治社会建设的基础性工程

全民守法、弘扬法治精神是建设法治中国的重要环节和基础工程。只有增强全社会厉行法治的积极性和主动性,让法律成为全民信仰,才能最终建成法治社会。全民守法,不仅要求全体中国公民在法律面前人人平等地学法、守法、用法,而且要求一切在华工作、学习、生活、旅游的外国人、外国公司企业以及其他无中国国籍者都必须遵守中国的宪法和法律,任何个人和组织都不得有超越宪法和法律的特权。全民守法的前提是尊法学法,首先要树立尊崇法律的意识,然后才能自觉学法守法用法。普法工作要强化时代性、实效性,落实普法责任制,全面提升法治意识和法治素养。"要强化依法治理,培育全社会办事依法、遇事找法、解决问题用法、化解矛盾靠法的法治环境。"③习近平总书记强调,"全民守法是法治社会的基础工程,就普法守法工作提出两点要求:

---

① 习近平:《之江新语》,浙江人民出版社2007年版,第204页。
② 习近平:《论坚持全面依法治国》,中央文献出版社2020年版,第103页。
③ 习近平:《坚定不移走中国特色社会主义法治道路 为全面建设社会主义现代化国家提供有力法治保障》,《求是》2021年第5期。

一是普法工作要紧跟时代，在针对性和实效性上下功夫，落实'谁执法谁普法'普法责任制，特别是要加强青少年法治教育，不断提升全体公民法治意识和法治素养，使法治成为社会共识和基本准则；二是强化依法治理，培育全社会办事依法、遇事找法、解决问题用法、化解矛盾靠法的法治环境"①。

四、运用法治思维法治方式营造良好的法治环境

"善禁者，先禁其身而后人；不善禁者，先禁人而后身。"法治思维是将法律作为判断是非和处理事务的依据的一种思维方式，崇尚法治、尊重法律是其基本要义。习近平总书记强调："要求领导干部把对法治的尊崇、对法律的敬畏转化成思维方式和行为方式，做到在法治之下、而不是法治之外，更不是法治之上想问题、作决策、办事情。现在，广大干部群众的民主意识、法治意识、权利意识普遍增强，全社会对公平正义的渴望比以往任何时候都更加强烈，如果领导干部仍然习惯于人治思维、迷恋于以权代法，那十个有十个要栽大跟头。领导干部提高法治思维和依法办事能力，关键是要做到以下几点。一是要守法律、重程序，这是法治的第一位要求。二是要牢记职权法定，明白权力来自哪里、界线划在哪里，做到法定职责必须为、法无授权不可为。三是要保护人民权益，这是法治的根本目的。四是要受监督，这既是对领导干部行使权力的监督，也是对领导干部正确行使权力的制度保护。"②

五、法治社会建设既要抓末端更要抓前端

我国的基本国情是人多地广、司法资源不足以及发展不平衡，若是

---

① 《求是》杂志编辑部：《指导新时代全面依法治国的纲领性文献》，《求是》2021年第5期。
② 习近平：《论坚持全面依法治国》，中央文献出版社2020年版，第141页。

14亿人大大小小的事都要打官司,我国司法系统必然不堪重负。因此,习近平总书记提出,"要推动更多法治力量向引导和疏导端用力,完善预防性法律制度"①。在社会转型时期,社会矛盾日益增多,全国法院受理的案件数量也在持续增长,特别是有大量的案件流入了最高人民法院,这就造成了审判接访的压力越来越大,息诉罢访的难度也越来越大,这不利于最高人民法院发挥监督指导全国法院工作的职能,不利于维护社会稳定,对当事人的诉讼也不利。党的十八届四中全会提出,"最高人民法院设立巡回法庭,审理跨行政区域重大行政和民商事案件。这样做,有利于审判机关重心下移、就地解决纠纷、方便当事人诉讼,有利于最高人民法院本部集中精力制定司法政策和司法解释、审理对统一法律适用有重大指导意义的案件"②。深入推进全面依法治国,必须加强对法治建设的组织领导,深入贯彻党的二十大精神,将"十四五"时期经济社会发展和法治建设同步谋划、同步部署、同步推进。"要强化法治观念,严格依法办事,不断提高各领域工作法治化水平。法治工作部门要全面履职尽责。中央依法治国办要履行统筹协调、督促检查、推动落实的职责,及时发现问题,推动研究解决。要力戒形式主义、官僚主义,确保全面依法治国各项任务真正落到实处。"③要制定防范各类矛盾纠纷发生的预防性法律制度,充分运用多元纠纷化解机制,尤其是要发展完善被称为"东方经验"的人民调解制度,人民调解员植根基层、来自群众,熟悉社情民意,有助于更好满足广大人民群众诉求,预防社会矛盾升级。公证制度、法律顾问制度、公职律师制度、公司律师制

---

① 习近平:《坚定不移走中国特色社会主义法治道路 为全面建设社会主义现代化国家提供有力法治保障》,《求是》2021年第5期。
② 习近平:《论坚持全面依法治国》,中央文献出版社2020年版,第99—100页。
③ 习近平:《坚定不移走中国特色社会主义法治道路 为全面建设社会主义现代化国家提供有力法治保障》,《求是》2021年第5期。

度等法律制度在预防纠纷发生方面具有重要作用。充分发挥法治"固根本""稳预期""利长远"和司法行政职能作用,把天理、国法、人情和社会主义核心价值观融入公共法律服务的每个环节,通过各种线上线下、形式多样的学法、普法活动进行引导,通过现场、网络、电话、视频免费提供法律咨询和法律援助,以人民调解、律师调解、行业调解等方式进行疏导,通过心理疏导、法律顾问、公证等方式进行预防,抓前端、治未病,对矛盾纠纷进行源头化解,杜绝了"民转刑"等个人极端事件和群体性事件的发生,极大地减少矛盾纠纷进入司法程序的数量,降低信访量,节约司法和信访成本,促进社会和谐稳定。在全面依法治国过程中,应找准预防性制度建设的着力点,积极回应人民群众新要求、新期待,提升用法治手段保障人民安居乐业的能力,从而不断增强人民群众获得感、幸福感、安全感。

六、完善社会矛盾纠纷多元预防调处化解综合机制

2020年11月16日,习近平总书记在中央全面依法治国工作会议上要求,"要推动更多法治力量向引导和疏导端用力,完善预防性法律制度,坚持和发展新时代'枫桥经验',完善社会矛盾纠纷多元预防调处化解综合机制,更加重视基层基础工作,充分发挥共建共治共享在基层的作用,推进市域社会治理现代化,促进社会和谐稳定"①。诞生于20世纪60年代的"枫桥经验",是党领导人民创造的一整套行之有效的社会治理方案,其本质和核心是就地化解矛盾、解决纠纷,实现"小事不出村、大事不出镇、矛盾不上交"。这是基层社会治理的重要方式和成功经验,也是党的群众路线在社会治理领域的集中体现。"枫桥经验"就

---

① 《求是》杂志编辑部:《指导新时代全面依法治国的纲领性文献》,《求是》2021年第5期。

是培育全社会"办事依法、遇事找法、解决问题用法、化解矛盾靠法"的有效经验，是推进社会治理法治化的重要途径。习近平总书记高度重视坚持发展新时代"枫桥经验"，在2019年5月8日召开的全国公安工作会议上，习近平总书记强调："把'枫桥经验'坚持好、发展好，把党的群众路线坚持好、贯彻好，充分发动群众、组织群众、依靠群众，推进基层社会治理创新，努力建设更高水平的平安中国。"①2014年4月25日在十八届中央政治局第十四次集体学习时，习近平总书记强调："解决制约持续健康发展的种种问题，克服部门保护主义和地方保护主义、维护市场秩序、保护知识产权、化解产能过剩、打击假冒伪劣产品、保护生态环境，保障人民民主、维护社会主义法制权威和尊严、克服执法不严和司法不公，解决人民最关心的教育、就业、收入分配、社会保障、医药卫生、住房等方面的突出问题，解决促进社会公平正义、完善互联网管理、加强安全生产、保障食品药品安全、改革信访工作制度、创新社会治理体制、维护社会和谐稳定等方面的难题，克服公器私用、以权谋私、贪赃枉法等现象，克服形式主义、官僚主义、享乐主义和奢靡之风，反对特权现象、惩治消极腐败现象等，都需要密织法律之网、强化法治之力。'国无常强，无常弱。奉法者强则国强，奉法者弱则国弱。'我们必须把依法治国摆在更加突出的位置，把党和国家工作纳入法治化轨道，坚持在法治轨道上统筹社会力量、平衡社会利益、调节社会关系、规范社会行为，依靠法治解决各种社会矛盾和问题，确保我国社会在深刻变革中既生机勃勃又井然有序。"②要将统筹社会力量、平衡社会利益、调节社会关系、规范社会行为、化解社会矛盾全面纳入法治轨道，让人民群众

---

① 习近平：《坚持政治建警科技兴警从严治警　履行好党和人民赋予的新时代职责使命》，《人民日报》2019年5月9日。
② 习近平：《论坚持全面依法治国》，中央文献出版社2020年版，第103—104页。

在每一个司法案件中感受到公平正义,使尊法、学法、守法、用法蔚然成风,确保社会变革井然有序又生机勃勃,从而实现良法善治。

2020年3月30日,习近平总书记在浙江考察时强调,"基层是社会和谐稳定的基础"①。要完善社会矛盾纠纷多元预防调处化解综合机制,把党员、干部下访和群众上访结合起来,规范矛盾纠纷调处化解工作,切实把矛盾解决在萌芽状态、化解在基层。面对百年未有之大变局,社会矛盾纠纷进入高发期,利益格局调整、社会结构变化、组织形式变动加快,在群众的合法权益保护、群众不安情绪的疏导、群众合理诉求的解决等方面出现了一些新问题,新旧社会矛盾互相叠加,一些矛盾长期得不到解决,很容易成为社会动荡不安的导火索。新形势、新矛盾、新诉求,倒逼我们必须采用多元化模式来化解基层社会矛盾,维护一方稳定,守护一方平安。中共中央印发的《法治社会建设实施纲要(2020—2025年)》强调推进社会治理法治化,其中一项重要内容就是依法有效化解社会矛盾纠纷。化解矛盾纠纷是社会治理的重要内容。公正高效化解矛盾、定分止争,是推进社会治理现代化的重要内容和目标追求,也是全面建设法治社会的题中应有之义。

完善社会矛盾纠纷多元预防调处化解综合机制,强化矛盾纠纷源头预防,大力弘扬调解文化,使人民群众观念明显转变,引导群众理性表达诉求、依法化解纠纷。建立重大矛盾源头风险评估机制,把矛盾纠纷源头发现及其预警研判工作纳入社会稳定风险评估体系建设,作为抓稳定风险评估机制和大调解层级管理机制建设的重要基础。健全矛盾纠纷预警研判机制,矛盾纠纷调解协调机构与行政裁决、行政复议、

---

① 《习近平在浙江考察时强调 统筹推进疫情防控和经济社会发展工作 奋力实现今年经济社会发展目标任务》,《人民日报》2020年4月2日。

仲裁、诉讼等矛盾纠纷多元化解法定职能部门要规范矛盾纠纷研判长效机制,健全定期与不定期、综合研判与重点研判相结合的矛盾纠纷研判常态工作制度。按照层级管理、"谁主管、谁负责"和就近就快的原则,对排查受理的突出矛盾和问题,依照分析研判明确的调解措施和责任,第一时间、第一地点调处化解矛盾纠纷,防止产生新的矛盾纠纷。强化人民调解工作,发挥人民调解源头化解矛盾纠纷的优势,增强人民调解的权威性和公信力;健全行政调解制度,规范行政调解程序,认真办理行政复议、行政调解案件,化解矛盾纠纷。深化"诉非衔接"工作,拓展司法调解范围,建立"诉非衔接"工作常态机制,规范诉讼与非诉讼方式在承办主体、办理程序、工作流程、运转机制、信息联络、处理效力等各个方面有效衔接。发挥社会组织的软性辅助作用,建立健全社会力量参与矛盾纠纷调处化解机制,吸纳各类相关社会角色和社会组织、新闻媒体等第三方参与矛盾纠纷调处化解工作。进一步地完善条块、部门之间联动开展矛盾纠纷排查、受理、调处、稳控和信息互通共享、工作"无缝对接"机制,规范衔接联动常态运行办法。综合运用矛盾调处、权益保障、法制教育、心理疏导、困难帮扶等方式,及时化解和有效管控社会矛盾风险,最大限度发挥出矛盾纠纷多元化解机制整体作用。完善群众来信件件有回复制度,将此作为及时解决群众诉求和改善信访秩序的重要抓手,让"来信与来访一样管用好用"成为社会共识,促使"来访"向"来信"转变,减轻群众"访累"和负担,减轻上级机关压力,推动形成良性信访秩序。①

七、构建基层共建共治共享社会治理机制

党的十七大报告首次提出"要健全党委领导、政府负责、社会协同、

---

① 参见《法治社会建设实施纲要(2020—2025年)》,人民出版社2020年版,第13—16页。

公众参与的社会管理格局,健全基层社会管理体制"。党的十八大报告增加了"法治保障"的要求,突出了法治在整个社会治理体制机制的地位和作用。党的十八届三中全会提出了"创新社会治理体制"的要求,并首次提出了"社会治理"的概念,实现了由"管理"从"治理"的转变,体现了共产党执政理念的重大转变和发展。党的十九大报告明确指出"打造共建共治共享的社会治理格局"。党的十九届四中全会进一步提出建立和完善"共建共治共享的社会治理制度",实现了由格局到制度的转变,体现了运用制度进行法治社会建设的理念。基层是社会治理的深厚基础和重要支撑,治国安邦重在基层。第一,完善社会治理机制,健全党组织领导的自治、法治、德治相结合的城乡基层治理体系。第二,完善基层民主协商机制,推进居民自治良性互动,建设人人有责、人人尽责、人人享有的基层社会治理共同体。第三,加强社区治理体系建设,深化居民自治制度,形成基层社会治理新格局。第四,建立健全基层社会组织相关法律制度,在资金来源、运行机制、权利义务、监督机制等方面明确法律规定。第五,完善民生保障制度,建立民生制度落实监管机制,织就密实覆盖城乡的民生保障网。

八、依法治理网络(数字)空间

党的十八大以来,强化互联网思维以及利用互联网技术加强社会治理的主张被提出,网络空间治理被纳入国家网络空间安全战略范畴,依法治理网络空间成为推进法治社会建设的一项重要内容。首先,完善网络法律制度。坚持现实空间与虚拟空间的协同治理,通过修订互联网信息服务管理、互联网信息服务信用管理等网络信息服务相关法律规范,推动完善法律规范适用于网络(数字)空间。通过完善网络安全法配套规定和标准体系,建立健全关键信息基础设施安全保护、数据安全管理和网络安全审查等网络安全管理制度,加强对大数据、云计算和人工智能等新技术研发应用的规范引导。立足现代科技发展的快速动态特征,完善网络法律动态调整网络法律制度,保持法律制度与现代网络技术发展相同步。其次,强化网络法治意识。网络(数字)空间是虚拟的,但主体及其运行是现实的。坚持以网络空间主体规制为核心推进网络法治,培育网络空间主体网络法治意识,强化网络空间主体行为规范和引导事关网络空间治理的根本。坚持依法治网和以德润网相结合,将社会主义核心价值观培育全面融入网络法治意识培养之中,为网络空间治理奠定道德基础。通过构建失信惩戒机制,推动网络(数字)诚信制度化建设,强化网络信用监管,培养网民自律意识,推动形成政府依法监管、网站自净、网民自律和社会监督等多主体协同参与的共建式网络社会治理模式。最后,保障公民依法安全用网。在观念层面,构建依法安全用网观念培育机制,推动牢固树立正确的网络安全观,依法防范网络安全风险。在组织支撑层面,细化立法,落实网络安全责任制,明确管理部门和网信企业的网络(数字)安全责任。在监管机制层面,"建立完善统一高效的网络安全风险报告机制、研判处置机制,健全网络安全检查制度。加强对网络空间通信秘密、商业秘密、个人隐私以及名誉权、财产权等合法权益的保护";在法律责任层面,"严格规范收集使用用户身份、通信内容等个人信息行为,加大对非法获取、泄露、出售、提供公民个人信息的违法犯罪行为的惩处力度"。[①]

[①] 《法治社会建设实施纲要(2020—2025年)》,人民出版社2020年版,第17—19页。

当今社会已经进入"生活即数字"①的数字化发展新阶段,习近平总书记强调:"我们要乘势而上,加快数字经济、数字社会、数字政府建设,推动各领域数字化优化升级。"②《中华人民共和国国民经济和社会发展第十四个五年规划和2035年远景目标纲要》对"加快数字社会建设步伐"规划了蓝图,提出"适应数字技术全面融入社会交往和日常生活新趋势,促进公共服务和社会运行方式创新,构筑全民畅享的数字生活"③。面对2035年基本建成法治社会、2050年全面建成法治社会的远景目标,我们需要着力构建中国法学自主知识体系和话语体系,在"数字法治政府""数字法治国家"等既关联又区分的法治社会建设领域,重新梳理并提出全新的"包容性数字法治社会"核心概念、基本范畴、理论分析工具和知识生产进路,针对"包容性数字社会的理论化""数字社会的法哲学""数字社会研究方法""数字法治社会再概念化""数字社会的法治光谱""大数据批判社会学""数字社会歧视与不平等""数字政治与公民数字公共参与""数字社会软硬法协调治理""包容性数字人权""数字化社会治理法治化""数字社会法治能力建设""数字社会安全风险及其防范""数字法治社会评价体系"等重点议题展开深入的理论探索和学理探究,为从"碳基文明"向"硅基文明"的包容性转型发展做出我们应有的贡献。

---

① 〔澳〕狄波拉·勒普顿:《数字社会学》,王明玉译,上海人民出版社2022年版,第1页。
② 习近平:《国家中长期经济社会发展战略若干重大问题》,《求是》2020年第21期。
③ 《规划纲要草案:加快数字化发展　建设数字中国》,2021年3月5日,http://www.gov.cn/xinwen/2021-03/05/content_5590619.htm。

参考文献

一、经典文献

《马克思恩格斯选集》第一卷,人民出版社 2012 年版。
《马克思恩格斯选集》第三卷,人民出版社 1995 年版。
《马克思恩格斯全集》第四卷,人民出版社 1995 年版。
《邓小平文选》第三卷,人民出版社 1993 年版。
习近平:《干在实处　走在前列》,中共中央党校出版社 2006 年版。
习近平:《之江新语》,浙江人民出版社 2007 年版。
习近平:《习近平谈治国理政》,外文出版社 2014 年版。
习近平:《习近平谈治国理政》第二卷,外文出版社 2017 年版。
习近平:《习近平谈治国理政》第三卷,外文出版社 2020 年版。
习近平:《习近平谈治国理政》第四卷,外文出版社 2022 年版。
习近平:《论坚持全面依法治国》,中央文献出版社 2020 年版。
习近平:《高举中国特色社会主义伟大旗帜　为全面建设社会主义现代化国家而团结奋斗——在中国共产党第二十次全国代表大会上报告(2022 年 10 月 16 日)》,人民出版社 2022 年版。
习近平:《习近平著作选读》第一卷,人民出版社 2023 年版。
习近平:《习近平著作选读》第二卷,人民出版社 2023 年版。
十八大报告文件起草组:《十八大报告辅导读本》,人民出版社 2012 年版。
中共中央文献研究室编:《习近平关于实现中华民族伟大复兴的中国梦论述摘编》,中央文献出版社 2013 年版。
中共中央文献研究室编:《习近平关于全面深化改革论述摘编》,中央文献出版社 2014 年版。
中共中央文献研究室编:《十八大以来重要文献选编》(上),中央文献出版社 2014

年版。

中共中央文献研究室编:《习近平关于依法治国论述摘编》,中央文献出版社2015年版。

中共中央文献研究室编:《习近平关于社会主义社会建设论述摘编》,中央文献出版社2017年版。

中共中央文献研究室编:《十八大以来重要文献选编》(中),中央文献出版社2016年版。

中共中央党史和文献研究室编:《十八大以来重要文献选编》(下),中央文献出版社2018年版。

中共中央党史和文献研究室编:《十九大以来重要文献选编》(上),中央文献出版社2019年版。

中共中央党史和文献研究室编:《十九大以来重要文献选编》(中),中央文献出版社2021年版。

中共中央党史和文献研究室编:《十九大以来重要文献选编》(下),中央文献出版社2023年版。

最高人民法院中国特色社会主义法治理论研究中心编写:《法治中国——学习习近平总书记关于法治的重要论述》(第二版),人民法院出版社2017年版。

《法治社会建设实施纲要(2020—2025年)》,人民出版社2020年版。

《法治中国建设规划(2020—2025年)》(节录),中国法制出版社2021年版。

《中共中央关于党的百年奋斗重大成就和历史经验的决议——2021年11月11日中国共产党第十九届中央委员会第六次全体会议通过》,人民出版社2021年版。

二、中文译作

〔奥〕凯尔森:《法与国家的一般理论》,沈宗灵译,中国大百科全书出版社1996年版。

〔澳〕勒普顿:《数字社会学》,王明玉译,上海人民出版社2022年版。

〔德〕阿列克西:《法律论证理论》,舒国滢译,中国法制出版社2002年版。

〔德〕哈贝马斯:《合法化危机》,刘北成、曹卫东译,上海世纪出版集团2009年版。

〔德〕哈贝马斯:《在事实与规范之间:关于法律和民主法治国的商谈理论》,童世骏译,生活·读书·新知三联书店2003年版。

〔德〕黑塞:《联邦德国宪法纲要》,李辉译,商务印书馆2007年版。

〔德〕毛雷尔:《行政法学总论》,高家伟译,法律出版社2000年版。

〔德〕米勒:《宪政爱国主义》,邓晓菁译,商务印书馆2012年版。

〔德〕施米特:《政治的概念》,刘宗坤等译,上海人民出版社2003年版。

〔德〕韦伯:《经济与社会》,林荣远译,商务印书馆1997年版。

〔法〕卢梭:《社会契约论》,何兆武译,商务印书馆2003年版。

〔法〕卢梭:《社会契约论》,何兆武译,商务印书馆1980年版。

〔法〕罗伯斯比尔:《革命法制和审判》,赵涵舆译,商务印书馆1965年版。

〔荷〕哈赫:《法律逻辑研究》,谢耘译,中国政法大学出版社2015年版。

〔荷〕帕肯:《建模法律论证的逻辑工具——法律可废止推理研究》,熊明辉译,中国政法大学出版社2015年版。

〔荷〕维特根斯坦:《逻辑哲学论》,贺绍甲译,商务印书馆1996年版。

〔美〕阿西莫格鲁、〔美〕罗宾逊:《国家为什么会失败》,李增刚译,湖南科学技术出版社2016年版。

〔美〕埃里克森:《无需法律的秩序——邻人如何解决纠纷》,苏力译,中国政法大学出版社2003年版。

〔美〕安德森、〔美〕利尔:《从相克到相生——经济与环保的共生策略》,萧代基译,改革出版社1997年版。

〔美〕博登海默:《法理学——法哲学及其方法》,邓正来、姬敬武译,华夏出版社1987年版。

〔美〕博登海默:《法理学:法哲学与法律方法》,邓正来译,中国政法大学出版社1999年版。

〔美〕戴维斯:《专横的正义:美国检察官的权力》,李昌林、陈川陵译,中国法制出版社2012年版。

〔美〕德沃金:《认真对待权利》,信春鹰、吴玉章译,中国大百科全书出版社1996年版。

〔美〕富勒:《法律的道德性》,郑戈译,商务印书馆2005年版。

〔美〕哈拉尔:《新资本主义》,冯韵文、黄育馥等译,社会科学文献出版社1999年版。

〔美〕汉密尔顿等:《联邦党人文集》,程逢如译,商务印书馆1980年版。

〔美〕亨金:《权利的时代》,信春鹰等译,知识出版社1997年版。

〔美〕卡多佐:《司法过程的性质》,苏力译,商务印书馆1998年版。

〔美〕科尔曼:《社会理论的基础》(上),邓方译,社会科学文献出版社2000年版。

〔美〕科斯:《论生产的制度结构》,盛洪、陈郁译校,上海三联书店1994年版。

〔美〕罗尔斯:《正义论》,何怀宏等译,中国社会科学出版社1988年版。

〔美〕罗森布鲁姆、〔美〕克拉夫丘克、〔美〕克勒肯:《公共行政学:管理、政治和法律的途径》(第七版),张成福等译,中国人民大学出版社2013年版。

〔美〕诺巴克什:《机器人与未来》,刘锦涛、李静译,西安交通大学出版社2015年版。

〔美〕庞德:《通过法律的社会控制 法律的任务》,沈宗灵、董世忠译,商务印书馆1984年版。

〔美〕斯黛丽、〔美〕弗兰克:《美国刑事法院诉讼程序》,陈卫东、徐美君译,中国人民大学出版社2002年版。

〔美〕斯科特:《制度与组织:思想观念与物质利益》,姚伟、王黎芳译,中国人民大学出版社2010年版。

〔美〕唐纳利:《普遍人权的理论与实践》,王浦劬等译,中国社会科学出版社2001年版。

〔美〕特纳:《社会学理论的结构》(第7版),邱泽奇、张茂元等译,华夏出版社2006年版。

〔美〕沃林:《文化批评的观念》,张国清译,商务印书馆2000年版。

〔日〕谷口安平:《程序的正义与诉讼》,王亚新、刘荣军译,中国政法大学出版社2002年版。

〔日〕星野英一:《私法中的人》,王闯译,中国法制出版社2004年版。

〔以〕艾森斯塔特:《反思现代性》,旷新年、王爱松译,生活·读书·新知三联书店2006年版。

〔以〕赫拉利:《未来简史》,林俊宏译,中信出版社2017年版。

〔印〕森:《以自由看待发展》,任赜、于真译,中国人民大学出版社2002年版。

〔英〕伯林:《自由论》,胡传胜译,译林出版社2003年版。

〔英〕丹宁勋爵:《法律的正当程序》,李克强等译,群众出版社1984年版。

〔英〕丹宁勋爵:《法律的训诫》,杨百揆等译,法律出版社1999年版。

〔英〕恩迪科特:《法律中的模糊性》,程朝阳译,北京大学出版社2010年版。
〔英〕哈特:《法律的概念》(第三版),许家馨、李冠宜等译,法律出版社2022年版。
〔英〕梅因:《古代法》,沈景一译,商务印书馆1959年版。
〔英〕米勒、〔英〕波格丹诺主编:《布莱克维尔政治学百科全书》,邓正来等译,中国政法大学出版社1992年版。
〔英〕欧克肖特:《政治中的理性主义》,张汝伦译,上海译文出版社2004年版。
〔英〕休谟:《人性论》(上册),关文运译,商务印书馆1980年版。
最高人民检察院法律政策研究室组织编译:《所有人的正义——英国司法改革报告》,中国检察出版社2003年版。

三、中文著作

长铗、韩锋等:《区块链——从数字货币到信用社会》,中信出版社2016年版。
常修泽:《包容性改革论——中国新阶段全面改革的新思维》,经济科学出版社2013年版。
陈安仁:《地方自治概要》,泰东图书局1930年版。
陈柏峰:《乡村江湖:两湖平原"混混"研究》,中国政法大学出版社2011年版。
陈广胜:《走向善治——中国地方政府的模式创新》,浙江大学出版社2007年版。
陈征:《国家权力与公民权利的宪法界限》,清华大学出版社2015年版。
城仲模主编:《行政法之一般法律原则》(一),三民书局1994年版。
程燎原、王人博:《赢得神圣——权利及其救济通论》,山东人民出版社1987年版。
范丽珠主编:《全球化下的社会变迁与非政府组织(NGO)》,上海人民出版社2003年版。
范愉:《非诉讼纠纷解决机制研究》,中国人民大学出版社2000年版。
范愉:《纠纷解决的理论与实践》,清华大学出版社2007年版。
费孝通:《乡土中国》,北京大学出版社2012年版。
高鸿钧:《清华法治论衡》第一辑,清华大学出版社2000年版。
高建、佟德志:《协商民主》,天津人民出版社2010年版。
郭春镇:《法律父爱主义及其对基本权利的限制》,法律出版社2010年版。
黄锦堂:《地方制度法基本问题之研究》,瀚芦图书出版有限公司2000年版。

黄晓勇主编:《中国民间组织报告(2011—2012)》,社会科学文献出版社2012年版。
黄晓勇主编:《中国民间组织报告(2013)》,社会科学文献出版社2013年版。
蒋碧昆主编:《宪法学》(修订本),中国政法大学出版社1999年版。
康晓光等:《依附式发展的第三部门》,社会科学文献出版社2011年版。
黎军:《行业组织的行政法问题研究》,北京大学出版社2002年版。
李俊:《社会结构变迁视野下的农村纠纷研究》,中国社会科学出版社2013年版。
李震山:《多元、宽容与人权保障——以宪法未列举权之保障为中心》,元照出版有限公司2005年版。
林文清:《地方自治与地方立法权》,扬智文化事业股份有限公司2004年版。
林钰雄:《检察官论》,学林文化事业有限公司1999年版。
陆学艺主编:《当代中国社会阶层研究报告》,社会科学文献出版社2002年版。
罗豪才等:《软法与公共治理》,北京大学出版社2006年版。
罗豪才、宋功德:《软法亦法:公共治理呼唤软法之治》,法律出版社2009年版。
罗金海:《人人都懂区块链》,北京大学出版社2018年版。
罗培新:《社会信用法:原理·规则·案例》,北京大学出版社2018年版。
马长山主编:《法理学导论》(第二版),北京大学出版社2022年版。
齐树洁主编:《纠纷解决与和谐社会》,厦门大学出版社2010年版。
秦奥蕾:《基本权利体系研究》,山东人民出版社2009年版。
秦前红主编:《新宪法学》(第二版),武汉大学出版社2009年版。
司汉武:《知识、技术与精细社会》,中国社会科学出版社2014年版。
孙谦、刘立宪主编:《检察论丛》(第2卷),法律出版社2001年版。
谭兵主编:《基层司法工作理论与实务》,西南财经大学出版社1992年版。
谭江华:《接引、背反与融通——中国法治现代化路径机器困厄》,线装书局2013年版。
汤唯、毕可志等:《地方立法的民主化与科学化构想》,北京大学出版社2002年版。
滕有正、刘钟龄等:《环境经济探索:机制与政策》,内蒙古大学出版社2001年版。
田芳:《地方自治法律制度研究》,法律出版社2008年版。
王家福、刘海年主编:《中国人权百科全书》,中国大百科全书出版社1998年版。
王建芹等:《从管制到规制:非政府组织法律规制研究》,群言出版社2007年版。
王建学:《作为基本权利的地方自治》,厦门大学出版社2010年版。

王乐龙：《刑事错案：症结与对策》，中国人民公安大学出版社2011年版。
王利明：《人民的福祉是最高的法律》，北京大学出版社2013年版。
王名主编：《中国非营利评论》第16卷，社会科学文献出版社2015年版。
王名主编：《中国非营利评论》第17卷，社会科学文献出版社2016年版。
王圣诵：《中国自治法研究》，中国法制出版社2003年版。
王鉴岫：《地方立法权之研究——基于纵向分权所进行的解读》，浙江工商大学出版社2014年版。
西南政法大学法学理论学科编：《经典中的法理》第5卷，法律出版社2013年版。
夏锦文主编：《法治思维》，江苏人民出版社2015年版。
许章润主编：《历史法学（第三卷）：宪法爱国主义》，法律出版社2010年版。
于安编著：《德国行政法》，清华大学出版社1999年版。
余军等：《中国宪法司法适用之实证研究》，中国政法大学出版社2017年版。
於兴中：《法理学前沿》，中国民主法制出版社2015年版。
袁达松：《包容性法治论》，中国法制出版社2017年版。
张宏生主编：《西方法律思想史》，北京大学出版社1983年版。
张明楷：《刑法学》（第四版），法律出版社2011年版。
张妮、蒲亦非：《计算法学导论》，四川大学出版社2015年版。
张清等：《非政府组织的法治空间：一种硬法规制的视角》，知识产权出版社2010年版。
张清、武艳：《社会组织的软法治理研究》，法律出版社2015年版。
张善根：《法律信任论》，中国法制出版社2018年版。
张文显：《法理学》，高等教育出版社、北京大学出版社2011年版。
张翔：《基本权利的规范建构》，高等教育出版社2008年版。
张正修：《地方制度法理论与实用》（一）（二），学林文化事业有限公司2003年版。
张智辉、杨诚主编：《检察官作用与准则比较研究》，中国检察出版社2002年版。
中共中央政法委编：《社会主义法治理念教育读本》，中国长安出版社2006年版。
周塞军：《发达国家律师管理制度》，时事出版社2001年版。
周叶中主编：《宪法》（第三版），高等教育出版社2011年版。
朱玲、魏众主编：《包容性发展与社会公平政策的选择》，经济管理出版社2013年版。

四、 期刊文章

习近平:《扎实做好保持党的纯洁性各项工作》,《求是》2012年第6期。
习近平:《切实把思想统一到党的十八届三中全会精神上来》,《求是》2014年第1期。
习近平:《加快建设社会主义法治国家》,《求是》2015年第1期。
习近平:《在党的十九届一中全会上的讲话》(2017年10月25日),《求是》2017年第12期。
习近平:《加强党对全面依法治国的领导》,《求是》2019年第4期。
习近平:《把乡村振兴战略作为新时代"三农"工作总抓手》,《求是》2019年第11期。
习近平:《国家中长期经济社会发展战略若干重大问题》,《求是》2020年第21期。
习近平:《坚定不移走中国特色社会主义法治道路　为全面建设社会主义现代化国家提供有力法治保障》,《求是》2021年第5期。
〔德〕艾丹米勒:《机器人的崛起与人类的法律》,李飞、敦小匣译,《法治现代化研究》2017年第4期。
〔德〕贝克:《从工业社会到风险社会(上篇)——关于人类生存、社会结构和生态启蒙等问题的思考》,王武龙译,《马克思主义与现实》2003年第3期。
〔美〕沃巴赫:《信任,但需要验证:论区块链为何需要法律》,林少伟译,《东方法学》2018年第4期。
〔美〕谢勒:《监管人工智能系统:风险、挑战、能力和策略》,曹建峰、李金磊译,《信息安全与通信保密》2017年第3期。
〔印〕森:《论社会排斥》,王燕燕摘译,《经济社会体制比较》2005年第3期。
〔英〕安德鲁、〔英〕戈登史密斯:《从地方政府管理到地方治理》,周红云译,《马克思主义与现实》1999年第5期。
〔英〕杨:《区块链监管:"法律"与"自律"之争》,林少伟译,《东方法学》2019年第3期。
鲍绍坤:《社会组织及其法制化研究》,《中国法学》2017年第1期。
毕雁英:《社会治理中的标准规制》,《法学杂志》2011年第12期。

蔡辉:《关于〈基层自治法〉的立法设想》,《岭南学刊》2015年第6期。
蔡荣鑫:《"包容性增长"理念的形成及其政策内涵》,《经济学家》2009年第1期。
曹刚、戴木才:《论司法正义及其保障》,《中共中央党校学报》2002年第2期。
曹艳春、王建云、戴建兵:《社会排斥视角下的农民工教育培训分析》,《江苏大学学报》(社会科学版)2013年第5期。
常修泽:《包容性体制创新论:关于中国改革、两岸整合和新普世文明的理论探讨》,《上海大学学报》(社会科学版)2012年第5期。
常修泽:《改革大局与政府职能转变》,《宏观经济管理》2012年第5期。
陈柏峰、董磊明:《治理论还是法治论:当代中国乡村司法的理论建构》,《法学研究》2010年第5期。
陈成文、陈静、陈建平:《市域社会治理现代化:理论建构与实践路径》,《江苏社会科学》2020年第1期。
陈东超:《现行错案责任追究制的法理思考》,《法商研究》(中南财经政法大学学报)2010年第6期。
陈杭平:《在司法独立与司法负责之间——美国州法官考评制度之考察与评析》,《当代法学》2015年第5期。
陈华:《地方社会治理:演进逻辑、多重约束与实践创新》,《甘肃社会科学》2018年第6期。
陈敏昭、晋一:《论利益协调机制的重构》,《现代经济探讨》2007年第4期。
陈庆云:《公共政策十大理论问题再思考》,《中国行政管理》1999年第12期。
陈学权:《刑事错案的三重标准》,《法学杂志》2005年第4期。
陈一新:《新时代市域社会治理理念体系能力现代化》,《社会治理》2018年第8期。
陈云良:《法律的模糊问题研究》,《法学家》2006年第6期。
成伯清:《市域社会治理:取向与路径》,《南京社会科学》2019年第11期。
崔凯:《上海社会信用立法:促进与路径》,《地方立法研究》2019年第2期。
戴大新、魏建慧:《市域社会治理现代化路径研究——以绍兴市为例》,《江南论坛》2019年第5期。
邓联繁、蒋清华:《论基本权利的宪法保留》,《湖南大学学报》(社会科学版)2009年第6期。
邓正来:《主持人寄语:回归经典 个别阅读——写在"西方法律哲学论著书评"

栏目开设之际》,《河北法学》2006 年第 10 期。
丁以升:《论司法判决的不确定性》,《现代法学》1999 年第 5 期。
丁志刚:《如何理解国家治理与国家治理体系》,《学术界》2014 年第 2 期。
董磊明、陈柏峰、聂良波:《结构混乱与迎法下乡——河南宋村法律实践的解读》,《中国社会科学》2008 年第 5 期。
杜芳:《宪政体制下群体性事件的根源治理——以市民社会的建立为视角》,《学海》2010 年第 3 期。
杜辉:《"设区的市"环境立法的理想类型及其实现——央地互动的视角》,《法学评论》2020 第 1 期。
杜文静、蔡会明:《法律论证的人工智能模型》,《上海政法学院学报》(法治论丛) 2019 年第 1 期。
杜志雄、肖卫东、詹琳:《包容性增长理论的脉络、要义与政策内涵》,《中国农村经济》2010 年第 11 期。
段立新:《西方不同时期平等理念评析》,《内蒙古民族大学学报》(社会科学学报) 2006 年第 3 期。
樊崇义:《客观真实管见:兼论刑事诉讼证明标准》,《中国法学》2000 年第 1 期。
冯玉军:《中国法治改革三十年述评》,《甘肃政法学院学报》2010 年第 1 期。
高传胜:《论包容性发展的理论内核》,《南京大学学报》(哲学·人文科学·社会科学) 2012 年第 1 期。
高全喜:《虚拟世界的法律化问题》,《现代法学》2019 年第 1 期。
葛洪义:《我国地方法制研究中的若干问题》,《法律科学》(西北政法大学学报) 2011 年第 1 期。
公丕祥:《新时代中国法治现代化的战略安排》,《中国法学》2018 年第 3 期。
公丕祥:《空间关系:区域法治发展的方式变项》,《法律科学》(西北政法大学学报) 2019 年第 2 期。
公丕祥:《法治现代化的中国方案》,《江苏社会科学》2020 年第 4 期。
龚向和、刘耀辉:《农民宪法权利平等保护的正当性》,《东南大学学报》(哲学社会科学版) 2011 年第 1 期。
顾敏康等:《我国诚信建设法治化核心命题笔谈》,《求索》2020 年第 3 期。
郭丽兰:《基层民主自治机制研究——以广东汕尾乌坎村为例》,《党政干部学刊》2014 年第 5 期。

韩大元:《宪法实施与中国社会治理模式的转型》,《中国法学》2012年第4期。
韩家平:《关于我国社会信用体系建设的再认识》,《征信》2016年第11期。
郝俊英、黄桐城:《环境资源产权理论综述》,《经济问题》2004年第6期。
何柏生:《作为先进典型的"枫桥经验"及其当代价值》,《法律科学》(西北政法大学学报)2018年第6期。
何延军:《公平正义的社会主义法治理念价值解读》,《法学杂志》2007年第4期。
何增科:《理解国家治理及其现代化》,《马克思主义与现实》2014年第1期。
贺永红:《印度的基层自治》,《中国人大》2013年第1期。
侯国跃、刘玖林:《乡村振兴视阈下诉源治理的正当基础及实践路径》,《河南社会科学》2021年第2期。
胡建淼:《"黑名单"管理制度——行政机关实施"黑名单"是一种行政处罚》,《人民法治》2017年第5期。
胡琦:《法治与自治:社会组织参与建构社会治理"新常态"的实现路径》,《探索》2015年第5期。
胡肖华、徐靖:《论公民基本权利限制的正当性与限制原则》,《法学评论》2005年第6期。
胡玉鸿:《人的尊严在现代法律中的地位》,《公法研究》2008年第1期。
黄辉明:《制宪权视角下的宪法正当性之评判——评施米特的制宪权学说》,《学术界》2010年第12期。
黄京平:《刑事司法人工智能的负面清单》,《探索与争鸣》2017年第10期。
黄闽:《依宪治国,建设常态法治国家》,《中国法律评论》2016年第2期。
黄学贤:《行政法中的法律保留原则研究》,《中国法学》2004年第5期。
季卫东:《建设法治国家的路线图和时间表》,《中国改革》2012年第10期。
贾茵:《失信联合惩戒制度的法理分析与合宪性建议》,《行政法学研究》2020年第3期。
江必新:《建设与经济新常态相适应的法治》,《中国特色社会主义研究》2015年第11期。
江必新、王红霞:《法治社会建设论纲》,《中国社会科学》2014年第1期。
江平:《平等是市场法治的核心》,《中国民营科技与经济》2012年第Z2期。
姜峰:《权利宪法化地隐忧——以社会权为中心的思考》,《清华法学》2010年第5期。

姜明安:《软法的兴起与软法之治》,《中国法学》2006年第2期。
姜明安:《法治思维与五大发展理念》,《中国司法》2016年第2期。
姜彦君、姜学成:《地方先行法治化的内涵探索》,《学习与探索》2010年第1期。
蒋建湘、李沫:《治理理念下的柔性监管论》,《法学》2013年第10期。
金汉标:《错案的界定》,《法学》1997年第9期。
金太军:《国家治理视域下的社会组织发展:一个分析框架》,《学海》2016年第1期。
景跃进:《演化中的利益协调机制:挑战与前景》,《江苏行政学院学报》2011年第4期。
雷磊:《司法人工智能能否实现司法公正》,《政法论丛》2022年第4期。
雷磊、王品:《法律人工智能背景下的法律推理:性质与特征》,《武汉科技大学学报》(社会科学版)2022年第5期。
李汉卿:《协调治理理论探析》,《理论月刊》2014年第1期。
李建华:《论中国市民社会的建立及其伦理变革》,《浙江社会科学》2001年第5期。
李建明:《刑事错案的深层次原因:以检察环节为中心的分析》,《中国法学》2007年第3期。
李杰:《民间组织:地方立法规制民间规范新路径》,《学术研究》2019年第7期。
李明哲:《多元化纠纷解决机制的地方立法探索——以厦门为样本》,《法律适用》2015年第7期。
李瑞昌:《经济新常态下的公共治理创新》,《探索与争鸣》2015年第7期。
李少文:《地方立法权扩张的合宪性与宪法发展》,《华东政法大学学报》2016年第2期。
李占宾:《基层治理的现实困境及法治化路径》,《河南师范大学学报》(哲学社会科学版)2016年第1期。
李长健、曹俊:《我国农村土地承包纠纷仲裁解决机制的理性思考与制度架构》,《上海师范大学学报》(哲学社会科学版)2008年第4期。
林钧跃:《论失信惩戒机制的完整性》,《中国信用》2018年第6期。
刘斌:《从法官"离职"现象看法官员额制改革的制度逻辑》,《法学》2015年第10期。
刘东亮:《新一代法律智能系统的逻辑推理和论证说理》,《中国法学》2022年第

3期。

刘风景:《审慎立法的伦理建构及实现途径》,《法学》2020年第1期。

刘洪波、卢盛羽:《健全和完善我国失信联合惩戒机制》,《宏观经济管理》2018年第12期。

刘俊海:《信用责任:正在生长中的第四大法律责任》,《法学论坛》2019年第6期。

刘权:《目的正当性与比例原则的重构》,《中国法学》2014年第4期。

刘舒怡:《西方正义理念的演变》,《学理论》2017年第4期。

刘宪权:《人工智能时代的"内忧""外患"与刑事责任》,《东方法学》2018年第1期。

刘小平:《法治中国需要一个包容性法治框架——多元现代性与法治中国》,《法制与社会发展》2015年第5期。

娄成武、张建伟:《从地方政府到地方治理——地方治理之内涵与模式研究》,《中国行政管理》2007年第7期。

卢超:《事中事后监管改革:理论、实践与反思》,《中外法学》2020年第3期。

卢护锋:《设区的市立法的精准化路径:基于立法选题的思考》,《政治与法律》2019年第3期。

卢护锋:《失信惩戒措施设定与实施的理论图景》,《学术研究》2019年第12期。

卢跃东:《构建"法治、德治、自治"基层社会治理模式》,《红旗文稿》2014年第24期。

鲁篱:《行业协会社会责任与行业自治的冲突与衡平》,《政法论坛》2008年第2期。

陆志孟、于立平:《提升社会治理精细化水平的目标导向与路径分析》,《领导科学》2014年第9期。

罗培新:《遏制公权与保护私益:社会信用立法论略》,《政法论坛》2018年第6期。

罗文波:《预期的稳定化——卢曼的法律功能思想探析》,《环球法律评论》2007年第4期。

罗永鑫:《司法体制改革背景下司法人员责任的认定与追究》,《云南大学法律评论》2017年第1期。

马长山:《法治中国建设的"共建共享"路径与策略》,《中国法学》2016年第6期。

马国海、何建华:《制度变迁与信用制度创新》,《浙江社会科学》2003年第3期。

马俊峰、白春阳:《社会信任模式的历史变迁》,《社会科学辑刊》2005年第2期。

马平川:《共建共享治理格局中的私法自治》,《学术交流》2016年第5期。

门中敬:《失信联合惩戒之污名及其法律控制》,《法学论坛》2019年第6期。
莫纪宏:《国家治理体系和治理能力现代化与法治化》,《法学杂志》2014年第4期。
穆随心:《我国劳动法"倾斜保护原则":辨识、内涵及理据》,《学术界》2012年第12期。
庞凌:《依法赋予设区的市立法权应注意的若干问题》,《学术交流》2015年第4期。
裴洪辉:《合规律性与合目的性:科学立法原则的法理基础》,《政治与法律》2018年第10期。
戚枝淬:《社会组织内部治理结构法律问题研究》,《理论月刊》2016年第8期。
齐昆鹏:《"2017人工智能:技术、伦理与法律"研讨会在京召开》,《科学与社会》2017年第2期。
强世功:《文化、功能与治理——中国调解制度研究的三个范式》,《清华法学》2003年第2期。
秦国荣:《法治社会中法律的局限性及其矫正》,《法学》2005年第3期。
秦小建:《立法赋权、决策控制与地方治理的法治转型》,《法学》2017年第6期。
冉艳辉:《武陵山片区区域协作的利益协调机制研究——以武陵山龙凤经济协作示范区为例》,《中南民族大学学报》(人文社会科学版)2015年第3期。
任中平:《村级民主发展的路径、障碍及对策思考——以四川省为例》,《探索》2010年第1期。
沈国明:《地方立法应当立一件、成一件——关于地方立法40年的一些认识》,《探索与争鸣》2019年第12期。
沈岿:《国家赔偿:代位责任还是自己责任》,《中国法学》2008年第1期。
沈岿:《社会信用体系建设的法治之道》,《中国法学》2019年第5期。
沈毅龙:《论失信的行政联合惩戒及其法律控制》,《法学家》2019年第4期。
石佑启:《论地方特色:地方立法的永恒主题》,《学术研究》2017年第9期。
史际春:《转变经济发展方式的法治保障》,《社会科学家》2011年第8期。
史际春:《法的政策化与政策法治化》,《经济法论丛》2018年第1期。
史少博:《崇高信仰的功能》,《学术论坛》2009年第7期。
司晓、曹建峰:《论人工智能的民事责任:以自动驾驶汽车和智能机器人为切入点》,《法律科学》2017年第5期。

四川省成都市中级人民法院课题组:《内外共治:成都法院推进"诉源治理"的新路径》,《法律适用》2019年第19期。

宋方青:《立法能力的内涵、构成与提升:以人大立法为视角》,《中外法学》2021年第1期。

宋新伟、陈占芳:《中华民族国家认同状况调研报告》,《新疆大学学报》2014年第3期。

苏力:《当代中国的中央与地方分权——重读毛泽东〈论十大关系〉第五节》,《中国社会科学》2004年第2期。

陶泽飞、杨宗科:《新时代乡村法治建设的核心命题及路径重构》,《郑州大学学报》(哲学社会科学版)2021年第4期。

田洪鋆:《科斯定理中产权概念的法学解析》,《东北师大学报》(哲学社会科学版)2011年第2期。

汪庆华:《人工智能的法律规制路径:一个框架性讨论》,《现代法学》2019年第2期。

王晨光:《法律运行中的不确定性与错案追究制的误区》,《法学》1997年第3期。

王汉林:《"包容性发展"的社会学解读》,《科学·经济·社会》2011年第4期。

王红霞:《论法律实施的一般特性与基本原则——基于法理思维和实践理性的分析》,《法制与社会发展》2018年第4期。

王锴:《论地方立法权》,《东吴法学》2011年春季卷(总第22卷)。

王腊生:《新立法体制下我国地方立法权限配置若干问题的探讨》,《江海学刊》2017年第1期。

王名:《走向公民社会——我国社会组织发展的历史及趋势》,《吉林大学社会科学学报》2009年第3期。

王瑞雪:《政府规制中的信用工具研究》,《中国法学》2017年第4期。

王瑞雪:《论行政评级及其法律控制》,《法商研究》2018年第3期。

王瑞雪:《公法视野下的信用联合奖惩措施》,《行政法学研究》2020年第3期。

王向民:《中国社会组织的项目制治理》,《经济社会体制比较》2014年第5期。

王兴伦:《多中心治理:一种新的公共管理理论》,《江苏行政学院学报》2005年第1期。

王阳:《从"精细化管理"到"精准化治理"——以上海市社会治理改革方案为例》,《新视野》2016年第1期。

王怡:《论立法过程中的事实论证》,《政治与法律》2018年第7期。
魏胜强:《错案追究何去何从?——关于我国法官责任追究制度的思考》,《法学》2012年第9期。
文正邦:《宪政——人类法治文明的最高结晶》,《现代法学》2002年第5期。
吴汉东:《人工智能时代的制度安排与法律规制》,《法律科学》2017年第4期。
吴汉东:《知识产权的制度风险与法律控制》,《法学研究》2012年第4期。
吴建依:《论地方立法的宪法控制》,《江海学刊》2000年第4期。
吴兴智:《利益分化社会中的协商民主及其有效性问题》,《南京社会科学》2015年第7期。
夏锦文:《区域法治发展的法理学思考——一个初步的研究构架》,《南京师大学报》(社会科学版)2014年第1期。
向德平:《包容性发展理念对中国社会政策建构的启示》,《社会科学》2012年第1期。
肖国兴:《论中国资源环境产权制度的架构》,《环境保护》2000年第11期。
肖林:《城乡社区协商:基层民主自治的生长点》,《中国发展观察》2015年第10期。
谢玉华、何包钢:《自治、地方分权和地方保护》,《社会主义研究》2010年第2期。
辛国清:《公力救济与社会救济、私力救济之间——法院附设ADR的法理阐释》,《求索》2006年第3期。
邢斌文:《2018年中国法院援用宪法观察报告》,《中国法律评论》2019年第2期。
熊明辉:《法律人工智能的推理建模路径》,《求是学刊》2020年第6期。
徐汉明:《市域社会治理现代化:内在逻辑与推进路径》,《理论探索》2020年第1期。
徐显明:《公平正义:当代中国社会主义法治的价值追求》,《法学家》2006年第5期。
徐晓明:《行政许可持有人强制信息披露制度问题研究》,《行政法学研究》2011年第3期。
许耀桐、刘祺:《当代中国国家治理体系分析》,《理论探索》2014年第1期。
薛刚凌、王文英:《社会自治规则探讨——兼论社会自治规则与国家法律的关系》,《行政法学研究》2006年第1期。
薛澜、李宇环:《走向国家治理现代化的政府职能转变:系统思维与改革取向》,《政治学研究》2014年第5期。

严存生:《法的合法性问题研究》,《法律科学》2002年第3期。

杨安:《大数据与市域社会治理现代化——厦门实践与探索》,《经济》2018年第Z2期。

杨春福:《善治:国家治理现代化的理想模式》,《法制与社会发展》2014年第5期。

杨登峰:《法无规定时正当程序原则之适用》,《法律科学》2018年第1期。

杨丽等:《社会组织参与社会治理:理论、问题与政策选择》,《北京师范大学学报》(社会科学版)2015年第6期。

殷昭举:《基层自治:纵向分权和多元治理——基于地方治理的分析框架》,《华南理工大学学报》(社会科学版)2011年第2期。

尹奎杰:《地方立法中的问题及其破解思路》,《学术交流》2019年第10期。

余凌云:《地方立法能力的适度释放——兼论"行政三法"的相关修改》,《清华法学》2019年第2期。

余向阳:《论法律的操作性与法治》,《学术界》2007年第1期。

余晓菊:《西方正义理念的历史回眸》,《伦理学研究》2003年第2期。

俞可平:《全球治理引论》,《马克思主义与现实》2002年第1期。

俞可平:《中国治理评估框架》,《经济社会体制比较》2008年第6期。

俞祺:《设区的市立法及规范性文件领域分布研究》,《法制与社会发展》2017年第5期。

喻中:《国家治理体系中的地方立法》,《理论探索》2020年第1期。

袁曾:《人工智能有限法律人格审视》,《东方法学》2017第5期。

袁达松:《走向包容性的法治国家建设》,《中国法学》2013年第2期。

袁达松:《包容性的地方法治一体建设》,《前线》2013年第11期。

苑雪:《大数据时代网络社会管理中的政府行为模式创新》,《广东行政学院学报》2013年第4期。

张保生:《人工智能法律系统——两个难题和一个悖论》,《上海师范大学学报》(哲学社会科学版)2018年第6期。

张二芳:《中国特色社会主义公平正义的本质内涵和认识误区》,《马克思主义研究》2013年第5期。

张海柱、宋佳玲:《走向智慧治理:大数据时代政府治理模式的变革》,《中共济南市委党校学报》2015年第4期。

张康之、李传军:《公共管理是一种新型的社会治理模式》,《行政论坛》2010年第

3期。

张梦涛:《"包容性增长":科学内涵、时代价值与实践取向》,《理论探索》2011年第1期。

张妮、杨遂全、蒲亦非:《国外人工智能与法律研究进展述评》,《法律方法》2014年第2期。

张清:《从身份到契约——中国社会分层结构变迁之法社会学分析》,《江苏社会科学》2002年第3期。

张清:《通过法律见识贫穷——一个研究纲要》,《山东大学学报》(哲学社会科学版)2006年第5期。

张清:《地方立法权宪法规制初论》,《湖湘论坛》2018年第1期。

张清:《基层自治制度的理论阐述与路径选择》,《法律科学》2020年第2期。

张清:《习近平"法治国家、法治政府、法治社会一体建设"法治思想论要》,《法学》2022年第8期。

张清、郭胜男:《人际信任、法律信任与数字信任:社会信任的谱系及其演进》,《哈尔滨工业大学学报》(社会科学版)2021年第6期。

张清、武艳:《包容性法治社会建设论要》,《比较法研究》2018年第4期。

张清、武艳:《包容性法治框架下的社会组织治理》,《中国社会科学》2018年第6期。

张清、叶嘉敏:《包容性法治理念的核心要素与实践理路》,《扬州大学学报》(人文社会科学版)2020年第3期。

张清、张蓉:《论类型化人工智能法律责任体系的构建》,《中国高校社会科学》2018年第4期。

张清、张蓉:《"人工智能+法律"发展的两个面向》,《求是学刊》2018年第4期。

张帅梁:《乡村振兴战略中的法治乡村建设》,《毛泽东邓小平理论研究》2018年第5期。

张文楚、何丹、戴晶:《建立人力产权法律制度的构想》,《法学评论》2004年第3期。

张文显:《建设中国特色社会主义法治体系》,《法学研究》2014年第6期。

张文显:《习近平法治思想研究(下)——习近平全面依法治国的核心观点》,《法制与社会发展》2016年第4期。

张文显:《新时代中国社会治理的理论、制度和实践创新》,《法商研究》2020年第

2期。

张幼文:《包容性发展:世界共享繁荣之道》,《求是》2011年第11期。

张仲涛、周蓉:《我国协同治理理论研究现状与展望》,《社会治理》2016年第3期。

赵文艳:《以标准化方式完善纠纷多元预防调处化解综合机制》,《理论视野》2019年第12期。

赵秀玲:《"微自治"与中国基层民主治理》,《政治学研究》2014年第5期。

郑戈:《人工智能与法律的未来》,《探索与争鸣》2017年第10期。

郑戈:《区块链与未来法治》,《东方法学》2018年第3期。

郑磊、贾圣真:《从"较大的市"到"设区的市":地方立法主体的扩容与宪法发展》,《华东政法大学学报》2016年第4期。

郑贤君:《地方自治学说评析》,《首都师范大学学报》(社会科学版)2001年第2期。

周光辉:《推进国家治理现代化需要寻求和凝聚社会共识》,《法制与社会发展》2014年第5期。

周海源:《失信联合惩戒的泛道德化倾向及其矫正——以法教义学为视角的分析》,《行政法学研究》2020年第3期。

周强:《刑事被追诉人人身自由保护模式之完善》,《法学》2010年第12期。

周庆智:《乡村治理转型:问题及其他》,《江西师范大学学报》(哲学社会科学版)2015年第6期。

周庆智:《基层社会自治与社会治理现代转型》,《政治学研究》2016年第4期。

周庆智:《论基层社会自治》,《华中师范大学学报》(人文社会科学版)2017年第1期。

周少华:《法律理性与法律的技术化》,《法学论坛》2012年第3期。

周苏湘:《法院诉源治理的异化风险与预防——基于功能主义的研究视域》,《华中科技大学学报》(社会科学版)2020年第1期。

周天勇、卢跃东:《构建"德治、法治、自治"的基层社会治理体系》,《西部大开发》2014年第9期。

周雪峰:《社会主义法治理念的公平正义观》,《武汉科技大学学报》(社会科学版)2010年第3期。

周永坤:《错案追究制与法制国家建设——一个法社会学的思考》,《法学》1997年第9期。

朱福惠:《法律合宪性解释的中国语境与制度逻辑——兼论我国法院适用宪法的

形式》,《现代法学》2017年第1期。

朱宁宁:《地方立法:助力国家治理体系现代化》,《中国人大》2017年第19期。

朱伟:《律师协会的权力及其有效制约》,《苏州大学学报》(哲学社会科学版)2007年第4期。

朱未易:《法治中国背景下地方法治建设的实践探索》,《地方立法研究》2021年第3期。

朱孝清:《试论错案责任》,《人民检察》2015年第16期。

五、 报纸文章

习近平:《切实把思想统一到党的十八届三中全会精神上来》,《人民日报》2014年1月1日。

习近平:《在2014年中央政法工作会议上的讲话》,《人民日报》2014年1月9日。

习近平:《决胜全面建成小康社会 夺取新时代中国特色社会主义伟大胜利——在中国共产党第十九次全国代表大会上的报告》,《人民日报》2017年10月28日。

习近平:《在全国脱贫攻坚总结表彰大会上的讲话》,《人民日报》2021年2月26日。

常修泽:《以体制创新支撑包容性发展》,《人民日报》2012年2月3日。

陈一新:《以新思路新方式开展市域社会治理现代化试点》,《法制日报》2020年1月3日。

陈一新:《坚持和完善共建共治共享的社会治理制度》,《学习时报》2020年1月20日。

陈一新:《加强和创新社会治理》,《人民日报》2021年1月22日。

傅蔚冈:《"征信"扩大化,或变身"道德档案"》,《华夏时报》2016年4月18日。

高文、黄铁军:《从信息社会迈向智能社会》,《人民日报》2020年2月18日。

耿雁冰:《民间组织"发育不良"》,《21世纪经济报道》2013年3月27日。

李惠斌:《包容性发展:可持续发展理念中的新概念》,《北京日报》2012年1月16日。

林海:《农村基层自治的"美国实践"》,《民主与法制时报》2014年12月8日。

林海:《英国基层自治法律传统悠久》,《民主与法制时报》2014年12月11日。
林海:《德国基层自治机构功能复合》,《民主与法制时报》2014年12月25日。
刘长:《聂树斌案卷宗成谜律师要求查阅被拒怀疑其中并无物证》,《南方周末》2013年7月11日。
刘武俊:《凝聚法治新共识　形成法治新常态》,《人民法院报》2015年1月22日。
刘亚:《皮剑龙委员:公共法律服务要让百姓"看得见用得到"》,《检察日报》2018年3月7日。
刘子阳:《让公共法律服务落到群众最需要之处》,《法制日报》2018年3月20日。
罗培新:《社会信用体系不是道德档案》,《文化报》2016年6月3日。
吕行:《坚持党的领导与社会组织依法自治相统一推动社会组织健康发展》,《人民日报》2017年3月21日。
吕延君、喻中:《法治政府与法治社会不是"零和博弈"》,《北京日报》2015年3月30日。
苏铁成:《加快推进市域社会治理现代化》,《河北日报》2020年2月19日。
唐钧:《参与和共享的发展才有意义》,《人民日报》2010年10月14日。
田学斌:《促进社会公正　增进人民福祉:学习习近平总书记关于公平正义的重要论述》,《光明日报》2014年6月25日。
伍俊斌:《公民社会的契约文化》,《学习时报》2006年5月22日。
薛应军:《农村基层自治流变》,《民主与法制时报》2014年11月24日。
杨建顺:《"黑名单"亟待法律规制》,《检察日报》2018年9月19日。
叶初升、张凤华:《发展经济学视野中的包容性发展》,《光明日报》2011年3月18日。
於兴中:《当法律遇上人工智能》,《法制日报》2016年3月28日。
张清:《宪法之治:"四个全面"治国理政的精义》,《中国社会科学报》2015年4月15日。
张笑倩:《精准劳动力培训为我市扶贫攻坚提供有力支持》,《定西日报》2015年8月13日。
郑毅:《"较大的市"扩充模式值得商榷》,《检察日报》2014年10月13日。

六、外文文献

Ali, I., "Pro-Poor to Inclusive Growth: Asian Prescriptions", *ERD Policy Brief Series*, No. 48(2007).

Arruda, A., "An Ethical Obligation to Use Artificial Intelligence? An Examination of the Use of Artificial Intelligence in Law and the Model Rules of Professional Responsibility", *American Journal of Trial Advocacy*, Vol. 40(2017), pp. 443-458.

Asaro, P. M., "A Body to Kick, but still No Soul to Damn: Legal Perspectives on Robotics", in Lin, P., Abney, K., and Bekey, G. A. (eds.), *Robot Ethics: The Ethical and Social Implications of Robotics*, Cambridge, MA: MIT Press, 2012, pp. 169-186.

Ashley, K. D., *Artificial Intelligence and Legal Analysis: New Tools for Law Practice in the Digital Age*, Cambridge: Cambridge University Press, 2017.

Birdsall, N., "Reflections on the Macro Foundations of the Middle Class in the Developing World", *Working Paper*, No. 130(2007).

Bolt, R., "Accelerating Agriculture and Rural Development for Inclusive Growth: Policy Implementation", *ERD Policy Brief Series*, No. 29(2004).

Cook, S., "Structural Change, Growth and Poverty Reduction in Asia: Pathways to Inclusive Development", *Development Policy Review*, Vol. 24(2006), pp. s51-80.

Ethics of Scientific Knowledge and Technology (COMEST), Preliminary Draft Reports of COMEST on Robotics Ethics, 2015.

European Parliament, Draft Report with Recommendations to the Commission on Civil Law Rules on Robotics, 2016.

Evans, P. B., *Embedded Autonomy: States and Industrial Transformation*, New Jersey: Princeton University Press, 1995.

Fligstein, N., "Social Skill and the Theory of Fields", *Sociological Theory*, Vol. 19, No. 2(2001), pp. 105-125.

Graubart, J., *The Intersection of Transnational Activism and Soft Law: How Activists Exploit NAFTA's Labor and Environmental Accords*, The University of Wisconsin-

Madison, 2002.

Hallevy, G., *Liability for Crimes Involving Artificial Intelligence Systems*, Cham: Springer International Publishing Switzerland, 2015.

Johnson, R. H. and Blair, J. A., *Logical Self-Defense*, Toronto: McGraw-Hill Ryerson, 1977, p. 202.

Leach, R. and Percy-Smith, J., *Local Governance In Britain*, New York: Palgrave, 2001.

Leyshon, A. and Thrift, N., "Geographies of Financial Exclusion: Financial Abandonment in Britain and the United States", *Transactions of the Institute of British Geographers*, Vol. 20, No. 3(1995), pp. 312−341.

Migdal, J., Kohli, A. and Shue, V. (eds.), *State Power and Social Forces: Domination and Transformation in the Third World*, Cambridge: Cambridge University Press, 1994.

Morth, U. (ed.), *Soft Law in Governance and Regulation: An Interdisciplinary Analysis*, Cheltenham: Edward Elgar, 2004.

Poulantzas, N., *State, Power, Socialism*, London: Verso, 1978.

Scherer, M. U., "Regulating Artificial Intelligence Systems: Risks, Challenges, Competencies, and Strategies", *Harvard Journal of Law & Technology*, Vol. 29, No. 2 (2016).

Sehring, J. and Lauth, H. J., "Putting Deficient Rechtsstaat on the Research Agenda: Reflections on Diminished Subtypes", *Comparative Sociology*, Vol. 8, No. 2 (2009), pp. 165−201.

United Nations Development Programme (UNDP), *Public Sector Management, Governance, and Sustainable Human Development*, New York, 1995.

后　记

"包容"的本意是容纳、宽容大度，出自《汉书·五行志下》中的"上不宽大包容臣下，则不能居圣位"。"包容"是一个具有深厚文化底蕴、宏阔历史视野并极具开放性的词语，从"包容性发展"到"包容性经济""包容性政治""包容性社会"，从"法治""包容性法治"到"包容性法治社会"，一如孟德斯鸠《论法的精神》之"精神"，深嵌在政体、自由、地理、贸易、环境、人口、宗教之中。作为一种理念和一种方法论的"包容"亦渗透在这个人文世界、数字社会的方方面面、角角落落，见与不见，它都在那里。"包容性法治社会"内含三根支柱——共享、融合、参与，三个层面——能力、机制、秩序，三个面向——人的团结、人的平等、人的参与，其知识图谱已初现样貌。

"社会"之于我，一如我们身处"暗物质""暗能量"之中而不自知，学术穿透力极强。20世纪90年代，郭道晖先生在《法的时代精神》中描绘了法治社会的理想图景，打破了传统研究范式所深陷的国家—社会一体化的理论囹圄，强调"法治国家应先于法治社会为主导，法治社会是法治国家的基础"，这一前瞻性观点已渐成当下的普遍共识。法治社会是我一直关注的议题，最早可以追溯到2007年。在完成江苏省哲学社会科学"十五"规划基金项目"列宁时代法律与经济的互动对中国法制现代化的影响"（2001）、"宪治：欧洲法律发展研究"（04FXB006）之后，我从2007年开始承担司法部国家法治与法学理论研究项目"非政府组织活动法律化研究"(07SFB2007),继而相继获批并完成江苏省"211工程"三期建设"江苏区域协调与发展特色"项目"江苏区域社会组织的软法规制研究"(2010)、中国法学会部级法学研究重点课题"我国城市社区建设和居民自治的关系问题研究"(CLS2012B11)、国家社科基金后期资助项目"社会组织的软法治理研究"(13FFX001)、司法部国家法治与法学理论研究重点项目"从汲取到包容:法治社会建设研究"(16SFB1001)、国家社科基金重点项目"包容性法治社会实现机制研究"(18AFX002)。目前我正在承担国家社科基金哲学社会科学领军人才项目"在法治轨道上推进市域社会治理现代化研究"(22VRC008)。而"法治社会"是贯穿这些项目研究的一根红线和主题。多年的思考和探索让我深知,相对于法治国家、法治政府研究,法治社会研究常常处于一种被挤压、令人深感无力的知识生产状态,"社会""法治社会"的边界模糊,缺乏标识性核心概念(群、束)和理论分析工具,甚而有学者提出"我们还有'社会'吗?"这样的问题,让我们濒临"稻粱无处谋"的境地。但无论如何,我们没有放弃,在《非政府组织的法治空间:一种硬法规制的视角》(知识产权出版社2010年版)、《社会组织的软法治理研究》(法律出版社2015年版)之后,《包容性法治社会的实践逻辑》既是国家社科基金重点项目的最终成果,也是"法治社会"系列研究的第三篇章,尽管还很不如意,但已经到了必须"露出水面"的时候。

2007年至今对"法治社会"的思考和探索,得益于张文显教授、徐显明教授、李林教授、公丕祥教授、朱景文教授、沈国明教授、刘作翔教授、龚廷泰教授、徐汉明教授、季卫东教授、孙笑侠教授、张志铭教授、夏锦文教授、葛洪义教授、姚建宗教授、封丽霞教授、黄文艺教授、胡玉鸿教授、马长山教授、袁达松教授、冯玉军教授、李勇教授等诸位老师的倾心提携与悉心指导。本课题的阶段性成果曾发表在《中国社会科学》、

《中国法学》、《比较法研究》、《法律科学》、《法学》、《法治现代化研究》、《中国高校社会科学》、《湖湘论坛》、《哈尔滨工业大学学报》(社会科学版)、《扬州大学学报》(人文社会科学版)、《新华日报》等刊物上，感恩编辑老师的无私帮助与细致斧正。课题研究融入了团队成员的大量心血，最终成果各章节分工如下：引言(张清)；第一章第一节(张清、武艳)、第二节(张清、叶嘉敏)、第三节(张清)；第二章第一节(王娇)、第二节(张晓晶)、第三节(张清、郭胜男)、第四节(汪磊)、第五节(张清)；第三章第一节(张清)、第二节(王辉、李若)、第三节(武艳)、第四节(梅勇华)；第四章第一节(张清、张蓉)、第二节(庄一航)、第三节(王烨)、第四节(张清、武艳)、第五节(张清、武艳)；结语(张清)。

2018年承担此项目至今，从教务处到广陵学院、法学院、马克思主义学院、社会发展学院，从教育教学管理到教学科研，从"名师工作室"到"法治社会研究院"，从省委党校县处级干部研修班到中央党校全国首届宣传思想文化领域高层次人才研修班，敬业的精神、踏实的作风、友好的环境、进取的氛围，加之诸位领导、同事和同学的关心、支持、帮助，都深深感染了我，督促我不敢有丝毫的懈怠，感谢有你们。2021年，我有幸入选中宣部文化名家暨"四个一批"人才、国家高层次人才特殊支持计划哲学社会科学领军人才，2023年获评享受国务院政府特殊津贴专家，继续描绘基本建成继而全面建成"法治社会"图景，感谢学校多年的培养和诸多领导、老师的不弃。感谢商务印书馆的编辑，他们对选题的认可和悉心指导，给了我不竭的学术动力。感谢国家社科基金、扬州大学出版基金、南京师范大学中国法治现代化研究院、江苏高校区域法治发展协同创新中心、扬州大学市域社会治理现代化研究中心、扬州大学法治社会研究院的襄助和扶持。最后也最重要的是，感谢我的家人对我默默而温暖有力的支持，我将铭记于心、感化于行。

党的二十届三中全会提出，法治是中国式现代化的重要保障，要"完善推进法治社会建设机制"，本书给予了初步的探索，我辈仍需为"全面建成法治社会"而接续奋斗。

张清

2024 年 1 月 14 日初稿于兴城西站得祥园

2024 年 7 月 19 日改定于孙庄中学

图书在版编目（CIP）数据

包容性法治社会的实践逻辑/张清等著. —北京：商务印书馆，2024
ISBN 978-7-100-24031-4

Ⅰ. ①包… Ⅱ. ①张… Ⅲ. ①社会主义法治—建设—研究—中国 Ⅳ. ① D920.0

中国国家版本馆 CIP 数据核字（2024）第 103119 号

权利保留，侵权必究。

包容性法治社会的实践逻辑
张清　等著

商　务　印　书　馆　出　版
（北京王府井大街36号　邮政编码100710）
商　务　印　书　馆　发　行
北京虎彩文化传播有限公司印刷
ISBN 978-7-100-24031-4

2024年9月第1版　　　开本 890×1240 1/32
2024年9月第1次印刷　　印张 14¼

定价：68.00元